Matthias Heinz, Stephan Schmid

Phonetik und Phonologie des Italienischen

Romanistische Arbeitshefte

Herausgegeben von
Volker Noll und Georgia Veldre-Gerner

Band 68

Matthias Heinz, Stephan Schmid

Phonetik und Phonologie des Italienischen

Eine Einführung für Studierende der Romanistik

DE GRUYTER

ISBN 978-3-11-053399-6
e-ISBN [PDF] 978-3-11-053404-7
e-ISBN [EPUB] 978-3-11-053405-4
ISSN 0344-676X

Library of Congress Control Number: 2021944006

Bibliografische Information der Deutschen Nationalbibliothek
Die Deutsche Nationalbibliothek verzeichnet diese Publikation in der Deutschen Nationalbibliografie; detaillierte bibliografische Daten sind im Internet über http://dnb.dnb.de abrufbar.

Druck und Bindung: CPI books GmbH, Leck

www.degruyter.com

Inhalt

Sonderzeichen und Abkürzungen

//	Schrägstriche für phonemische Transkription
[]	eckige Klammern für phonetische Transkription
<>	spitze Klammern für graphematische Notation
'…'	Bedeutung eines fremdsprachlichen Beispielworts
→	'wird zu' (in synchronen phonologischen Regeln)
_	Platzhalter in phonologischen Regeln
V	Vokal
C	Konsonant
G/S	Gleitlaut/Semivokal
N	Nasalkonsonant
α	variabler Artikulationsort in phonologischen Regeln (kleines Alpha)
Ø	Leerstelle in phonologischen Regeln
$	Silbengrenze in phonologischen Regeln
.	Silbengrenze in phonemischen Transkriptionen
#	Wortgrenze in phonologischen Regeln
##	Satzgrenze in phonologischen Regeln
+	Morphemgrenze in morphonologischen Regeln
[±dauernd]	binäres distinktives Merkmal
[LABIAL]	privatives distinktives Merkmal
ω	phonologisches Wort (griechischer Kleinbuchstaben Omega)
Φ	metrischer Fuß (griechischer Großbuchstaben Phi)
σ	Silbe (griechischer Kleinbuchstaben Sigma)
μ	More (griechischer Kleinbuchstaben My)
H*, L*, LH*	Nuklearakzente in der autosegmentalen Notation (Tobl)
H-, L-	Phrasenakzente (ToBI)
H%, L%	Grenztöne (ToBI)
>	'entwickelt sich zu' (bei diachronen phonologischen Prozessen)
<	'hat sich entwickelt aus' (bei diachronen phonologischen Prozessen)
PAUPERU(M)	lateinisches Etymon (in Kapitälchen)
ē	lateinischer Langvokal (Makron)
ĕ	lateinischer Kurzvokal (Breve)

Sprachen und Dialekte

abr.	Abruzzesisch
ahd.	Althochdeutsch
dt.	Deutsch
engl.	Englisch
fr.	Französisch
germ.	Germanisch

https://doi.org/10.1515/9783110534047-202

gr.	Griechisch
it.	Italienisch
kamp.	Kampanisch
lat.	Lateinisch
lig.	Ligurisch
lomb.	Lombardisch
mhd.	Mittelhochdeutsch
molis.	Molisanisch
neap.	Neapolitanisch
nhd.	Neuhochdeutsch
piem.	Piemontesisch
pt.	Portugiesisch
sard.	Sardisch
siz.	Sizilianisch
sp.	Spanisch
tosk.	Toskanisch
ven.	Venetisch
venez.	Venezianisch

Wortarten und grammatische Kategorien

Art.	Artikel
Adj.	Adjektiv
Adv.	Adverb
f.	feminin (Genus)
m.	maskulin (Genus)
N / Subst.	Nomen / Substantiv
pl.	Plural (Numerus)
Präp.	Präposition
Pron.	Pronomen
sg.	Singular (Numerus)

Abbildungs- und Tabellenverzeichnis

Abbildungen

https://doi.org/10.1515/9783110534047-203

Tabellen

Vorwort

Während für das Französische und Spanische gleich mehrere aktuelle Einführungen in die Phonetik und Phonologie auf Deutsch vorliegen, ist für das Italienische das jüngste an ein deutschsprachiges Publikum gerichtete Einführungswerk (zur *Phonetik und Phonologie des heutigen Italienisch* von Klaus Lichem) vor gut einem halben Jahrhundert erschienen. Diese unübersehbare Lücke soll mit dem vorliegenden Werk auf dem neuesten Stand der wissenschaftlichen Erkenntnis endlich geschlossen werden. Der Fokus auf das Italienische ist eingebettet in eine romanistische und allgemein typologisch-sprachvergleichende Perspektive, so dass neben einer Vielzahl italienischer Beispiele das Deutsche, die romanischen Sprachen (insbesondere Französisch und Spanisch) sowie kursorisch auch das Englische für Vergleiche herangezogen werden. Die romanistisch-vergleichende Perspektive eröffnet vereinzelt auch Einblicke in Phänomene des Lautwandels und die dialektale Vielfalt Italiens. Das Arbeitsheft führt zunächst in die Teilgebiete der perzeptiven, akustischen und artikulatorischen Phonetik ein und behandelt insbesondere die für die Klassifikation der Sprachlaute grundlegenden Kategorien (Kap. 1 und 2). Die daran anschließende Einleitung in die Phonologie (Kap. 3) orientiert sich im Wesentlichen an den für die Sprachbeschreibung immer noch unabdingbaren strukturalistischen Grundbegriffen (wie Phonem, Allophon usw.), beleuchtet kurz aber auch neuere, (post-)generative Ansätze. Dieses theoretische Rüstzeug dient hauptsächlich einer detaillierten Darstellung der Lautstrukturen des Gegenwartsitalienischen und seiner regionalen Varietäten, welcher Kap. 4 gewidmet ist. Ein wesentlicher Fokus liegt andererseits auf der Anwendung des erworbenen Rüstzeugs und den Anliegen der Praxis (Probleme der italienischen Orthographie, Techniken der phonetischen Transkription und Fragen des Ausspracheerwerbs), was nicht zuletzt auch in den jeweiligen Aufgabenteilen am Ende der einzelnen Kapitel zum Ausdruck kommt. Von praktischer Relevanz sind insbesondere die Kapitel zum Verhältnis von Laut und Schrift (Kap. 5) und zu Ausspracheschwierigkeiten für deutschsprachige Lernende (Kap. 6), doch ist diese Perspektive in den anderen Kapiteln implizit mitgedacht. Eine relativ umfangreiche Bibliographie führt alle im Text erwähnten Titel – insbesondere die in den bibliographischen Hinweisen am Ende jedes Kapitels kommentierten Werke – auf, um die Leserschaft zu einer Vertiefung einzelner Aspekte im Selbststudium anzuregen. Schließlich sollen das Abkürzungsverzeichnis, der Sachindex und der Anhang zum IPA-Alphabet die Arbeit mit diesem Studienbuch erleichtern.

In diesem Sinne ist das Werk bewusst zielgruppenorientiert angelegt: Es richtet sich in erster Linie an Studierende in allen, auch den frühen Phasen des Studiums. Die Kapitelaufteilung kann dabei durchaus als Bezugspunkt für die Einheiten von Lehrveranstaltungen dienen (z.B. Kap. 1: eine Einheit, Kap. 2-4: je zwei bis drei Einheiten, Kap. 5: ein bis zwei Einheiten, Kap. 6: ein bis zwei Einheiten). Daneben richtet sich das Buch jedoch auch an ein interessiertes linguistisches Fachpublikum,

https://doi.org/10.1515/9783110534047-204

das einen Überblick zu den lautlichen Strukturen des Italienischen sucht. Für Spezialisten aus anderen Philologien, die bereits über ein vertieftes phonetisches und phonologisches Wissen (wie es in den Kap. 1 bis 3 vermittelt wird) verfügen, kann somit auch eine selektive Lektüre von Interesse sein, indem die Kapitel 4 bis 6 spezifische Aufschlüsse zu den Lautstrukturen des Italienischen liefern. Als potentielles Zielpublikum sind außerdem Lehrpersonen angesprochen, die ihre Kompetenzen im Bereich Lautung und Aussprachemodelle für den Fremdsprachenunterricht vertiefen bzw. auffrischen wollen.

Bei der Konzeption dieses Romanistischen Arbeitshefts sind wir hauptsächlich von sprachlichen Phänomenen und weniger von linguistischen Theorien ausgegangen. Nichtsdestotrotz gehört zum besonderen Profil dieser Einführung auch ein Augenmerk auf die Fachgeschichte und die Entwicklung der linguistischen Terminologie. Dies soll der Leserschaft ermöglichen, sich dem Gegenstand mit einem kritischen Blick zu nähern, der immer auch die historische Bedingtheit theoretischer Konstrukte und analytischer Verfahren berücksichtigt.

Das redaktionelle Vorgehen des Autorenteams bildet sich in der Kapitelaufteilung ab, wobei sich die Zuordnung der Hauptverantwortlichkeit für die jeweiligen Kapitel wie folgt verteilt: Matthias Heinz ist für die Kapitel 1, 3.6.2., 3.6.3, 5 und 6 verantwortlich, Stephan Schmid für die Kapitel 2, 3.1-3.5, 3.6.1 und 4. Das Gesamtwerk ist dennoch das Ergebnis eines intensiven Austausches über mehrere Jahre hinweg sowie eines eng abgestimmten gemeinsamen Schreibprozesses, unter wechselseitigem Abgleich aller Abschnitte – zunächst in Präsenz und dann pandemiebedingt virtuell.

Unser besonderer Dank gilt den Personen, die das (lange) Werden dieses Bandes begleitet haben. An erster Stelle möchten wir Eleonora Doria hervorheben, deren präzisem Blick und Zuverlässigkeit wir unschätzbare Unterstützung bei der Einrichtung des Manuskripts zum Druck verdanken. Seitens des Verlags seien Christine Henschel, Ulrike Krauß und Simone Hausmann hervorgehoben, die uns in den verschiedenen Phasen stets mit kompetentem Rat zur Seite standen; der Reihenherausgeberin Georgia Veldre-Gerner möchten wir für ihre genaue Lektüre und hilfreiche Kommentare danken; anerkennend sei auch der Beitrag von Camilla Bernardasci und Lorenzo Filipponio erwähnt, welche die Texte für die phonetische Transkription vorgelesen haben. Praktische Hilfe bei der Erstellung von Grafiken erhielten wir von Dieter Studer-Joho und David Schmid. Schließlich gebührt unser herzlichster Dank Katrin und Claudia für ihre moralische Unterstützung und die große Geduld angesichts der unzähligen, langen Redaktionssitzungen.

1 Einleitung: Sprachlaute und Aussprache

1.1 Die lautliche Beschreibungsebene der Sprache: Phonetik und Phonologie

Sprache ist ein Mehrebenenphänomen. Darin liegen Reiz wie Herausforderung eines sehr großen Teils der aktuellen sprachwissenschaftlichen Forschungsarbeit. Die vorliegende Einführung hat mit der **Lautebene**[1] die in gängigen Systematiken üblicherweise zuerst genannte Beschreibungsebene der Sprache zum Gegenstand. Daneben sind die meisten Linguisten sich einig, eine morphologische (den Bau von Wörtern betreffende), eine syntaktische (Wortstellungsphänomene betreffende) und eine semantische (die Bedeutung sprachlicher Äußerungen betreffende) Ebene zu unterscheiden; viele zählen hierzu auch eine pragmatische (sprachliche Äußerungen als kommunikative Handlungen oder Sprechakte betreffende) Ebene.

Im Sinne des von dem französischen Strukturalisten André Martinet entwickelten Konzepts der 'zweifachen Gliederung der Sprache' (*double articulation du langage*) wird die Lautebene als die zweite Gliederungsebene angesehen. Sie umfasst die Unterteilbarkeit jeder Äußerung in einzelne Sprachlaute (minimale bedeutungs*unterscheidende* Einheiten, **Phoneme**, vgl. 3.1.1). Bei der ersten Gliederungsebene handelt es sich um die den Sprechern intuitiv am leichtesten zugängliche Ebene der minimalen bedeutungs*tragenden* Einheiten (Morpheme, Sprachzeichen mit Ausdrucks- und Inhaltsseite). In dem deutschen Wort *hellrot* ist für jeden Sprecher,[2] der des Deutschen mächtig ist, mit Leichtigkeit ein nicht weiter gliederbares (oder segmentierbares) Element *hell* und ein zweites solches Element *rot* erkennbar – manche Sprecher wissen diese Wortzusammensetzung sogar als ein Adverb *hell* und ein von diesem modifiziertes Adjektiv *rot* zu bestimmen. Schon anspruchsvoller ist die Bestimmung der einzelnen Laute in dieser **Lautkette**, die – obwohl Schrift und Lautung (von der Schriftform aus gedacht: Aussprache) hier nicht weit auseinanderzuliegen scheinen – nur mittels einer **Transkription** akkurat wiedergegeben werden können. Auch wenn die Buchstaben *h, e, l, r, o, t* Hinweise auf den Zusammenhang mit der Lautung geben, gelangt man nur mit Vorwissen zu der transkribierten Form dieser Lautfolge: [hɛlˈʁoːt] (Details in 5.2).

Die Betrachtung der Lautebene, ob zu ihrer Erforschung oder für die theoretisch fundierte (z.B. in wissenschaftlichen Seminaren) bzw. praktische (Sprachkurs, Ausspracheschulung, Stimmtraining u.ä.) Lehre, ist Gegenstand eines Fachgebiets, das oft unter einer Doppelbezeichnung zusammengefasst wird – so mit Bedacht auch im

1 Relevante Fachausdrücke sind hier fett gedruckt, die wichtigsten italienischen Entsprechungen werden in den jeweiligen Kapiteln genannt.

2 Wo hier der Kürze halber nur die maskuline Form verwendet wird, sind selbstverständlich beide Geschlechter gemeint.

https://doi.org/10.1515/9783110534047-001

Titel der vorliegenden Einführung. Die beiden Teilbereiche der Sprachwissenschaft, die sich mit den Sprachlauten beschäftigen, heißen **Phonetik** (it. *fonetica*) und **Phonologie** (it. *fonologia*). Aufgabe der Phonetik ist es, die materiellen Eigenschaften von Sprachlauten zu beschreiben. Dabei entsprechen der Produktion, Übertragung und Wahrnehmung von Lauten die drei Hauptarbeitsgebiete der Phonetik: Die **artikulatorische** Phonetik, die die anatomischen und physiologischen Gegebenheiten der **Lautbildung** untersucht, die **akustische** Phonetik, die mit physikalischen Methoden die Übertragung des produzierten Sprachschalls als Signal darstellt und dessen Eigenschaften als Wellenphänomen beschreibt, sowie die **perzeptive** (auch **auditive**) Phonetik, die sich mit den Bedingungen der Hörwahrnehmung der Sprachlaute und deren neuronaler Verarbeitung beschäftigt. Alle drei Teilgebiete, besonders aber die beiden letzteren verweisen auf die disziplinäre Stellung der Phonetik im Grenzgebiet zu den Naturwissenschaften. Die artikulatorische Phonetik ist für eine einführende, einzelsprachlich orientierte Beschäftigung mit Sprachlauten besonders wichtig, da hier mit der Lautproduktion wesentliche Grundlagen für praktische Aspekte des Zweitspracherwerbs (Erlernen nichtmuttersprachlicher Aussprachemuster) berührt werden (vgl. Kap. 2, Kap. 6). Phonologie kann man definieren als die Disziplin der Linguistik, die das Funktionieren und die systematische Organisation der Sprachlaute in Form von Inventaren distinktiver Einheiten und deren Interaktion in Regeln und Prozessen zum Gegenstand hat. Oft meint man damit auch die dieser Perspektive entsprechende sprachliche Beschreibungsebene, die man mit den Methoden dieser Disziplin untersucht oder, wenn man z.B. von der 'Phonologie des Deutschen, Italienischen, Russischen, Japanischen, Amharischen etc.' spricht, das phonologische Gesamtsystem, also die Gesamtheit der lautlichen Regeln einer Einzelsprache.

Gesprochene Sprache stellt sich dem Ohr jenseits von klaren Unterbrechungen (Sprechpausen) als ununterbrochener lautlicher Fluss (oder Schallstrom) dar, in dem dennoch recht gut abgrenzbare Einheiten wahrgenommen werden können (z.B. die 'selbstlautenden' **Vokale** zwischen den 'mitlautenden' **Konsonanten**), sog. **Segmente**, deren mögliche Rolle als Minimaleinheiten des Lautsystems einer Sprache durch verschiedene Testverfahren (vgl. 3.1) überprüft werden können. Diesen stehen kontinuierliche, nicht-segmentale, **prosodisch** (oder **suprasegmental**) genannte Lauteigenschaften gegenüber (vgl. 3.5), davon der Wahrnehmung besonders gut zugänglich der **Tonhöhenverlauf** (bzw. Melodieverlauf, Sprechmelodie), d.h. die **Intonation**,[3] **Dauer** (gut wahrnehmbar z.B. bei Vokaldehnungen) und **Intensität** (Lautstärke) einer Äußerung. Diese drei **prosodischen Eigenschaften** sind

3 *Intonation* wird hier und im Folgenden also nicht, wie mancherorts terminologisch noch üblich, als Gesamtheit der prosodischen Eigenschaften verstanden, sondern nur auf den Parameter der wahrnehmbaren *Tonhöhe* bezogen (akustisch entspricht dieser die *Grundfrequenz*, F0, d.h. die Frequenz der Stimmlippenschwingungen).

wiederum in einzelsprachlich meist unterschiedlicher Kombination Grundlage des **Akzents** (vgl. 3.5.2), womit die **Prominenz**, die Hervorhebung durch Betonung von Teilen eines Wortes oder eines Satzes gemeint ist. Hinzu kommen weitere wahrnehm- und für die genaue Beschreibung messbare Phänomene wie Sprech- und Artikulationstempo sowie Pausen, die unterschiedliche diskursgliedernde Funktionen haben können. Die komplexe Interaktion dieser Faktoren kennzeichnet den **Rhythmus** einer Einzelsprache (vgl. 3.5.5). All diese Eigenschaften geben, zusammen mit der jeweiligen segmentalen Charakteristik, Auskunft über verschiedene Parameter des Sprechens und der Sprecher. Ihr Zusammenwirken kann man aus Hörer-/Rezipientensicht als 'Höreindruck' und aus Sprecher-/Produzentensicht als 'Aussprachemodelle' einer Sprache bezeichnen.

1.2 Höreindrücke – Aussprachemodelle: Standarditalienisch und regionale Varietäten

Die Lautseite einer Sprache variiert in besonders auffälliger Weise. Üblich sind **diatopische** (sprachräumlich bedingte, regionale) – diese spielen in der sprachhistorisch gewachsenen Situation des Italienischen eine ausgeprägte Rolle –, **diastratische** (durch soziale Gruppenzugehörigkeit bedingte) und **diaphasische** (durch die Kommunikationssituation bzw. den gewählten Stil bedingte) Unterschiede (auch: Markierungen) der lautlichen Realisierung, die sich in einzelnen Aussprachevarianten zeigen und zusammen mit anderen, morphosyntaktischen und lexikalisch-semantischen Unterscheidungen charakteristisch für entsprechende **Varietäten** sind (die auf dem gemeinsamen Auftreten von sprachlichen Varianten in je charakteristischer Zusammensetzung beruhen, vgl. die Überlegungen von Krefeld 2018). Die Unterscheidung von kommunikativer Nähe und Distanz (im Sinne von Koch/Oesterreicher 1985, 2011[2]: 5–17) ist im Bereich der Aussprache deutlich an die Produktion und Wahrnehmung von Mustern mit höherem (Distanzsprache) und geringerem (oder jedenfalls nicht ausgeprägtem) sprachlichem **Prestige** (Nähesprache) gebunden.

Wenn sie in Italien gesprochene Sprache wahrnehmen, sind nichtmuttersprachliche Lerner des Italienischen und wissenschaftliche Beobachter mit stark differierenden Höreindrücken konfrontiert – im Unterschied zur Situation etwa in weiten Teilen Frankreichs, teils jedoch vergleichbar mit der Sprachlandschaft z.B. Süddeutschlands, der Schweiz und Österreichs. Man stelle sich jemanden vor, der soeben in Italien angekommen ist (Bahnhof, Flughafen oder Autobahnraststätte), beispielsweise Studentin oder Student mit Grundkenntnissen des Italienischen, auf dem Weg, diese bei einem Sprachkurs vor Ort zu vertiefen. Dem aufmerksamen Ohr bieten sich nun mindestens vier Arten auditiver 'Stimuli', das meint hier unterscheidbare Aussprache*muster* mit den oben genannten Eigenschaften bzw. Aussprache*modelle*, sofern diese Muster in sozialer Hinsicht normative Kraft entfalten:[4]

1. Überregional gültige Aussprachemuster mit einer sehr einheitlichen Charakteristik der Einzellaute (Segmente) und der Prosodie (Merkmale wie Sprechtempo, Wort- und Satzbetonung, Intonationsverläufe), die in der italienischen Situation gerade durch ihre Überregionalität deutlich vom 'Normalfall' der Aussprache abgehoben (d.h. gegenüber diesem 'markiert') sind. Diese einheitlichen Muster, denen auf grammatischer (sprich: morphologischer, syntaktischer) Ebene die Formen der italienischen **Standardsprache** (it. *italiano standard*) ohne spezifische regionale Eigenheiten entsprechen, werden vor allem in Bahnhofs- oder Flughafendurchsagen (die zusätzlich einige Merkmale künstlicher, computergenerierter Sprache 'aus der Konserve' aufweisen können), in Werbedurchsagen, Radio- oder Fernsehwerbespots sowie allgemein in Sendungen nationaler Radio- und Fernsehsender zu hören sein. Da die Realisierung solcher 'reinen', nichtregionalen Standardlautformen fast immer eine professionelle Sprecherschulung voraussetzt, kann man von **Standardaussprache** sprechen (it. *pronuncia standard*, man könnte ergänzen: *da scuola di recitazione* oder *da sala di doppiaggio*, 'wie in der Schauspielschule' oder 'im Synchronstudio'). Vergleichbar wäre für die deutsche Hochlautung das lange prägende Modell der sog. 'Bühnenaussprache' nach Siebs (1898), dem keine alltäglich gesprochene Varietät, und sei sie dialektal noch so neutral, ganz entspricht.

2. Etwas regionaler geprägte Muster der Lautung auf Basis der Hochsprache mit 'standardnahen' grammatischen und Wortschatz-Elementen (*italiano standard regionale*), z.B. Interviews, auch Werbebotschaften und Nachrichten, in regionalen und lokalen Radio- und Fernsehsendern (in spontanen und halbspontanen Interviewdialogen vielfach auch bei überregionalen Sendern und Internetauftritten zu hören).

3. Ausgeprägt diatopisch (regional und lokal) markierte Ausspracheeigenschaften, gepaart mit entsprechenden grammatischen und lexikalischen Formen (z.B. Informationsgespräche Einheimischer am Auskunftsschalter, Verkaufsgespräch am Zeitungsstand, Smalltalk...) des jeweiligen *italiano regionale* (diatopisch geprägte Varietät der Standardsprache).

4. Vielfach sind auch dialektale Formen der Lautung zu hören, gepaart mit der zugehörigen, durch regionalen oder lokalen Dialekt markierten Grammatik und Lexik (heute seltener sind Formen des *italiano popolare* bei Sprechern mit dem Dialekt als Erstsprache, jedoch verbreitet die verschiedenen Ausprägungen eines *italiano*

4 In allen Sprachen sind Formen der Aussprache (aber auch der Grammatik, des Wortschatzgebrauchs) zu beobachten, die in der Sprachgemeinschaft gegenüber anderen Formen ein höheres *Prestige* aufweisen, d.h. ein besonderes sprachliches 'Ansehen', das meist mit Vorstellungen von besserer Bildung, höherem sozialem Status oder aber 'lokaler Identität und Verwurzelung', 'Vertrautheit/ Gruppenzugehörigkeit' oder schlicht 'modische Angesagtheit', 'Coolness' u.ä. konnotiert ist.

dialettalizzato, dialetto italianizzato, dialetto/koiné regionale, dialetto locale), z.B. bei der Unterhaltung Einheimischer am Fahrkartenautomaten, an der Bushaltestelle oder in der Kaffeebar – einem besonders wichtigen Ort kommunikativer Interaktion... Auch Phänomene des *code-switching* (Varietätenwechsel im Satz oder zwischen Sätzen) zwischen Dialekt und *italiano standard* (*regionale*) sind vielfach anzutreffen, jedenfalls in Gebieten mit deutlich vom Standard abweichenden Dialekten wie in Nord- oder Süditalien. Anders ist die Situation in Mittelitalien mit geringeren, eher gleitenden Übergängen zwischen der Standard- und der dieser strukturell recht nahen Umgangssprache (*vernacolo*).

Für das Erlernen des Italienischen als Fremdsprache bleibt die Aussprache des Standarditalienischen der primäre Bezugspunkt. Jedoch ist die Realität authentischer Alltagskommunikation gerade durch das genannte komplexe Nebeneinander und vielfache Ineinandergreifen verschiedener lautlicher Muster geprägt, worin sich das insgesamt dynamische Varietätengefüge im italienischen Sprachraum spiegelt. Die Standardaussprache in reiner, teils überartikulierter Form, wie sie in audiovisuellen Medien (von Werbeansagern, Synchronsprechern, nicht mehr durchgehend dagegen von Nachrichtensprechern) zu hören ist, erfüllt diese Funktion nur bedingt (vgl. 6.3). Eine derartig 'herkunftsreine' Aussprache gehört also zu den besonders auffälligen (auf die linguistische Merkmalsbeschreibung bezogen: 'markierten') und – jenseits von Massenmedien wie Radio und Fernsehen – seltenen Phänomenen. Eine ausgeprägt regionale Lautung gehört dagegen zu den unauffälligen ('unmarkierten') und sehr häufigen Vorkommensweisen des gesprochenen Italienisch. Kurz gesagt: Gerade eine akzentfreie, nicht regional verortbare Aussprache ist im Italienischen die markierteste Aussprachevariante, zu finden fast nur bei speziell geschulten Sprechern der audiovisuellen Medien, Schauspielern, Synchronsprechern etc.

Im Vorkommen stärker dialektalisierter Aussprachemuster gibt es in Italien gewisse regionale Unterschiede. So sind die Dialekte im Nordwesten Italiens generell bereits länger und stärker auf dem Rückzug als in anderen Gegenden, wo sie – etwa im Nordosten, in Süditalien und auf den Inseln – noch verbreitet gebraucht werden, allerdings zunehmend in überlokal/regional vereinheitlichten (*koineisierten*) und italianisierten Formen (diese *italianizzazione dei dialetti* ist vielfach beschrieben worden). Dennoch ist auch im Nordwesten, selbst in vermeintlich 'neutralen' urbanen Großräumen wie Mailand, eine regionale Färbung der Aussprache bei fast allen Sprechern erkennbar, was sich sowohl in **segmentalen**, die Einzellaute betreffenden Eigenheiten (etwa dem Fehlen bzw. der 'Verkürzung' der Langkonsonanten nördlich des dialektalen Isoglossenbündels La Spezia-Rimini) als auch in **prosodischen** (die Ebene der Einzellaute überschreitenden) Eigenheiten äußert (etwa der oft als *cantilena*, 'Singsang', bezeichneten Sprechmelodie, der typischen **Intonation** des nordöstlichen Varietätenraums, v.a. des Veneto; vgl. 4.4.3).

Aufgrund dieser Besonderheiten ist anders als in romanischen Sprachen wie Französisch und Spanisch eine unumstrittene **Prestigelautung** für das Italienische schwer zu bestimmen. Als standardnah hätte nach der Tradition die *lingua toscana* *in bocca romana* zu gelten, Italienisch mit den grammatischen Merkmalen des Toskanischen in römischem Munde, gesprochen also von Römern und damit in der Aussprache frei von allzu regional-toskanischen Eigenheiten. Eine *lingua toscana in bocca ambrosiana* (so der Titel einer Studie von Galli de' Paratesi 1984), ein mit mailändischen, d.h. norditalienischen Merkmalen gesprochenes Italienisch, gilt inzwischen auch oder, so Galli de' Paratesis Einschätzung, eher noch stärker als prestigebehaftet, mindestens als standardnah.

Tatsächlich ist bei jüngeren Sprechergenerationen aus der (jedenfalls nördlichen und zentralen) Toskana eine gewisse Offenheit für norditalienische Ausspramuster festzustellen (etwa die generelle Verwendung des stimmhaften Lautes /z/ zwischen Vokalen, wo traditionelles Toskanisch zwei Realisierungen differenziert, vgl. Bertinetto/Loporcaro 2005: 133). Weiter südlich sind solche übernommenen auswärtigen Muster nicht zu verzeichnen, es dominiert der phonologische Einfluss der dort noch häufiger gebrauchten Dialekte auch auf standardnahes *italiano regionale*. Andererseits sind die Gegebenheiten der Varietätenschichtung noch komplexer, weil z.B. regionalspezifische Tendenzen (gerade jüngerer Sprecher) hinzukommen, ursprünglich zentraltoskanisch-florentinische Aussprachebesonderheiten auch in anderen Gebieten der Toskana (nicht jedoch über die Region hinaus) zu übernehmen (vgl. Giannelli 1997: 301), was mit dem Prestige und der Ausstrahlungswirkung des urbanen Großraums Florenz bei gleichzeitigem Verblassen lokaler Sprechweisen in Verbindung stehen dürfte.

Diese Einführung stellt zum einen die Verhältnisse des standarditalienischen Lautsystems auf toskanischer Basis dar, wie sie in Referenzwerken zusammengefasst sind. Um der komplexen Realität der gesprochenen Varietäten des Italienischen gerecht zu werden, werden zum anderen wesentliche segmentale Merkmale (vgl. 4.2.1, 4.2.2) und allophonische Prozesse (vgl. 4.2.3) der *italiani regionali* (vgl. die Karte der dialektalen Sprachraumgliederung in Abb. 1) aufgeführt.

Daraus ergeben sich wichtige Fragen für Lerner des Italienischen als Fremdsprache. Der erste Eindruck, den Sprecher vom Grad ihrer Kompetenz in der Fremdsprache (L2) vermitteln, beruht fast immer auf ihrer Beherrschung der Lautung. Dieser bestimmt maßgeblich die Einschätzung der Gesamtbeherrschung der jeweiligen Sprache. Beim Fremdsprachenerwerb ist daher die Orientierung an einem einheitlichen Aussprachemodell unvermeidlich (vgl. 6.2, 6.4).

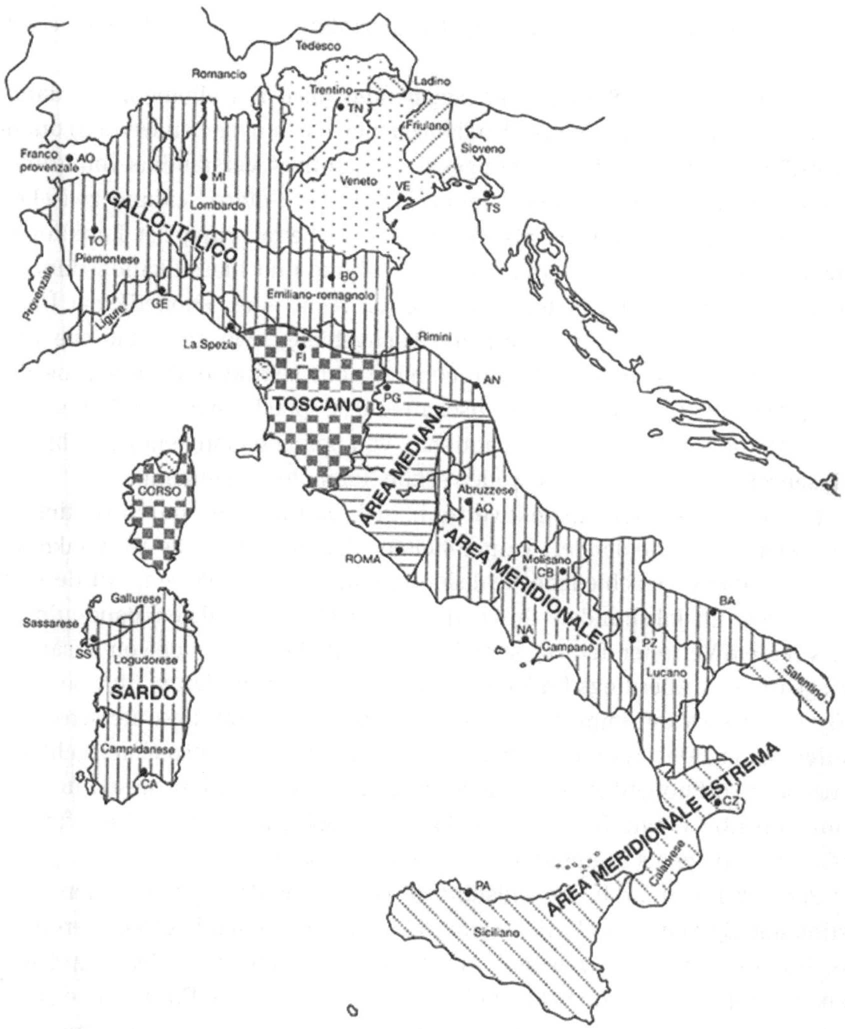

Abb. 1: Makrodialektale Gliederung Italiens (aus: Grassi/Sobrero/Telmon 1997: 82)

1.3 Zur Geschichte des Fachgebiets

Das in 1.1 schon angesprochene Fachgebiet mit der Doppelbezeichnung 'Phonetik und Phonologie' hat eine in Teilen lang zurückreichende Geschichte mit einigen terminologischen Volten, auch wurden zeitweise unter einem der beiden Ausdrücke beide Teilgebiete verstanden. Die verwickelte Fachgeschichte soll hier zunächst v.a. für die Phonologie skizziert werden, um verständlich zu machen, wie es zur heutigen Terminologie und Aufgabenteilung der Disziplinen kam (zur Phonetik vgl. 2.1.5).

Die Entstehung alphabetischer, an Segmenten (also Einzellauten, die dann, wenn auch oft unvollständig, mit Buchstabenzeichen wiedergegeben werden) orientierter Schriftsysteme (vgl. 5.1) setzt ein gewisses intuitives Verständnis von grundlegenden phonologischen Prinzipien voraus. Doch die Unterscheidung zwischen zwei Disziplinen, der Phonologie als systematischer Betrachtung der Funktionen von Sprachlauten und der Phonetik, der Beschreibung und Klassifikation (Einordnung in Klassen) von deren materieller Seite, ist recht jung. Phonetik hat Überschneidungen mit naturwissenschaftlichen Fachgebieten wie der Anatomie (der Artikulationsorgane), Neurologie (Wahrnehmung und kognitive Verarbeitung der Laute), der Akustik (physikalische Eigenschaften des Sprachschalls als Wellenphänomen). Im 19. Jahrhundert galt die 'Lautlehre' von Sprachen lange nur als ein größeres wissenschaftliches Gebiet, bisweilen schon 'Phonologie' genannt.

Das Konzept abstrakter, distinktiver (d.h. sich von anderen durch bestimmte Merkmale klar unterscheidender) Lauteinheiten, der Phoneme, die im konkreten Sprechen potentielle verschiedene Realisierungsvarianten aufweisen, wurde erstmals im späten 19. Jahrhundert durch den polnischen Linguisten Baudouin de Courtenay, einem Vertreter der sog. sprachwissenschaftlichen Schule von Kasan explizit ausgearbeitet. Allerdings findet sich schon im 2. Jahrhundert v. Chr. bei indischen Grammatikern die implizite Vorstellung solcher bedeutungsunterscheidenden Lauteinheiten. Der Terminus 'Phonem' (ursprünglich frz. *phonème*) geht auf den französischen Phonetiker A. Dufriche-Desgenettes zurück, der diesen in einer Vorlesung von 1873 prägte (vgl. Trask 1996, s.v.); doch wurde er zunächst für das verwendet, was später als Segment bezeichnet wurde (s.o.).

Das Phonem-Prinzip, d.h. die vollständige Zuordnung der verschiedenen in einer bestimmten Sprache oder Varietät (s.o., 1.2) vorkommenden Lautrealisierungen zu einer (meistens recht begrenzten) Anzahl von distinktiven, bedeutungsunterscheidenden Einheiten, wurde bald zu einer zentralen Annahme für die neue systematische Disziplin der Phonologie, wie sie in der sog. Prager Schule des Strukturalismus entwickelt wurde (diese ist wiederum durch ihre russischen Protagonisten Nikolai Trubetzkoy und Roman Jakobson dem Erbe der sog. Kasaner Schule der Sprachwissenschaft verpflichtet). Die neue Phonologie und die präzise Beschreibung von **Phoneminventaren** (vgl. 3.2) musste und muss sich bei der erstmaligen Beschreibung von der Wissenschaft noch unbekannten Sprachsystemen bewähren; sie und der Phonembegriff behält in der praktisch-deskriptiven Feldforschung daher hohe Bedeutung. Die einflussreiche Prager Schule machte 'Phonologie' zu einer geläufigen Bezeichnung und die zugehörige Fachdisziplin zu dem für lange Zeit am besten erforschten Gebiet innerhalb der strukturalistischen Sprachwissenschaft.

Der schon erwähnte Nikolai Trubetzkoy verfasste in deutscher Sprache seine *Grundzüge der Phonologie*, die 1939 postum erschienen und die wesentlichen Bestandteile der neuen Theorie darlegten. In seinen Arbeiten führte Roman Jakobson diese weiter aus.

Abb. 2: Pioniere der Phonologie: Jan Baudouin de Courtenay (1845–1929), Nikolai Sergejewitsch Trubetzkoy (1890–1938), Roman Jakobson (1896–1982)

In der ersten Hälfte des 20. Jahrhunderts stehen im Zentrum der strukturalistischen Phonologie in ihrer europäischen (ausgehend insbesondere von Prag und Kopenhagen und verbunden mit Namen wie den genannten russischen Vertretern, den dänischen Sprachwissenschaftlern Louis Hjelmslev, Hans Jørgen Uldall u.a.) und nordamerikanischen Ausprägung (deren Analysemethoden besonders Leonard Bloomfield, Edward Sapir und später Kenneth Pike, Charles Hockett u.a. entwickelten) die Identifizierung, Beschreibung und Klassifikation der Phoneme einer Sprache. Wesentlich für deren Definition sind die Konzepte **Kontrast** (d.h. ein Phonem steht in Opposition zu anderen nur in einem oder wenigen distinktiven Merkmalen sich unterscheidenden minimalen Lauteinheiten), **Distribution** (regelhafte Verteilung des Vorkommens des Phonems in bestimmten Lautumgebungen) und **Repräsentation** (ein Phonem steht für ein Bündel von Merkmalen, Grundlagen hierfür entstanden in der Kopenhagener Schule der sog. 'Glossematik'). In der amerikanisch-strukturalistischen Tradition steht *phonology* für Phonetik und Phonologie im aktuellen Sinne, *phonemics* (dt. 'Phonemik' oder 'Phonematik') für die Disziplin, die sich mit Definition und Distribution von Phonemen befasst.

Zugleich wurden die Beschreibungsmethoden der Phonetik durch das Fortschreiten technischer Entwicklungen zunehmend verfeinert. Die Möglichkeiten sowohl der artikulatorischen, akustischen wie der perzeptiven Phonetik (vgl. 2.1), was experimentelle Ansätze, Messungen und Detailanalyse phonetischer Parameter betrifft, haben sich enorm erweitert und insbesondere Erleichterungen im Forschungsalltag gebracht.

Die ab den 1950er Jahren entstehende generative Linguistik (die von theoretischen Annahmen eher als empirischer Beobachtung bei der Erstellung von Formalismen zur Analyse von Sprache ausgeht) brachte nach einer anfänglichen Konzentration auf die Syntax neue Konzepte einer generativen Phonologie hervor. In dem einflussreichen Werk *The Sound Pattern of English* (abgekürzt als *SPE*) von Noam Chomsky und Morris Halle (1968) richtete sich die Aufmerksamkeit nun auf phonologische Regeln und Prozesse, die bestimmte regelhafte Lautveränderungen in bestimmten lautlichen Kontexten zur Folge haben (vgl. 3.1.4, 3.3). Ein italienisches Beispiel wäre die regelmäßige 'Palatalisierung' in der Pluralform *amici* gegenüber der Singularform *amico*, bedingt durch den Folgevokal (vgl. 3.4.7).

Ähnlich wie lautliche Prozesse rückte auch die Prosodie (vgl. 3.5) erst relativ spät ins Blickfeld weiterer Forschungskreise. Zwar hatte es schon früher, z.B. in amerikanischen Arbeiten der 1940er Jahre, etwa bei Kenneth Pike oder George Trager, und in den britischen Arbeiten des 'Kontextualismus' um John R. Firth ausgeprägtes Interesse an prosodischen Analysen gegeben. Doch entstand erst in den 1980er und 1990er Jahren eine breitere Forschungdynamik hinsichtlich der suprasegmentalen, über die einzelnen Lautsegmente hinausgehenden Eigenschaften von Sprache. Dies nicht zuletzt, weil nun technologischer Fortschritt akustische Analysen z.B. von Funktionen der Sprechmelodie (Intonation) erstmals auch jenseits hochspezialisierter Labore möglich machte.

Nach dem strukturalistischen, oft kritisch als 'taxonomisch' bezeichneten Blick auf die paradigmatischen Beziehungen der Laute in Inventaren und Hierarchien funktional zusammengehöriger Elemente (wie den Phonemen) richtete sich nun ein neuer Fokus auf die syntagmatischen Beziehungen der einzelnen Teile in der Lautkette, die deren unterschiedliches Verhalten je nach lautlichem Kontext bedingen können. Gegenüber der traditionellen Phonemanalyse ging es nun um die Identifizierung von Klassen distinktiver Merkmale, die als Bündel an die Stelle der Minimaleinheit des Phonems treten sollten. Das Konzept wurde von Jakobson, Fant und Halle eingeführt (vgl. Jakobson/Fant/Halle 1952, Jakobson/Halle 1956) in dem Versuch, die Lautsysteme in den Sprachen der Welt auf eine universal gültige Liste von akustischen und artikulatorischen Lautmerkmalen (engl. *features*) zurückzuführen. Zunächst werden dabei zwölf binär organisierte (d.h. in An- oder Abwesenheit des jeweiligen Merkmals verzweigende) *features* identifiziert, was eine durchaus beträchtliche Reduzierung des Beschreibungsaufwands versprach, wenn man dies mit den oft mehreren Dutzend Phonemen in einzelsprachlichen Inventaren vergleicht. Hiermit geht auch ein verstärktes Interesse an den Methoden der akustischen Phonetik einher.

Im oben erwähnten SPE-Modell modifizieren und erweitern Chomsky/Halle diese ursprüngliche Merkmalliste, um das phonologische System des Englischen in Form von Bündeln distinktiver Merkmale zu beschreiben. Allerdings ergeben sich gegenüber einem einheitlichen Phonembegriff durch die Kombinatorik von mehreren Merkmalen auch Komplikationen. Die ursprünglich ökonomisch angelegte Merkmalreihe wurde nach und nach erweitert und enthält eine Mischung phonetisch und phonologisch begründeter Merkmale. Mit dem SPE-Modell hält auch die Vorstellung abstrakter zugrundeliegender Formen bzw. Repräsentationen (die als 'systematische Phoneme 'beschrieben werden können) Einzug, welche mittels phonologischer Regeln in phonetische Oberflächenformen gewandelt werden.

An diesem neuartigen Ansatz wurde in der Folge kritisiert, es mangele darin an Beschränkungen (engl. *constraints*) der Vorhersagen über die phonetischen Realisierungen, die sich aus der Regelanwendung ergeben sollen. Hieraus entstanden neue Richtungen der phonologischen Theorie wie die **Natürliche Phonologie** (vgl. Donegan/Stampe 1979, Dressler 1984) und die **Natürliche Generative Phonologie** (vgl. Vennemann 1972 und Bybee Hooper 1976), deren Anliegen es ist, den allzu hohen Grad an Abstraktheit bei angenommenen Repräsentationen ausgehend von allgemeinen Prinzipien der Natürlichkeit in Lautbildung und lautlichen Prozessen auf ein realitätsnäheres Maß zurückzuführen.

Die Natürliche Phonologie (oder Natürlichkeitsphonologie) unterscheidet einerseits zwischen natürlichen, angeborenen Prozessen, die sich aus der Anatomie und Physiologie der Sprechorgane sowie durch akustische Eigenschaften erklären lassen, und andererseits sprachspezifischen, jedoch überwiegend natürlichen Regeln, die im Lauf des Spracherwerbs erlernt werden. Die Theorie der Natürlichen Generativen Phonologie setzt die Natürlichkeit der zugrundeliegenden Repräsentationen voraus, die daher nah bei den konkreten phonetischen Oberflächenformen liegen müssen und nicht zu abstrakt sein dürfen.

Die von Chomsky und Halle in den 1960er Jahren angestoßene Entwicklung einer Generativen Phonologie im Rahmen der Theoriebildung für eine generative Grammatik hat weitere Verästelungen und neue Ansätze hervorgebracht. Die Hervorhebung der Merkmale gegenüber dem strukturalistisch geprägten Phonembegriff führte z.B. zur Herausbildung der sog. **Merkmalsgeometrie**, eines Ansatzes, der darauf abzielt, phonologische Merkmale systematisch in Hierarchien anzuordnen (einen guten Überblick dazu bietet Clements 2006). Während das SPE-Modell noch versucht, ohne die phonotaktische (die Lautanordnung und –kombination betreffende) Einheit der Silbe (vgl. 3.4) auszukommen, und abgesehen von Fragen der Akzentuierung prosodische Aspekte ausklammert, verdanken sich der kritischen Auseinandersetzung mit diesem Modell Theorieentwürfe, die dessen Grundannahmen revidieren oder durch neue Analysevorschläge ersetzen. So entstanden in relativ kurzer Zeit innerhalb der letzten Jahrzehnte neue phonologische Teildisziplinen und Schulen wie etwa die Silbenphonologie, **metrische, autosegmentale** (wichtig für die Analyse von Intonation, vgl. 3.6.1) und andere Ansätze der **prosodischen Phonologie**, unter Ausdifferenzierung verschiedener Versionen (hierin analog zur Entwicklung in der formalen Syntaxforschung).

Eine der noch relativ jungen und innerhalb der formal-generativen Theorien eigenständigsten Entwicklungen dürfte die **Optimalitätstheorie** (kurz OT, engl. *Optimality Theory*, vgl. 3.6.2) sein. Zunächst v.a. anhand von Silbenstrukturanalysen und Lehnwortphonologie entwickelt (Prince/Smolensky 1993[2004^2]) versucht dieser Ansatz, radikal anders als Theorien, die auf – möglichst ausnahmslos gültige – Regelvorhersagen setzen, den Wettbewerb verschiedener **Wohlgeformtheitsbe-**

schränkungen (gemeint sind Bedingungen, aus denen strukturell 'gelungene' Formen resultieren) zu modellieren. Über die Phonologie hinaus wird diese Theorie inzwischen auch auf Morphologie, Syntax, Semantik und weitere sprachliche Ebenen angewandt. Gemäß dem generativen Konzept einer allen Sprachsystemen zugrundeliegenden angeborenen **Universalgrammatik** (engl. *Universal Grammar*, UG) sind die Beschränkungen (oder *constraints*) universell, übereinzelsprachlich angelegt und stehen vielfach miteinander im Wettbewerb um die Bildung der besten ('optimalen') Outputform aus einer zugrundeliegenden Inputform.

Parallel zur Entwicklung formaler Phonologiemodelle sind verschiedene Ausprägungen funktionaler Theorien entstanden wie die bereits erwähnte Natürliche Phonologie. Während erstere das Hauptaugenmerk auf Beschreibungsadäquatheit und universal gültige Formalismen richten, ist der gemeinsame Nenner bei letzterer das Bestreben, phonologische Erklärungen auf die Funktionen lautlicher Merkmale und Prozesse in Einzelsprachen (und Sprachgruppen) zu stützen. Dabei steht eine typologische, sprachvergleichende Perspektive im Vordergrund. Ein zentrales Anliegen der **phonologischen Typologie** von Sprachen ist deren Zuordnung zu bestimmten Klassen von Sprachrhythmus (vgl. 3.5.5).

Schon in vorwissenschaftlichen Zeiten diskutiert, ist spätestens seit Pikes (1947[1945]) Unterscheidung eines 'silbenbasierten' von einem 'akzentbasierten' Rhythmusmuster in den Sprachen der Welt (zu dem später weiter ausdifferenzierte Modelle kamen) ein aktiver Forschungszweig entstanden. Für die Metriken (Messmethoden) zu den unterschiedlichen Rhythmuszuordnungen haben wiederum Analysemethoden der akustischen Phonetik große Bedeutung gewonnen.

Zu den aktuellen Theorieentwicklungen gehören auch sog. **gebrauchsbasierte** Ansätze (engl. *usage-based*), die neben funktionalen, diachronen Sprachwandel und synchrone Variation einbeziehenden Betrachtungsweisen besonders an kognitiven Erklärungsmustern interessiert sind (vgl. Bybee 2001). Frequenzeffekte (d.h. die Auswirkungen der Vorkommenshäufigkeit von sprachlichen Elementen) auf die mentale Repräsentation und Kategorisierung von Lautmustern bilden den Kern der **Exemplartheorie** (vgl. 3.6.3).

War über längere Zeit eher ein Auseinanderdriften in Arbeitsgebieten und Interessen der Phonetik und der Phonologie zu konstatieren, so kann man in den letzten Jahren von einer gewissen Wiederannäherung sprechen. So greifen Ansätze wie die **Laborphonologie** (engl. *laboratory phonology*) auf phonetische Analysemethoden zur Fundierung theoretischer Annahmen zurück. Andererseits bilden sich mit zunehmend aktiven Forschungsgebieten wie der **Soziophonetik** (it. *sociofonetica*) derzeit neue methodische Paradigmen heraus (vgl. z.B. Calamai 2015), welche die Grenzen zu anderen linguistischen Disziplinen wie der **Soziolinguistik** (it. *sociolinguistica*) überschreiten.

1.4 Hinweise zu bibliographischen und transkriptionstechnischen Hilfsmitteln

Dieses Einleitungskapitel schließt mit praktischen Hinweisen zu bibliographischen Hilfsmitteln für das Selbststudium und Transkriptionsaufgaben. Neben weiterer im Text erwähnter Literatur zu Einzelaspekten sind besonders folgende Quellen nützlich, um sich einen ersten Überblick zu den lautlichen Charakteristika des Italienischen zu verschaffen (ausführlicher dazu 4.5 und 6.5):

Bemerkungen zu den verschiedenen Aussprachemustern im Standarditalienischen und regionalen Varietäten finden sich bei Schmid (1999: 127–156), Canepari (1986[3]) sowie den Überblick bei Bertinetto/Loporcaro (2005), vgl. außerdem Galli de' Paratesi (1984), Heinz (2006: 78–84), Stammerjohann (1988), Heinz (2021). Ein immer noch aktuelles Handbuch zur italienischen Aussprache mit detaillierten Angaben ist Caneparis *Manuale di pronuncia italiana* (*MaPI*, 1999a[2]); nützlich ist vom selben Autor zudem der *Dizionario di pronuncia italiana* (*Il DiPI*, 1999b, auch als Online-Wörterbuch abrufbar: www.dipionline.it, 2012-2015). Ein älteres Aussprachewörterbuch ist der *DOP. Dizionario italiano multimediale e multilingue d'ortografia e di pronunzia* von Migliorini/Tagliavini/Fiorelli (2010), jetzt ebenfalls online: http://www.dizionario.rai.it/.

Das *Journal of the International Phonetic Association* (JIPA) enthält Artikel über aktuelle phonetische Forschung und Beschreibungen der Lautmuster in den Sprachen der Welt. Eine entsprechende Beschreibung zum Standarditalienischen ist Bertinetto/Loporcaro (2005).

Nützliche Ressourcen zum Einstieg in die praktische Arbeit sind die Tabelle der IPA-Zeichen für die phonetische Transkription und die virtuelle IPA-Tastatur:
www.internationalphoneticassociation.org/IPAcharts/IPA_Kiel_2018_full.pdf
http://ipa.typeit.org/full/

1.5 Aufgaben

1.1 Schlagen Sie im Internet die virtuelle Tastatur für phonetische Zeichen namens 'IPA Keyboard (full)' nach. Nutzen Sie diese zur Erstellung von Transkriptionen der folgenden Formen: dt. *hellrot*, it. *amici*, it. *regionale*.

1.2 Welche Laute fielen Ihnen bei diesen ersten Transkriptionsversuchen spontan leicht, welche schwerer?

1.3 Warum gilt für das Italienische eine akzentfreie, 'herkunftsreine' Aussprache als ungewöhnlich und geradezu unnatürlich?

1.4 Auf wen geht der Phonembegriff der modernen Phonologie zurück?

2 Grundlagen der Phonetik

2.1 Von der Perzeption zur Produktion: Arbeitsfelder der phonetischen Forschung

2.1.1 Die Einteilung der Phonetik in verschiedene Teildisziplinen

Traditionell zerfällt die Phonetik in drei Teilgebiete, nämlich in die artikulatorische, akustische und auditive Phonetik. Die artikulatorische Phonetik beschreibt die Erzeugung von Sprachlauten durch die menschlichen Sprechorgane, während die akustische Phonetik die physikalischen Eigenschaften von Sprachschall analysiert; die auditive Phonetik untersucht schließlich die Wahrnehmung und Verarbeitung von Sprachlauten durch das Gehör und das Gehirn. Die Teilbereiche der Phonetik betrachten somit drei unterschiedliche und zugleich eng miteinander verbundene Elemente der lautsprachlichen Kommunikation, wie Abb. 3 aufzeigt.

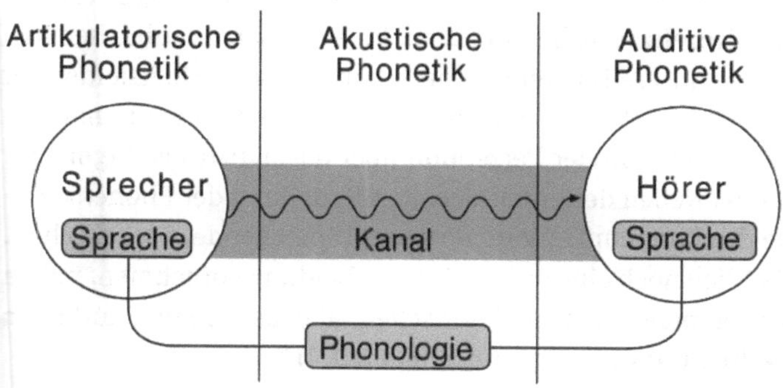

Abb. 3: Erkenntnisgegenstand der drei Teilgebiete der Phonetik sowie der Phonologie

Bei den drei Elementen der Kommunikation handelt es sich um den Sprecher (artikulatorische Phonetik), den 'Kanal' (akustische Phonetik) und den Hörer (auditiv-perzeptive Phonetik). Unter **Kanal** (it. *canale*) versteht man das physikalische Medium, über welches Signale oder Botschaften übertragen werden; der Begriff stammt aus der allgemeinen Informationstheorie, die dem Modell in Abb. 3 zugrundeliegt. Der Sprecher wird auch als **Sender** (it. *emittente*) und der Hörer als **Empfänger** (it. *ricevente*) bezeichnet. In Abb. 3 wird innerhalb der Kreise von Sprecher und Hörer zudem auf ein viertes Element der mündlichen Kommunikation verwiesen, nämlich auf das spezifische Sprachsystem, das die Gesprächsteilnehmenden miteinander teilen (in unserem Fall das Italienische): Gemeint ist die Strukturebene der Sprachlaute, welche von der linguistischen Teildisziplin der **Phonologie** analysiert wird (Kap. 3). Zunächst sollen jedoch die drei genannten Teilgebiete der Phonetik eingeführt werden.

https://doi.org/10.1515/9783110534047-002

Die **artikulatorische Phonetik** (it. *fonetica articolatoria*) liefert eine anschauliche Beschreibung der Produktion von Sprachlauten und ermöglicht zugleich eine einleuchtende Einteilung der Vokale und Konsonanten; auch die in der phonetischen Transkription verwendeten Symbole verweisen auf artikulatorische Kategorien. Begriffe und Bezeichnungen der artikulatorischen Phonetik werden in verschiedenen Bereichen der Linguistik (z.B. in der diachronen Sprachwissenschaft oder in der Dialektologie) verwendet und gehören somit zum Grundwissen, über welches Studierende der Italianistik verfügen sollten. Aus diesem Grund wird in dieser Einführung die artikulatorische Phonetik am ausführlichsten behandelt; ihr sind drei Unterkapitel gewidmet (2.2–2.4). Dank des technologischen Fortschritts der letzten Jahrzehnte verfügen Studierende heutzutage über die Möglichkeit, mit ihrem eigenen Computer instrumentelle Analysen von Sprachlauten durchzuführen, weshalb in der Folge auch einige Grundbegriffe der **akustischen Phonetik** (it. *fonetica acustica*) eingeführt werden (2.1.3). Unter den drei traditionellen Unterdisziplinen der Phonetik stellt die **auditiv-perzeptive Phonetik** (it. *fonetica uditiva* oder *percettiva*) (2.1.2) den jüngsten Forschungszweig dar, der in der einschlägigen Studienliteratur oft eher am Rande erwähnt wird. Auch in dieser Einführung werden wir uns auf einige grundlegende Aspekte der **Lautwahrnehmung** beschränken. Im Gegensatz zur üblichen Reihenfolge beginnen wir aber unsere Darstellung der phonetischen Arbeitsfelder mit der auditiv-perzeptiven Phonetik: Ausgehend vom letzten Element in der Kommunikationskette gelangen wir somit von der Perzeption über das akustische Signal zur Produktion der Sprachlaute. Neben der grundlegenden Einteilung der Phonetik aufgrund der drei Elemente des Kommunikationsprozesses (Sprechende, Sprachschall, Hörende) lässt sich schließlich noch eine weitere Unterscheidung vornehmen, indem man der experimentell ausgerichteten artikulatorischen, akustischen und auditiven Phonetik eine **linguistische Phonetik** gegenüberstellt (2.1.4).[5]

2.1.2 Auditiv-perzeptive Phonetik: die Wahrnehmung der Sprachlaute

Wie bereits ihr Name besagt, zerfällt die auditiv-perzeptive Phonetik eigentlich nochmals in zwei Teilgebiete, nämlich die 'auditive' und die 'perzeptive' Phonetik, welche zwei eng miteinander verbundene Phasen der lautsprachlichen Kommunikation zum Gegenstand haben. In der ersten Phase der **Rezeption** findet das eigentlich Hören

5 Im deutschen Sprachraum wird zuweilen auch eine Zweiteilung vorgenommen in 'Symbolphonetik' und 'Signalphonetik' (oder in 'Ohrenphonetik' und 'Messphonetik'); diese Unterscheidung bezieht sich auf die jeweils verwendeten Methoden. Die näher bei der Phonologie gelegene Ohren- oder Symbolphonetik beschäftigt sich vorwiegend mit der Darstellung von Sprachlauten mittels phonetischer Zeichen ('Symbolen'); die Signal- oder Messphonetik verwendet dagegen experimentelle und instrumentelle Methoden, wobei die Messungen sich meist auf das akustische Sprachsignal beziehen (vgl. Kohler 1995²: 23, Pompino-Marschall 2009³: 2–3, Schmid 2010a: 72–73).

statt, d.h. die Erfassung und Übertragung von Schallwellen durch die peripheren Organe des Gehörs, während in der zweiten Phase die **Perzeption** erfolgt, d.h. die Entschlüsselung und Rekonstruktion der durch den Sprachschall vermittelten lautlichen Einheiten im Gehirn.

In Bezug auf die erste Phase der Lautwahrnehmung und somit die auditive Phonetik im engeren Sinne kann man feststellen, dass die physiologischen Vorgänge bei der Verarbeitung des Sprachschalls durch die Hörorgane zwar relativ komplex, aber kaum umstritten und eigentlich auch nicht sprachspezifisch sind.

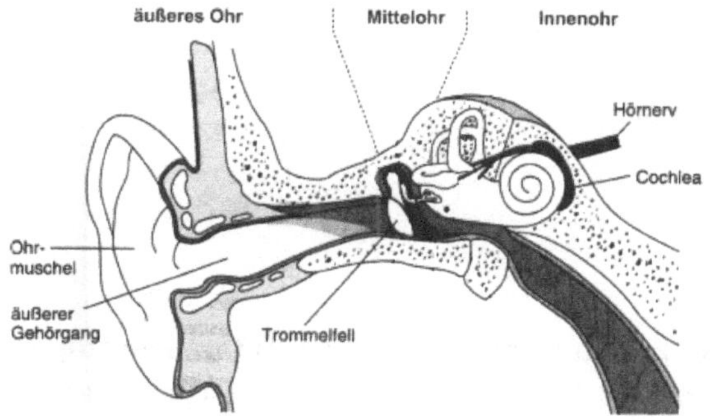

Abb. 4: Das periphere auditive System

Die Aufnahme und Übertragung von akustischen Signalen (2.1.3) erfolgt über drei Teile des Ohrs: Außenohr, Mittelohr und Innenohr (Abb. 4). Die Luftdruckschwankungen der in die Ohrmuschel eintretenden Schallwellen treffen am Ende des äußeren Gehörgangs auf das Trommelfell; dort werden sie in Festkörperschwingungen umgewandelt und über die drei Gehörknöchel des Mittelohrs (Hammer, Amboss und Steigbügel) an das ovale Fenster (den Übergang zum Innenohr) geleitet. Im mit Lymphflüssigkeit gefüllten Schlauchsystem des Innenohrs bahnen sich die Schallwellen dann ihren Weg durch die zweieinhalb Windungen der Hörschnecke (lat. COCHLEA); an deren Ende befindet sich die Basilarmembran, wo über 20'000 Haarzellen eine Art 'Analyse' der übertragenen Schwingungen durchführen und die empfangenen Reize in elektrische Impulse umwandeln.

Von der Cochlea gelangen diese chemoelektrischen Signale über den Hörnerv zur auditiven Endverarbeitung ins Gehirn. Die Hörzentren befinden sich seitlich in der Großhirnrinde; in der linken Hirnhälfte liegt die sog. 'Hörrinde' zwischen den beiden Arealen, die man traditionellerweise als **Sprachzentren** betrachtet, dem **Broca-Areal** und dem **Wernicke-Areal** (vgl. Abb. 5). Diesen nach zwei Aphasieforschern aus dem 19. Jahrhundert benannten Sprachzentren werden unterschiedliche Aufgaben zugeschrieben: Das im Schläfenlappen gelegene Wernicke-Areal trägt wesentlich zum Sprachverstehen bei, während das im Stirnlappen gelegene Broca-Areal bei der Sprachproduktion aktiviert wird.

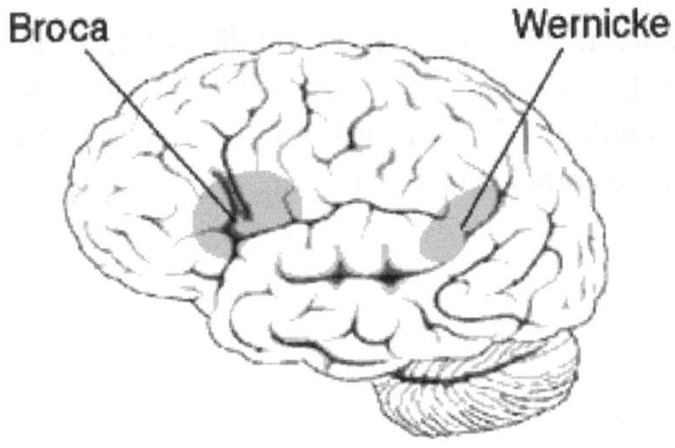

Abb. 5: Sprachzentren im Gehirn

Die funktionale Spezialisierung der beiden Hirnhälften – auch **Lateralisierung** (it. *lateralizzazione*) genannt – spielt bei der Verarbeitung von Sprachschall ebenfalls eine Rolle. Da ähnlich wie beim Sehen die Übertragung der Sinnesreize 'gekreuzt' erfolgt (d.h. vom linken Ohr zur rechten Hirnhälfte und vom rechten Ohr zu linken Hirnhälfte), besteht für die Lautwahrnehmung ein Rechts-Ohr-Vorteil: Wenn man nämlich mit einem Kopfhörer die beiden Ohren mit unterschiedlichen sprachlichen Stimuli beschallt, so wird in der Regel die im rechten Ohr empfangene Information besser wahrgenommen.[6]

Wenn wir uns nun der zweiten Phase der Lautwahrnehmung und somit der perzeptiven Phonetik zuwenden, so stellen wir fest, dass in diesem Forschungsfeld weniger kanonische Wissensbestände vorliegen als vielmehr eine Vielfalt von theoretischen Modellen sowie von sich zum Teil widersprechenden Hypothesen. Dies liegt einerseits an den in der Tat äußerst komplexen Vorgängen der Sprachverarbeitung im Gehirn, andererseits aber auch an der Natur kognitiver Prozesse, welche für die direkte empirische Beobachtung nur schwer zugänglich sind. Da Vokale und Konsonanten Bestandteile von bedeutungstragenden Wörtern einer bestimmten Sprache sind, kann man annehmen, dass ihre Wahrnehmung sowohl durch das phonologische Wissen der Hörenden geprägt wird als auch durch andere Module der Sprachkompetenz, insbesondere durch den Wortschatz.

6 Die heutigen Neurowissenschaften relativieren sowohl die Fokussierung auf das Broca- und das Wernicke-Areal als auch die Bedeutung der Lateralisierung; betont wird hingegen die Rolle der rechten Hirnhälfte insbesondere für die Wahrnehmung der Prosodie (vgl. Ott/Meyer 2010).

So gehen psycholinguistische Theorien der Worterkennung davon aus, dass Wörter im mentalen Lexikon aufgrund phonetischer Ähnlichkeiten in 'Kohorten' gespeichert sind. Hört eine Italienerin z.B. ein Wort wie *porti* 'trägst', so vergleicht sie diesen auditiven Eindruck mit ähnlichen Mustern wie *parti* 'Teile', *posti* 'Orte', *porte* 'Türen' usw., bis sie schließlich die richtige Form erkannt hat. In einem solchen Modell erfolgt die Lauterkennung also vom Wort oder von der Silbe aus, gewissermaßen 'von oben nach unten' (*top-down*). Laut anderen Theorien werden Sprachlaute hingegen von 'unten nach oben' wahrgenommen (*bottom-up*), indem die einzelnen Lautsegmente aufgrund hauptsächlich akustischer Eigenschaften (z.B. der Stimmhaftigkeit) kategorisiert und bestimmten phonologischen Merkmalen zugewiesen werden (3.2). In einem solchen Erklärungsansatz werden die Repräsentationen von Sprachlauten nicht aufgrund von lexikalischem Wissen rekonstruiert, sondern vielmehr anhand von Informationen, die im akustischen Signal enthalten sind. Schließlich ist sogar postuliert worden, dass bei der Perzeption von Vokalen und Konsonanten die Artikulation der Laute eine Rolle spielt: Gemäß der 'motorischen Theorie der Lautwahrnehmung' (*motor theory of perception*) vergleichen wir beim Hören von Sprache die auditiven Sinnesreize laufend mit inneren Sprechbewegungen (vgl. Pompino-Marschall 2009^3: 143–175, Schmid 2010b).

Da es nicht immer einfach ist, die theoretischen Modelle der auditiv-perzeptiven Phonetik empirisch zu überprüfen, weisen sie bis zu einem gewissen Punkt einen spekulativen Charakter auf. Versuchen wir deshalb, uns auf Aspekte der **Lautwahrnehmung** zu konzentrieren, die einfacher nachvollziehbar sind und im Prinzip für alle hörbaren Ereignisse gelten. Bei der Perzeption von Tönen und Geräuschen – und somit auch bei der Wahrnehmung von Sprachlauten – registrieren wir nämlich gleichzeitig verschiedene Dimensionen. So wie der Gesichtssinn mehrere Aspekte eines Gegenstands erfasst (Größe, Form, Farbe, Helligkeit, Lage im Raum, Bewegung), so nehmen wir von einem Klangereignis neben der räumlichen Position der Schallquelle zugleich **Dauer** (it. *durata*), **Lautstärke** (it. *intensità* oder *volume*), **Tonhöhe** (it. *tono* oder *altezza*, engl. *pitch*) und **Klangfarbe** (it. *timbro*) wahr.[7] In der Musik bemerken wir neben kurzen und langen Noten, lauten und leisen Klängen (*forte* vs. *piano*) einerseits die Melodie, die durch Veränderungen der Tonhöhe entsteht, andererseits aber auch das spezifische *timbre* eines Instruments oder einer Stimme; das große Spektrum der Klangfarben reicht von den Geräuschen eines Schlagzeugs bis zu den Klängen eines Blasinstruments.

7 Die deutschen Bezeichnungen dieser Dimensionen des Hörens weisen zum Teil einen metaphorischen Charakter auf: wenn der zweite Teil des Kompositums 'Lautstärke' in einem gewissen Sinn an den Tastsinn (oder zumindest an die Festkörperdynamik) erinnert, so sind 'Höhe' und 'Farbe' klar der visuellen Wahrnehmung entlehnt. Offensichtlich räumt die sprachliche Konzeptualisierung des Hörens der Erfahrung dem Gesichtssinn eine gewisse kognitive Priorität ein.

Auch bei gesprochener Sprache nehmen wir die Dimensionen der Dauer, der Lautstärke, der Tonhöhe und der Klangfarbe wahr. Wir unterscheiden zum Beispiel kurze und lange Vokale, laute und leise Silben, fallende und steigende Satzmelodien. Vor allem aber müssen wir, um erfolgreich sprachlich zu kommunizieren, verschiedene Vokale und Konsonanten voneinander unterscheiden können. Eine unterschiedliche Klangfarbe prägt zum Beispiel die Konsonanten [s] und [f] in den italienischen Wörtern *basso* 'tief' und *baffo* 'Schnurrbart'; ebenfalls auf einer unterschiedlichen Klangfarbe beruht der Gegensatz zwischen den Vokalen [a] und [o] in den italienischen Wörtern *sale* 'Salz' und *sole* 'Sonne'.

Die sprachliche Funktion von Variationen der Lautstärke und Tonhöhe wird in der Prosodie, einem Teilgebiet der Phonologie, untersucht (3.5); welche vokalischen und konsonantischen Klangfarben eine Sprache benutzt, ist Gegenstand der segmentalen Phonologie (3.1). Die akustische Phonetik, der wir uns im nächsten Kapitel zuwenden, erklärt hingegen die eigentliche materielle Beschaffenheit von Lautstärke, Tonhöhe und Klangfarbe; sie ermöglicht auch ein genaueres Verständnis wesentlicher Aspekte der Wahrnehmung gesprochener Sprache.

2.1.3 Akustische Phonetik: die Analyse von Sprachschall

Die **Akustik** (it. *acustica*) ist ein typisches Anwendungsfeld der Physik: Sie bildet einen Teil der Schwingungslehre und somit ein Kapitel der klassischen Mechanik. Akustisches Wissen verwenden Bauingenieure bei der Gestaltung von Konzertsälen und Elektroingenieure bei der Konstruktion von Geräten zur Musikwiedergabe. So mag es erstaunen, dass Studierende der Sprachwissenschaft sich mit ähnlichen Dingen auseinandersetzen sollen. Das hat damit zu tun, dass die Sprache – obwohl primär ein mentales Phänomen – sich materiell manifestieren muss, damit verbale Kommunikation überhaupt stattfinden kann. Zudem ist die Linguistik nicht nur eine rein theoretische Wissenschaft, sondern auch eine empirische: Es ist möglich, gewisse Aussagen über die Lautstruktur experimentell zu überprüfen und zu untermauern.

Die Akustik ist die Lehre vom **Schall**; die akustische Phonetik untersucht die akustischen Eigenschaften von Sprachschall. Schall entsteht insbesondere bei der Ausbreitung von Luftdruckschwankungen, die vom Gehör wahrgenommen werden. Je nach Temperatur verfügen Luftpartikeln über einen normalen atmosphärischen Druck, der durch mechanische Einwirkung verändert werden kann. Ein solches mechanisches Ereignis erfolgt jeweils an einer bestimmten **Schallquelle** (it. *sorgente*): Schlägt man zum Beispiel mit einer Stimmgabel auf einen Holztisch, so werden durch die Stimmgabel im Holz Schwingungen ausgelöst, die an die umgebenden Luftpartikeln weitergegeben werden, um schließlich durch das Außenohr von einem Hörer erfasst zu werden (2.1.2). Schall breitet sich also in verschiedenen Aggregatzuständen aus (in Festkörpern, Flüssigkeiten und Gasen), die jeweils eine unterschiedliche Ausbreitungsgeschwindigkeit aufweisen; bei einer Lufttemperatur von 20 Grad beträgt die **Schallgeschwindigkeit** (it. *velocità del suono*) 343,2 Meter pro Sekunde.

Wenn nun durch mechanische Einwirkung auf eine Schallquelle Moleküle von Festkörpern und Luftpartikeln in Schwingung versetzt werden, so bedeutet dies nicht, dass sie sich voneinander entfernen; vielmehr bewegen sich die einzelnen Partikeln wie ein Pendel um ihre eigene Ruhelage und geben dadurch Energie an die benachbarten Moleküle weiter (ähnliche Erscheinungen kann man zum Beispiel beobachten, wenn man einen Stein in ein ruhendes Gewässer wirft). Das kontinuierliche 'Anstoßen' der Luftpartikeln führt zu einer wellenartigen Ausbreitung der Druckschwankungen im Raum, so dass man aufgrund dieser longitudinalen Übertragung von 'Schallwellen' spricht. Die einfachste Form einer Schallwelle kann man sich als **Sinuswelle** (it. *onda sinusoidale*) vorstellen, wie sie schematisch in Abb. 6 dargestellt wird:

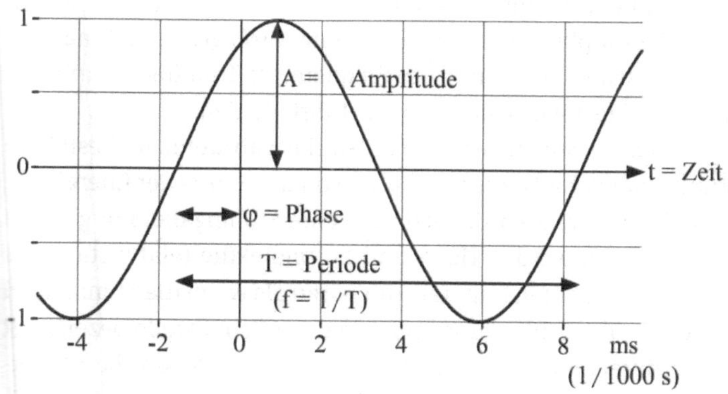

Abb. 6: Sinuswelle (A = Amplitude, t = Zeit, T = Periode)

Sinustöne kommen in der Natur nicht vor (und somit auch nicht bei Sprachlauten), sondern werden elektronisch produziert, z.B. als Signalton beim Telefon; sie eignen sich aber, um die Eigenschaften von Schallwellen exemplarisch zu erörtern. Abb. 6 zeigt die Ausbreitung einer Sinuswelle: Auf der Abszisse (bzw. der X-Achse, also in waagrechter Richtung) sieht man den Zeitverlauf in Millisekunden (ms), wie der Kleinbuchstabe *t* (lat. TEMPUS) in der Mitte am rechten Rand anzeigt. Auf der Ordinate (bzw. der Y-Achse, also in senkrechter Richtung) erscheint die **Amplitude** der Sinuswelle, die mit dem Buchstaben *A* am Punkt der maximalen Auslenkung am oberen Ende der Abbildung aufgetragen wird. Die Sinuswelle beginnt mit ihrer Entfernung aus der Ruhelage (d.h. vom 0-Punkt der Ordinate) kurz nach dem Zeitpunkt -2 ms und erreicht ihr Ende kurz nach dem Zeitpunkt 8 ms, an welchem sie den Nullpunkt der X-Achse wieder in der gleichen Richtung durchquert. Die im unteren Teil von Abb. 6

eingetragene **Periode** (it. *periodo*) gibt an, dass die Schallwelle in einer Zeitspanne von 10 Millisekunden zweimal ihre maximale Auslenkung erreicht: Die Periode (*T*) ist also die Zeit, welche ein Zyklus einer Schallwelle für seine Ausbreitung braucht. Bei einem größeren Ausschnitt des Zeitfensters (z.B. von -12 ms bis 18 ms) könnte man erkennen, dass sich die Sinuswelle dreimal gleichmäßig fortsetzt. Wir könnten somit die **Frequenz** (it. *frequenza*) der Schallwelle berechnen, d.h. die Anzahl der gleichmäßigen Wiederholungen ihrer Zyklen innerhalb einer bestimmten Zeitspanne (zum Beispiel innerhalb einer Sekunde).

In Abb. 6 wird zudem die Entfernung der ersten Durchschreitung der Y-Achse vom willkürlich gewählten Nullpunkt der Zeitmessung als **Phase** (it. *fase*) bezeichnet. Wie in 2.1.2 bereits erwähnt wurde, kann das Gehör den Ursprung einer Schallquelle im Raum feststellen. Dies geschieht durch die Registrierung von Phasenverschiebungen der Schallwelle: So wie Säugetiere über zwei Ohren verfügen, um auditiv Gefahren zu orten, so können Menschen aufgrund derselben Ausstattung z.B. eine menschliche Stimme lokalisieren.

Wichtiger für die sprachliche Kommunikation sind jedoch zwei andere Eigenschaften der Schallwelle: die Amplitude und die Frequenz. Grob gesagt nehmen wir die Amplitude auditiv als Lautstärke wahr und die Frequenz als Tonhöhe. Amplitude und Frequenz sollen in der Folge etwas genauer ausgeführt werden.

Die **Amplitude** (it. *ampiezza*), welche wir als Lautstärke wahrnehmen, besteht in der Breite der Auslenkung einer Schallwelle und hängt von der Stärke der Energie ab, mit welcher die Schallquelle angeregt wird. Setzt man eine Stimmgabel mit großem Kraftaufwand auf einen Tisch, so werden Holz- und Luftmoleküle relativ stark aus ihrer Ruhelage bewegt, sodass wir einen lauteren Ton hören als wenn die Stimmgabel nur sanft angeschlagen wird. Die Größe der Amplitude einer Schallwelle bezeichnet man als deshalb auch als 'Intensität'. Da es sich bei Schall um hörbare Luftdruckschwankungen handelt, könnte man die Intensität im Prinzip mit einer physikalischen Messeinheit für Druck – z.B. mit 'Pascal' oder 'Bar' – angeben. In der Praxis verwendet man jedoch für den Schalldruckpegel die Einheit **Dezibel (dB)**, welche aus der Elektrotechnik stammt und eigentlich ein Maß für die Energieübertragung darstellt; ein Dezibel ist ein Zehntel der Einheit 'Bel', deren Bezeichnung auf Alexander Graham Bell (1847–1922), den Erfinder des Telefons, zurückgeht.

Die Intensität von hörbaren Ereignissen erstreckt sich auf der Dezibelskala von 0 dB bis über 150 dB. Die Hörschwelle wird in der Regel bei 0 dB angesetzt, auch wenn das minimale Energieniveau für die Wahrnehmung von auditiven Reizen vom jeweiligen Frequenzbereich abhängt (vgl. Abb. 8). Beim Flüstern erreicht man ein Niveau von ungefähr 30 dB, während sich die Lautstärke für normale Konversation im Bereich von 50 dB bis 60 dB bewegt. Die Schmerzgrenze liegt zwischen 120 dB und 130 dB; ein lauteres akustisches Ereignis – wie z.B. ein Gewehrschuss mit 170 dB – führt zu einer Schädigung des Gehörs.

Die **Frequenz**, welche wir als Tonhöhe wahrnehmen, besteht in der Häufigkeit, mit welcher sich eine Schallwelle gleichmäßig in einem bestimmten Zeitraum wiederholt. Als Messeinheit für die Frequenz verwendet man üblicherweise **Hertz (Hz)**, benannt nach dem deutschen Physiker Heinrich Hertz (1857–1894): 1 Hz entspricht einem Zyklus pro Sekunde. Die Frequenz verhält sich somit indirekt proportional zur Periode *T*: je kürzer die Periode, desto höher die Frequenz (oder umgekehrt, je länger die Periode, desto niedriger die Frequenz). Abb. 7 zeigt oben eine Sinuswelle mit einer Frequenz von 100 Hz (die Periode beträgt in diesem Fall eine Hundertstelsekunde) und unten eine Sinuswelle mit einer Frequenz von 200 Hz (die Periode beträgt eine halbe Hundertstelsekunde).[8]

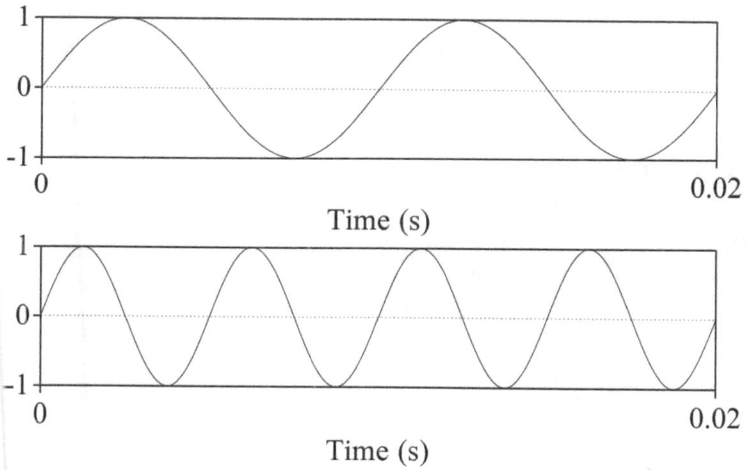

Abb. 7: Sinuswellen mit einer Frequenz von 100 Hz (oben) bzw. 200 Hz (unten)

In der musikalischen Akustik ergibt die Verdoppelung einer Frequenz das Intervall einer **Oktave** (it. *ottava*). Wenn also das eingestrichene *a*' bei einer Frequenz von 440 Hz liegt, so hat der eine Oktave tiefer liegende Ton *a* eine Frequenz von 220 Hz; wiederum hat der eine Oktave höher liegende Ton *a*'' eine Frequenz von 880 Hz. Bei gesprochener Sprache bewegen sich die durchschnittlichen Frequenzen menschlicher Stimmen in geschlechtsspezifischen Bereichen: Männerstimmen liegen in etwa in einem Bereich von 80–200 Hz, während der durchschnittliche **Stimmumfang**

8 Da die Ausbreitungsgeschwindigkeit von Schallwellen ja gegeben ist (v = 344 Meter pro Sekunde), könnte man aufgrund der Periode bzw. der Frequenz auch die Länge von Schallwellen (λ) berechnen. Eine Wellenlänge λ von 3.44 m entspräche einer Periode von 0.01 s bzw. einer Frequenz von 100 Hz; eine Wellenlänge λ von 1.77 m entspräche einer Periode von 0.02 s bzw. einer Frequenz von 200 Hz.

(it. *estensione vocale*) von Frauenstimmen sich von 150 Hz zu 300 Hz bewegen kann; Kinderstimmen erreichen Frequenzen von bis zu 450 Hz.

Wahrnehmen kann das menschliche Gehör allerdings viel höhere Frequenzen. Der hörbare Frequenzbereich liegt für ein Neugeborenes im Bereich von ca. 20–20'000 Hz, nimmt dann allerdings mit dem Alter – vor allem in den höheren Frequenzen – teilweise drastisch ab und kann sich auf 16'000 Hz, wenn nicht sogar auf 12'000 Hz herabsenken. Abb. 8 stellt stark vereinfacht das menschliche Hörvermögen dar: Die **Hörfläche** (it. *campo uditivo*) zeigt auf der Y-Achse die akustische Dimension der Intensität (bzw. die auditive Dimension der Lautstärke), während auf der Y-Achse die Frequenzbereiche (bzw. die Tonhöhe) aufgetragen werden.[9]

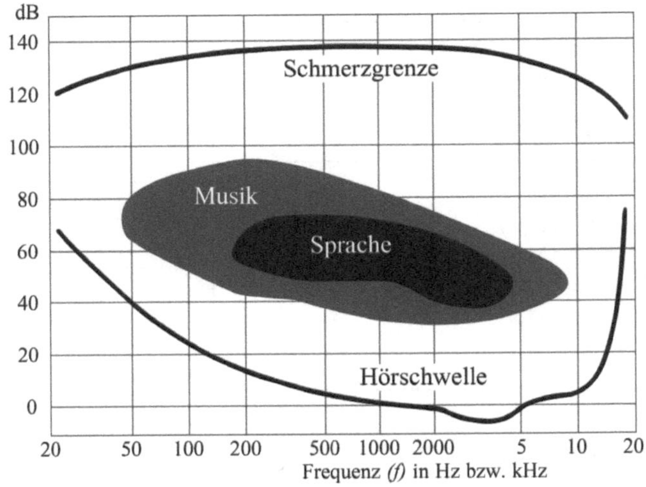

Abb. 8: Die Hörfläche (Lautstärke und Frequenzbereiche)

An der schematischen Darstellung der Hörfläche in Abb. 8 kann man unter anderen ablesen, dass akustische Signale in höheren Frequenzbereichen zwischen ca. 1000 Hz und 5000 Hz besser hörbar sind als solche in niedrigen Frequenzbereichen zwischen ca. 20 Hz und 50 Hz. Umgekehrt können zum Beispiel Lautsprecheranlagen

9 Der komplexe Zusammenhang zwischen Akustik und Perzeption ist nicht linear, sondern logarithmisch. Die Logarithmizität der Beziehung von Intensität und Lautheit ist in der Dezibelskala bereits inhärent angelegt und deshalb auf der Y-Achse von Abb. 6 nicht ersichtlich. Hingegen zeigt sich die nicht-lineare Wahrnehmung der Tonhöhe anhand der sich vergrößernden Frequenzintervalle auf der X-Achse. Als auditive Größen werden für die Lautheit auch die Einheit **Phon**, für die Tonhöhe auch die psychoakustischen Einheiten **Bark** und **Mel** verwendet.

die Bassfrequenzen dermaßen verstärken, dass sie körperlich als Druckwellen spürbar, für das Ohr aber nicht schmerzhaft sind; eine ähnliche Verstärkung höherer Frequenzen könnte zu Gehörschäden führen. Vor allem aber zeigt Abb. 8 im Zentrum des Diagramms eine sprachrelevante Fläche an, die auf der Frequenzachse über 5000 Hz hinausgeht und sich somit auf ganz andere Bereiche erstreckt als die zuvor genannte durchschnittliche Lage menschlicher Stimmen. Das kommt daher, dass die Hörfläche indirekt nicht nur die auditiven Dimensionen der Laustärke und der Tonhöhe abbildet, sondern auch eine weitere hörbare Eigenschaft, die wir bisher noch nicht genauer betrachtet haben: die Klangfarbe.

Die **Klangfarbe** ergibt sich akustisch aus einem komplexen Zusammenspiel von Intensität und Frequenzen: Um diesen Zusammenhang zu verstehen, müssen wir allerdings über die vereinfachte Betrachtungsweise der Sinuswelle in Abb. 8 hinausgehen. Sinuswellen haben nämlich zwei Eigenschaften, die für Sprachschall nicht oder nur zum Teil zutreffen: Erstens handelt es sich bei Sinustönen um einfache Schallwellen, zweitens wiederholen sich Sinustöne immer gleichmäßig und ergeben somit ein 'periodisches' Bild. Sprachlaute bestehen hingegen immer aus komplexen, zusammengesetzten Schallwellen, die aus der Überlagerung verschiedener Teilwellen entstehen; sie können zwar quasi-periodisch sein, sind manchmal aber auch vollkommen chaotisch und a-periodisch.

Das Prinzip der Überlagerung von Schallwellen – bzw. der **Zusammensetzung einer komplexen Schallwelle** aus verschiedenen Teilwellen – wird vereinfacht in Abb. 9 illustriert:

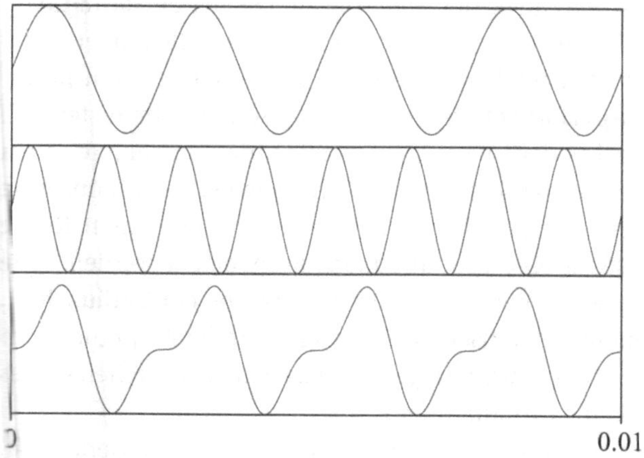

Abb. 9: Zusammensetzung einer komplexen Schallwelle

Das Schaubild zeigt in den ersten beiden Fenstern die Schallwellen von zwei einzeln abgespielten Sinustönen (400 Hz sowie – eine Oktave höher – 800 Hz); das dritte

Fenster zeigt hingegen die Schallwelle der beiden gleichzeitig abgespielten Sinustöne (400 Hz + 800 Hz). Die Form der zusammengesetzten Schallwelle im dritten Fenster entspricht nicht mehr derjenigen der beiden einfachen Schallwellen in den ersten beiden Fenstern: Die Form der Amplitude der zusammengesetzten Schallwelle ergibt sich aus der Addition/Subtraktion der entsprechenden Werte der beiden Sinustöne an den jeweiligen Zeitpunkten. Bei der komplexen Schallwelle im dritten Fenster ergibt sich zwar keine Sinuskurve mehr, dennoch wiederholt sich ihr Zyklus gleichmäßig; folglich muss es sich um eine periodische Schallwelle handeln. Im dritten Fenster können wir nämlich vier ganze Zyklen der komplexen Schallwelle erkennen, genau gleich wie im ersten Fenster; mit anderen Worten hat die zusammengesetzte Schallwelle den gleichen 'Grundton' wie die erste Teilwelle oder der erste 'Partialton'. In diesem Zusammenhang ist es wichtig zu wissen, dass die wahrgenommene Tonhöhe auf der **Grundfrequenz** (it. *frequenza fondamentale*) beruht.

Eine aus mehreren Teilfrequenzen zusammengesetzte periodische Schallwelle können wir aufgrund des auditiven Eindrucks als **Klang** bezeichnen, während ein aus einer einzigen Teilwelle bestehender Sinuston manchmal auch ganz einfach 'Ton' genannt wird. Ein Klang besteht somit aus einem **Grundton** und mehreren weiteren Teiltönen (auch **Obertöne** genannt), welche in einem mathematisch 'harmonischen' Verhältnis zum Grundton stehen: Ihre Frequenzen werden einfach mit den natürlichen Zahlen (1 2 3 4 usw.) multipliziert.[10] Bei einer Grundfrequenz von 150 Hz hat zum Beispiel der erste Oberton eine Frequenz von 300 Hz, der zweite Oberton eine Frequenz von 450 Hz und der dritte Oberton eine Frequenz von 600 Hz.

Wenn Sprachschall sich also aufgrund seiner Komplexität grundsätzlich von einer Sinuswelle unterscheidet, so verhält es sich anders bezüglich der **Periodizität** (it. *periodicità*) von Schallwellen. Wie bereits erwähnt, ist eine Sinuswelle immer periodisch (d.h. sie wiederholt sich gleichmäßig), während Sprachschall sowohl **periodisch** (it. *periodico*) als auch **a-periodisch** (it. *aperiodico*) sein kann. Im ersten Fall spricht man meistens von 'quasi-periodischen' Schallwellen, da Sprachlaute selten einen vollkommen regelmäßigen Zeitverlauf haben. Gleich wie bei einer Sinuswelle kann auch bei einer komplexen periodischen Schallwelle, also bei einem **Klang** (it. *suono*), eine Periode und somit eine Grundfrequenz ausgemacht werden. Eine Schallwelle mit einem a-periodischen Verlauf produziert hingegen ein **Geräusch** (it. *rumore*); ihr Verlauf ist vollkommen chaotisch, da der Nullpunkt der Amplitude sehr schnell und unregelmäßig durchlaufen wird. In geräuschartigen Schallwellen gibt es keine Periode und somit auch keine Grundfrequenz.

Im Alltag, aber auch in der Musik, hören wir sowohl Klänge als auch Geräusche. Schlägt man mit einem Teelöffel sanft an ein Weinglas, ertönt ein Klang; fällt das Glas hingegen auf den Boden und zerbricht, so hören wir ein Geräusch. Musikinstrumente wie die Flöte oder die Geige erzeugen Klänge, während die Becken eines Schlagzeugs

10 Die Obertöne oder Teiltöne werden manchmal auch **Harmonische** (it. *armoniche*, f.pl.) genannt.

Geräusche produzieren. Der Gegensatz zwischen Klängen und Geräuschen bildet eine grundsätzliche Unterscheidung in der auditiven Dimension der Klangfarbe und ist auch für die Einteilung der Sprachlaute von Bedeutung. Unterschiedliche Sprachlaute haben entweder Klang- oder Geräuschcharakter; einzelne Sprachlaute haben sogar sowohl Klang- als auch Geräuschanteile. Zu den Klängen gehören die Vokale. In ihren quasi-periodischen Schallwellen können wir eine Grundfrequenz in Hertz messen, die wir wiederum als eine bestimmte Tonhöhe wahrnehmen. Zum Beispiel können wir eine Melodie singen und dabei nur den Vokal [a] artikulieren; so gehört auch der Konsonant [m] zu den Klängen, da wir dieselbe Melodie ja auch summen können. Andere Konsonanten gehören hingegen zu den Geräuschen, da ihre Schallwellen a-periodisch sind und wir somit keine Grundfrequenz messen können; in der Tat ist es unmöglich, mit dem Konsonanten [s] eine Melodie zu singen oder zu summen. Damit wir akustische Ereignisse als Klänge wahrnehmen können, muss die Schallquelle in regelmäßige Vibrationen versetzt werden, die dann als periodische Schwingungen durch die Luft an das Ohr übertragen werden. Wie wir in der artikulatorischen Phonetik sehen werden, besteht der Klanganteil der Sprache im Wesentlichen in den sog. 'stimmhaften' Lauten, bei denen die Stimmlippen (vgl. ausführlicher 2.2.3) sich regelmäßig öffnen und schließen; diese vibrieren beim Vokal [a], nicht aber beim Konsonanten [s].

Der periodische oder a-periodische Charakter eines Sprachlauts ist auch in Schaubildern der entsprechenden Schallwellen ersichtlich: Abb. 10 zeigt vier **Oszillogramme** (it. *oscillogrammi*), die auf der X-Achse den Zeitverlauf und auf der Y-Achse die Amplitude von komplexen Schallwellen darstellen (auch die Abbildungen 6, 7 und 9 sind Oszillogramme).[11]

Das oberste Oszillogramm in Abb. 10 bildet eine Zeitspanne von ungefähr einer halben Sekunde ab, innerhalb welcher die Lautfolge [ɑbɑ] ausgesprochen wird; da die beiden Vokale lauter sind als der dazwischenliegende Konsonant, haben sie eine größere Amplitude. Allerdings kann man aufgrund des relativ großen Zeitfensters die Periodizität der Schallwelle (und somit die Stimmhaftigkeit der entsprechenden Sprachlaute) nur schwer erkennen. Wählt man hingegen wie im zweiten Oszillogramm von Abb. 10 ein zehn Mal kleineres Zeitfenster (einen Ausschnitt des Vokals [ɑ] von fünf Hundertstelsekunden), so sind sechs ähnliche – quasi-periodische – Wellenformen ersichtlich (sowie der Anfang einer siebten Periode); in einer Sekunde wiederholen sich somit ungefähr 20 x 6 solche Perioden, weshalb die Grundfrequenz dieser Schallwelle 120 Hz beträgt (es handelt sich in der Tat um eine Männerstimme).

---

11 Der Name Oszillogramm bedeutet eigentlich 'Zitterbild' und stammt von früheren Aufzeichnungsgeräten, den **Oszillographen** (wörtlich: 'Zitterschreiber'), bei denen die kontinuierlichen Luftdruckschwankungen über einen Gummischlauch auf eine Schreibfeder übertragen wurde. Die Zitterbewegungen wurden von der Feder auf einem Rußblatt aufgezeichnet, welches auf einer sich drehenden Trommel aufgespannt war. Oszillogramm-Darstellungen können heute einfach am Computer durch Software für akustische Analysen generiert werden (vgl. Fußnote 9).

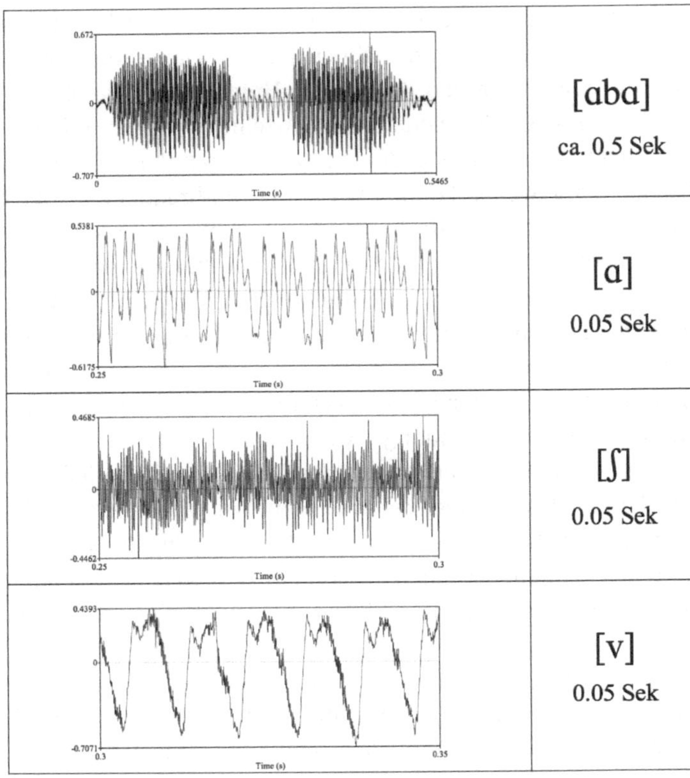

Abb. 10: Oszillogramme verschiedener Sprachlaute

Keine Regelmäßigkeit ist dagegen im dritten Fenster von Abb. 10 zu erkennen, welches die akustische Natur des Konsonanten [ʃ] illustriert (es handelt sich um den <sch>-Laut des Deutschen, der auch im Italienischen in Wörtern wie *lasciare* ‘lassen’ vorkommt). Die Schwärzung des Oszillogramms zeigt, dass die Schallwelle in einem gleich gewählten Zeitraum von fünf Hundertstelsekunden ungleich häufiger durch den Nullpunkt geht als beim Vokal [ɑ]. Vor allem aber ist keinerlei Regelmäßigkeit des Zeitverlaufs zu erkennen: Es liegen keine Perioden und somit keine Grundfrequenz vor.

Das unterste Oszillogramm von Abb. 10 zeigt schließlich einen Sprachlaut, dessen komplexe Schallwelle im Grunde periodisch ist, aber gleichzeitig auch a-periodische Anteile enthält. Es handelt sich um den Konsonanten [v], der im deutschen Wort *Wasser* oder im italienischen Wort *vita* ‘Leben’ vorkommt. Die regelmäßige Wiederholung bestimmter Perioden deutet darauf hin, dass hier ein stimmhafter Sprachlaut mit einer Grundfrequenz vorliegt. Gleichzeitig sind an den Rändern der Schallwelle sehr kleine unregelmäßige Veränderungen zu erkennen, die dem chaotischen Amplitudenverlauf von [ʃ] im dritten Fenster von Abb. 10 ähneln. Tatsächlich entsteht der Konsonant [v] durch die Überlagerung des klangartigen Rohsignals der Stimmlippen mit dem a-periodischen Geräusch, das beim Austritt der Schallwelle zwischen der Unterlippe und den oberen Schneidezähnen entsteht.

Bis zu einem gewissen Grad gibt ein Oszillogramm somit nicht nur Aufschluss über die Lautstärke und die Dauer eines Sprachlauts, sondern es liefert auch Hinweise auf dessen Klangfarbe, wenn man den regelmäßigen oder unregelmäßigen Verlauf der Schallwelle betrachtet. Genauere Informationen über die Klangfarbe von Sprachlauten erhält man jedoch durch eine andere Darstellung der Schallwelle, das **Spektrogramm** (it. *spettrogramma*).

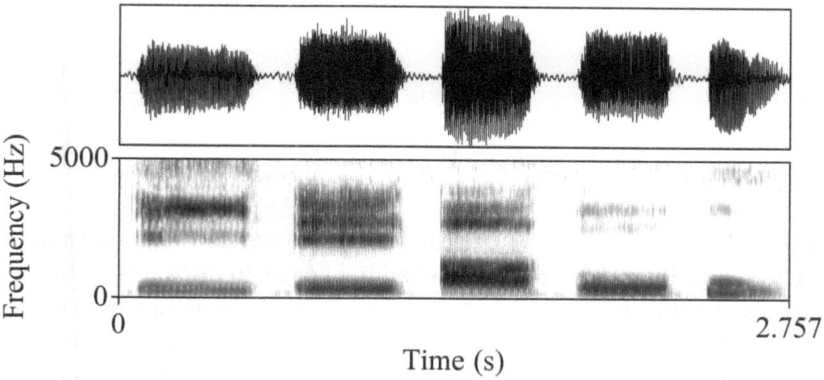

Abb. 11: Oszillogramm und Spektrogramm der Vokale [i e ɑ o u]

Die beiden Darstellungen in Abb. 11 beziehen sich auf die Vokale [i e ɑ o u], die nacheinander von einem Deutschschweizer ausgesprochenen wurden. Die X-Achse zeigt jeweils den gleichen Zeitabschnitt, während auf der Y-Achse zwei unterschiedliche Dimensionen aufgetragen werden: Im Oszillogramm (oben) ist es die Amplitude, im Spektrogramm (unten) der Frequenzbereich der Obertöne (in einem Umfang von 0–5000 Hz). Die Periodizität der Schallwellen ist ansatzweise anhand von senkrechten Streifen zu erkennen, welche die Grundfrequenz und somit die Schwingungen der Stimmlippen (vgl. 2.2.3) wiedergeben. Gleichzeitig erscheint im Spektrogramm jedoch eine unterschiedliche Schwärzung der fünf Vokale, welche die Verteilung der Intensität auf die jeweiligen Obertonbereiche angibt: Im ersten Vokal [i] liegt zunächst im unteren Frequenzbereich ein wenig Energie vor, während danach im Spektrogramm eine weiße Fläche erscheint und erst ab ca. 2000 Hz wieder eine gewisse Schwärzung auftritt; umgekehrt zeigt der dritte Vokal [ɑ] eine größere Schwärzung (und somit eine Konzentration der spektralen Energie) im unteren Drittel der Obertonfrequenzen.

Wie unterschiedlich die Energieverteilung bei einzelnen Vokalen ausfallen kann, wird in der dritten Darstellungsform der Schallwelle deutlich, im sog. **Spektrum**. Abb. 12 zeigt den ersten und den dritten Vokal aus Abb. 11, allerdings in einer anderen Form:

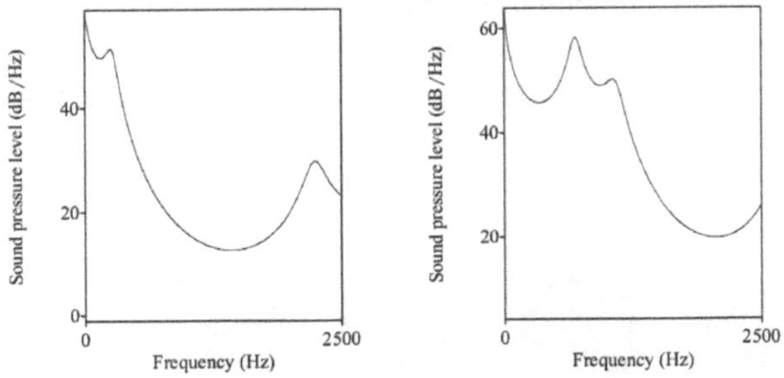

Abb. 12: Spektren der Vokale [i] (links) und [ɑ] (rechts)

In einem Spektrum werden auf der X-Achse die Obertonfrequenzen in Hz und auf der Y-Achse die jeweilige Intensität (meist als Schalldruckpegel in dB/Hz) aufgetragen. Im Gegensatz zu Oszillogramm und Spektrogramm ist also im Spektrum der Zeitverlauf nicht ersichtlich. Man könnte das Spektrum auch als einen Querschnitt eines Spektrogramms betrachten, der an einem gewissen Punkt auf der Zeitachse gemacht wird. Die tiefer geschwärzten Flächen in einem Spektrogramm erscheinen im Spektrum als Intensitätshöhepunkte auf der Y-Achse (bildlich gesprochen als Gipfel in der spektralen Landschaft), während die weißen Flächen des Spektrogramms den niedrigen Intensitätspunkten auf der Y-Achse des Spektrums entsprechen (also den Tälern in der spektralen Landschaft); für eine dreidimensionale Darstellung könnte man in einem Relief die einzelnen Spektren an den jeweiligen Zeitpunkten auf die liegende Fläche des Spektrogramms stellen.

Vergleicht man nun die beiden Spektren in Abb. 12 (welche übrigens nur die Hälfte des Frequenzbereichs von Abb. 10 abdecken), so erkennt man links im Spektrum von [i] einen ersten spektralen Intensitätsgipfel bei ca. 250 Hz und einen zweiten Energiehöhepunkt bei 2250 Hz; rechts im Spektrum des Vokals [ɑ] liegen die Intensitätshöhepunkte hingegen bei ungefähr 700 Hz und 1100 Hz. Jeder Sprachlaut verfügt über eine charakteristische Energieverteilung im Obertonbereich und für die Vokale ist es im Prinzip möglich, ihre Klangfarbe anhand der ersten beiden Gipfel im Spektrum zu bestimmen. Solche spektralen Energiehöhepunkte bezeichnet man in der akustischen Phonetik als **Formanten** (it. *formanti*, f.pl.). Formanten werden in Hz gemessen und fortlaufend nummeriert; die Abkürzungen für die ersten Formanten sind F1, F2, F2 usw.[12]

Die Tabelle 1 zeigt Durchschnittswerte in Hz für die ersten beiden Formantfrequenzen italienischer Vokale, die von 12 männlichen Sprechern realisiert wurden; die Zahlen in Klammer (±) bezeichnen die mittlere Abweichung vom jeweiligen Mittelwert:

Tab. 1: Durchschnittliche Formantwerte italienischer Vokale in Hz (aus: Albano Leoni/Maturi 2018³: 106)

Vokal	F1 (Hz)	F2 (Hz)
i	275 (±61)	2240 (±160)
e	375 (±63)	2028 (±195)
ɛ	500 (±77)	1844 (±181)
a	708 (±87)	1466 (±109)
ɔ	554 (±65)	1055 (±191)
o	409 (±58)	1001 (±257)
u	305 (±55)	861 (±135)

Die IPA-Symbole [ɛ] und [ɔ] bezeichnen die sog. ‘offenen’ Vokale wie in *testa* ‘Kopf’ oder *porta* ‘Tür’, die sich akustisch von den gleich geschriebenen ‘geschlossenen’ Vokalen von *cena* ‘Abendessen’ oder *sole* ‘Sonne’ unterscheiden (vgl. 2.3.2). Die im Einzelfall gemessenen Werte für den ersten und den zweiten Formanten (F1 und F2) hängen von einer Reihe von Faktoren ab, unter anderem vom Geschlecht, Alter und von der jeweiligen Sprachvarietät. Vergleicht man den durchschnittlichen Formantwert für das italienische [i] in der Tabelle 1 mit dem Spektrum des Deutschschweizers [i] in Abb. 11, so ergeben sich aber auch sprachübergreifende Konstanten, die auf eine Korrelation zwischen den ersten beiden Formanten mit bestimmten Artikulationsbewegungen hinweisen (vgl. 2.3).

Die hier eingeführten Begriffe der akustischen Phonetik beschränken sich auf die wesentlichen Grundlagen, wobei insbesondere die Konsonanten aus Platzgründen nur ansatzweise beschrieben wurden. Die akustische Phonetik hat sich in den letzten

12 Für die Grundfrequenz wird manchmal die Abkürzung **F0** verwendet. Es muss aber betont werden, dass die Grundfrequenz kein Formant, sondern der erste Partialton der komplexen Schallwelle ist. Die Grundfrequenz hängt von der Anzahl der Stimmlippenschwingungen ab, während die Formanten durch die Formveränderungen des Resonanzraumes im Vokaltrakt – insbesondere durch Zungenbewegungen – bestimmt werden (vgl. 2.2.2).

Jahrzehnten als Forschungsdisziplin rasant entwickelt. Zwar wurden die theoretischen Grundlagen für die Zerlegung einer komplexen Schallwelle bereits zu Beginn des 19. Jahrhunderts gelegt durch den französischen Mathematiker Jean-Baptiste Fourier (1768–1830). Dennoch gelang es erst um die Mitte des 20. Jahrhunderts, diese Erkenntnisse maschinell für die Erzeugung von Spektrogrammen umzusetzen. Aufgrund der erheblichen Kosten der dafür verwendeten Apparate konnten noch vor wenigen Jahrzehnten nur wenige Forscher aufwendige Analysen von Sprachschall durchführen. Heute ermöglichen frei verfügbare Computerprogramme auch Studierenden, Spektrogramme oder andere Darstellungen von Sprachaufnahmen herzustellen und verschiedene Messungen (zum Beispiel der Grundfrequenz oder von Formanten) vorzunehmen.[13]

2.1.4 Experimentelle Untersuchungsmethoden der artikulatorischen Phonetik

Die artikulatorische Phonetik beschäftigt sich mit den anatomischen Gegebenheiten und den physiologischen Prozessen, die den Menschen das Sprechen ermöglicht. Diese wesentlichen Grundlagen sind seit langem bekannt und können relativ anschaulich dargestellt werden. Die artikulatorische Phonetik liefert somit eine brauchbare Grundlage für die Klassifikation der Sprachlaute, die gewissermaßen zum elementaren Wissen des Linguistikstudiums gehören. Deshalb werden wir in den folgenden Unterkapiteln (2.2–2.4) ausführlich auf die zentralen Begriffe der artikulatorischen Phonetik eingehen.

Gleich wie in der perzeptiven und akustischen Phonetik wird zur Artikulation von Sprachlauten heutzutage aber auch empirische Forschung betrieben, die mit experimentellen Methoden und verschiedenen technischen Instrumenten arbeitet. Schon relativ früh wurden sog. 'statische' **Gaumenbilder** (Palatogramme) erstellt, um aufzuzeigen, welche Stellen die Zunge im Mundraum bei verschiedenen Lauten berührt; die **Elektropalatographie** erlaubt eine dynamische Darstellung des Artikulationverlaufs auf einem Bildschirm und zeigt die Impulse von elektrischen Sensoren, die in einen im Mund eingeführten künstlichen Gaumen eingelegt sind. Für eine seitliche Ansicht der Sprechbewegungen im Mundraum hatte man früher den **Röntgentonfilm** verwendet, während man heute eher die ungefährlichere **elektromagnetische Artikulographie (EMA)** einsetzt, welche niederfrequente Induktionsströme misst die von auf verschiedenen Sprechorganen angebrachten Sensoren erzeugt werden Insbesondere für die Untersuchung von Zungenbewegungen werden in letzter Zei

13 Am meisten verbreitet ist das von den holländischen Phonetikern Paul Boersma und David Weenink entwickelte Programm *Praat* (www.praat.org). Wir verzichten an dieser Stelle auf eine Anleitung zur Benutzung dieses Programms. Einige Hinweise dazu findet man in anderen romanistischen Einführungen in die Phonetik (Pustka 2016², 61–66; Gabriel/Meisenburg/Selig 2013, 38–43); auf eigentliche Tutorials wird auf der *Praat*-Seite im Internet verwiesen.

vermehrt Messungen mit Ultraschall durchgeführt (*Ultrasound Tongue Imaging*, UTI). Mittels einer vor dem Mund aufgesetzten Maske kann man auch den intraoralen Luftdruck und die Geschwindigkeit des beim Sprechen entstehenden Luftstroms messen (*Phonatory Aerodynamic System*, PAS). Schließlich sei noch auf die **Laryngographie** hingewiesen, welche das Schwingungsverhalten der Stimmlippen (vgl. 2.2.3) anhand von zwei äußerlich in einem Halsband eingesetzten Elektroden misst.

Diese kurze Übersicht zu experimentellen Methoden der artikulatorischen Phonetik ist keinesfalls erschöpfend.[14] Vielmehr soll hierdurch eine Idee über die Vielfalt der Technologien gegeben werden, welche nicht nur in der phonetischen Grundlagenforschung, sondern auch in der **klinischen Phonetik** zur Untersuchung von Sprechstörungen eingesetzt werden.

2.1.5 Linguistische Phonetik: 'Ohren'- und Symbolphonetik

Die Ursprünge der Phonetik als eigenständige wissenschaftliche Disziplin reichen bis ins späte 19. Jahrhundert zurück (vgl. 1.3) und sind zum Teil eng mit der Entstehung der **historisch-vergleichenden Sprachwissenschaft** verbunden. Diese war danach bestrebt, anhand der Beschreibung von Lautwandelerscheinungen – und insbesondere durch die Formulierung von 'Lautgesetzen'– die diachrone Entwicklung von Sprachen und ihre genetischen Verwandschaftsbeziehungen in Sprachfamilien zu erklären. Ein Beispiel für ein solches **Lautgesetz** (it. *legge fonetica*) ist die Entwicklung des lateinischen Kurzvokals Ĕ in offener Silbe (3.4.2), der sich im Italienischen zu einem Diphthong /jɛ/ entwickelt hat: lat. VĔNI(T) > it. *viene* '(er/sie) kommt', lat. PĔDE(M) > it. *piede* 'Fuß'.[15]

Eine systematische Erläuterung der physiologischen Grundlagen des Lautwandels wurde zum ersten Mal 1876 vom Leipziger Professor Eduard Sievers vorgelegt. Fast gleichzeitig legten in England Henry Sweet und in Frankreich Paul Passy ähnliche Grundlagenwerke vor und 1886 wurde in Paris der Weltlautschriftverein gegründet, damals noch unter dem französischen Namen *Association Phonétique Internationale* (API). Die Zeitschrift *Le Maître Phonétique* veröffentlichte von 1889 bis 1970 Beiträge, die fast ausschließlich mit phonetischen Zeichen geschrieben waren. Der

14 Auf der Webseite https://www.seeingspeeech.ac.uk findet man eine Illustration einzelner Techniken.

15 Als Lesehilfe hier ein paar Erläuterungen: Der nach oben offene Bogen über dem Vokalbuchstaben bei Ĕ bezeichnet einen lateinischen Kurzvokal, während ein waagrechter Strich bzw. ein 'Makron' oberhalb des Vokals einen lateinischen Langvokal bezeichnet (z.B. bei Ē bei lat. VĒLU(M) > it. *velo* 'Segel'). Konsonanten im Wortauslaut sind schon im Spätlatein geschwunden; für die Beschreibung des Lautwandels geht man bei Substantiven jeweils von der lateinischen Akkusativform aus. Zur Funktion der Vokallänge im Lateinischen siehe auch das Unterkapitel 3.5.1.

Weltlautschriftverein besteht heute noch unter der englischen Bezeichnung **International Phonetic Association** (IPA); die Zeitschrift erscheint unter dem Namen *Journal of the International Phonetic Association* (vgl. 1.4).

Historisch betrachtet ist die Phonetik also älter als die Phonologie (vgl. 1.3), zu der sie aufgrund ihres Erkenntnisinteresses aber eine gewisse Affinität aufweist. Die Tradition der linguistischen Phonetik ist stark auf die phonetische Transkription und die Beschreibung verschiedener Sprachen ausgerichtet (daher die Bezeichnung 'Symbolphonetik'); sie verwendet nicht unbedingt instrumentelle Methoden, sondern verlässt sich auf das genaue Gehör von linguistisch ausgebildeteten Forschenden (deshalb: 'Ohrenphonetik'). Eine wesentliche Errungenschaft der IPA ist das **Internationale Phonetische Alphabet** (ebenfalls mit dem Akronym IPA bezeichnet), welches einen Standard für die Beschreibung der Sprachlaute vorgibt. Der englische Phonetiker Peter Ladefoged bezeichnete das Inventar der IPA-Zeichen einst als eine "wissenschaftliche Theorie auf einem Blatt", da die sieben Tabellen oft auf einer einzigen A4-Seite dargestellt werden (vgl. 5.2.2); das Alphabet beruht in der Tat nicht nur auf einer systematischen Beschreibung der artikulatorischen Prozesse beim Sprechvorgang, sondern auch auf einer profunden Kenntnis der Vielfalt der Laute in den Sprachen der Welt.

2.2 Der Sprechvorgang: Stimmgebung und Lautbildung

2.2.1 Atmung und Luftstrommechanismen

Dieses Kapitel bietet eine Einführung in das grundlegende Wissen zur artikulatorischen Phonetik; es ermöglicht Studierenden der Linguistik zu verstehen, wie Sprachlaute gebildet werden und wie die einzelnen Vokale und Konsonanten voneinander unterschieden werden können.

Beim Sprechen sind drei physiologische Prozesse beteiligt, nämlich die Atmung, die Stimmgebung und die Lautbildung. Die **Atmung** (it. *respirazione*) ist einem gewissen Sinne der Motor oder der Energiezubringer des Sprechvorgangs. Bei der **Ruheatmung** durch die Nase erfolgen durchschnittlich 16 Atemzüge pro Minute, wobei der zeitliche Anteil der Einatmung ca. 40% und derjenige der Ausatmung ca. 60% beträgt; die Ausatmungsphase dauert also nur minimal länger. Bei der **Sprechatmung** erfolgen erstens deutlich weniger Atemzüge durch den Mund; zweitens beträgt das zeitliche Verhältnis zwischen Ein- und Ausatmung 1:6. Wir sprechen also in den allermeisten Fällen beim Ausatmen, und die kurze Einatmungsphase erscheint in der normalen Rede als Pause (vgl. Reetz 1999: 103–109; Pompino-Marschall 2009[3]: 20–30).

Es gibt allerdings ein paar Ausnahmen von dieser Regel. Für die Lautproduktion können durchaus beide Richtungen des Luftstroms benutzt werden, nämlich sowohl der **egressive Luftstrom** (beim Ausatmen) als auch der **ingressive Luftstrom** (beim

Einatmen). So werden zum Beispiel einige Tierlaute mit ingressivem Luftstrom erzeugt – wie etwa das Miauen der Katze, das Bellen der Hunde und das Wiehern der Pferde; der Esel wechselt ab zwischen ingressivem und egressivem Luftstrom. Für die menschliche Lautproduktion unterscheidet man sogar vier Typen von **Luftstrommechanismen** (it. *meccanismi del flusso d'aria*), denen die folgenden Kategorien von Sprachlauten entsprechen: pulmonale Laute, Ejektive, Implosive und *Clicks*. Bei **pulmonalen Sprachlauten** (it. *suoni polmonari*), d.h. bei Vokalen und den meisten Konsonanten, geht der Luftstrom von der Lunge aus, wenn das Lungenvolumen durch das Zwerchfell verringert wird. Pulmonale Laute werden also mit egressivem Luftstrom erzeugt, ebenso wie **Ejektive** (it. *consonanti eiettive*). Bei dieser speziellen Kategorie von Konsonanten liegt der Ursprung des Luftstroms aber im Kehlkopf, der abrupt nach oben bewegt wird, so dass bei gleichzeitiger Lösung eines Verschlusses im Mundraum ein charakteristisches Geräusch entsteht. Ejektive Konsonanten kommen z.B. in indigenen Sprachen Mexikos vor; die entsprechenden phonetischen Symbole sind [pʼ tʼ kʼ]. Eine ingressive Richtung nimmt der Luftstrom hingegen bei zwei weiteren Kategorien von Sprachlauten. **Implosive** (it. *consonanti implosive*) sind in einem gewissen Sinne das Gegenteil von Ejektiven: Hier wird der Kehlkopf abrupt nach unten gezogen, so dass bei der gleichzeitigen Lösung eines Verschlusses im Mundraum ein Vakuum entsteht; solche Konsonanten – entsprechende phonetische Symbole sind [ɓ ɗ ɠ] – kommen z.B. in der in Pakistan gesprochenen Sprache Sindhi vor. Bei der vierten Kategorie, den **Clicks** (it. *clicks*, m.) oder 'Schnalzlauten', entsteht der ingressive Luftstrom bei der gleichzeitigen Lösung von zwei Verschlüssen im Mundraum, von denen der zweite beim Velum bzw. dem weichen Gaumen liegt (vgl. 2.2.5). Clicks sind typisch für die Sprachen Südafrikas; phonetische Symbole für solche Laute sind [ʘ ǀ ǃ ǂ ǁ].

2.2.2 Das Quelle-Filter-Modell

In der Folge werden wir uns ausschließlich mit pulmonalen Sprachlauten befassen, wie sie u.a. für das italienische Lautsystem charakteristisch sind. Als Rahmen zur Erklärung des Sprechvorgangs dient dabei die sog. **Quelle-Filter-Theorie** (it. *teoria sorgente-filtro*) – ein akustisches Modell, welches zwei physiologische Prozesse miteinander verbindet: die Stimmgebung (Phonation) und die Lautbildung (Artikulation).

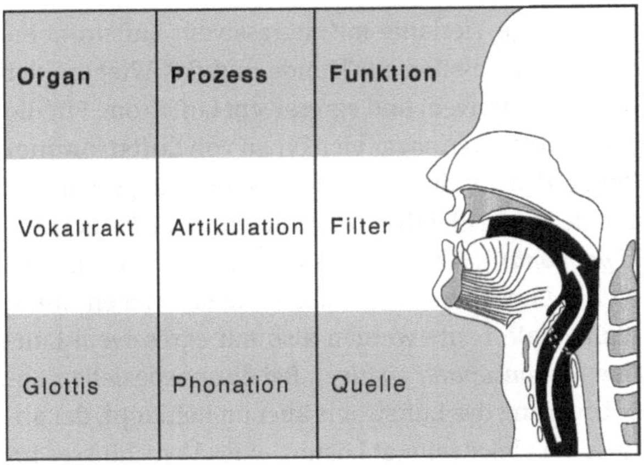

Abb. 13: Das Quelle-Filter-Modell

Bei den meisten pulmonalen Sprachlauten liegt die **Quelle** (it. *sorgente*, f.), d.h. der Ursprung des akustischen Signals, im Kehlkopf – genauer im Zwischenraum der Stimmlippen (auch **Glottis** genannt; vgl. 2.2.3). Für diesen Prozess der Stimmgebung verwendet man in der Phonetik meist den Begriff **Phonation** (it. *fonazione*, f.). Das im Kehlkopf produzierte 'Rohsignal' bekommen wir allerdings nie als solches zu hören, da die von der Glottis ausgehende Schallwelle bis zu ihrem Austritt bei der Mund- oder Nasenöffnung sich durch verschiedene Hohlräume bewegt. Dazu gehören insbesondere der Rachen- und Mundraum, manchmal auch die Nasenhöhlen; die drei Hohlräume bilden zusammen den sog. **Vokaltrakt** (it. *tratto vocale*; vgl. 2.2.5). Akustisch betrachtet wirken die Resonanzräume des Vokaltrakts als sog. **Filter** (it. *filtro*) für die aus der Glottis kommende komplexe Schallwelle, indem sie gewisse Anteile im Obertonspektrum verstärken und andere abschwächen (vgl. 2.1.3). Die Filterfunktion des Vokaltrakts ist auf dessen 'Eigenresonanzen' zurückzuführen, die sich allerdings ständig verändern aufgrund der Bewegungen verschiedener Sprechwerkzeuge, insbesondere der Zunge. Diese Bewegungen der Sprechorgane im Vokaltrakt stellen das zweite Element des Quelle-Filter-Modells dar: den Prozess der **Artikulation** (it. *articolazione*, f.), welcher der artikulatorischen Phonetik ihren Namen gibt.

2.2.3 Phonation: wie die Stimme entsteht

Wie bereits erwähnt, entsteht die Stimme im **Kehlkopf** (it. *laringe*, f.), von welchem die Abb. 14 eine schematische Darstellung bietet:

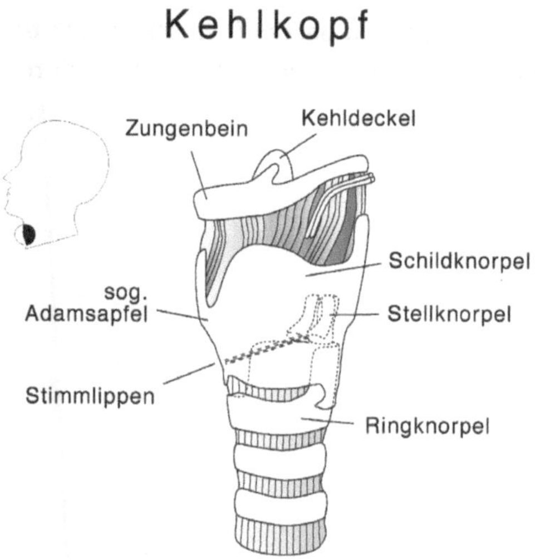

Abb. 14: Seitenansicht des Kehlkopfs

Der Kehlkopf befindet sich am oberen Ende der Luftröhre und schließt diese von der Speiseröhre ab. Wie aus der Abbildung ersichtlich wird, handelt es sich um ein komplexes Knorpelgebilde – bzw. um einen Zylinder, dessen Basis der **Ringknorpel** (it. *cartilagine cricoide*, f.) bildet. Oberhalb des Ringknorpels befindet sich der leicht neigbare **Schildknorpel** (it. *cartilagine tiroide*, f.), dessen vordere Ausbuchtung – auch **Adamsapfel** genannt (it. *pomo d'Adamo*) – vor allem bei groß gewachsenen Männern von außen gut erkennbar ist.

Die primäre Funktion des Kehlkopfs ist diejenige eines 'Verkehrspolizisten' im Hals: er regelt, welche Substanz durch welche Röhre gelangt. Wenn wir leer schlucken und dabei zwei Finger außen an den Schildknorpel legen, können wir spüren, wie sich der Kehlkopf nach oben bewegt. Dabei verschließt der **Kehldeckel** (it. *epiglottide*, f.; Betonung auf der drittletzten Silbe) den Hohlraum des Kehlkopfs und verhindert so das Eindringen von Flüssigkeit oder Nahrung in die Luftröhre. Ganz oben am Kehlkopf befindet sich das ebenfalls von außen ertastbare **Zungenbein** (it. *osso ioide*), an welchem der Zungengrund befestigt ist.

Im Innenraum des Kehlkopfs sind die beiden beweglichen **Stellknorpel** (it. *cartilagini aritenoidee*, f.pl.) angebracht, die sich nach innen drehen können. Die schematische Abb. 15 zeigt zwei verschiedenen Positionen der Stellknorpel und der an ihnen befestigten **Stimmlippen** (it. *pliche vocali*, f.pl.): Die weiß gezeichneten Stellknorpel zeigen die offene Stellung mit gespreizten Stimmlippen, wohingegen bei den grau gezeichneten Stellknorpeln die nach innen gedrehten Stellung mit eng aneinander anliegenden Stimmlippen dargestellt wird. Die gespreizte Position wird bei der normalen Ein- und Ausatmung eingenommen, während bei der (beinahe) geschlossenen Stellung die Stimmlippen in Schwingung versetzt werden können, wodurch der Stimmton entsteht.

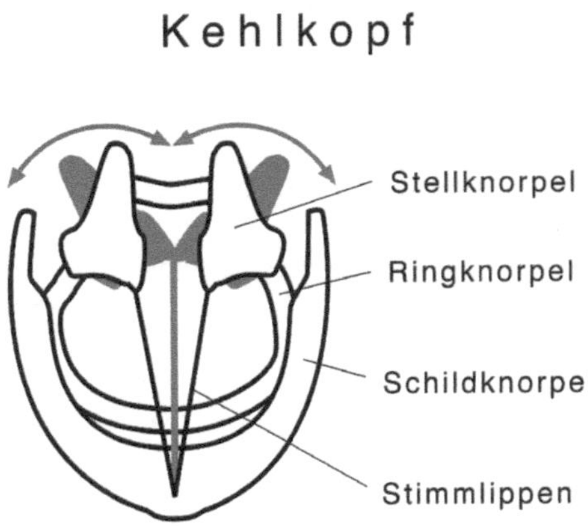

Abb. 15: Schematische Ansicht der Stimmlippen von oben

Die Stimmlippen werden umgangssprachlich etwas irreführend auch 'Stimmbänder' genannt; es handelt sich eigentlich um Muskelgewebe, welches sich von den Stellknorpeln zum vorderen Rand des Ringknorpels erstreckt und je nach Winkel zwischen den Stellknorpeln und Neigung des Ringknorpels einer unterschiedlichen Spannung unterliegt. Die Länge der Stimmlippen beträgt bei Frauen durchschnittlich 1,7 – 2 cm, bei Männern 2 – 2,4 cm. Zwischen den Rändern der Stimmlippen befindet sich ein kleiner Raum, den man 'Stimmritze' oder **Glottis** (it. *glottide*, f.) nennt.

Wie entsteht nun der Stimmton in der Glottis? Wie bereits erwähnt (2.2.1), sprechen wir in der Regel beim Ausatmen. Wenn nun die Stellknorpel die Stimmlippen nahe aneinander führen, entsteht in diesem engen Zwischenraum für die ausströmende Luft ein Unterdruck. Dieser Unterdruck bewirkt eine Sogwirkung (ähnlich wie wenn jemand bei einem einfahrenden Zug zu nahe am Gleis steht); gleichzeitig verhindert aber die Spannung der Stellknorpel, dass die Stimmlippen aufeinander klatschen. Vielmehr bewirkt die ständig aus der Lunge nachströmende Luft, dass die Stimmlippen sich fortlaufend öffnen und schließen. Der Stimmton entsteht durch solch regelmäßige Schwingungsbewegungen, wobei dieser zyklische Vorgang sich mit hoher Geschwindigkeit wiederholt. Bei mittleren Männerstimmen erfolgt dies ungefähr 100 bis 150 Mal pro Sekunde, bei typischen Frauenstimmen etwa 200 bis 250 Mal pro Sekunde; die Anzahl der Glottisschwingungen entspricht genau dem Wert der Grundfrequenz der Schallwelle in Hz (vgl. 2.1.3). Je schneller die Stimmlippen vibrieren, desto höher ist der dabei entstehende Stimmton, wobei die Frequenz der periodischen Schwingungen einerseits durch die Länge der Stimmlippen und andererseits durch deren regulierbare Spannung bestimmt wird. So kann man beim Sprechen und Singen die Tonhöhe der Stimme modulieren. Ob wir mit lauter oder leiser Stimme sprechen, wird hingegen durch das Ausmaß der Stimmlippenvibrationen bestimmt, welches wiederum davon abhängt, wieviel Luft aus der Lunge in den Kehlkopf bewegt wird. Bei zunehmendem subglottalem Druck erhöht sich die Auslenkung der Schwingungsbewegungen in der Glottis und somit auch die Lautstärke der Stimme.

2.2.4 Phonationsarten und Stimmqualität

Jeder Mensch hat eine persönliche Stimme, welche zum Beispiel auch am Telefon erkannt wird. Der persönliche Stimmklang hängt zunächst von den individuellen anatomischen Voraussetzungen ab; wir können unsere Stimme aber auch mehr oder weniger unbewusst prägen, indem wir bei der Phonation ganz bestimmte Feineinstellungen vornehmen. Die in Abb. 15 aufgezeigte Gegenüberstellung zwischen gespreizter Glottis (Atmungseinstellung) und nahe beieinander schwingenden Stimmlippen (Phonationseinstellung) muss somit ergänzt werden. Es gibt zumindest drei zusätzliche **Phonationsarten** (it. *tipi di fonazione*), denen jeweils eine typische **Stimmqualität** (it. *qualità della voce*) entspricht: das Flüstern, die Knarrstimme und die behauchte Stimme.

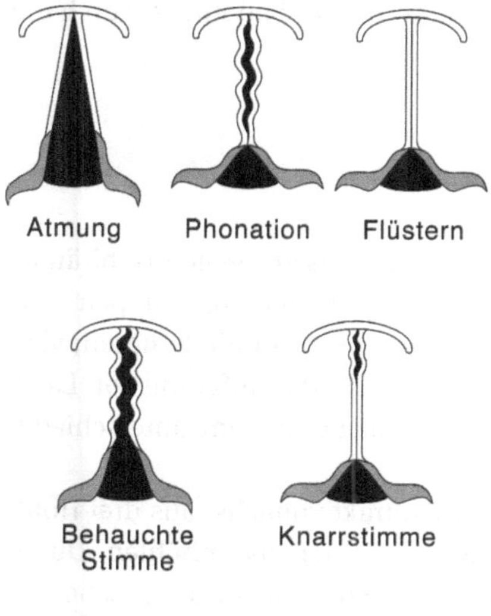

Abb. 16: Phonationsarten

Die fünf schematischen Darstellungen in Abb. 16 zeigen jeweils den vorderen Teil des Schildknorpels (weißer Bogen oben) sowie die grau schraffierten Stellknorpel (unten); dazwischen liegen die Stimmlippen bei unterschiedlichen Phonationsarten, wobei die schwarzen Flächen angeben, in welchem Bereich sich der Luftstrom bewegt. Die ersten beiden Schemen in der oberen Reihe stellen nochmals die bereits in Abb. 15 ersichtlichen Einstellungen bei der Atmung und der 'normalen' Phonation dar. Beim oben rechts dargestellen **Flüstern** (it. *bisbiglio*) findet eigentlich gar keine Phonation statt, da die Stimmlippen nicht in Schwingung versetzt werden, sondern auf ihrer ganzen Länge aneinanderliegen. Das für das Flüstern typische Geräusch entsteht in einem kleinen Zwischenraum bei den Stellknorpeln, dem sog. 'Flüsterdreieck'. Unten rechts wird die **Knarrstimme** (it. *cricchiato*) dargestellt, bei welcher die Stimmlippen nur im vorderen Teil und zudem unregelmäßig schwingen. Das Phänomen des 'Knarrens' tritt vor allem im tiefen Bereich des Stimmumfangs auf, zum Beispiel vor der Pause am Satzende. Diese Stimmqualität wird zum Teil ganz bewusst eingesetzt – etwa von Männerstimmen in der Fernsehwerbung, um einen gewissen 'Toughness'-Effekt zu erzeugen. Es kann sich aber auch um eine Art Modeerscheinung handeln, welche heutzutage gerade bei jungen Frauen durchaus verbreitet ist. Früher wurde bei Frauenstimmen eher die **behauchte Stimme** (it. *voce aspirata*) mit 'Weiblichkeit' in Verbindung gebracht. Bei dieser Phonationseinstellung (unten links in Abb. 16) nehmen die Stellknorpel eine Art Zwischenstellung zwischen der Atmung und der normalen Phonation ein, so dass beim Sprechen relativ viel Luft entweicht. Die Stimmlippen werden zwar in Schwingung versetzt, liegen gleichzeitig aber relativ weit voneinander entfernt und vibrieren somit nur an ihren Rändern, wodurch ein eher schwacher und weicher Stimmklang entsteht.

2.2.5 Der Vokaltrakt und die Artikulatoren

Wie in 2.2.2 erwähnt, wirken die drei oberhalb des Kehlkopfs gelegenen Hohlräume als 'Filter' für das von der 'Quelle' – d.h. von den schwingenden Stimmlippen – erzeugte akustische Signal. Den Klang der Glottis können wir nicht direkt hören; vielmehr nehmen wir die Stimme als ein komplexes Signal dar, das aufgrund von Lage- und Formveränderungen der Artikulationsorgane im Vokaltrakt ganz unterschiedliche Klangfarben annehmen kann.

Wie in Abb. 17 ersichtlich wird, besteht der Vokaltrakt zunächst aus drei Hohlräumen: dem Rachenraum, dem Mundraum und den beiden Nasenhöhlen. Durch diese drei Resonanzräume bewegt sich das in der Glottis entstehende akustische Signal, bevor es schließlich durch die Mundöffnung (oder manchmal auch durch die Nasenlöcher) aus dem Körper des Sprechers tritt und somit für die Hörenden wahrnehmbar wird. Die Form der Resonanzhöhlen verändert sich fortlaufend aufgrund von schnell erfolgenden Bewegungen der Artikulationsorgane, auch **Artikulatoren** genannt (it. *articolatori*, m.pl.). Dabei unterscheidet man sog. 'passive' Artikulatoren von 'aktiven' Artikulatoren: **Passive Artikulatoren** sind unbeweglich und werden von den aktiven Artikulatoren berührt, während **aktive Artikulatoren** Bewegungen ausführen, die zum Beispiel zu einer Berührung oder einer Engebildung mit einem passiven Artikulator führen. Die meisten passiven Artikulatoren befinden sich im oberen Teil des Vokaltrakts, während die meisten aktiven Artikulatoren im unteren Teil des Vokaltrakts liegen.

Schauen wir uns nun die passiven und aktiven Artikulatoren im Einzelnen anhand von Abb. 17 an:

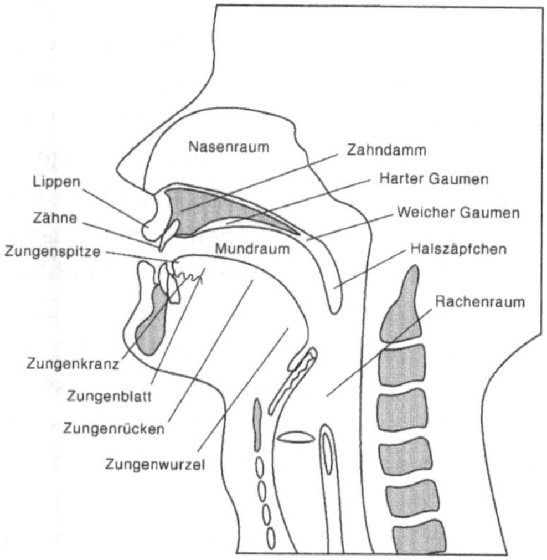

Abb. 17: Der Vokaltrakt

Wenn wir mit den passiven Artikulatoren beginnen und von links nach rechts schreiten, so treffen wir zunächst auf die **Oberlippe** (it. *labbro superiore*), die zum Beispiel bei der Artikulation des Konsonanten [p] von der Unterlippe berührt werden. Gleich dahinter folgen die **Zähne** (it. *denti*, m.pl.), insbesondere die oberen Schneidezähne, sowie der **Zahndamm** (it. *alveoli*, m.pl.), wo zum Beispiel der Konsonant [t] gebildet wird. Im oberen Teil des Mundraums liegt der Gaumen, wobei für die Artikulation der 'harte' Gaumen vom 'weichen' Gaumen unterschieden wird. Der **harte Gaumen** (it. *palato*) besteht aus einer Knochenstruktur, die in der Abbildung grau schraffiert ist und die man auch mit dem Zeigefinger berühren kann; hier entsteht zum Beispiel der Konsonant [ʎ] im italienischen Wort *figlio* 'Sohn'. Der **weiche Gaumen** (it. *velo*) besteht hingegen aus einer Muskelstruktur (mit den Fingern nur mit Vorsicht zu berühren, da dadurch ein Brechreiz ausgelöst werden könnte): Hier entstehen einerseits Konsonanten wie [k] und [g], andererseits spielt der weiche Gaumen bzw. das 'Gaumensegel' eine wichtige Rolle für den sog. 'Nasalmechanismus' (vgl. 2.2.6). Das **Hals-**

zäpfchen (it. *ugola* < lat. UVULA) wird für die Artikulation des hinteren /r/-Lauts verwendet, während die **Rachenwand** (auch Pharynx, it. *faringe*, f.) bei bestimmten 'rauhen' Konsonanten des Arabischen ins Spiel kommt. Interessanterweise funktioniert sogar die **Glottis** selbst bei gewissen Lauten als ein passiver Artikulator, etwa bei [h] am Anfang des deutschen Wortes *Haus*. Die passiven Artikulatoren dienen als Grundlage für die Einteilung der Konsonanten anhand der sog. 'Artikulationsorte' (vgl. 2.4.3-2.4.5).

Damit ein Sprachlaut entsteht, braucht es aber immer auch einen aktiven Artikulator. Wenn wir wieder im vorderen Teil des Vokaltrakts beginnen, so treffen wir zunächst auf die **Unterlippe** (it. *labbro inferiore*), die z.B. für den Konsonanten [f] mit der Oberlippe eine Enge bildet. Das wichtigste Artikulationsorgan überhaupt ist aber die **Zunge** (it. *lingua*); nicht von ungefähr verwendet man im Italienischen – so wie im Lateinischen und in den meisten romanischen Sprachen – das gleiche Wort für die Bedeutungen 'Zunge' und 'Sprache'. Aus artikulatorischer Sicht muss die Zunge in vier (wenn nicht sogar in fünf) Bereiche unterteilt werden – je nachdem, welcher Teil für die Bildung bestimmter Konsonanten zum Einsatz kommt. Zu nennen sind insbesondere die **Zungenspitze** (it. *apice*, m.), das gleich dahinterliegende **Zungenblatt** (it. *lamina*), der **Zungenrücken** (it. *dorso*) und die **Zungenwurzel** (it. *radice*, f.); Zungenspitze und Zungenblatt bilden zusammen den **Zungenkranz** (it. *corona*). Für die Bildung von Konsonanten gilt, dass im Zusammenspiel mit den vorderen passiven Artikulatoren die Zungenspitze und das Zungenblatt verwendet werden, während im hinteren Teil des Vokaltrakts der Zungenrücken oder die Zungenwurzel zum Einsatz kommen. Die Zunge spielt aber auch eine zentrale Rolle bei der Artikulation der Vokale, je nachdem ob sie im oberen/unteren oder im vorderen/hinteren Bereich des Mundraums liegt (vgl. 2.3.2 und 2.3.3).

Nachdem wir nun gesehen haben, WO die verschiedenen Sprachlaute gebildet werden, müssen wir uns aber auch fragen, WIE die Artikulation überhaupt stattfindet. Dazu werden wir zunächst drei allgemeine Parameter für pulmonale Sprachlaute betrachten (2.2.6) und uns anschließend den Vokalen und Konsonanten in den separaten Unterkapiteln 2.3 und 2.4. zuwenden.

2.2.6 Drei Artikulationsparameter für pulmonale Sprachlaute

Um Sprachlaute voneinander zu unterscheiden, kann man sie in Klassen einteilen. Dazu braucht man wiederum bestimmte Kriterien oder **Artikulationsparameter** (it. *parametri articolatori*), die eine solche Einteilung ermöglichen. Diese Kriterien ergeben sich aus dem Ablauf des Sprechvorgangs, so dass man für pulmonale Sprechlaute zunächst drei allgemeine Artikulationsparameter festlegen kann, nämlich a) den Zustand der Glottis, b) die Stellung des Gaumensegels, c) das Vorhandensein eines Hindernisses im Vokaltrakt.

Im Italienischen und im Deutschen kommen bekanntlich nur pulmonale Sprachlaute vor, bei denen der Luftstrom von der Lunge durch den Kehlkopf in den Vokaltrakt fließt (vgl. 2.2.1). Die erste Frage ist nun, ob der in 2.2.3 beschriebene Prozess der Phonation überhaupt stattfindet. Zwar kommen bei der Mehrheit der Sprachlaute die Stimmlippen in Schwingung, etwa bei Vokalen oder bei Konsonanten wie [m] oder [l]. Daneben gibt es aber auch Sprachlaute, bei deren Artikulation die Stimmlippen gespreizt sind (wie bei der Atmung): dazu gehören zum Beispiel Konsonanten wie [p] oder [f]. Aufgrund dieses ersten Artikulationsparameters, dem **Zustand der Glottis** (it. *stato della glottide*), unterscheidet man zwei Klassen von Sprachlauten. Laute, bei deren Artikulation die Stimmlippen in Schwingung sind, nennt man **stimmhaft** (it. *sonoro*); solche, bei denen die Stimmlippen nicht vibrieren, nennt man **stimmlos** (it. *sordo*).

Die nächste Weichenstellung ergibt sich für den austretenden Luftstrom oberhalb des Rachenraums aufgrund der **Stellung des Gaumensegels** (it. *posizione del velo*), das man manchmal auch auf Deutsch mit dem lateinischen Fremdwort **Velum** bezeichnet. Wie aus Abb. 18 ersichtlich ist, kann das Gaumensegel nämlich entspannt im Vokaltrakt hängen (Darstellung rechts) oder aufgrund einer muskulären Anspannung nach oben bewegt werden (Darstellung links). Diese Möglichkeit, die Stellung des Gaumensegels zu verändern, nennt man **Nasalmechanismus** (it. *meccanismo oro-nasale*).

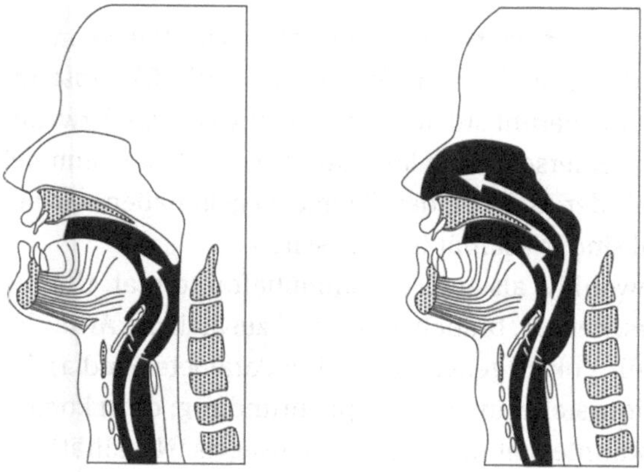

Abb. 18: Der Nasalmechanismus (links: gehobenes Velum; rechts: gesenktes Velum)

Bei normaler Ruheatmung (vgl. 2.2.1) bleibt das Gaumensegel gesenkt (wie in der Darstellung rechts), so dass bei geschlossenem Mund die Luft nur durch die Nase fließt. Beim Sprechvorgang ergeben sich hingegen zwei Möglichkeiten. Bei den meisten Sprachlauten wird das Gaumensegel angehoben (wie in der Darstellung links), zum Beispiel bei den Vokalen [a e i o u] oder bei den Konsonanten [p t k] und [f s]; solche Sprachlaute nennt man **oral** (it. *orale*). Nur bei einer Minderheit von Sprachlauten bleibt das Gaumensegel gesenkt: Dazu gehören die Konsonanten [m n] (vgl. 2.4.2) oder z.B. bestimmte Vokale des Französischen (vgl. 2.3.5); solche Sprachlaute nennt man **nasal** (it. *nasale*).

Bis hierhin haben wir die Unterscheidung zwischen Vokalen und Konsonanten als selbstverständlich vorausgesetzt. Wir können die Einteilung in diese zwei Hauptklassen von Sprachlauten aber auch aufgrund eines Artikulationsparameters vornehmen, nämlich der Behinderung des Luftstroms im Vokaltrakt. Liegt bei der Artikulation ein **Hemmnis im Vokaltrakt** (it. *ostacolo nel tratto vocale*) vor, entsteht ein **Konsonant** (it. *consonante*, f.) ; fehlt eine solche Behinderung des Luftstroms, wird ein Vokal (it. *vocale*, f.) artikuliert.

Diese drei allgemeinen Artikulationsparameter (Zustand der Glottis, Stellung des Gaumensegels und Hindernis im Vokaltrakt) ermöglichen die Einteilung der pulmonalen Sprachlaute in Hauptklassen (stimmhaft vs. stimmlos, oral vs. nasal, Konsonant vs. Vokal). Für eine genauere Beschreibung der Sprachlaute brauchen wir jedoch zusätzliche Artikulationsparameter innerhalb der Hauptklassen der Vokale und Konsonanten, die wir in den nächsten beiden Unterkapiteln getrennt betrachten.

2.3 Vokale

2.3.1 Vier Artikulationsparameter für Vokale

In Bezug auf den Zustand der Glottis haben wir bereits festgestellt, dass Vokale in der Regel stimmhaft sind – ein Umstand, der im Terminus **Vokal** (it. *vocale*, f.) selbst angedeutet wird. Das deutsche Substantiv beruht auf dem lat. Adjektiv VOCALIS (bzw. der Akkusativform VOCALE(M)), welches seinerseits vom lat. Substantiv VOCE(M) 'Stimme' (it. *voce*, f.) abgeleitet ist. Bezüglich der Stellung des Gaumensegels haben wir bemerkt, dass die meisten Vokale oral sind; Nasalität ist eher selten.

Nun sind aber zum Beispiel sowohl [i] als auch [a] stimmhaft und oral. Um die beiden Laute voneinander zu unterscheiden, brauchen wir drei zusätzliche Artikulationsparameter, welche spezifisch für Vokale gelten. Diese drei Parameter sind a) der sog. Öffnungsgrad, b) die Artikulationsstelle und c) die Lippenrundung; dazu kommt als vierter Parameter die bereits erwähnte Stellung des Gaumensegels (Nasalität).

2.3.2 Öffnungsgrad

Der **Öffnungsgrad** (it. *grado di apertura*) bezieht sich eigentlich auf die verschiedenen Höhenlagen der Zunge, wobei mit den Zungenbewegungen auf der vertikalen Achse in der Regel auch eine Hebung/Senkung des Kiefers sowie eine mehr oder weniger große Öffnung des Mundraums einhergeht (daher die Bezeichnung 'Öffnungsgrad'). Deshalb verwendet man oft auch die Adjektive **offen** (it. *aperto*) und **geschlossen** (it. *chiuso*) für Vokale mit mehr oder weniger hoher Zungenlage. In der schematischen Abb. 19 wird links ein geschlossener Vokal mit hoher Zungenlage dargestellt und rechts ein offener Vokal mit tiefer Zungenlange.

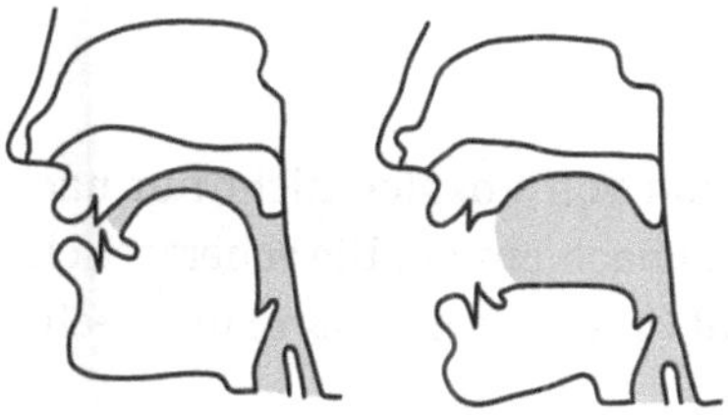

Abb. 19: Öffnungsgrad: hoher (geschlossener) Vokal links und tiefer (offener) Vokal rechts

In der Folge werden wir häufiger Bezeichnungen verwenden, die sich auf die Höhe der Zungenlage beziehen. Im Prinzip kann man sechs Öffnungsgrade unterscheiden: **hoch**, **halbhoch**, **mittelhoch**, **mitteltief**, **halbtief** und **tief** (die entsprechenden italienischen Bezeichnungen sind *alto, semi-alto, medio-alto, medio-basso, semi-basso, basso* – wobei die Adjektive aufgrund des Genus des Substantivs *vocale* meist in der femininen Form auftreten). In der Tabelle 2 werden diese sechs Öffnungsgrade dargestellt, wobei für jeden Öffnungsgrad die entsprechenden IPA-Symbole sowie – soweit vorhanden – italienische, deutsche und englische Beispielswörter aufgeführt werden (bei zweisilbigen Wörtern illustriert das Beispiel jeweils den ersten, betonten Vokal; die englischen Wörter beziehen sich auf die britische Aussprache):

Tab. 2: Vokale nach Öffnungsgrad

Öffnungsgrad	IPA-Symbol	Italienisch	Deutsch	Englisch
hoch	i	*vino* 'Wein'	*bieten*	*seat* 'Sitz'
	u	*luna* 'Mond'	*Buch*	*pool* 'Becken'
halbhoch	ɪ		*bitten*	*sit* 'sitzen'
	ʊ		*Bucht*	*pull* 'ziehen'
mittelhoch	e	*sera* 'Abend'	*See*	
	o	*sole* 'Sonne'	*Sohn*	
mitteltief	ɛ	*festa* 'Fest'	*Fest*	*best* ' beste(r)'
	ɔ	*porta* 'Türe'	*Sonne*	*all* 'alle(s)'
halbtief	æ			*cat* 'Katze'
tief	a	*casa* 'Haus'	*Tag*	

Die Tabelle 2 führt für die ersten vier Öffnungsgrade gleich zwei IPA-Symbole mit entsprechenden Beispielwörtern auf und illustriert somit neben dem ersten vokalischen Artikulationsparameter indirekt auch schon den zweiten Parameter – die Artikulationsstelle.

2.3.3 Artikulationsstelle

In der Tat bewegt sich die Zunge bei der Artikulation von Vokalen nicht nur nach oben oder nach unten, sondern auch nach vorne und nach hinten. Die schematische Abbildung 20 zeigt links einen **Vorderzungenvokal** (it. *vocale anteriore*) und rechts einen **Hinterzungenvokal** (it. *vocale posteriore*).

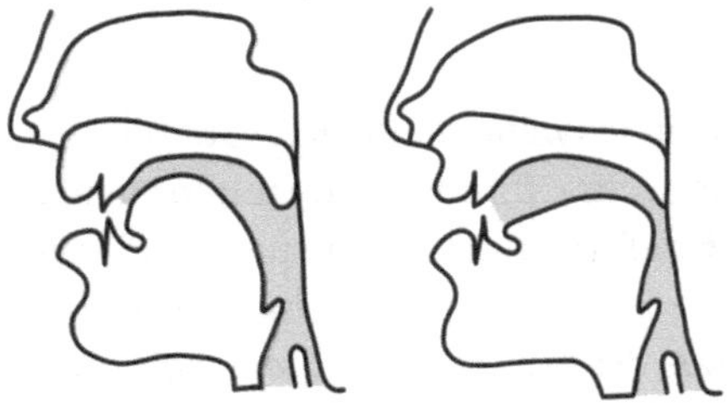

Abb. 20: Artikulationsstelle – vorderer Vokal (links) und hinterer Vokal (rechts)

Bei der Artikulation der Vokale [i ɪ e ɛ æ a] liegt die Zunge im vorderen Teil des Mundraums, bei [u ʊ o ɔ] im hinteren Teil. Zusätzlich zu den Vorder- und Hintervokalen unterscheidet man noch eine dritte Artikulationsstelle, nämlich diejenige der **Zentralvokale** (it. *vocali centrali*). Diese kommen im Standarditalienischen eigentlich nicht vor, sind aber charakteristisch für das Deutsche. Im Deutschen wird das unbetonte /e/ in Endsilben als Zentralvokal ausgesprochen (z.B. *viele Tage* [ˈfiːlə ˈtaːgə]). Dieser Vokal, dessen Öffnungsgrad zwischen einem mittelhohen und einem mitteltiefen Vokal liegt, trägt den Namen **Schwa** und wird mit dem IPA-Symbol [ə] transkribiert. Ein zweiter Zentralvokal wird mit dem IPA-Symbol [ɐ] transkribiert und als **Tiefschwa** bezeichnet, obwohl es sich genau genommen um einen Halbtiefvokal handelt. Dieser Vokal tritt im Deutschen oft in unbetonten Silben auf, z.B. *Mutter* [ˈmʊtɐ] und *Vater* [ˈfaːtɐ], als Entsprechung der Buchstabenfolge <er>.

Die Tabelle 3 fasst die bisher eingeführten IPA-Symbole von Vokalen zusammen, wobei Öffnungsgrade in der vertikalen und Artikulationsstellen in der horizontalen Dimension aufgetragen werden. Im Vergleich zur Tabelle 2 erscheinen hier zusätzlich die Vokale [ə ɐ ɑ], wobei für den Schwa-Laut ein zusätzlicher Öffnungsgrad **mittel** einfügt wurde. Noch nicht erwähnt wurde der tiefe Hinterzungenvokal [ɑ], der zum Beispiel in englischen Wörtern wie *father* [ˈfɑːðə] vorkommt. Die Tabelle 3 erfasst aber die artikulatorischen Verhältnisse der abgebildeten Vokale noch nicht vollständig, da sich der Tiefvokal [ɑ] von den anderen Hinterzungenvokalen in einem weiteren vokalischen Artikulationsparameter unterscheidet – der Lippenrundung (vgl. 2.3.4).

Tab. 3: Vokale nach Artikulationsstelle

	Vorne	Zentral	Hinten
hoch	i		u
halbhoch	ɪ		ʊ
mittelhoch	e		o
mittel		ə	
mitteltief	ɛ		ɔ
halbtief	æ	ɐ	
tief	a		ɑ

2.3.4 Lippenrundung

Zur vertikalen und horizontalen Lage der Zungenmasse kommt als dritter Artikulationsparameter für Vokale die **Lippenrundung** (it. *arrotondamento delle labbra*) hinzu, wobei hier zwei Möglichkeiten unterschieden werden: **gerundet** (it. *arrotondato*) und **ungerundet** (it. *non arrotondato*). Im Gegensatz zur Zungenlage kann die Form der Lippen gut von außen beobachtet werden: Stellt man sich vor einen Spiegel und artikuliert zuerst die Vokale [i e] und nachher die Vokale [u o], so erkennt man sofort, dass die beiden Vorderzungenvokale ungerundet sind, während die beiden Hinterzungenvokale mit gerundeter Lippenstellung artikuliert werden – ein Umstand, der für die Vokale in den Sprachen der Welt häufig zutrifft. Es ist aber auch möglich, einen Vorderzungenvokal mit gerundeten Lippen und einen Hinterzungenvokal mit ungerundeten Lippen zu artikulieren. Ein Beispiel dafür ist der hintere Tiefvokal [ɑ], bei dessen Artikulation die Lippen – wie bereits angedeutet – eine ungerundete Form einnehmen. Es gibt aber auch den gerundeten hinteren Tiefzungenvokal [ɒ], der zum Beispiel in der Aussprache des englischen Worts *pot* [pɒt] 'Topf' erscheint.

Insbesondere in den germanischen Sprachen sind die gerundeten Vorderzungenvokale [y ʏ ø œ] verbreitet. Die gerundeten vorderen Hoch- und Halbzungenvokale [y ʏ] kommen in den deutschen Wörtern *Hüte* [ˈhyːtə] und *Hütte* [ˈhʏtə] vor, während die gerundeten vorderen Mittelhoch- und Mitteltiefzungenvokale [ø œ] in den deutschen Wörtern *Söhne* [ˈzøːnə] und *Töchter* [ˈtœçtɐ] erscheinen. Gerundete Vordervokale gibt es im Italienischen nicht, wohl aber in einzelnen norditalienischen Dialekten (zum Beispiel im Lombardischen; *lüna* [ˈlynɐ] 'Mond', *fiö* [fjøː] 'Kinder') und vor allem im Französischen (*lune* [lyn] 'Mond', *feu* [fø] 'Feuer', *peur* [pœʀ] 'Angst'). Das Französische zeichnet sich zudem dadurch aus, dass es neben Oralvokalen auch Nasalvokale besitzt, welche im folgenden Abschnitt behandelt werden.

2.3.5 Nasalität

Alle bisher behandelten Vokale sind **Oralvokale** (it. *vocali orali* f.pl.), da bei ihrer Artikulation das Gaumensegel angehoben wird. Ungefähr in einem Fünftel der Sprachen der Welt – darunter das Französische und das Portugiesische – gibt es aber auch **Nasalvokale** (it. *vocali nasali*, f.pl.). In der Tat ist es möglich, jeden Vokal sowohl mit gehobenem als auch mit gesenktem Gaumensegel zu produzieren. So fließt der Luftstrom bei der Artikulation eines Nasalvokals sowohl durch den Mundraum als auch durch die Nasenhöhlen, wie dies vorher in Abb. 18 dargestellt wird. Bei andauernd gesenktem Gaumensegel liegt jedoch eine Sprechstörung, das sog. 'Näseln', vor.

Nasalität wird im IPA-Alphabet mit dem 'diakritischen' Zeichen [˜] angegeben. **Diakritische Zeichen** (it. *segni diacritici*), auf Deutsch oft auch mit dem lateinischen Fremdwort 'Diakritika' genannt, sind Zusatzzeichen, die man zu einem phonetischen Zeichen hinzufügt (vgl. 5.2). Im Fall der Nasalvokale wird das Diakritikum (welches der 'Tilde' im spanischen Graphem <ñ> entspricht) oberhalb des IPA-Symbols des entsprechenden Vokals eingefügt.

Nasalvokale sind typisch für das Französische (und unter den romanischen Sprachen auch für das Portugiesische), welches die Oralvokale [ɑ ɔ ɛ œ] von den Nasalvokalen [ɛ̃ ɔ̃ ɑ̃ œ̃] unterscheidet. Beispielwörter für die Oralvokale sind *pâte* [pɑt] 'Teig', *mort* [mɔʀ] 'Tod', *lait* [lɛ] 'Milch' und *heure* [œʀ] 'Stunde'; die entsprechenden Nasalvokale erscheinen in den Wörtern *plante* [plɑ̃t] 'Pflanze', *son* [sɔ̃] 'Laut', *vin* [vɛ̃] 'Wein' und *brun* [bʀœ̃] 'braun').

2.3.6 Das Vokaltrapez

Die Auflistung der IPA-Symbole in der Tabelle 3 ermöglicht aufgrund der zweidimensionalen Anordnung eine artikulatorisch plausible Darstellung der Vokale: Sie beruht gewissermaßen auf einem imaginären Querschnitt durch den Mundraum eines Sprechers, dessen Kopf nach links schaut. In der Tat werden Vokale oft in Dreiecken oder Vierecken angeordnet, wie das in Abbildung 21 der Fall ist:

Abb. 21: Schematische Darstellung der vier Eckvokale im Vokaltrakt

Das imaginäre Trapez im Mundraum eines Sprechers skizziert hier vier Extrempositionen der Zunge, die bei der Artikulation der beiden Tiefvokale [a ɑ] und der beiden Hochvokale [i u] eingenommen werden können; würde die Zunge bei beiden Hochvokalen noch weiter nach oben bewegt, ergäbe sich eine Berührung mit einem passiven Artikulator, wodurch ein Konsonant entstehen würde.

Die geometrische Figur des Trapezes wird auch für die offizielle 'Vokalkarte' der IPA verwendet, welche in Abb. 22 wiedergegeben wird:

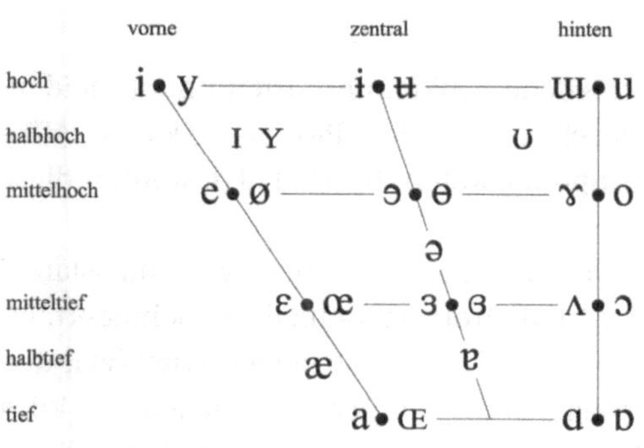

Abb. 22: Das IPA-Vokaltrapez

Diese Vokalkarte enthält phonetische Symbole für insgesamt 28 Vokale, von denen hier nur 18 erläutert wurden; die restlichen 10 Vokale sind eher selten in den Sprachen der Welt (für weiterführende Angaben siehe die Literaturhinweise unter 2.5). Ein wichtiges Detail betrifft die Darstellung des dritten Artikulationsparameters der Lippenrundung, der aufgrund der zweidimensionalen Anordnung nach Öffnungsgrad (vertikal) und Artikulationsstelle (horizontal) nicht automatisch ersichtlich wäre. Die Lippenrundung wird jedoch durch eine zusätzliche Konvention zum Ausdruck gebracht: Erscheinen Vokalsymbole paarweise, so ist der links abgebildete Vokal ungerundet, der rechts abgebildete gerundet. Im Vokalpaar [i y] ist also [i] ungerundet und [y] gerundet, beim Vokalpaar [ʌ ɔ] ist [ʌ] ungerundet und [ɔ] gerundet ([ʌ] ist der Vokal im englischen Wort *but* 'aber').

2.4 Konsonanten

2.4.1 Drei Artikulationsparameter für Konsonanten

Konsonanten unterscheiden sich von Vokalen dadurch, dass der Luftstrom im Gegensatz zu den Vokalen in irgendeiner Form behindert wird. Hier stellen sich nun zwei grundlegende Fragen: a) WIE wird dieses Hemmnis aufgebaut und b) WO tritt das Hemmnis im Vokaltrakt auf? Die Antwort auf diese Fragen findet man in zwei Artikulationsparametern: **Artikulationsart** (it. *modo di articolazione*) und **Artikulationsort** (it. *luogo di articolazione*). Da Konsonanten sowohl stimmhaft als auch stimmlos sein können, kommt noch der allgemeine Artikulationsparameter der **Stimmhaftigkeit** (it. *sonorità*) dazu (vgl. 2.2.6).

2.4.2 Artikulationsarten

Im Wesentlichen kann man sieben verschiedene Artikulationsarten unterscheiden, die mit den folgenden Fachausdrücken bezeichnet werden: Plosive, Frikative, Affrikaten, Nasale, Vibranten, Laterale und Approximanten. In der Folge werden diese Artikulationsarten einzeln vorgestellt.

Auch **Plosive** (it. *occlusive*, f.pl.) werden im Deutschen auch 'Verschlusslaute' genannt. Bei dieser Artikulationsart wird der Luftstrom am radikalsten behindert, indem der Vokaltrakt durch zwei Artikulatoren vollkommen blockiert wird (vgl. den englischen Terminus *stop*), so dass für einen Sekundenbruchteil Stille eintritt. Wird nun der Verschluss zwischen den Artikulatoren plötzlich gelöst, so entsteht bei dieser abrupten 'Plosion' aufgrund des angestauten Luftdrucks ein kurzes Geräusch. Je nachdem, ob die Stimmlippen während der Verschlussphase vibrieren oder nicht, sind Plosive stimmhaft oder stimmlos. Zu den stimmlosen Plosiven gehören [p t k], während [b d g] stimmhaft sind.

Frikative (it. *fricative*, f.pl.) werden im Deutschen auch 'Engelaute' oder 'Reibelaute' genannt. Im Gegensatz zu den Plosiven wird bei dieser Artikulationsart kein vollständiger Verschluss aufgebaut. Vielmehr bilden die beiden Artikulatoren eine Enge, so dass die Luftpartikel zwar kontinuierlich ausströmen, aber aufgrund des kleinen Zwischenraums heftig durcheinandergewirbelt werden. Durch diese Reibung entsteht ein mehr oder weniger starkes Geräusch. Wie Plosive können Frikative sowohl stimmlos als auch stimmhaft sein: Zu den stimmlosen Frikativen gehören [f s], während [v z] zwei stimmhafte Frikative sind, die zum Beispiel in den deutschen Wörtern *wo* und *so* vorkommen.

Affrikaten (it. *affricate*, f.pl.) stellen die Verbindung aus einem Plosiv und einem unmittelbar folgenden Frikativ dar. Eine Affrikate beginnt wie ein Plosiv mit einem vollständigen Verschluss, nur dass die Lösung des Verschlusses fast so lange wie ein Frikativ dauert.[16] Für die phonetische Transkription der Affrikaten werden deshalb zwei aufeinander folgende IPA-Symbole verwendet, die manchmal mit einem Bogen verbunden werden. Stimmlose Affrikaten sind [p͡f t͡s], die in den deutschen Wörtern *Pfeil* und *Zahl* vorkommen; im Italienischen gibt es unter anderem die stimmhafte Affrikate [d͡z] (z.B. im Wort *zero* 'Null').

Nasale (it. *nasali*, f.pl.) sind wie Plosive eigentlich Verschlusslaute, bei denen der Luftstrom im Mundraum total blockiert wird. Da jedoch gleichzeitig das Gaumensegel gesenkt ist, kann die Luft kontinuierlich durch die Nasenhöhlen ausströmen (dies kann man leicht feststellen, wenn man während der Artikulation eines Nasalkonsonanten den Zeigefinger vor die Nase hält). Zu dieser Artikulationsart gehören [m n] (z.B. in it. *mamma* und dt. *Nase*); nasale Konsonanten werden in der Regel nur stimmhaft artikuliert.

Bei **Vibranten** (it. *vibranti*, f.pl.) wird der Luftstrom durch eine schnelle Folge von Verschluss- und Öffnungsbewegungen kurz unterbrochen, die entweder mit der Zungenspitze (IPA-Symbol [r]) oder mit dem Halszäpfchen (IPA-Symbol [ʀ]) ausgeführt werden. Kommt es nur zu einer einzigen Unterbrechung, spricht man von einem 'geschlagenen' Konsonanten oder von einem 'Monovibranten' (IPA-Symbol [ɾ]), z.B. sp. *pero* 'aber'). Die Artikulationsart der **Laterale** (it. *laterali*, f.pl.) zeichnet sich dadurch aus, dass der Luftstrom im Vokaltrakt an einer zentralen Stelle aufgehalten wird, während er gleichzeitig seitlich (deshalb die Bezeichnung 'lateral') unbehindert ausströmen kann. Der häufigste laterale Konsonant ist [l] (z.B. dt. *lang*, it. *lungo*). Vibranten und Laterale bilden zusammen eine Oberkategorie, die man **Liquide** nennt; [l] und [r] treten in vielen Sprachen an der gleichen Stelle in der Silbe oder im Wort auf und werden manchmal auch ausgetauscht. Wie Nasale sind auch Liquide in der Regel stimmhaft.

Die letzte Artikulationsart besteht aus den **Approximanten** (it. *approssimanti*, f.pl.). Wie der Name andeutet, kommen sich die aktiven und passiven Artikulatoren bei diesen Konsonanten zwar sehr nahe, aber sie berühren sich nicht wirklich. Approximanten weisen dadurch eine gewisse Ähnlichkeit mit Vokalen auf, weshalb sie oft auch **Halbvokale** (it. *semivocali*, f.pl.) oder **Halbkonsonanten** (it. *semiconsonanti*, f.pl.) genannt werden. Häufige Approximanten sind [j] und [w] (z.B. dt. *ja*, it. *buono* [ˈbwɔːno] 'gut'). Wie Vokale sind auch Approximanten immer stimmhaft.

16 Die Bezeichnungen für Artikulationsarten sind im Italienischen alle feminin (*un'occlusiva, una fricativa* usw.), während man im Deutschen für die meisten Artikulationsarten maskuline Substantive verwendet (*ein Plosiv, ein Frikativ* usw.); die einzige Ausnahme bildet im Deutschen die Affrikate, deren Genus feminin ist.

Die sieben Artikulationsarten wurden hier in einer Reihenfolge vorgestellt, die von den Konsonanten mit dem stärksten Hemmnis im Vokaltrakt (den Plosiven) zu den Konsonanten mit der geringsten Behinderung des Luftstroms (den Approximanten) führt. Gleichzeitig fällt auf, dass die ersten drei Artikulationsarten (Plosive, Frikative und Affrikaten) sowohl stimmlos als auch stimmhaft vorkommen, die verbleibenden vier Artikulationsarten (Nasale, Vibranten, Laterale und Approximanten) dagegen nur stimmhaft. Deswegen werden die Artikulationsarten oft in zwei Oberkategorien zusammengefasst. Konsonanten, die sowohl stimmlos als auch stimmhaft sein können (also Plosive, Frikative und Affrikaten) nennt man **Obstruenten** (it. *ostruenti*, f.pl.), während die natürlich stimmhaften Konsonanten (Nasale, Vibranten, Laterale und Approximanten) zu den **Sonoranten** (it. *sonoranti*, f.pl.) gehören.

2.4.3 Artikulationsorte

Um zu verstehen, welche Artikulationsorte für die Bildung von Konsonanten verwendet werden, ist es nützlich, sich nochmals die Anatomie des Vokaltrakts vor Augen zu halten (vgl. Abb. 17). Aufgrund der Einteilung des Vokaltrakts unterscheidet man nämlich elf Artikulationsorte, von denen die meisten nach passiven Artikulatoren benannt sind. Die üblichen Bezeichnungen für die konsonantischen Artikulationsorte sind (von vorne nach hinten): bilabial, labiodental, dental, alveolar, palato-alveolar, retroflex, palatal, velar, uvular, pharyngal und glottal. Diese elf Artikulationsorte werden im folgenden Unterkapitel einzeln vorgestellt.

2.4.4 Konsonanten nach Artikulationsort und Artikulationsart

Nachdem die drei konsonantischen Artikulationsparameter (Artikulationsart, Artikulationsort und Stimmhaftigkeit) bisher getrennt erläutert wurden, sollen sie nun gemeinsam betrachtet werden. Wir fassen also die Konsonanten nach Artikulationsorten zusammen und gehen der Reihe nach von vorne nach hinten (bzw. von den Lippen zur Glottis). Dabei führen wir die entsprechenden IPA-Symbole für die häufigsten Konsonanten ein und geben Beispiele hauptsächlich aus dem Italienischen und Deutschen, z.T. aber auch aus anderen Sprachen.

Wenn wir also unsere Reise durch den Vokaltrakt von vorne nach hinten antreten (oder von links nach rechts in Abb. 17), so treffen wir bei der Unter- und Oberlippe auf den ersten Artikulationsort: **bilabial** (it. *bilabiale*). In vielen Sprachen der Welt kommen die beiden bilabialen Plosive [p] und [b] vor (z.B. it. *pasta* 'Teig', *basta* 'es reicht'; dt. *Pein, Bein*), wobei der erste Plosiv stimmlos und der zweite stimmhaft ist. Viele Sprachen haben auch den stimmhaften bilabialen Nasal [m] (z.B. it. *mamma*). Weniger verbreitet sind bilabiale Frikative. Einen stimmlosen bilabialen Reibelaut [ɸ] artikuliert man beispielsweise, wenn man eine Kerze ausbläst; dieser Konsonant kommt u.a. im Japanischen vor und sogar im Toskanischen (vgl. 4.2.3). Den stimmhaften Frikativ [β] kennt man aus dem Spanischen (z.B. *hablar* [aˈβlaɾ] 'sprechen').

Beim zweiten Artikulationsort **labiodental** (it. *labiodentale*) bildet die Unterlippe mit den oberen Schneidezähnen eine Enge wie beim stimmlosen Frikativ [f] und dem stimmhaften Frikativ [v] (z.B. it. *foglio* 'Blatt', *voglio* 'ich will'; dt. *fette*, *wette*). An diesem Artikulationsort werden keine Plosive gebildet. Hingegen gibt es einen labiodentalen Nasal [ɱ] (z.B. it. *inferno* 'Hölle', *inverno* 'Winter'); die Artikulatoren nehmen hier bei der Aussprache des Buchstaben <n> bereits die Stellung des folgenden Konsonanten ein.

Der Ausdruck **dental** (it. *dentale*) wird in der IPA-Terminologie für einen Artikulationsort verwendet, den man auch 'interdental' nennen könnte. Gemeint sind Frikative, bei denen die Zungenspitze sich zwischen die unteren und die oberen Schneidezähne schiebt wie bei den beiden Frikativen [θ] (stimmlos) und [ð] (stimmhaft). Diese beiden Konsonanten kommen typischerweise im Englischen vor (z.B. in der Aussprache von <th> in den Wörtern *thing* und *this*), aber auch im europäischen Spanisch (z.B. in der Aussprache von <z> im Namen der Stadt *Zaragoza* oder als Variante von <d> im Ausdruck *cada día* 'jeden Tag'). In der Romanistik wird die Bezeichnung 'dental' manchmal auch für [t] und [d] verwendet, wenn die Zungenspitze bei diesen Konsonanten die oberen Schneidezähne berührt.

Die IPA-Terminologie schreibt [t] und [d] aber dem Artikulationsort **alveolar** (it. *alveolare*) zu, da sie in vielen Sprachen – darunter Englisch und Deutsch – am Zahndamm artikuliert werden. Die beiden bereits genannten Plosive gibt es sowohl im Italienischen (z.B. *dato* 'gegeben', *dado* 'Würfel') als auch im Deutschen (z.B. *baten, baden*). Beide Sprachen haben auch zwei alveolare Frikative, nämlich das stimmlose [s] und das stimmhafte [z], die jeweils mit dem gleichen Buchstaben <s> geschrieben werden (z.B. it. *sole* 'Sonne' [ˈsoːle], *rosa* [ˈrɔːza] 'Rose'; dt. *hasse, Hase*). Alveolare Affrikaten werden in einigen Sprachen mit dem Buchstaben <z> geschrieben: Das Italienische kennt sowohl eine stimmlose als auch eine stimmhafte alveolare Affrikate [t͡s] und [d͡z] (z.B. *tazza* 'Tasse', *mezzo* 'halb'), während im Deutschen nur die stimmlose Affrikate vorkommt (z.B. *Zahl*). Beim Zahndamm können alle Artikulationsarten gebildet werden: So finden wir am alveolaren Artikulationsort den Nasal [n] (z.B. it. *naso*, dt. *Nase*) und den Lateral [l] (z.B. it. *luna* 'Mond', dt. *Liebe*). Alveolar ist auch das sog. 'vordere' Zungen-<r>, das sowohl 'gerollt' [r] als auch 'geschlagen' [ɾ] artikuliert werden kann. Im Italienischen herrscht die alveolare Realisierung des <r>-Lauts vor. Der Approximant [ɹ] kommt schließlich im Englischen vor (z.B. *red* [ɹɛd] 'rot').

Bewegt man sich im Vokaltrakt weiter nach hinten, so treffen wir auf eine Zwischenzone zwischen Zahndamm und hartem Gaumen, die sinnvollerweise **palato-alveolar** (it. *palato-alveolare*) oder manchmal auch 'postalveolar' genannt wird. An diesem Artikulationsort werden keine Plosive gebildet, hingegen sehr wohl Frikative und Affrikaten. Das Deutsche und das Italienische kennen den stimmlosen palato-alveolaren Frikativ [ʃ] (z.B. dt. *Tasche*, it. *lasciare* 'lassen'); das Französische und das Englische haben hingegen auch den stimmhaften palato-alveolaren Frikativ [ʒ] (z.B.

fr. *rouge* ‘rot’, engl. *treasure* ‘Schatz’). An diesem Artikulationsort kommen wiederum auch zwei Affrikaten vor: Das Deutsche kennt nur die stimmlose palato-alveolare Affrikate [t͡ʃ] (z.B. *klatschen*), während das Italienische an diesem Artikulationsort sowohl die stimmlose Affrikate (z.B. *ciao*) als auch deren stimmhaftes Gegenstück [d͡ʒ] aufweist (z.B. *gelato* ‘Eis’).

In einer ähnlichen Zone des Vokaltrakts werden Konsonanten mit dem Artikulationsort **retroflex** (it. *retroflesso*) gebildet. Terminologisch betrachtet stellt dieser Artikulationsort insofern eine Ausnahme dar, als seine Bezeichnung nicht wie üblich auf den passiven, sondern auf den aktiven Artikulator verweist. Wie der Name sagt, wird bei retroflexen Konsonanten die Zunge zurückgebogen, so dass sie sich Richtung harten Gaumen bewegt. Auch an diesem Artikulationsort gibt es eine ganze Reihe von Artikulationsarten (Plosive, Frikative, Nasale usw.). Retroflexe Konsonanten sind jedoch relativ selten in den Sprachen der Welt; sie kommen z.B. in mehreren Sprachen des indischen Subkontinents vor. Immerhin gibt es auch auf italienischen Inseln Sprachvarietäten mit retroflexen Konsonanten, darunter das Sardische und das Sizilianische. Im sizilianischen Dialekt wird z.B. das Adjektiv *bedda* ‘schön, f.sg.’ mit einer stimmhaften retroflexen Affrikate [d͡ʐ] ausgesprochen; die stimmhafte retroflexe Affrikate [t͡ʂ] findet man im Anlaut des siz. Verbs *travagghiari* ‘arbeiten’.

Bei den Artikulationsorten dental, alveolar, palato-alveolar und retroflex sind die Zungenspitze und das Zungenblatt (vgl. 2.2.5) als aktive Artikulatoren beteiligt. Bewegt man sich im Vokaltrakt weiter nach hinten, so kommt eher der Zungenrücken ins Spiel oder – wie beim nächsten Artikulationsort – der dazwischenliegende (prädorsale) Teil der Zungenmasse. Als **palatal** (it. *palatale*) bezeichnet man Konsonanten, die am harten Gaumen gebildet werden. Der passive Artikulator liegt hier am weitesten von seinem aktiven Partner entfernt, so dass wir die Darstellung der palatalen Konsonanten ausnahmsweise in umgekehrter Reihenfolge beginnen – bei der Artikulationsart mit dem kleinsten Hindernis, dem Approximanten [j]. Wie bereits erwähnt kommt dieser stimmhafte palatale Approximant sowohl im Deutschen als auch im Italienischen vor: dt. *ja*, it. *piano* ‘langsam’ (wobei im Italienischen der gleiche Buchstabe verwendet wird wie für den Vokal [i]). Der stimmlose palatale Frikativ [ç] entspricht im Deutschen dem sog. *ich*-Laut, während das Italienische zwei weitere palatale Konsonanten kennt, nämlich den Lateral [ʎ] (in der Orthographie wiedergegeben als <gli> wie in *sbaglio* ‘Fehler’) und den Nasal [ɲ] (orthographisch <gn> wie in *bagno* ‘Bad’). Eher selten sind die palatalen Plosive [c] (stimmlos) und [ɟ] (stimmhaft); sie erscheinen im Bündnerromanischen (z.B. *chasa* ‘Haus’, *giövgia* ‘Donnerstag’) und in gewissen süditalienischen Dialekten (z.B. apulisch *chiazza* ‘Platz’).

Velar (it. *velare*) nennt man Konsonanten, die mit dem Zungenrücken am weichen Gaumen gebildet werden. In vielen Sprachen gibt es den stimmlosen velaren Plosiv [k] und sein stimmhaftes Gegenstück [g] (z.B. dt. *Kasse*, *Gasse*; it. *casa* ‘Haus’, *gatto* ‘Katze’) Bei der phonetischen Transkription des Worts *casa* wird also der anlautende Konsonant mit [k] und nicht mit [c] transkribiert; letzteres entspricht ja dem o.g. palatalen Plosiv. Ebenfalls verbreitet ist der stimmhafte velare Nasal [ŋ], der im

Deutschen <ng> geschrieben wird (z.B. *Ding*); im Italienischen wird der Buchstabe <n> manchmal auch velar ausgesprochen, aber nur wenn nachher ein velarer Plosiv folgt (z.B. *banco* 'Bank', *vengo* 'ich komme'). Das Deutsche besitzt zudem noch den stimmlosen velaren Frikativ [x], den sog. *ach*-Laut.

Gleich anschließend treffen wir auf den Artikulationsort **uvular** (it. *uvulare*), dessen Bezeichnung auf das Halszäpfchen verweist. Dieses wirkt beim Vibranten [ʀ] als aktiver Artikulator, indem es mehrmals gegen den Zungenrücken schlägt. Bei diesem 'hinteren' <r>-Laut bleibt das Zäpfchen aber oft auf dem Zungenrücken liegen, so dass ein stimmhafter uvularer Frikativ [ʁ] entsteht. Im Deutschen und Französischen stellen [ʀ] und [ʁ] die vorherrschenden <r>-Realisierungen dar; im Italienischen sind sie hingegen weniger häufig und hauptsächlich in den norditalienischen Regionen Lombardei und Piemont zu hören. An dieser Stelle sei auch der stimmlose uvulare Frikativ [χ] erwähnt, der als eine etwas 'rauhe' Variante des *ach*-Lauts in gewissen deutschen Dialekten (v.a. in Tirol und in der Schweiz) auftritt.

Ein solch 'rauher' Höreindruck trifft noch stärker zu auf die beiden Frikative [ħ] (stimmlos) und [ʕ] (stimmhaft). Es sind dies die einzigen Konsonanten, die am Artikulationsort **pharyngal** (it. *faringale*) gebildet werden mittels einer Engebildung zwischen dem Zungengrund und der Rachenwand; diese Frikative sind charakteristisch für das Arabische (z.B. im Namen des Propheten *Mohammed*).

Der letzte Artikulationsort **glottal** (it. *glottidale*) befindet sich, wie sein Name besagt, in der Glottis selbst. Vom Deutschen und Englischen kennen wir den stimmlosen glottalen Frikativ [h] (z.B. *Haus*), der für viele Italophone schwierig auszusprechen ist. Nur wenigen Deutschsprachigen ist hingegen bewusst, dass sie auch den stimmlosen glottalen Plosiv [ʔ] aussprechen, nämlich als sog. 'Knacklaut' vor betonten Vokalen im Silbenanlaut (z.B. *ein Affe* [ʔaɪn ˈʔafə]. Bei diesem 'harten Stimmeinsatz' werden die Stimmlippen zunächst abrupt gesprengt, bevor sie für die Artikulation des Vokals in eine regelmäßige Schwingung treten.

2.4.5 Die Konsonantentabelle

Den besten Überblick über die artikulatorischen Eigenschaften von Konsonanten gewinnt man anhand einer Tabelle, welche die entsprechenden IPA-Symbole nach Artikulationsorten in Spalten sowie nach Artikulationsarten in Zeilen ordnet:

Tab. 4: Konsonantentabelle

	bilabial	labiodental	dental	alveolar	palato-alveolar	retroflex	palatal	velar	uvular	pharyngal	glottal
Plosiv	p b			t d		ʈ ɖ	c ɟ	k g			ʔ
Frikativ	ɸ β	f v	θ ð	s z	ʃ ʒ	ʂ ʐ	ç	x	χ ʁ	ħ ʕ	h
Affrikate				t͡s d͡z	t͡ʃ d͡ʒ	ʈ͡ʂ ɖ͡ʐ					
Vibrant						r/ɾ					
Nasal	m	ɱ		n		ɳ	ɲ	ŋ			
Lateral				l		ʎ					
Approx.				ɹ			j				

Wie das in 2.3.6 behandelte Vokaltrapez bildet auch diese Konsonantentabelle indirekt die artikulatorischen Gegebenheiten ab: Die Artikulationsorte erscheinen von links nach rechts analog zur Geometrie des Vokaltrakts (vgl. Abb. 17), während die vertikale Anordnung in Zeilen zuoberst die Artikulationsart mit der stärksten Behinderung des Luftstroms (Plosive) und zuunterst die Artikulationsart mit dem geringsten Hemmnis (Approximanten) abbildet. Die Tab. 4 enthält nur phonetische Zeichen von Konsonanten, die in diesem Kapitel behandelt wurden (nicht abgebildet ist in der Tabelle der labiovelare Approximant [w]). Die vollständige IPA-Konsonantentabelle enthält zahlreiche weitere Symbole.

2.4.6 Stimmhaftigkeit und Stimmeinsatzzeit

Die Stimmhaftigkeit wurde bereits als allgemeiner Artikulationsparameter für pulmonale Sprachlaute eingeführt (2.2.6), da für jeden Sprachlaut angegeben werden kann, ob er stimmhaft oder stimmlos ist. Besonders relevant ist dieser Parameter insbesondere für eine bestimmte Klasse von Artikulationsarten, die Obstruenten (Plosive, Frikative und Affrikaten; vgl. 2.4.2), bei welchen sog. 'homorgane' Konsonanten – also solche, die am gleichen Artikulationsort gebildet werden wie z.B. [p] und [b] – hauptsächlich anhand der Stimmhaftigkeit unterschieden werden können.

Die zweidimensionale Anordnung einer Tabelle lässt im Prinzip nur die Darstellung der ersten beiden konsonantischen Artikulationsparameter (Artikulationsart und Artikulationsort) zu. Dennoch zeigt die Tab. 4 auch den dritten Parameter, die Stimmhaftigkeit. Falls eine Zelle zwei homorgane Konsonanten der gleichen Artikulationsart enthält, so wird – analog zur Anordnung der Lippenrundung im Vokaltrapez – links der stimmlose und rechts der stimmhafte Laut eingetragen. Da Sonoranten immer stimmhaft sind, erscheinen die entsprechenden IPA-Symbole in der Konsonantentabelle jeweils auf der rechten Seite der Zellen.

Der Artikulationsparameter der Stimmhaftigkeit wurde bis hierhin als binäre Kategorie beschrieben: Ein Obstruent ist entweder stimmlos oder stimmhaft. Dies trifft für Frikative weitgehend zu. Für Plosive drängt sich jedoch eine etwas feinere Einteilung auf, welche insbesondere die Synchronisierung der Artikulationsbewegungen mit der glottalen Aktivität in Betracht zieht.

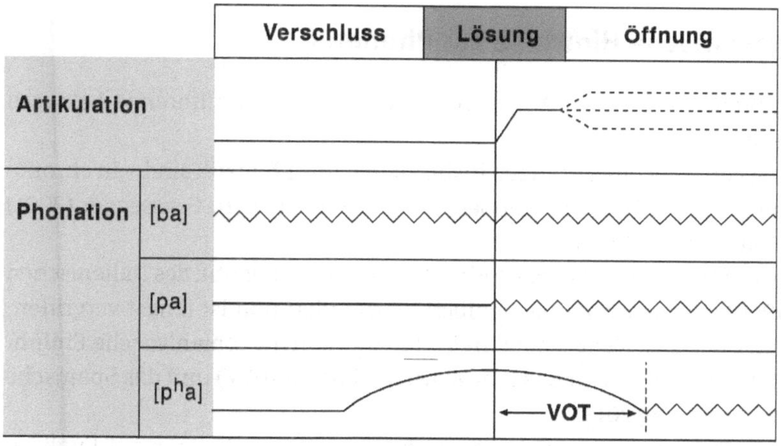

Abb. 23: Die Stimmeinsatzzeit

Die Abb. 23 zeigt die zeitliche Abstimmung von Verschluss-, Lösungs- und Öffnungsphase mit dem Einsetzen der Stimmhaftigkeit in der Abfolge eines bilabialen Plosivs und eines darauffolgenden Vokals [a]. Im ersten Fall der Silbe [ba] vibrieren die Stimmlippen schon während der Artikulation des Plosivs; man spricht deshalb von einer 'negativen' **Stimmeinsatzzeit** (engl. *Voice Onset Time*, abgekürzt VOT). Im zweiten Fall der Silbe [pa] fallen Verschlusslösung und Einsetzen der Stimmhaftigkeit zeitlich beinahe zusammen, so dass die Stimmeinsatzzeit praktisch gleich Null ist. Tritt jedoch eine zeitliche Verzögerung zwischen der Verschlusslösung und dem Einsetzen der Stimme ein (bzw. eine 'positive' VOT), dann spricht man von einem sog. 'aspirierten' Plosiv. Die Aspiration wird in der phonetischen Transkription mit einem diakritischen Zeichen, dem hochgestellten [ʰ] in [pʰa] dargestellt; in der Tat entsteht zwischen Verschlusslösung und Vokaleinsatz für einen kurzen Augenblick ein Geräusch, das demjenigen eines stimmlosen glottalen Frikativs [h] entspricht.

Im Italienischen haben stimmhafte Plosive eine klar negative Stimmeinsatzzeit, während stimmlose Plosive sich durch eine sehr kurze VOT auszeichnen. Im Deutschen weisen hingegen stimmlose Plosive meist eine deutliche Aspiration auf, insbesondere wenn ihnen ein betonter Vokal folgt. Bei genauem Hinhören ähneln die 'stimmhaften' Plosive des Deutschen – vor allem im Wortanlaut, z.B. im Wort *Bahn* – den stimmlosen Plosiven des Italienischen. Sprecher aus dem südlichen deutschen Sprachraum (etwa aus der Schweiz und Österreich, aber auch aus Baden-Württemberg und Bayern) artikulieren oft gar keine stimmhaften Obstruenten, was sich erschwerend auf die Aussprache der Obstruenten des Italienischen auswirkt (vgl. Schmid 2016b, siehe auch 6.4).

2.5 Bibliographische Hinweise zur Phonetik

Die folgenden bibliographischen Angaben verweisen auf weiterführende Lektüren und auf Nachschlagewerke.

Auf Deutsch verfasste Einführungen in die allgemeine Phonetik sind – in chronologischer Reihenfolge – Pétursson/Neppert (1996²), Reetz (1999), Grassegger (2001) und Pompino-Marschall (2009³).

Die einzige auf Deutsch vorliegende Einführung in die Phonetik des Italienischen von Lichem (1969) erschien vor einem halben Jahrhundert und ist längst vergriffen; für einen kurzen Überblick siehe jedoch Heinz (2021). Aktuelle romanistische Einführungen in die Phonetik gibt es für das Französische (Pustka 2016²) und das Spanische (Gabriel/Meisenburg/Selig 2013).

Ein großer Teil der internationalen Fachliteratur wird heutzutage auf Englisch geschrieben. Ein Referenzwerk für die Symbolphonetik ist das *Handbook of the International Phonetic Association* (IPA 1999; vgl. auch das Internet-Portal https://www.internationalphoneticassociation.org). Neben Standardwerken wie Laver (1994) oder Ladefoged/Maddieson (1996) sind insbesondere auch Handbücher zu nennen, in welchen die Teilgebiete der Phonetik in einzelnen Kapiteln von international anerkannten Fachleuten behandelt werden (vgl. z.B. Hardcastle/Laver/Gibbon 2010²; Katz/Assmann 2019).

Es gibt aber auch eine umfangreiche phonetische Fachliteratur in italienischer Sprache, darunter zahlreiche Einführungen wie (in alphabetischer Reihenfolge) Albano Leoni/Maturi (2018³), Maturi (2014³), Mioni (2001), Romano (2008), Schmid (1999). Überhaupt ist die italienische Phonetikergemeinschaft sehr produktiv, wie man aus den zahlreichen Aktivitäten und Publikationen der *Associazione Italiana di Scienze della Voce* (AISV) hervorgeht (s. das Internet-Portal https://www.aisv.it).

2.6 Aufgaben

2.1 Ordnen Sie die vier folgenden Fachbegriffe je einem Teilgebiet der Phonetik zu: Klangfarbe, Glottis, Grundfrequenz, Transkription.

2.2 Nennen Sie vier Dimensionen der Lautwahrnehmung.

2.3 a) Nennen Sie drei Darstellungsformen von Sprachschall.
b) Geben Sie für jede Darstellungsform an, welche akustische Dimension auf der X-Achse und welche auf der Y-Achse aufgetragen wird.

2.4 Ein Vokal wird mit einer Grundfrequenz von 200 Hz artikuliert. Welchen Fr quenzwert hat der dritte Oberton?

2.5 Betrachten Sie die Werte des ersten Formanten in der Tabelle 1:
a) Welche beiden Vokale haben die höchsten F1-Werte?
b) Welcher Vokal hat den tiefsten F1-Wert?
c) Durch welchen Artikulationsparameter wird demnach der erste Formant bestimmt?

2.6 Betrachten Sie die Werte des zweiten Formanten in der Tabelle 1:
a) Welcher Vokal hat den höchsten F2-Wert?
b) Welcher Vokal hat den tiefsten F2-Wert?
c) Durch welchen Artikulationsparameter wird der zweite Formant bestimmt?

2.7 Wann vibrieren die Stimmlippen, wann vibrieren sie nicht?
a) beim Flüstern
b) bei der Artikulation von [ɲ]
c) beim Singen
d) bei der Artikulation von [x]

2.8 Ergänzen Sie die Tab. der Artikulationsparameter für pulmonale Sprachlaute:

	Stimmlippen vibrieren	Velum ist gehoben	Hemmnis im Vokaltrakt	Beispiel
Oraler Vokal	+	+	–	[e]
Nasaler Vokal				[ɔ̃]
Oraler stimmhafter Konsonant				[b]
Oraler stimmloser Konsonant				[k]
Nasaler Konsonant				[n]

2.9 Geben Sie die vollständige artikulatorische Definition folgender Vokale:
Bsp. [a] = oraler, ungerundeter, vorderer Tiefvokal
a) [ɛ] =
b) [ʊ] =
c) [ɑ̃] =
d) [ø] =

2.10 Schreiben Sie die IPA-Symbole für folgende Vokale:
Bsp. oraler, gerundeter, hinterer Mitteltiefvokal = [ɔ]
a) oraler, ungerundeter, vorderer Halbhochvokal = [ ]
b) nasaler, gerundeter, vorderer Mitteltiefvokal = [ ]
c) oraler, gerundeter, vorderer Hochvokal = [ ]
d) oraler, ungerundeter, hinterer Tiefvokal = [ ]

2.11 Geben Sie die vollständige artikulatorische Definition folgender Konsonanten:
Bsp. [p] = stimmloser bilabialer Plosiv
a) [ŋ] =
b) [z] =
c) [ʎ] =
d) [j] =

2.12 Schreiben Sie die IPA-Symbole für folgende Konsonanten:
Bsp. stimmloser labiodentaler Frikativ = [f]
a) stimmhafter uvularer Frikativ = [ ]
b) stimmlose palato-alveolare Affrikate = [ ]
c) stimmhafter alveolarer Vibrant = [ ]
d) stimmloser palataler Plosiv = [ ]

2.13 Fassen Sie Artikulationsarten zu Oberkategorien zusammen:
a) Welche Artikulationsarten gehören zu den Sonoranten?
b) Welche Artikulationsarten gehören zu den Obstruenten?
c) Wodurch unterscheiden sich Sonoranten von Obstruenten?

2.14 Welcher Unterschied besteht zwischen deutschen und italienischen Plosiven in Bezug auf die ‘Stimmeinsatzzeit’ (VOT)?

3 Grundbegriffe der Phonologie

Dieses Kapitel führt in Grundbegriffe der Phonologie ein und vermittelt somit das theoretische Rüstzeug für die phonologische Analyse; es greift dabei neben dem Italienischen auch auf Beispiele aus verschiedenen (romanischen und nicht-romanischen) Sprachen zurück. Im nächsten Kapitel werden diese Begriffe dann angewendet, um das phonologische System des Standarditalienischen sowie lautliche Besonderheiten einiger italienischer Regionalvarietäten zu beschreiben.

So wie für die Phonetik verschiedene Teilgebiete unterschieden werden können (insbesondere die artikulatorische, akustische und auditive Phonetik, vgl. 2.1.1), wird auch die Phonologie als Beschreibungsebene der Sprache oft in Subdisziplinen unterteilt, wobei diese Unterteilung nicht immer gleich ausfällt. Eine mögliche Einteilung sieht – wie in 1.1 bereits angedeutet – zumindest drei wesentliche Arbeitsfelder der phonologischen Analyse vor. Die **Phonemik** (it. *fonematica*) oder **segmentale Phonologie** (it. *fonologia segmentale*) beschäftigt sich mit den Lautinventaren verschiedener Sprachen und der linguistischen Funktion einzelner Sprachlaute oder 'Segmente'. Die **Phonotaktik** (it. *fonotassi*) beschreibt, wie Vokale und Konsonanten in größeren Einheiten wie Silben oder Wörter miteinander verbunden werden. Die **Prosodie** (it. *prosodia*) oder **suprasegmentale Phonologie** (it. *fonologia soprasegmentale*) analysiert lautliche Phänomene, die gewissermaßen über die Lautketten gelegt werden – z.B. die Betonung einzelner Silben oder die Satzmelodie. Im Folgenden wird zunächst die segmentale Phonologie (Phonemik), anschließend die Phonotaktik und die Prosodie behandelt.

3.1 Segmentale Phonologie (Phonemik)

3.1.1 Das Phonem: Austauschprobe und Minimalpaare

Bis jetzt haben wir in einem vortheoretischen Sinn von 'Sprachlauten' gesprochen, wobei dieser Begriff zwei verschiedene Bedeutungen haben kann. So könnte man auf die Frage, wie viele *a*-Vokale es denn im Italienischen gibt, zwei unterschiedliche Antworten geben. Eine erste Antwort würde lauten: Es gibt nur einen Vokal /a/ – nämlich denjenigen, der im Wort *casa* 'Haus' zweimal vorkommt. Eine zweite Antwort könnte hingegen ganz anders ausfallen: Am 1. Januar 2021 wurde zwischen 09:45 und 09:47 Uhr im römischen Stadtteil Trastevere 31'457-mal ein Vokal [a] ausgesprochen.

In der ersten Antwort ist /a/ als **Phonem** (it. *fonema*, m.) gemeint. Je nach Betrachtungsweise handelt es sich dabei um eine rein sprachliche oder um eine mentale Kategorie (die im Gehirn des Sprechers bzw. Hörers gespeicherte Lautvorstellung oder Lautabsicht). In der zweiten Antwort wird hingegen [a] als **Phon** (it. *fono*)

https://doi.org/10.1515/9783110534047-003

betrachtet: Gemeint sind die unzähligen konkreten Realisierungen des Phonems /a/ durch eine bestimmte Anzahl von Sprechenden in einer bestimmten Gegend und innerhalb eines bestimmten Zeitraums. Phone stellen somit materielle Größen dar, die mit technischen Hilfsmitteln aufgenommen und akustisch analysiert werden können. Phoneme sind hingegen abstrakte Kategorien, auf die sich die Mitglieder einer Sprachgemeinschaft mehr oder weniger unbewusst beziehen, wenn sie miteinander kommunizieren. Mit Bezug auf eine grundlegende Unterscheidung der strukturalistischen Linguistik können wir somit festhalten, dass Phoneme auf der Ebene der Sprache oder des Sprachsystems (fr. *langue*) angesiedelt sind, während Phone in der aktuellen Rede (fr. *parole*) vorkommen.

Die Phoneme bilden die kleinsten Einheiten der phonologischen Analyse. Von den unzähligen Artikulationsmöglichkeiten des menschlichen Sprechapparats wird in jeder Sprache nur eine kleine Auswahl genutzt, um Wörter zu bilden. Im Fall des Deutschen müssen wir immerhin zwei *a*-Vokale mit Phonemwert unterscheiden, nämlich den Kurzvokal /a/ im Wort *Schall* [ʃal] und den Langvokal /aː/ im Wort *Schal* [ʃaːl]. Im Italienischen gibt es zwar auch kurze und lange Vokale, doch besitzt dieser Unterschied keinen Phonemwert (vgl. 3.5.1). Diesem Beispiel können wir zwei wichtige Eigenschaften von Phonemen entnehmen. Die erste Feststellung betrifft die sprachliche Funktion von Phonemen: diese liegt nämlich darin, Lautketten bzw. Wortformen zu bilden, die in der Wahrnehmung unterschieden werden und somit auch verschiedene Bedeutungen ausdrücken können. Ein Phonem ist also **distinktiv** (it. *distintivo*).

Die zweite Bemerkung ist methodologischer Natur und folgt eigentlich logisch aus der ersten Feststellung. Wie kann man nun in der phonologischen Analyse herausfinden, welche Vokale und Konsonanten in einer bestimmten Sprache den Status eines Phonems besitzen und welche nicht? Wie muss man vorgehen, um das Phoneminventar einer Sprache zu bestimmen? Das deutsche Beispiel *Schall* vs. *Schal* zeigt, dass zwei Sprachlaute dann als Phoneme gelten, wenn sie in einem sog. **Minimalpaar** (it. *coppia minima*) vorkommen: Dieses wird gebildet durch zwei Wortformen, die sich nicht nur in genau einem Segment (Vokal oder Konsonant) unterscheiden, sondern auch in ihrer Bedeutung. Ein Minimalpaar kann entweder aus zwei verschiedenen Lexemen bestehen (wie im Fall von it. *casa* 'Haus' vs. *cosa* 'Sache') oder aus zwei verschiedenen Wortformen des gleichen Lexems (wie im Fall von it. *casa* 'Haus' vs. *case* 'Häuser'). Hingegen liegt kein Minimalpaar vor, wenn ein Segment nicht ausgetauscht, sondern hinzugefügt wird (wie z.B. bei den beiden italienischen Wörtern *cosa* 'Sache' und *costa* 'Küste'). Es dürfen auch nicht zwei

Segmente im gleichen Wort ausgetauscht werden (wie etwa in *casa* vs. *cane* ‘Hund’), sonst handelt es sich nicht mehr um ein Minimalpaar.[17]

Die Methode, Phoneme anhand von Minimalpaaren zu bestimmen, wird **Austauschprobe** (it. *prova di commutazione*) genannt. Diese Vorgehensweise ist typisch für die strukturalistische Auffassung, wonach der Wert eines sprachlichen Elements sich aus der Opposition zu anderen Elementen ergibt und die Sprache selbst ein System von Oppositionen darstellt. So kann man zum Beispiel mit vier Minimalpaaren das Inventar der Vokalphoneme im Spanischen bestimmen:

(1)			
		~	*piso* ‘Wohnung’
	paso ‘Schritt’	~	*peso* ‘Gewicht’
		~	*poso* ‘(ich) posiere’
		~	*puso* ‘(er/sie) legte’

Das Symbol ~ bezeichnet in der Phonologie einen phonemischen Kontrast. Das Spanische verfügt über ein einfaches Vokalsystem, welches aus den fünf Phonemen /i e a o u/ besteht (die zudem genau den fünf Buchstaben <i e a o u> entsprechen, weshalb wir hier auf die phonetische Transkription der Wörter verzichten). Eigentlich sind in diesen fünf Wörtern sogar zehn Minimalpaare enthalten, da die Wörter in der rechten Kolonne nochmals sechs Minimalpaare miteinander bilden (*piso* ~ *peso* usw.).

Anhand der Austauschprobe bzw. der Suche nach Minimalpaaren kann man nicht nur Vokalphoneme, sondern auch Konsonantenphoneme bestimmen, wie das nächste Beispiel für das Deutsche zeigt:

(2) *passen* ~ *Tassen* ~ *Kassen*

Es ist also leicht möglich, mit zwei einfachen Ersetzungen im Anlaut die drei stimmlosen Plosive des Deutschen /p t k/ als Phoneme zu identifizieren. Mit dem gleichen phonotaktischen Rahmen finden wir aufgrund des Worts *Gassen* sogar eine Opposition zwischen den beiden velaren Plosiven (/k/ ~ /g/). Darüber hinaus gibt es weitere Minimalpaare mit dem Frikativ /f/ (*fassen*) und den vier Sonoranten /m n l ʀ/ (*Massen, nassen, lassen, Rassen*). Ersetzen wir bei *Tassen* das wortmediale /s/, gewinnen wir mit /ʃ/ ein weiteres Phonem (*Taschen*).

Im Prinzip reicht aber ein einziges Minimalpaar, damit einem Laut Phonemstatus zuerkannt wird – zumindest gemäß dem Motto *once a phoneme always a phone-*

17 In Ausnahmefällen kann in der Phonemanalyse aber auch ein solches sog. **subminimales Paar** (it. *coppia subminima*) angeführt werden wie z.B. it. *celo* /ˈt͡ʃelo/ ‘(ich) verberge’ vs. *gelo* /ˈd͡ʒɛlo/ ‘Frost’, wo neben dem anlautenden Konsonant auch der betonte Vokal verschieden ist.

me (‘einmal Phonem, immer Phonem’), welches dem nordamerikanischen Strukturalismus zugeschrieben wird. Allerdings sind nicht alle Phoneme einer Sprache gleich wichtig. Einige Phoneme kommen in vielen Wörtern vor (im Deutschen etwa die Konsonanten /t/, /n/, /s/ sowie die Vokale /a/, /ə/, /iː/) und bilden somit viele Minimalpaare. Andere Phoneme sind hingegen eher selten (im Deutschen z.B. der Konsonant /ŋ/ oder der Vokal /œ/), so dass man weniger leicht Minimalpaare findet. Dies ist v.a. der Fall bei sog. ‘marginalen’ Phonemen, die nur in Fremdwörtern vorkommen (wie z.B. der Konsonant /ʒ/ im deutschen Wort *Garage*). Phoneme, welche viele Minimalpaare bilden, weisen eine hohe **funktionelle Belastung** (it. *rendimento funzionale*) auf. Bei Phonemen, die in wenigen Minimalpaaren erscheinen, spricht man hingegen von ‘niedriger funktioneller Belastung’.

In einem Vokalsystem mit relativ wenigen Elementen wie demjenigen des Spanischen verfügen die Oppositionen zwischen den einzelnen Phonemen meist über eine relative hohe funktionelle Belastung; in einem Vokalsystem mit zahlreichen Elementen wie demjenigen des Französischen gilt dies nicht für alle Phoneme (vgl. Tab. 6.1 für eine Gegenüberstellung der Vokalsysteme des Spanischen, Italienischen und Französischen). So weist u.a. die Opposition zwischen den Nasalvokalen /œ̃/ ~ /ɛ̃/ eine niedrige funktionelle Belastung auf, da nur wenige Minimalpaare existieren (z.B. *brun* /bʀœ̃/ ‘braun’ ~ *brin* /bʀɛ̃/ ‘Halm’). Ein solches Vokalsystem ist anfällig für Lautwandel, indem das sog. ‘markierte’ Element (in diesem Fall der gerundete Nasalvokal) zugunsten des unmarkierten Elements aufgegeben wird. In der Tat sprechen heute viele Sprecher des Französischen beide Wörter gleich aus, nämlich [bʀɛ̃].

3.1.2 Allophone: freie und kombinatorische Varianten

Wie bereits angedeutet, findet man in vielen Sprachen neben phonemischen Oppositionen auch lautliche Unterschiede, die keine Auswirkung auf Wortbedeutungen haben. So kann ein bestimmter Vokal oder Konsonant in der Sprache A über den Status eines Phonems verfügen, während das gleiche Segment in der Sprache B zwar durchaus vorkommt, jedoch keine distinktive Funktion besitzt. Ein Beispiel dafür ist der velare Nasal des Deutschen und Englischen in den Wörtern *bang* und *thing* in (3):

(3)	dt. *Bann* /ban/	~	*bang* /baŋ/
	engl. *thin* /θɪn/ ‘dünn’	~	*thing* /θɪŋ/ ‘Ding’

Sowohl im Deutschen als auch im Englischen finden wir Minimalpaare, in denen das Phonem /n/ in Opposition zum Phonem /ŋ/ steht. In beiden Sprachen wird dieser phonemische Kontrast auch in der Schrift wiedergegeben, indem für den velaren Nasal die Buchstabenkombination <ng> verwendet wird. Interessanterweise kommen aber velare Nasale auch im Spanischen und im Italienischen vor, z.B. im Wort *banco* 'Bank', welches als [ˈbaŋko] ausgesprochen wird. Allerdings gibt es in beiden Sprachen kein einziges Minimalpaar, worin der velare durch den alveolaren Nasal ausgetauscht werden könnte. Die meisten Sprecher des Italienischen oder Spanischen sind sich auch gar nicht bewusst, dass sie phonetisch betrachtet den gleichen Konsonanten wie im Englischen oder Deutschen aussprechen, da sowohl der alveolare als auch der velare Nasal in der Orthographie des Spanischen und Italienischen mit dem gleichen Buchstaben <n> geschrieben werden.

Aus phonologischer Sicht ist der velare Nasal [ŋ] im Italienischen ein **Allophon** (it. *allofono*)[18] des Phonems /n/. Genau wie in der Morphologie ein Morphem mehrere Allomorphe haben kann, so treten Phoneme manchmal in der Form von verschiedenen Allophonen auf (beide Fachbegriffe enthalten das griechische Präfix *állos* 'anders, verschieden'). Man unterscheidet dabei zwei Arten von Allophonen, nämlich 'freie' (auch: fakultative) und 'kombinatorische' Varianten. Eine **freie Variante** (it. *variante libera*) tritt unabhängig vom phonotaktischen Kontext auf und kann somit in jeder Position eines Wortes erscheinen. Ein typisches Beispiel sind die Varianten des /r/-Lauts in mehreren westeuropäischen Sprachen. So findet man im Deutschen und im Französischen sowohl uvulare als auch alveolare Realisierungen: In beiden Sprachen herrschen [ʀ] und [ʁ] vor (das sog. 'Zäpfchen-r'), aber v.a. in südlichen Gegenden der jeweiligen Sprachräume hört man auch das sog. 'Zungen-r', also [r] (vgl. 2.4.4). Freie Varianten können z.T. auf individuellen Gewohnheiten der Sprecherinnen und Sprecher beruhen. Wie das Beispiel der /r/-Laute zeigt, weisen sie aber oft auf die Zugehörigkeit der Individuen zu einer bestimmten Sprechergemeinschaft hin (z.B. auf die geographische Herkunft oder eine soziale Gruppe). Freie Varianten habe somit keine direkt linguistische oder 'symbolische', sondern vielmehr eine **indexikalische Funktion** (it. *funzione indessicale*).[19]

Häufiger als die freien Varianten sind die sog. 'kombinatorischen' Varianten. Eine **kombinatorische Variante** (it. *variante combinatoria*) tritt nur in einer bestimmten phonotaktischen Umgebung auf, z.B. nach einem Vokal oder im Wortanlaut. Eine Sprecherin wählt also nicht 'frei' zwischen zwei Realisierungen eines Phonems wie im Fall der /r/-Laute, sondern sie wendet vielmehr eine phonologische Regel (vgl. 3.1.4) ihrer Sprache an. Die meisten Sprecher des Deutschen sprechen das Graphem <ch> auf zwei verschiedene Arten aus: Nach einem Vordervokal oder einem Konsonanten sowie im Wortanlaut wählen sie den sog. *ich*-Laut (z.B. in *Pech* [pʰɛç], *manche* [ˈmançə] oder *China* [ˈçiːna]), während sie nach /a/ und nach Hinter-

18 Die Betonung liegt auf der drittletzten Silbe: *allòfono*.

19 Die soziale Funktion von solchen Ausspracheunterschieden wird im noch relativ jungen Forschungsgebiet der Soziophonetik untersucht (vgl. 1.3).

vokal den sog. *ach*-Laut realisieren (z.B. in *Buch* [buːx] oder *hoch* [hoːx]).[20] Die beiden kombinatorischen Varianten [ç] und [x] kommen also nie in der gleichen phonologischen Umgebung vor und weisen somit eine **komplementäre Verteilung** (it. *distribuzione complementare*) auf.

Kombinatorische Varianten sind relativ häufig in den Sprachen der Welt. Dies bedeutet für die phonologische Analyse und die phonetische Transkription (vgl. 5.2) eine Zunahme an Komplexität, da anstatt eines Phonems mehrere Varianten – und somit auch mehrere phonetische Symbole – unterschieden werden müssen. Beim Sprechen werden kombinatorische Varianten jedoch automatisch und in der Regel unbewusst realisiert, da sie die Aussprache erleichtern: Eine allophonische Regel ist meist die Folge eines natürlichen phonologischen Prozesses, der letztlich auf das Phänomen der 'Koartikulation' zurückzuführen ist (vgl. 3.3).

3.1.3 Neutralisierung und Archiphonem

In der phonologischen Analyse spielt also der phonotaktische Kontext (d.h. die lautliche Umgebung, in der ein Segment vorkommen kann) eine wesentliche Rolle. Ein Phonem kann mehrere Varianten haben, die durch die Position im Wort bestimmt werden. Auf der anderen Seite gibt es aber auch Kontexte, in denen eine phonemische Opposition außer Kraft gesetzt wird, da dort nur eines von zwei Elementen auftritt. Ein klassisches Beispiel dafür ist die sog. **Auslautverhärtung** (it. *desonorizzazione finale*) im Deutschen:

(4a)	*baten* /ˈbaːtn̩/	~	*baden* /ˈbaːdn̩/
	Muße /ˈmuːsə/	~	*Muse* /ˈmuːzə/
(4b)	*bat* [baːt]	~	*Bad* [baːt]
	Fuß [fuːs]	~	*Mus* [muːs]

In (4a) liegen zwei Minimalpaare vor: In der Umgebung von Vokalen oder Sonoranten besteht eine phonemische Opposition zwischen den homorganen alveolaren Plosiven und Frikativen /t/ ~ /d/ und /s/ ~/z/. In (4b) liegen jedoch keine Minimalpaare vor: Im Auslaut – d.h. am Wortende – werden die deutschen Phoneme /d/ und /z/ nicht stimmhaft, sondern stimmlos bzw. 'entstimmt' ausgesprochen. Der natürliche Prozess der Auslautverhärtung betrifft alle Obstruenten, wie man den Imperativformen *gib!* [giːp], *sag!* [zaːk] und *lies!* [liːs] entnehmen kann.

20 Diese allophonische Regel wird bei einigen dialektal gefärbten Sprechweisen im Süden des deutschen Sprachraums nicht befolgt, wo nur eine hintere (velare oder sogar uvulare) Variante verwendet wird (vgl. 2.4.4).

Phonologisch betrachtet werden im Deutschen die phonemischen Oppositionen /t/ ~ /d/ und /s/ ~ /z/ im Auslaut aufgehoben; dieses Phänomen bezeichnet man als **Neutralisierung** (it. *neutralizzazione*). Da die phonologische Eigenschaft der Stimmhaftigkeit in diesem Kontext nicht zur Verfügung steht, fallen die beiden homorganen Phoneme zusammen und bilden gemeinsam ein sog. **Archiphonem** (it. *arcifonema*). Das Archiphonem besteht aus der Summe der gemeinsamen phonologischen Eigenschaften – in diesem Fall aus Artikulationsart und Artikulationsort. In einer phonologischen Transkription (vgl. 5.2) werden Archiphoneme manchmal mit einem Großbuchstaben wiedergegeben: Die Wörter in (4b) würden somit als /baːT/ und /muːS/ transkribiert.

3.1.4 Phonologische Regeln

Sowohl kombinatorische Varianten als auch Archiphoneme treten in ganz bestimmten Umgebungen auf und haben zudem einen regelhaften Charakter, d.h. die Sprechenden wenden diese Prozesse automatisch und praktisch ausnahmslos an. Wie in der Grammatik gibt es demnach auch in der Phonologie Regeln, und ein Teil der phonologischen Analyse einer Sprache besteht darin, neben der Auflistung der Vokal- und Konsonantenphoneme auch die allophonischen Regeln und die Neutralisierungsregeln zu definieren, denen die Phoneme unterworfen sind.

Unter dem Begriff **phonologische Regel** (it. *regola fonologica*) kann man zwei verschiedene Dinge verstehen. Zum einen meint man damit den sprachlichen Sachverhalt, den man in der phonologischen Analyse beschreiben will. Zum anderen bezeichnet man mit dem Terminus ‘phonologische Regel’ aber auch einen Formalismus zur Notation eben solcher phonologischen Regelmäßigkeiten. Eingeführt wurde diese formale Notation durch die ‘klassische’ generative Phonologie (Chomsky/Halle 1968) in Anlehnung an die ‘Umschreiberegeln’ der Syntax. In der Syntax beschreibt z.B. die Regel ‘NP → Det + N’, dass eine Nominalphrase aus einem bestimmten Artikel und einem Nomen bestehen kann (wie z.B. in it. *il gatto* ‘die Katze’). In der Phonologie haben Regeln im Prinzip folgende abstrakte Form:

(5) $A \rightarrow B / X\_\_Y$

Links des Schrägstrichs steht derjenige Teil der Regel, welcher den eigentlichen Prozess beschreibt. A ist die ‘Eingabe’ (engl. *input*) und B die ‘Ausgabe’ (engl. *output*); der Pfeil bedeutet ‘wird zu’ (A → B bedeutet also ‘A wird zu B’). Rechts des Schrägstrichs wird der Kontext aufgeführt, in welchem dieser Prozess geschieht. Der Unterstrich __ ist der sog. ‘Platzhalter’ und bezeichnet die genaue Position, an welcher A zu B wird; X bezeichnet den vorangehenden und Y den nachfolgenden Kontext. Meist beziehen sich phonologische Regeln nur auf das Segment vor oder nach dem

Platzhalter und haben deshalb die Form A → B / X__ oder A → B / __Y. Das folgende Beispiel zeigt eine typische allophonische Regel des Spanischen:

(6) /b d g/ → [β ð ɣ] / V_

Diese Regel beschreibt, dass im Spanischen jedes der drei Phoneme /b d g/ eine kombinatorische Variante besitzt, oder anders ausgedrückt: Stimmhafte Plosive werden als Frikative ausgesprochen, wenn sie auf einen Vokal folgen.[21] Die drei Verbformen *hablo* '(ich) spreche', *puedo* '(ich) kann' und *hago* '(ich) mache' werden demnach mit einem stimmhaften Frikativ als [ˈaβlo], [ˈpweðo] und [ˈaɣo] realisiert, während im absoluten Anlaut (d.h. am Anfang einer Äußerung) sowie nach einem Nasalkonsonant diese Phoneme als Plosive ausgesprochen werden (vgl. *tiemblo* [ˈtjemblo] '(ich) zittere', *dónde* [ˈdonde] 'wo' und *tengo* [ˈteŋgo] '(ich) habe').

Phonologische Regeln schreibt man oft mit phonetischen Symbolen, die entweder zwischen Schrägstrichen (für Phoneme) oder zwischen eckigen Klammern (für kombinatorische Varianten) stehen. In der Regel in (6) erscheint aber noch ein zusätzliches Symbol: V ist ein sog. 'Kategoriensymbol' und steht für die Segmentklasse der Vokale, so wie C für die Segmentklasse der Konsonanten steht. Wenn sich phonologische Regeln nicht auf einen bestimmten segmentalen Kontext, sondern auf Silben- oder Wortgrenzen beziehen, werden sog. 'Grenzsymbole' verwendet: Das Dollarzeichen $ steht für eine Silbengrenze, die Raute # für eine Wortgrenze. Manchmal wird für den Anfang oder das Ende einer ganzen Äußerung eine doppelte Raute angeführt (##__ oder __##).

Das Beispiel (7) zeigt eine allophonische Regel des Deutschen, für welche die Silbengrenze ausschlaggebend ist:

(7) /p t k/ → [pʰ tʰ kʰ] / $__V

Der linke Teil der Regel (vor dem Schrägstrich) beschreibt die in 2.4.6 erwähnte Aspiration der stimmlosen Plosive im Deutschen. Der rechte Teil der Regel (nach dem Schrägstrich) gibt den phonotaktischen Kontext an: Die aspirierten Plosive treten demnach zwischen einer Silbengrenze und einem Vokal auf (z.B. in *Tat* [tʰaːt], *getan* [gəˈtʰaːn], *hatte* [ˈhatʰə]),[22] nicht aber wenn vor oder nach dem Plosiv ein Konsonant steht (z.B. in *Stahl* [ʃtaːl] oder *trat* [tʀaːt]). Eigentlich gilt die Regel nicht nur für den Silbenanfang ($__), sondern auch für den Wortanfang (#__). Da aber ein

21 Die Regel (5) beschreibt die Verteilung der stimmhaften Plosive und Frikative im Spanischen noch nicht abschließend (vgl. dazu 3.2.5).

22 Die Aspiration ist vor dem betonten Vokal in *getan* stärker als vor dem unbetonten Vokal in *hatte* (vgl. Kohler 1995²: 157).

Wortanfang auch ein Silbenanfang ist, reicht es, das Symbol $ für die Silbengrenze zu verwenden (mehr zur Silbenstruktur in 3.4).

Das Beispiel (8) formalisiert die in (4b) als Neutralisierung analysierte Auslautverhärtung des Deutschen als phonologische Regel, wobei hier als Kontext das Wortende (__#) angegeben wird (vgl. Hall 2011²: 53):

(8) /b d g v z ʒ/ → [p t k f s ʃ] / __(C)#

Fakultative Segmente werden in Klammern gesetzt: So impliziert die Notation /__C(C), dass ein oder zwei Konsonanten folgen können.[23]

Falls ein Segment eingefügt oder getilgt wird, kann man diese 'Leerstelle' mit dem Symbol Ø (einer durchgestrichenen Null) darstellen. Dies wird anhand der Regel (9) für das Phänomen des sog. *e muet* (auch: *caduc*, 'stummes'/'hinfälliges' *e*) im Französischen gezeigt:

(9) Ø → [ə] /CC__C

Diese Regel beschreibt das sog. 'Dreikonsonantengesetz' (fr. *loi des trois consonnes*), wonach im Französischen wohl zwei, nicht aber drei Konsonanten aufeinander folgen dürfen. So endet das letzte Wort im Satz *Fermez la porte!* ('Schließen Sie die Tür!') auf zwei Konsonanten ([fɛʀme la pɔʀt]); hingegen müsste man gemäß normativer Aussprache in der Nominalphrase *la porte fermée* ('die geschlossene Tür') ein Schwa einfügen ([la pɔʀtə fɛʀme]). Allerdings wird diese Ausspracheregel bei schnellem Sprechtempo in der Umgangssprache nicht immer befolgt (vgl. Pustka 2016²: 177–179).

Zusammenfassend können wir festhalten, dass man mit phonologischen Regeln einerseits allophonische Prozesse beschreibt, bei denen Phoneme in kombinatorische Varianten umgewandelt werden. Andererseits eignet sich dieser Formalismus auch für die Notation von Neutralisierungsprozessen, bei denen phonemische Oppositionen aufgehoben werden.

---

23 Wie das Beispiel *Magd* /maːgd/ → [maːkt] zeigt, kann die deutsche Auslautverhärtung in der Tat auch zwei Konsonanten erfassen, wenn diese hintereinander in einer wortfinalen Silbencoda (vgl. 3.4.2) vorkommen.

3.2 Distinktive Merkmale

3.2.1 Der Begriff des distinktiven Merkmals

Bis hierhin haben wir uns in der phonologischen Analyse hauptsächlich auf der Ebene der Segmente bewegt. Wir sind jetzt in der Lage, anhand von Austauschproben Minimalpaare zu entdecken und dadurch einzelne Phoneme zu bestimmen. Von einigen Phonemen können wir kombinatorische Varianten ableiten und deren Verteilung in phonotaktischen Umgebungen angeben; ebenso können wir festhalten, in welchen Kontexten phonemische Oppositionen neutralisiert werden. Das Phonem stellt eine fundamentale Bezugsgröße der Phonologie dar und bildet die kleinste Einheit der phonologischen Analyse.

Es ist aber möglich, einen Schritt weiter zu gehen und das Phonem selbst in einzelne Eigenschaften zu zerlegen. Diese Eigenschaften erscheinen in der Sprache nicht allein, sondern immer im Verbund mit anderen Eigenschaften. So wie in der Chemie ein Molekül als Anordnung von Atomen dargestellt wird, so besteht ein Phonem genauer betrachtet aus einer Verbindung von verschiedenen Eigenschaften. Schon Trubetzkoy (1939: 35) hatte das Phonem als "die Gesamtheit der phonologisch relevanten Eigenschaften eines Lautgebildes" definiert; in der Folge hat sich die terminologische Gewohnheit eingebürgert, solche Eigenschaften als **distinktive Merkmale** (it. *tratti distintivi*, engl. *distinctive features*) zu bezeichnen.

Um zu verstehen, was man unter 'distinktiven Merkmalen' versteht, betrachten wir nochmals einige z.T. bereits verwendete Minimalpaare des Deutschen:

(10a)	*Kasse* /ˈkasə/	~	*Gasse* /ˈgasə/
(10b)	*Bann* /ban/	~	*Mann* /man/
(10c)	*Bann* /ban/	~	*bang* /baŋ/

Oft sucht man für die Phonemanalyse Minimalpaare, bei denen sich die ausgetauschten Segmente phonetisch sehr ähnlich sind. So handelt es sich in (10a) bei /k/ und /g/ um zwei velare Plosive, die sich nur in der Stimmhaftigkeit voneinander unterscheiden. In (10b) liegen mit /b/ und /m/ zwei stimmhafte bilabiale Verschlusslaute vor, die sich nur durch den Gegensatz 'oral' vs. 'nasal' voneinander abheben. Im Minimalpaar (10c) werden schließlich die beiden stimmhaften Nasalkonsonanten /n/ und /ŋ/ einander gegenübergestellt, welche zwei unterschiedliche Artikulationsorte ('alveolar' vs. 'velar') aufweisen. Wenn also in diesen drei Minimalpaaren jeweils nur ein Phonem ausgetauscht wird, so unterscheiden sich die daraus resultierenden Phoneme ebenfalls nur in einer einzigen phonologisch relevanten Eigenschaft bzw. in einem einzigen distinktiven Merkmal.

Phoneme können somit formal als ein 'Bündel von distinktiven Merkmalen' notiert werden, wie dies in (11a) für den Konsonanten /p/ und in (11b) für den Vokal /i/ vorgenommen wird:

(11a) /p/

$$\begin{pmatrix} \text{+konsonantisch} \\ \text{−dauernd} \\ \text{−stimmhaft} \\ \text{+vorne} \\ \text{−koronal} \end{pmatrix}$$

(11b) /i/

$$\begin{pmatrix} \text{−konsonantisch} \\ \text{+hoch} \\ \text{−hinten} \\ \text{−gerundet} \end{pmatrix}$$

Die Idee des 'Bündels' geht auf den amerikanischen Strukturalisten Leonard Bloomfield (1933: 79) zurück und wird in (11a) und (11b) durch die Darstellung der Merkmale in einer durch zwei Klammern zusammengefassten Liste veranschaulicht. Mit den Vorzeichen [+] und [−] wird zum Ausdruck gebracht, dass distinktive Merkmale in der Regel **binär** (it. *binario*) – also 'zweiwertig' – sind: Phoneme sind bezüglich eines bestimmten Merkmals entweder mit einem positiven Wert [+] oder mit einem negativen Wert [−] spezifiziert. Bezieht man sich auf den Namen eines bestimmten Merkmals, so verwendet man die Notation [±] (z.B. [±stimmhaft]). Auffällig ist zudem, dass gewisse Merkmale sowohl für Konsonanten als auch für Vokale verwendet werden können; in den Beispielen (11a) und (11b) ist dies beim Merkmal [±konsonantisch] der Fall. Zum Teil erinnern die Bezeichnungen der Merkmale – etwa bei [±hoch] oder [±gerundet] – an Ausprägungen der vokalischen und konsonantischen Parameter, die wir aus der artikulatorischen Phonetik kennen (vgl. 2.3.1, 2.4.1).

Allerdings sind die in der Phonologie verwendeten distinktiven Merkmale in mehreren Fällen nicht identisch mit den entsprechenden Bezeichnungen der artikulatorischen Phonetik. Bei genauerem Betrachten sind wir dennoch in der Lage, diese Terminologie zu interpretieren: Betrachten wir z.B. die letzten beiden Merkmale in (11a), so ist durchaus nachvollziehbar, dass der bilabiale Plosiv zwar im vorderen Teil des Vokaltrakts, aber ohne Beteiligung des Zungenkranzes artikuliert wird (vgl. 2.2.5).

Die Theorie der distinktiven Merkmale stellt eine wichtige Entwicklung innerhalb der Linguistik dar, die sogar außerhalb der Phonologie ihre Anwendungen gefunden hat – etwa in der Morphologie oder in der Semantik (vor allem in der Komponentialanalyse von Wortbedeutungen; vgl. Linke/Nussbaumer/Portmann 2004^5: 163–167). Die Merkmalstheorie hat ihren Ursprung im europäischen Strukturalismus (vgl. 1.3), insbesondere bei Trubetzkoy (1939) und Jakobson (1941), und wurde zum ersten Mal programmatisch im Werk *Preliminaries to speech analysis. The distinctive features and their correlates* von Jakobson/Fant/Halle (1952) vorgelegt. Dieser Merkmalskatalog bestand aus zwölf phonologischen Oppositionen und hatte den 'universellen' Anspruch, die Phoneminventare aller Sprachen der Welt darstellen zu können. Die Merkmale von Jakobson/Fant/Halle (1952) sind weitgehend akustisch und z.T. auch perzeptiv definiert: So bezieht sich z.B. das Merkmal 'kompakt' vs. 'diffus' auf die Verteilung der spektralen Energie (vgl. 2.1.3), während das Merkmal 'scharf' vs. 'mild' sich auf den Höreindruck bezieht.

Ein weiterer Meilenstein der Merkmalstheorie wurde mit der Veröffentlichung des Werks *The Sound Pattern of English* (Chomsky/Halle 1968) erreicht, welches die Grundlage für die sog. 'klassische' generative Phonologie legte (abgekürzt mit den Anfangsbuchstaben des Titels als SPE). Im Kapitel 7 ihres Buches schlagen die Autoren eine Revision und Erweiterung des Jakobsonschen Merkmalskatalogs vor. Die Zahl der Merkmale wird auf über 20 erhöht und die Merkmale selbst sind nun hauptsächlich artikulatorisch definiert. Gemeinsam haben das Jakobsonsche und das SPE-Modell jedoch den universellen Anspruch und den binären Charakter der Merkmale, während in neueren Versionen der Merkmalstheorie z.T. auch sog. 'privative' (d.h. einwertige) Merkmale vorkommen (vgl. Hall 2011²: 103 und die Fußnote 11 in 3.2.3).

Das SPE-Modell bildet nach wie vor den Referenzrahmen auch für neuere Entwicklungen in der Phonologie, weshalb wir uns in dieser Einführung auf die Illustration dieser 'klassischen' Version der Merkmalstheorie beschränken und auch davon nur die wichtigsten Merkmale behandeln, nämlich die sog. 'Hauptklassenmerkmale' sowie einige Merkmale des Artikulationsorts und der Artikulationsart.[24]

3.2.2 Hauptklassenmerkmale

Wie der Name bereits andeutet, erlauben die **Hauptklassenmerkmale** (it. *tratti delle classi principali*, engl. *major class features*) eine Erfassung der Segmente in größere Klassen. Im originalen SPE-Modell von Chomsky/Halle (1968) gibt es drei Hauptklassenmerkmale: [±sonorant], [±vokalisch], [±konsonantisch].

Den Begriff 'Sonorant' kennen wir bereits aus der artikulatorischen Phonetik, wo er eine Oberkategorie von Artikulationsarten bezeichnet, die aus Nasalen, Liquiden und Approximanten besteht (vgl. 2.4.2). Das Merkmal **[±sonorant]** (it. [±*sonorante*]) wird im SPE-Modell ganz ähnlich wie in der artikulatorischen Phonetik definiert, indem es alle Segmente spezifiziert, die mit einer spontanen Vibration der Stimmlippen artikuliert werden. Die einzige Erweiterung besteht darin, dass die Spezifizierung [±sonorant] auch für Vokale gilt, was aufgrund der soeben genannten Definition durchaus nachvollziehbar ist. Das Merkmal **[±vokalisch]** (it. [±*vocalico*]) ist ebenfalls artikulatorisch definiert und wird jenen Segmenten zugewiesen, bei denen die Zungenmasse nicht höher liegt als bei den Vokalen /i/ und /u/. Gemäß Chomsky/Halle (1968: 302) trifft dies aber nicht nur für Vokale zu, sondern auch für Approximanten und Liquide (d.h. Laterale und Vibranten; vgl. 2.4.2), welche eben-

---

24 Für eine ausführlichere, wenn auch terminologisch z.T. abweichende Erörterung der distinktiven Merkmale siehe die Kapitel 4 und 7 in Hall (2011²). Wir verzichten hier auch auf eine explizite Besprechung der im SPE-Modell zwar fehlenden, aber dennoch häufig verwendeten prosodischen Merkmale wie [±lang] und [±betont], die eigentlich selbsterklärend sind.

falls die Spezifizierung [+vokalisch] erhalten. In der Tat verhalten sich Laterale und Vibranten in vielen Sprachen ähnlich wie Vokale, indem sie z.B. den Silbenkern bilden können (vgl. 3.4.2).[25] Das Merkmal **[±konsonantisch]** (it. [±*consonantico*]) wird im SPE-Modell definiert aufgrund des Vorhandenseins eines 'radikalen Hindernisses' im Vokaltrakt. Ein solch radikales Hindernis liegt gemäß Chomsky/Halle (1968: 302) nicht nur bei den Obstruenten (Plosiven, Frikativen und Affrikaten) und Nasalen vor, sondern auch bei Liquiden; alle diese Segmente erhalten demnach die Spezifizierung [+konsonantisch], während Approximanten nach dieser Definition als [−konsonantisch] bezeichnet werden.

Aufmerksame Leserinnen und Leser werden bemerkt haben, dass sich die beiden Merkmale [±vokalisch] und [±konsonantisch] erstaunlicherweise nicht gegenseitig ausschließen. Im Gegensatz zur artikulatorischen Phonetik kann in der Phonologie ein Segment entweder für beide Merkmale den Wert [+] oder den Wert [−] erhalten, wie aus der folgenden Tabelle der drei Hauptklassenmerkmale ersichtlich ist:

Tab.5: Die Hauptklassenmerkmale im SPE-Modell

	Vokale	**Approximanten**	**Liquide**	**Nasale**	**Obstruenten**
[±sonorant]	+	+	+	+	−
[±vokalisch]	+	−	+	−	−
[±konsonantisch]	−	−	+	+	+

In der Tat erhalten Approximanten sowohl für das Merkmal [±vokalisch] als auch für das Merkmal [±konsonantisch] den Wert [−], während Liquide für beide Merkmale mit [+] spezifiziert sind. Dieser Umstand entspricht durchaus der Bestimmung von distinktiven Merkmalen. Es geht hier nicht darum, eine möglichst genaue artikulatorische Beschreibung von Segmenten zu liefern; vielmehr soll die phonologische Theorie einen möglichst kleinen Katalog von Merkmalen identifizieren, um die Sprachlaute in sog. 'natürliche Klassen' zusammenzufassen (vgl. 3.2.5). So können in der Tabelle 5 anhand der drei Hauptklassenmerkmale fünf Kategorien von Segmenten unterschieden werden: Vokale, Approximanten, Liquide, Nasale und Obstruenten.

25 Bei Hall (2011^2: 106) wird das Merkmal [±vokalisch] umbenannt in [±approximantisch].

3.2.3 Merkmale des Artikulationsorts

Zur Spezifizierung des Artikulationsorts dienen im SPE-Modell die **Merkmale des Resonanzraums** (it. *tratti distintivi di risonanza*, engl. *cavity features*), von denen sich mehrere auf die sog. 'neutrale' Position der Zunge beziehen. Die neutrale Zungenposition wird gemäß Chomsky/Halle (1968: 304) definiert als jene Stellung, die man jeweils einnimmt, bevor man mit dem Sprechen beginnt; sie entspricht ungefähr der Lage der Zunge bei der Artikulation von [e]. Gleich vier Merkmale des Resonanzraums werden aufgrund der Abweichung der Zungenposition von dieser neutralen Lage definiert, nämlich die Merkmale [±hoch], [±tief], [±hinten] und [±vorn]. Diese Merkmale werden z.T. sowohl für Vokale als auch für Konsonanten verwendet.

Das Merkmal **[±hoch]** (it. [±*alto*]) wird hauptsächlich zur Definition von Vokalen gebraucht, nämlich für die hohen und halbhohen Vokale /i y u ɪ ʏ ʊ/, welche die Spezifizierung [+hoch] erhalten; alle anderen Vokale sind als [−hoch] charakterisiert. Im SPE-Modell werden aber auch die palatalen und velaren Konsonanten als [+hoch] bezeichnet. Das Merkmal **[±tief]** (it. [±*basso*]) wird nicht nur für die tiefen und halbtiefen Vokale /a ɑ ɒ æ ɐ/ verwendet, sondern auch für mitteltiefe Vokale wie /ɛ œ ʌ ɔ/ sowie für pharyngale und glottale Konsonanten wie /ħ ʔ h/. Das Merkmal **[±hinten]** (it. [±*posteriore*]) ist ebenfalls wichtig für die Definition von Vokalen: Es betrifft nicht nur die Hinterzungenvokale im eigentlichen Sinne wie z.B. /u ʊ o ɔ/, sondern überraschenderweise auch den vorderen Tiefvokal [a]. Dies wird aber dann verständlich, wenn wir als Bezugspunkt für die Merkmalsdefinition die oben erwähnte neutrale Zungenlage in Betracht ziehen: In der Tat liegt die Zunge bei der Artikulation des Tiefvokals /a/ geringfügig weiter hinten als bei der Realisierung von /e/. Bei den Konsonanten erhalten die velaren, uvularen, pharyngalen und glottalen Segmenten die Spezifizierung [+hinten].

Da das Merkmal [±hinten] für die Einteilung der Vokale aufgrund ihrer Artikulationsstelle vollkommen ausreicht, kommt das Merkmal **[±vorne]** (it. [±*anteriore*]) nur für die Charakterisierung von Konsonanten zum Einsatz – nämlich für jene Artikulationsorte, die sich im vorderen Teil des Vokaltrakts befinden (also für bilabiale, labiodentale, dentale und alveolare Konsonanten). Zur weiteren Unterteilung dieser Konsonantengruppe dient das Merkmal **[±koronal]** (it. [±*coronale*]): Es bezeichnet jene Sprachlaute, die mit einem gehobenen Zungenblatt artikuliert werden (vgl. 2.2.5). Als [+koronal] werden dentale und alveolare (sowie palato-alveolare) Konsonanten definiert, während Lippenlaute die Spezifizierung [−koronal] erhalten.[26] Das

---

26 In der neueren Merkmalstheorie gehört [KORONAL] – wie auch [LABIAL], [DORSAL] und [RADIKAL] – zu den sog. 'privativen' Merkmalen, die nur einen Wert haben können. Diese privativen Merkmale werden ohne Vorzeichen [±] und – zur besseren Unterscheidung – in Kapitälchen notiert;

Merkmal **[±gerundet]** (it. [±*arrotondato*]) wird schließlich hauptsächlich für Vokale verwendet und unterscheidet lediglich gerundete von ungerundeten Vokalen.

3.2.4 Merkmale der Artikulationsart

Bei einigen Merkmalen der Artikulationsart stimmen die Bezeichnungen mit den traditionellen Kategorien der artikulatorischen Phonetik überein (2.4.2), weshalb sie keiner besonderen Erläuterung bedürfen. Dies trifft zu für das Merkmal **[±nasal]** (it. [±*nasale*]) sowie für das Merkmal **[±lateral]** (it. [±*laterale*]).

Das Hauptklassenmerkmal [±sonorant] nimmt innerhalb der Konsonanten bereits eine Grobeinteilung zwischen Sonoranten und Obstruenten vor (vgl. 2.4.2, 3.2.2), doch brauchen wir zusätzliche Merkmale zur Kennzeichnung von Plosiven, Frikativen und Affrikaten. Für das Merkmal **[±dauernd]** (it. [±*continuo*], engl. [±*continuant*]) ist ausschlaggebend, ob eine vollständige Blockierung des oralen Vokaltrakts vorliegt oder ob eine solche fehlt (vgl. Chomsky/Halle 1968: 317). Dieses Merkmal erlaubt insbesondere die Unterscheidung zwischen Plosiven und Frikativen: Plosive sind Momentanlaute und werden somit als [−dauernd] spezifiziert, während Frikative Dauerlaute darstellen und dementsprechend die Merkmalsspezifizierung [+dauernd] erhalten. Aufgrund der soeben eingeführten Definition trifft der Wert [+dauernd] nicht nur für die oralen, sondern auch für die nasalen Verschlusslaute zu. Um anschließend die Affrikaten von den Plosiven unterscheiden zu können, braucht es zusätzlich das Merkmal **[±verzögerte Lösung]** (it. [±*soluzione ritardata*], engl. [±*delayed release*]), welches manchmal der Kürze zuliebe auch als [±verzögert] notiert wird: Affrikaten erhalten die Spezifizierung [+verzögert], während Plosive als [−verzögert] bezeichnet werden, da ihre Verschlusslösung sehr schnell erfolgt (vgl. 2.4.2).

Das Merkmal **[±gespannt]** (it. [±*teso*], engl. [±*tense*]) wurde bereits von Jakobson/Fant/Halle (1952: 36–39) eingeführt und im SPE-Merkmalskatalog übernommen. Das Gegenteil von [+gespannt] (also [−gespannt]) wird im Deutschen einfach als 'ungespannt' bezeichnet, während man im Englischen auch den Terminus *lax* (it. *rilassato*) verwendet. Wie der Name besagt, impliziert dieses Merkmal, dass gewisse Sprachlaute mit einer erhöhten Muskelspannung der Artikulatoren realisiert werden, während bei anderen Sprachlauten eine vergleichsweise niedrige artikulatorische Spannung vorliegt. In der phonologischen Analyse wird das Merkmal [±gespannt] hauptsächlich zur Unterscheidung von Vokalen mit benachbartem Öffnungsrad verwendet: Gespannt sind z.B. hohe Vokale wie /i y u/ und mittelhohe Vokale wie /e ø o/, während halbhohe und mitteltiefe Vokale wie /ɪ ʏ ʊ/ bzw. /ɛ œ ɔ/

sie entsprechen weitgehend den 'aktiven Artikulatoren' Unterlippe, Zungenkranz, Zungenrücken und Zungenwurzel (vgl. 2.2.5; siehe auch Ladefoged/Maddieson 1996: 44).

als ungespannt klassifiziert werden. Im Deutschen geht übrigens mit der Gespanntheitskorrelation fast immer auch ein Dauerunterschied einher, wie z.B. im Minimalpaar *Miete* /ˈmiːtə/ ~ *Mitte* /ˈmɪtə/ (zur Vokallänge vgl. 3.5.1).[27] Vereinzelt wird das Merkmal [±gespannt] auch für Konsonanten verwendet, zum Beispiel zur Charakterisierung des Gegensatzes *fortis* vs. *lenis* bei Plosiven in schweizerdeutschen Dialekten, der im Gegensatz zum Standarddeutschen nicht auf der Stimmeinsatzzeit, sondern auf unterschiedlichen Verschlussdauern beruht (vgl. 2.4.6 sowie Fleischer/Schmid 2006).

Der Einfachheit halber behandeln wir im Unterkapitel über die Merkmale der Artikulationsart schließlich auch noch zwei Merkmale, die im SPE-Modell eigentlich als **Quellenmerkmale** (it. *tratti di sorgente*, engl. *source features*) betrachtet werden (Chomsky/Halle 1968: 326–329). Dazu gehört zunächst einmal das Merkmal **[±scharf]** (it. [±*stridulo*], engl. [±*strident*]), dessen negative Spezifizierung [−scharf] im Deutschen manchmal auch mit dem Antonym [+mild] bezeichnet wird. Dieses Merkmal geht ebenfalls auf Jakobson/Fant/Halle (1952: 23–25) zurück und tanzt im SPE-Katalog insofern aus der Reihe, als es akustisch bzw. perzeptiv definiert ist. Als [+scharf] bezeichnete Frikative wie /s ʃ/ weisen einen ausgeprägten Geräuschcharakter auf, der sie von 'milden' Reibelauten mit der Spezifizierung [−scharf] wie z.B. /θ β/ unterscheidet. Bei stimmlosen Frikativen stellt [±scharf] durchaus ein 'Quellenmerkmal' dar, da bei ausbleibenden Glottis-Schwingungen der Vokaltrakt gleichzeitig als Quelle und als Filter fungiert (vgl. 2.2.2).

Ein eindeutiges 'Quellenmerkmal' – im Sinne des in 2.2.2 erläuterten Quelle-Filter-Modells – stellt hingegen das Merkmal **[±stimmhaft]** (it. [±*sonoro*]) dar, welches an dieser Stelle nicht mehr näher erklärt werden muss, da damit schlicht die Beteiligung der vibrierenden Stimmlippen während der Artikulation eines Sprachlauts gemeint ist (vgl. 2.2.3, 2.4.6). Interessanterweise bildet [±stimmhaft] in neueren phonologischen Theorien nur eines von mehreren sog. 'laryngalen' Merkmalen (vgl. Hall 2011^2: 107–108). So wird z.B. vorgeschlagen, für die Plosive des Deutschen anstatt [±stimmhaft] ein Merkmal **[±aspiriert]** (it. [±*aspirato*]) zu verwenden, da die Stimmhaftigkeit bei deutschen Verschlusslauten – insbesondere im Anlaut – eine marginale Rolle spielt. Im Gegensatz zu einer sog. *true voice language* (Beckman/Jessen/Ringen 2013) wie dem Italienischen stellt das Deutsche eher eine *aspirating language* dar (vgl. 2.4.6). Dieser kleine phonetische Unterschied tritt nicht zuletzt beim Erlernen einer Fremdsprache zutage, etwa in der Aussprache des Deutschen

27 In der jüngeren phonologischen Fachliteratur wird in Abweichung vom SPE-Modell anstelle von [±gespannt] für Vokale manchmal das Merkmal [±ATR] verwendet (abgekürzt für engl. *Advanced Tongue Root*, 'vorverlagerte Zungenwurzel'). Wir erachten diesen Terminus als irreführend, da hier eine sprachtypologisch seltene Erscheinung einiger westafrikanischer Sprachen (nämlich vom Rest der Zunge unabhängige Bewegungen der Zungenwurzel) auf germanische Sprachen wie das Englische oder das Deutsche übertragen wird, in denen ganz andere artikulatorische Verhältnisse vorliegen (siehe Ladefoged/Maddieson 1996: 300–306).

durch Italienischsprachige (vgl. Schmid/Pedrazzini 2018; siehe dazu auch die Hinweise in 6.4).

3.2.5 Merkmalsmatrizen und Regeln mit distinktiven Merkmalen

Die Theorie der distinktiven Merkmale stellt keinen Selbstzweck dar, sondern erlaubt zwei nützliche Anwendungen in der phonologischen Analyse. So ist es einerseits möglich, Phoneminventare mit Merkmalsmatrizen darzustellen, während andererseits die Notation gewisser phonologischer Regeln durch die Verwendung von phonologischen Merkmalen einfacher und zutreffender wird. Aus Platzgründen werden bei solchen formalen Notationen die einzelnen Merkmale manchmal nicht ausgeschrieben, sondern auf drei bis vier Buchstaben gekürzt. So kann man z.B. die drei Hauptklassenmerkmale [±sonorant], [±vokalisch], [±konsonantisch] abgekürzt als [±son], [±vok], [±kons] notieren, ebenso das Ortsmerkmal [±koronal] als [±kor] sowie die Merkmale der Artikulationsart [±nasal], [±lateral] als [±nas], [±lat] und die laryngalen Merkmale [±stimmhaft], [±aspiriert] als [±sth], [±asp].

Die erste der beiden genannten Anwendungen der distinktiven Merkmale besteht in der Darstellung von Phoneminventaren als Merkmalsmatrizen. Eine Matrix ist eine Tabelle, die als Spalten Segmente oder Segmentklassen und als Zeilen Merkmale aufführt, so dass in den Zellen der Tabelle den einzelnen Phonemen die jeweiligen Merkmalswerte [+] oder [–] zugewiesen werden können. Bereits in der Tab. 5 haben wir die Hauptklassenmerkmale in einer Matrix aufgeführt; häufiger werden Merkmalsmatrizen jedoch verwendet, um einzelne Phoneme zu bestimmen. Tab. 6 zeigt dies anhand des Vokalsystems des Französischen:

Tab. 6: Vokalphoneme des Französischen, dargestellt anhand einer Merkmalsmatrix

	i	y	e	ø	ɛ	œ	ə	a	ɔ	o	u	ɛ̃	œ̃	ɑ̃	ɔ̃
hoch	+	+	–	–	–	–	–	–	–	–	+	–	–	–	–
tief	–	–	–	–	+	+	–	+	+	–	–	+	+	+	+
hinten	–	–	–	–	–	–	+	+	+	+	+	–	–	+	+
gerundet	–	+	–	+	–	+	–	–	+	+	+	–	+	–	+
nasal	–	–	–	–	–	–	–	–	–	–	–	+	+	+	+

Das Vokalinventar des Französischen ist außerordentlich umfangreich und zum Teil im Umbruch begriffen (siehe Meisenburg/Selig 1998: 80–83; Pustka 2016[2]: 95–100; vgl. auch die Tab. 28 in diesem Buch). Die Darstellung in der Tab. 6 weist 15 Phoneme auf, indem sie Schwa und den 'markierten' Vokal /œ̃/ (vgl. 3.1.1) einschließt. Hingegen fehlt der im Verschwinden begriffene Hintervokal /ɑ/, der für die Merkmalstheorie insofern ein Problem darstellt, als dieser Vokal mit den hier aufgeführten Merkmalen nicht von /a/ unterschieden werden kann. Abgesehen davon ist es aber möglich, mit fünf Merkmalen diese 15 Phoneme so darzustellen, dass kein Segment die genau gleiche Spezifizierung erhält wie ein anderes; dies ist ein wesentliches Ziel der Darstellung des Phoneminventars in einer Merkmalsmatrix (vgl. die Merkmalsmatrix der italienischen Vokale in Tab. 11, 4.1.1).

Die Tabelle 7 zeigt eine Merkmalsmatrix der Konsonantenphoneme des Spanischen. Diese Merkmalsmatrix ist 'voll spezifiziert', da in jeder Zelle entweder ein Plus- oder ein Minuszeichen steht. Es gäbe auch die Möglichkeit, gewisse Zellen leer zu lassen, wenn ein Merkmal für eine bestimmte Segmentklasse nicht relevant ist. So braucht man z.B. das Merkmal [±verzögert] bei den Sonoranten und Frikativen nicht unbedingt aufzuführen, da es für Segmente mit der Spezifizierung [+dauernd] nicht in Frage kommt. Zudem könnte man das Merkmal [±stimmhaft] bei allen Sonoranten weglassen, da diese automatisch stimmhaft sind. Auch bei der Matrix eines Konsonanteninventars besteht das Ziel darin, so wenig Merkmale wie möglich einzuführen. Einzelne Merkmale kommen in allen Sprachen vor und sind für ganze Klassen von Segmenten relevant (z.B. [±dauernd] und [±stimmhaft]); andere hingegen erlauben nur die Unterscheidung eines einzelnen Phonems. In der Tab. 7 ist dies der Fall bei [±verzögert] (für die Affrikate /t͡ʃ/), bei [±scharf] (für den Gegensatz zwischen /s/ und /θ/) und bei [±hinten] (für den Gegensatz zwischen /j/ und /w/).

Tab. 7.: Konsonantenphoneme des Spanischen, dargestellt anhand einer Merkmalsmatrix

	p	t	k	b	d	g	f	θ	s	x	t͡ʃ	m	n	ɲ	r	ɾ	l	ʎ	j	w
konsonant	+	+	+	+	+	+	+	+	+	+	+	+	+	+	+	+	+	+	–	–
sonorant	–	–	–	–	–	–	–	–	–	–	–	+	+	+	+	+	+	+	+	+
dauernd	–	–	–	–	–	–	+	+	+	+	–	–	–	–	–	+	+	+	+	+
verzögert	–	–	–	–	–	–	–	–	–	–	+	–	–	–	–	–	–	–	–	–
stimmhaft	–	–	–	+	+	+	–	–	–	–	–	+	+	+	+	+	+	+	+	+
nasal	–	–	–	–	–	–	–	–	–	–	–	+	+	+	–	–	–	–	–	–
lateral	–	–	–	–	–	–	–	–	–	–	–	–	–	–	–	–	+	+	–	–
koronal	–	+	–	–	+	–	–	+	+	–	+	–	+	–	+	+	+	–	–	–
vorne	+	+	–	+	+	–	+	+	+	–	+	–	–	–	–	–	–	–	–	–
hinten	–	–	+	–	–	+	–	–	–	–	–	–	–	–	–	–	–	–	–	+
scharf	–	+	–	–	+	–	–	–	+	–	–	–	+	–	–	–	–	–	–	–

Eine weitere interessante Anwendung der distinktiven Merkmale liegt in der Formulierung von phonologischen Regeln. Bleiben wir beim Spanischen und betrachten zu diesem Zweck nochmals die bereits in 3.1.4 formulierte allophonische Regel (6), welche die kombinatorischen Varianten der drei Phoneme /b d g/ beschreibt (Allophone werden übrigens in der Tabelle 7 nicht aufgeführt):

(6) /b d g/ → [β ð ɣ] / V__

Zur Formulierung dieser Regel müssen zwei Bemerkungen angebracht werden. Erstens ist die Aufzählung /b d g/ in der Eingabe nicht rein zufällig, da diese drei Phoneme eine sog. **natürliche Klasse** (it. *classe naturale*) von Sprachlauten bilden, nämlich die Klasse der stimmhaften Plosive, welche durch die Merkmalsspezifizierung [–dauernd, +stimmhaft] definiert wird. Zum zweiten muss aber auch angefügt werden, dass der rechts des Schrägstrichs aufgeführte phonotaktische Kontext (V__) die Sachlage im Spanischen nicht vollständig erfasst. Die drei Phoneme /b d g/ werden nämlich nicht nur nach Vokalen, sondern auch nach Frikativen und Liquiden als Frikative realisiert (vgl. Gabriel/Meisenburg/Selig 2013: 96, 112), während die allophonische Regel im absoluten Anlaut (##__) und nach Nasalkonsonant nicht befolgt wird. Man spricht also das wortinitiale /b/ nach dem bestimmten Artikel z.B. in *el beso* 'der Kuss' als [el ˈβeso] aus, während nach dem unbestimmten Artikel beim gleichen Wort der Plosiv unverändert bleibt (*un beso* 'ein Kuss' als [um ˈbeso]). Anstatt nun bei der Angabe des Kontexts zusätzlich zu den Vokalen noch die Frikative und die Liquiden zu erwähnen, kann diese natürliche Klasse elegant mit einem einzigen Merkmal zusammengefasst werden:

(12)
$$\begin{pmatrix} \text{–sonorant} \\ \text{–dauernd} \\ \text{+stimmhaft} \end{pmatrix} \rightarrow \text{[+dauernd] / [+dauernd] \_\_}$$

Die neue Regel (12) drückt die in der Notation in (6) nur unzureichend erfassten lautlichen Verhältnisse im Spanischen auf eine elegante und zugleich sinnvolle Weise aus, indem sie einerseits in der Eingabe die natürliche Klasse der stimmhaften Plosive korrekt erfasst und anderseits die Umwandlung dieser Plosive in eine ebenso natürliche Klasse (die stimmhaften Frikative) anhand eines einzigen Merkmals bewerkstelligt: Etwas salopp ausgedrückt genügt es, beim Merkmal [±dauernd] den Schalter von Minus auf Plus zu stellen.[28] Diese Notation der allophonischen Regel lässt auch erahnen, dass die zugrundeliegenden Phoneme /b d g/ sich in ihrer phonetischen Realisierung teilweise an die vorhergehenden Segmente angleichen (vgl. 3.3.3).

---

28 Diese Formulierung der Regel setzt voraus, dass Vokale und der Monovibrant /ɾ/ das Merkmal [+dauernd] erhalten. Für eine alternative Formulierung dieser allophonischen Regel des Spanischen siehe Gabriel/Meisenburg/Selig (2013: 112).

Auch die phonologische Regel für die Auslautverhärtung im Deutschen lässt sich mit distinktiven Merkmalen elegant formulieren. In 3.1.4 hatten wir diese Neutralisierungsregel anhand einer Auflistung von Phonemen notiert:

(8) /b d g v z ʒ/ → [p t k f s ʃ] / __(C)#

Nun haben aber alle in der Eingabe aufgeführten Segmente die Tatsache gemeinsam, dass sie stimmhafte Obstruenten sind, ebenso wie die in der Ausgabe aufgeführten Segmente stimmlose Obstruenten sind. Dieser Umstand kommt in der neu mit distinktiven Merkmalen formulierten Regel (13) klar zum Ausdruck:

(13)
$$\begin{pmatrix} -\text{sonorant} \\ -\text{dauernd} \\ +\text{stimmhaft} \end{pmatrix} \rightarrow [-\text{stimmhaft}] \;/\; \_\_(\text{C})\#$$

Phonologische Regeln können nicht nur Merkmale der Artikulationsart im weiteren Sinne betreffen (wie bei den Merkmalen [±dauernd] und [±stimmhaft] in den Beispielen (12) und (13)), sondern auch Merkmale des Artikulationsorts, wie anhand einer allophonischen Regel des Deutschen aufgezeigt werden kann. Bei der Beschreibung der beiden kombinatorischen Varianten [ç] und [x] im Deutschen (dem sog. *ich*- und *ach*-Laut, vgl. 3.1.2) haben wir als auslösenden Kontext die Natur des vorangehenden Vokals genannt: Der *ach*-Laut [x] tritt nach /a/ sowie nach Hintervokalen auf, nach Vordervokalen wird hingegen der *ich*-Laut [ç] realisiert. Die Verteilung dieser beiden kombinatorischen Varianten lässt sich ebenfalls besser erfassen, wenn man eine allophonische Regel mit distinktiven Merkmalen schreibt:

(14)
$$\begin{pmatrix} -\text{sonorant} \\ +\text{dauernd} \\ -\text{hinten} \\ +\text{hoch} \end{pmatrix} \rightarrow [+\text{hinten}] \;/\; \begin{pmatrix} +\text{hinten} \\ +\text{vokalisch} \end{pmatrix} \_\_$$

Die Regel in (14) nutzt die vom SPE-Modell gelieferte Spezifizierung des Phonems /a/ mit dem Merkmal [+hinten], da der vordere Tiefvokal im Deutschen in der Tat eine natürliche Klasse mit den eigentlichen Hintervokalen bildet. Bei der Eingabe links vom Pfeil müssen zwar vier Merkmale aufgelistet werden, um die beiden dorsalen Frikative zu erfassen; dennoch ist diese Regel auf jeden Fall eleganter, als wenn man im Kontext nach dem Schrägstrich alle Vokale und Diphthonge aufführen müsste. So wird einzig das Merkmal [±hinten] umgeschrieben, um auszudrücken, dass der *ich*-Laut zum *ach*-Laut wird. Dies impliziert, dass /ç/ das Phonem und [x] eine kombinatorische Variante ist; für die Wahl von /ç/ als Default-Variante spricht die Tatsache, dass der *ich*-Laut auch nach Konsonanten erscheint in Wörtern wie *manche* oder *welche* (vgl. Hall 2011[2]: 63–65).

Manchmal kann ein Phonem nicht nur zwei, sondern mehrere kombinatorische Varianten haben. So wird z.B. im Spanischen das Phonem /n/ an fünf verschiedenen Artikulationsorten realisiert, wie die Beispiele in (15) zeigen:

(15a)	*la nariz*	[la naˈɾiθ]	‘die Nase’
(15b)	*dónde*	[ˈdonde]	‘wo’
(15c)	*un beso*	[um ˈbeso]	‘ein Kuss’
(15d)	*imfierno*	[iɱˈfjeɾno]	‘eine Hölle’
(15e)	*un ñandú*	[uɲ ɲanˈdu]	‘ein Ñandú’ (südam. Vogelart)
(15f)	*un quiosco*	[uŋ ˈkjosko]	‘ein Kiosk’

Zwischen Vokalen und vor einem alveolaren Konsonanten tritt gewissermaßen als Default-Variante der alveolare Nasal [n] auf (Beispiele 15a und 15b). Folgt hingegen ein Konsonant mit einem anderen Artikulationsort (wobei es keine Rolle spielt, ob sich die beiden Konsonanten im gleichen Wort befinden oder nicht), so übernimmt der Nasalkonsonant jeweils den Artikulationsort des nächsten Konsonanten: bilabial [m] (15c), labiodental [ɱ] (15d), palatal [ɲ] (15e) oder velar [ŋ] (15f). In (15d) und (15f) wird das Phonem /n/ durch die beiden kombinatorischen Varianten [ɱ] und [ŋ] realisiert, während bei (15c) und (15e) eine Neutralisierung zwischen den Phonemen /n/, /m/ und /ɲ/ vorliegt. In einer phonemischen Transkription nach strukturalistischer Art könnte man in allen sechs Fällen das Archiphonem /N/ notieren, z.B. /iNˈfjeɾno/. Um diese vielfältigen Realisierungsmöglichkeiten des Phonems /n/ in einer Regel mit Merkmalen ausdrücken zu können, verwendet man die sog. **Alpha-Notation** (it. *notazione alfa*):

(16)
$$\begin{bmatrix} +\text{konsonantisch} \\ +\text{nasal} \end{bmatrix} \rightarrow [\alpha\ \text{Ort}] \,/\, \_\_ \begin{bmatrix} +\text{konsonantisch} \\ [\alpha\ \text{Ort}] \end{bmatrix}$$

In der Regel (16) bezeichnet das Symbol α (der griechische Buchstabe Alpha) eine Variable. Damit wird ausgedrückt, dass der Nasalkonsonant links in der Eingabe einen variablen Artikulationsort aufweist (bzw. dass er bezüglich Artikulationsort ‘unterspezifiziert’ ist), da er automatisch den Artikulationsort des folgenden Konsonanten übernimmt. Phonologische Regeln mit Merkmalen erlauben also eine genauere Bestimmung der natürlichen Klassen von Segmenten, die eine bestimmte Veränderung erfahren. Bei mehreren Regeln haben wir gesehen, dass ein einziges Merkmal in der Ausgabe (rechts vom Pfeil) eine andere Spezifizierung erhalten kann als in der Eingabe.

Solche kontextbedingten Veränderungen von Segmenten bringen für die phonologische Beschreibung einen gewissen Mehraufwand mit sich, da wir zusätzlich zur Festlegung des Phoneminventars auch noch allophonische Regeln und Neutralisierungsregeln formulieren müssen. Aus artikulatorischer Sicht kann man diese Veränderungen aber durchaus erklären: Meistens wird dabei ein Segment an ein anderes

Segment angepasst, um die Aussprache einer Lautkette zu erleichtern. Solche syntagmatischen Anpassungen tragen maßgeblich zur Strukturierung von phonologischen Systemen bei und stellen eine besondere Form eines sog. 'phonologischen Prozesses' dar. Der Typologie phonologischer Prozesse ist das nächste Unterkapitel gewidmet.

3.3 Phonologische Prozesse

Vokale und Konsonanten treten fast nie allein auf, sondern in den allermeisten Fällen in Verbindung mit anderen Segmenten. Die Vorstellung, dass sich Vokale und Konsonanten wie Perlen auf einer Halskette aneinanderreihen, beruht auf unserem phonologischen Bewusstsein (insbesondere der phonemischen Wahrnehmung der Sprachlaute), welches auch durch die Darstellung der Wörter in der Druckschrift geprägt ist. Auch wenn wir für die phonologische Analyse das Phonem als kleinste Einheit annehmen (vgl. 3.1.1), so kann man aus phonetischer Sicht doch drei Phasen der Artikulation eines Sprachlauts unterscheiden, nämlich den **Anglitt** (it. *attacco*), die **Haltephase** (it. *fase di tenuta*) und den **Abglitt** (it. *rilascio*); diese Einteilung in drei Phasen wird insbesondere für Plosive vorgenommen.

In Wirklichkeit kommt es aber bei der Umsetzung der phonemischen Lautabsicht während des Sprechvorgangs meist zu Überlappungen und gegenseitigen Beeinflussungen zwischen aufeinander folgenden Sprachlauten, insbesondere während der Phasen des An- und Abglitts. Solche Phänomene werden unter dem Oberbegriff der **Koartikulation** (it. *coarticolazione*) zusammengefasst und erscheinen v.a. beim schnellen, spontanen Sprechen als Folge der sog. **Hypoartikulation** (it. *ipoarticolazione*), weniger beim langsamen und überdeutlichen Sprechen aufgrund der sog. **Hyperartikulation** (it. *iperarticolazione*). Schnelles oder langsames Sprechtempo wird oft auch mit den in der klassischen Musik verwendeten Termini **allegro** und **lento** bezeichnet, die natürlich dem Italienischen entlehnt sind.

Phonologische Prozesse (it. *processi fonologici*) sind allgegenwärtig in der Lautgestalt der Sprachen der Welt. Der Begriff 'phonologischer Prozess' hat zunächst einen rein deskriptiven Charakter und bezeichnet einfach Veränderungen, welche einzelne Laute oder ganze Lautketten betreffen.[29] Die meisten im vorangehenden Unterkapitel beschriebenen Regeln sind eigentlich formale Notationen von phonologischen Prozessen. Auf synchroner Ebene – wenn wir etwa die italienische Gegenwartssprache beschreiben – handelt es sich um allophonische Prozesse oder um Neutralisierungen, die von den Sprechern automatisch angewendet werden und

29 In der funktionalistischen Theorie der sog. **Natürlichen Phonologie** (it. *fonologia naturale*) bilden die phonologischen Prozesse das grundlegende Gestaltungsprinzip von sprachlichen Lautsystemen; sogar die Phoneminventare selbst sind das Ergebnis von phonologischen Prozessen (siehe Dressler 1984; vgl. Krefeld 2001 und 1.3).

die wir entweder mit phonetischen Zeichen oder mit Merkmalen erfassen (vgl. 3.1.4, 3.2.5); zwischen vom Prozess selbst betroffenen Segmenten steht jeweils ein Pfeil (→).

Der Begriff des phonologischen Prozesses eignet sich aber auch zur Beschreibung von **Lautwandel** (it. *mutamento fonico*): In der Diachronie verändern phonologische Prozesse die Lautgestalt von Sprachen manchmal innerhalb von wenigen Jahrzehnten, manchmal über Jahrhunderte hinweg.[30] Besonders die Entstehung und Ausgliederung der romanischen Sprachen und Dialekte kann sehr gut anhand von phonologischen Prozessen beschrieben werden, da die gemeinsame Ursprungssprache Latein im Vergleich zu anderen Sprachfamilien sehr gut dokumentiert ist. Anstelle des Pfeils bei synchronen phonologischen Regeln verwendet man zur Darstellung von diachronen Prozessen das 'Größer-als-Zeichen' (>), wie bereits am Beispiel der Diphthongierung des lat. Kurzvokals Ĕ in betonter offener Silbe zu it. /jɛ/ gezeigt wurde: lat. Ĕ > it. /jɛ/ (2.1.5). Die lat. Etyma werden in der Romanistik meist mit Kapitälchen notiert (lat. PĔTRA(M) > it. /ˈpjɛtra/ 'Stein'); geht man in der umgekehrten Richtung vom it. Wort zum lat. Etymon, so verwendet man das 'Kleiner-als-Zeichen' (<): it. /ˈljɛto/ 'glücklich' < lat. LAETU(M).[31]

Die **Diphthongierung** (it. *dittongazione*), d.h. die Umwandlung eines einzelnen Vokals (**Monophthong**, it. *monottongo*) in einen **Diphthong** (it. *dittongo*), ist ein typischer phonologischer Prozess. Das Gegenteil davon ist der Prozess der **Monophthongierung** (it. *monottongazione*), bei welchem aus einem Diphthong ein Monophthong entsteht. Bei genauerer Betrachtung des soeben aufgeführten Beispiels er-kennt man, dass in diesem Fall vor der Diphthongierung eine Monophthongierung eingetreten sein muss: Aus einem sog. 'fallenden' Diphthong AE enstand im Vulgärlatein zunächst ein Monophthong Ĕ, der anschließend im Italienischen wieder zu einem 'steigenden' Diphthong wurde (mehr zu den Diphthongen des Italienischen in 4.3.1). Weitere vokalische Prozesse betreffen den Öffungsgrad und die Artikulationsstelle (vgl. 2.3.2–2.3.3). Eine **Senkung** (it. *abbassamento*) fand beim betonten Vokal in lat. MŬNDU(M) > it. *mondo* 'Welt' statt, während der vortonige Vokal in NEPŌTE(M) > it. *nipote* 'Neffe' eine **Hebung** (it. *innalzamento*, auch *anafonesi*) erfuhr.[32] In der diachronen Entwicklung von fr. *lune* /lyn(ə)/ < lat. LŪNA(M) 'Mond') ist einerseits beim ersten Vokal eine **Palatalisierung** (it. *palatalizzazione*) eingetreten (siehe auch

---

30 Für eine kurze Einführung in die Lautwandelforschung siehe aus phonetischer Sicht den auf Deutsch geschriebenen Überblick von Kleber (2016) sowie den auf Italienisch verfassten Beitrag von Loporcaro (2003), der eher eine phonologische Perspektive einnimmt.

31 Für die diachrone Entwicklung von lat. Substantiven und Adjektiven geht man in der Regel von der Akkusativform aus; die Schlusskonsonanten stehen in Klammern, da sie schon im Vulgärlatein geschwunden sind.

32 Einen umfassenden Überblick über die historische Lautlehre des Italienischen bietet der erste Band der historischen Grammatik von Rohlfs (1949[1966]).

3.3.2), andererseits erfuhr der Endvokal eine **Zentralisierung** (it. *centralizzazione*) mit anschließendem Schwund (A > ə > ø).

In den folgenden Unterkapiteln werden wir eine Typologie von phonologischen Prozessen skizzieren, welche die oben genannten Koartikulationserscheinungen in den Vordergrund stellt. Solche Assimilationsprozesse kann man aufgrund allgemeiner Kriterien wie 'Grad', 'Richtung' oder 'Entfernung' (3.3.1) oder aufgrund spezifischer artikulatorischer Parameter wie Artikulationsort (3.3.2) und Artikulationsart (3.3.3) klassifizieren. Außerdem gibt es phonologische Prozesse, die nicht zu den Assimilationen zählen, sondern die Stellung einzelner Segmente in der Lautkette betreffen (3.3.4).

3.3.1 Assimilationstypen nach Grad, Richtung und Entfernung

Eine erste Unterscheidung betrifft den sog. **Grad** (it. *grado*) der Assimilation. Eine **partielle Assimilation** (it. *assimilazione parziale*) liegt dann vor, wenn ein Segment von einem anderen Segment ein bestimmtes phonologisches Merkmal übernimmt, ohne sich diesem jedoch vollkommen anzupassen. Kombinatorische Varianten entstehen oft aufgrund solcher partiellen Assimilationsprozesse: So passen sich in vielen Sprachen die Nasalkonsonanten im Artikulationsort an den nächstfolgenden Konsonanten an, wie aus dem mehrmals erwähnten it. Beispiel /ˈbanko/ 'Bank' → [ˈbaŋko] ersichtlich ist (vgl. 3.1.2, 3.2.5). Eine analoge partielle Assimilation finden wir aber auch, wenn wir das it. Wort *conte* 'Graf' mit seinem lat. Etymon COM(Ĭ)TE(M) vergleichen (vgl. die Schreibweise des fr. Worts *comte* /kɔ̃t/, welche auf der Aussprache einer früheren Sprachstufe beruht). Partielle Assimilationen treten also sowohl als synchrone als auch als diachrone phonologische Prozesse auf.

Ein bestimmtes Segment kann aufgrund eines Assimilationsprozesses aber auch vollkommen identisch werden mit einem anderen Segment, an welches es sich anpasst: In diesem Fall liegt eine **totale Assimilation** (it. *assimilazione totale*) vor. Bleiben wir bei der Assimilation von Nasalkonsonanten und betrachten den Fall, bei dem der folgende Konsonant selbst ein Nasal ist, wie z.B. in der sp. Nominalphrase *un mono* 'ein Affe', die als [um ˈmono] (eigentlich [u‿ˈmːono]) ausgesprochen wird. Die gleiche Anpassung entsteht im Allegro-Sprechstil auch im Deutschen, z.B. bei der Aussprache des Worts *einmal* [ˈaɪ̯mːaːl]. Die Sprachgeschichte des Italienischen ist reich an Beispielen für totale Assimilationen, auch wenn diese im Allgemeinen seltener sind als partielle Assimilationen. In der diachronen Entwicklung von lat. FACTU(M) > it. /ˈfat.to/, ACTU(M) > it. /ˈat.to/ usw. hat sich der velare Plosiv /k/ der ersten Silbe vollständig an den alveolaren Plosiv /t/ der zweiten Silbe angepasst; zwei verschiedene Plosive hintereinander kommen im Italienischen praktisch nie vor (im Gegensatz zum Deutschen; vgl. *Fakt*, *Akt* usw.).[33]

In allen bisher besprochenen Beispielen dieses Abschnitts passt sich jeweils ein Segment X an das darauffolgende Segment Y an (bzw. wird von diesem assimiliert). Es gibt aber auch den umgekehrten Fall, so dass wir aufgrund des Kriteriums der **Richtung** (it. *direzione*) ebenfalls zwei Typen von Assimilation unterscheiden müssen. Bei den bisher erörterten Beispielen liegt eine **regressive Assimilation** (it. *assimilazione regressiva*) vor, so dass in einer Lautsequenz XY das Segment Y auf das vorhergehende zurückgreift und eine (oder alle) seiner phonologischen Eigenschaften an X übergibt (z.B. /ˈbanko/ → [ˈbaŋko], lat. FACTU(M) > it. /ˈfat.to/). Die Bezeichnung ‘regressiv’ geht also vom assimilierenden und nicht vom assimilierten Segment aus. Das Gegenteil davon ist die **progressive Assimilation** (it. *assimilazione progressiva*), bei welcher in einer Lautkette XY das Segment X auf das Folgesegment Y vorausgreift und eine oder alle seiner phonologischen Eigenschaften an dieses vergibt. Eine totale progressive Assimilation hat in der diachronen Entwicklung von MUNDU(M) > siz. *munnu* ‘Welt’ stattgefunden: Während das it. Wort *mondo* die lateinische Konsonantengruppe ND unverändert beibehalten hat, wurde in den meisten süditalienischen Dialekten der Plosiv /d/ an den vorangehenden Nasalkonsonant assimiliert.

Der Unterschied zwischen regressiver und progressiver Assimilation kann an einem weiteren synchronen Beispiel verdeutlicht werden:

(17a)	fr.	*observer*	[ɔpsɛʀve]
(17b)	engl.	*observe*	[əbˈzɜːv]

Das Verb mit der Bedeutung ‘dienen’ beginnt sowohl im Französischen als auch im Englischen mit einem stimmlosen /s/: fr. *servir* [sɛʀviʀ], engl. *serve* [ˈsɜːv]. Für das Verb mit der Bedeutung ‘beobachten’ verwenden die beiden Sprachen jedoch unterschiedliche Frikative. Zwar müssen sowohl im Französischen als auch im Englischen zwei aufeinanderfolgende Obstruenten die gleiche Spezifizierung für das Merkmal [±stimmhaft] aufweisen, aber diese Beschränkung wird in unterschiedlicher Form umgesetzt. Im fr. Beispiel (17a) verleiht /s/ aufgrund einer regressiven Assimilation an das vorangehende /b/ die Spezifizierung [-stimmlos], während im engl. Beispiel (17b) das Phonem /b/ mittels einer progressiven Assimilation die Spezifizierung [+stimmhaft] an den folgenden Frikativ weitergibt. In beiden Fällen han-

33 In der phonologischen Transkription /ˈfat.to/ notieren wir in diesem Fall das Phonem /t/ zweimal, wobei der Punkt zwischen den beiden Phonemen die Silbengrenze signalisiert; in der phonetischen Transkription repräsentieren wir die ‘Geminate’ (siehe 4.3.2) hingegen mit einem diakritischen Zeichen als langen Konsonanten: [ˈfatːo].

delt es sich nicht um eine totale, sondern um eine partielle Assimilation, da nur das Merkmal [±stimmhaft] betroffen ist. Aus phonetischer Sicht antizipieren die Sprecher bei der regressiven Assimilation die Artikulations- und/oder Phonationseinstellungen des folgenden Lauts, während bei der progressiven Assimilation die Sprechorgane in ihrer Position verharren.

Die regressive Assimilation kommt in den Sprachen der Welt viel häufiger vor als die progressive Assimilation. Noch seltener als die progressive ist die sog. **reziproke Assimilation** (it. *assimilazione reciproca*), bei welcher sich zwei aufeinanderfolgende Segmente gegenseitig beeinflussen. Dieser Assimilationstyp tritt v.a. als diachroner Prozess auf und betrifft meist den Artikulationsort. Im Fall von dt. *Fisch* /fɪʃ/ < ahd. *fisc* entstand aus der althochdeutschen Konsonantenverbindung /sk/ im Neuhochdeutschen der palato-alveolare Frikativ /ʃ/, dessen Artikulationsort gewissermaßen in der Mitte zwischen den beiden ursprünglichen Konsonanten (alveolar bzw. velar) liegt. Eine ähnliche Entwicklung finden wir in lat. CLAMO > sp. *llamo* /ˈʎamo/ ('ich rufe'); hier resultiert aus der lat. Verbindung eines velaren Plosivs mit einem alveolaren Lateral im Spanischen der palatale Frikativ /ʎ/. Im Spanischen finden wir auch Fälle von synchroner reziproker Kontaktassimilation bezüglich der Artikulationsart (vgl. 3.3.3), z.B. in /ˈdesde/ 'seit' → [ˈdezðe]: Hier übernimmt der alveodentale Frikativ die Stimmhaftigkeit des folgenden Plosivs, welcher seinerseits zum Frikativ wird.

Das dritte allgemeine Unterscheidungskriterium für Assimilationen ist die **Entfernung** (it. *distanza*) zwischen den beiden betroffenen Segmenten. In den allermeisten Fällen folgen die beiden Sprachlaute direkt aufeinander: Man spricht in diesem Fall von einer sog. **Kontaktassimilation** (it. *assimilazione a contatto*). Bei allen bisher behandelten Assimilationstypen – unabhängig von den Unterscheidungen partiell vs. total oder regressiv vs. progressiv – handelt es sich um Kontaktassimilationen. Allerdings waren in den bisher erläuterten Beispielen auch nur Konsonanten von der Assimilation betroffen – die **Fernassimilation** (it. *assimilazione a distanza*) erfasst hingegen eher Vokale, die sich in zwei aufeinanderfolgenden Silben befinden und dabei durch einen oder mehrere Konsonanten voneinander getrennt sind. Ein typisches Beispiel für eine Fernassimilation ist die sog. **Vokalharmonie** (it. *armonia vocalica*) im Türkischen:

(18a)	*adam-lar*	[ɑdɑmlɑr]	'Männer'
	ev-ler	[ɛvlɛr]	'Häuser'
(18b)	*Ankara-da*	[ɑŋkɑrɑdɑ]	'in Ankara'
	Izmir-de	[izmirdɛ]	'in Izmir'

Als sog. 'agglutinierende' Sprache drückt das Türkische nicht nur den Plural, sondern auch die Ortsangabe mit einem Suffix aus. Allerdings haben diese Suffixe verschiedene Allomorphe (*-lar/-ler* bzw. *-da/-de*), die durch die Vokale im Wortstamm bestimmt werden. Während man anhand von (18a) annehmen könnte, dass der

Vokal des Suffixes einfach eine Kopie des Vokals im Wortstamm sei (und somit eine totale Fernassimilation vorliege), so weist das zweite Wort in (18b) nur eine partielle Fernassimilation auf. In der Tat gibt es nur zwei Allomorphe, die mit mehreren Stammvokalen kombiniert werden, wie im Beispiel (19) ersichtlich ist:

(19a)	*Alman-lar*	[ɑlmɑnlɑr]	'Deutsche'
	kıs-lar	[kɯslɑr]	'Mädchen (pl.)'
(19b)	*Türk-ler*	[tyrklɛr]	'Türken'

Ausschlaggebend für die Wahl des Suffixes ist dabei, ob im Wortstamm ein Hintervokal vorkommt (wie z.B. [ɑ], [ɯ] in *alman* und *kıs*) oder ein Vordervokal wie z.B. [y] in *türk*. Die phonologische Analyse ergibt somit, dass die Allomorphselektion durch das Merkmal [±hinten] geregelt wird.

Die Vokalharmonie des Türkischen mag uns vielleicht etwas 'exotisch' vorkommen, doch eigentlich findet man ein ähnliches Phänomen auch in den Pluralformen einzelner deutscher Substantive, z.B. in *Hähne*, *Söhne* und *Hühner*. Diese Wörter werden müssen als *Haehne*, *Soehne* und *Huehner* geschrieben werden, wenn in der jeweiligen Tastaturbelegung (z.B. in Italien) der sog. 'Umlaut' nicht zur Verfügung steht; gemeint ist das typographische Zusatzzeichen des **Trema** (it. *dieresi*, f.) in Form von zwei Punkten oberhalb des Vokalzeichens <¨>. In der Phonetik versteht man unter dem Begriff **Umlaut** (it. *metafonia*) aber einen phonologischen Prozess, welcher erklärt, warum im Neuhochdeutschen der Plural von *Gast* eben *Gäste* und nicht *Gast-en* oder *Gast-s* lautet. Für die Erklärung müssen wir aber auf das Althochdeutsche zurückgreifen: Dort wurde aus dem sg. *gast* der pl. *gest-i* gebildet. Das Pluralsuffix *-i* verändert also im Ahd. mittels einer partiellen regressiven Fernassimilation den Stammvokal, indem der Tiefvokal /a/ unter dem Einfluss des folgenden Hochvokals /i/ zu einem Mittelvokal /ɛ/ angehoben wird. Die phonetische Motivation dieses Prozesses ist im Neuhochdeutschen allerdings nicht mehr transparent, da der Endvokal der Pluralform in der Diachronie zu einem Schwa reduziert wurde. Aus synchroner Sicht handelt es sich im Neuhochdeutschen streng genommen nicht mehr um einen phonologischen Umlaut, sondern um einen **Ablaut** (it. *apofonia*), d.h. um eine rein morphologisch bedingte Vokalalternation wie sie z.B. in Verbformen wie *trink* vs. *trank* auftritt.

Das Standarditalienische kennt weder die progressive Vokalharmonie vom Typus des Türkischen noch den regressiven Umlaut vom Typus des Althochdeutschen. Hingegen sind Umlautphänomene in zahlreichen süd- sowie in einigen norditalienischen Dialekten sehr ausgeprägt (vgl. Rohlfs 1949[1966], Loporcaro 2013[2], Kap. 4) und treten vereinzelt auch in regionalen Varietäten des Italienischen auf (vgl. 4.2.1).

3.3.2 Assimilationstypen nach Artikulationsort

Wie bereits erwähnt, können Assimilationsprozesse nicht nur aufgrund der drei allgemeinen Kriterien des Grads, der Richtung und der Entfernung klassifiziert werden, sondern auch anhand anderer Parameter wie z.B. dem Artikulationsort oder der Artikulationsart. Die entsprechenden Bezeichnungen sind in der Regel selbsterklärend. So versteht man z.B. unter **Velarisierung** (it. *velarizzazione*) einen phonologischen Prozess, bei dem ein bisher nicht velarer Konsonant den velaren Artikulationsort eines anderen Konsonanten übernimmt. Meist ist die Velarisierung dabei das Resultat einer Kontaktassimilation, wie beim wiederholt erwähnten it. Beispiel /ˈbanko/ 'Bank' → [ˈbaŋko], bei welchem der Nasalkonsonant sich an den folgenden Plosiv anpasst (vgl. 3.1.2, 3.3.1).

Die Velarisierung kann aber auch ohne Beeinflussung durch ein anderes Segment eintreten, insbesondere bei Lateralkonsonanten. Dieses Phänomen zeigt sich beim sog. *dark l* des Britischen Englisch, wo das Phonem /l/ im Silbenanlaut alveolar, im Silbenauslaut hingegen 'velarisiert' ausgesprochen wird: z.B. *leaf* [liːf] 'Blatt' vs. *feel* [fiːɫ] 'fühlen' (die Velarisierung wird mit dem überlagerten Diakrit [̴] angegeben). Die gleiche Verteilung der beiden kombinatorischen Varianten findet man auch im europäischen Portugiesisch: z.B. *lã* [lɐ̃] 'Wolle' vs. *mal* [maɫ] 'schlecht'. Der Terminus 'Velarisierung' wird hier nicht für einen eigentlichen phonologischen Prozess (also eine Veränderung), sondern vielmehr für eine sog. **sekundäre Artikulation** (it. *articolazione secondaria*) verwendet, bei welcher eine primäre Artikulationsbewegung von einer zweiten Geste begleitet wird: So bildet im Fall des *dark l* das Zungenblatt zwar nach wie vor einen Kontakt am Zahndamm; gleichzeitig hebt sich aber auch der Zungenrücken in Richtung des weichen Gaumens.

Auf die Velarisierung des Laterals folgt in einigen Sprachen ein weiterer phonologischer Prozess. Wenn sich nämlich der Kontakt der Zungenspitze am Zahndamm löst, der Zungenrücken aber in seiner gehobenen Stellung verharrt, entsteht aus dem [l] ein [u]: Diesen Prozess nennt man **Vokalisierung** (it. *vocalizzazione*).[34] Die *l*-Vokalisierung ist als sich im Gange befindender Lautwandel im britischen Englisch insbesondere bei jüngeren Sprechern der Mittelklasse (sog. *Estuary English*) zu beobachten, z.B. in der Aussprache des Adverbs *well* 'gut' als [wɛu̯] anstatt [weɫ]. Anhand der *l*-Vokalisierung kann man auch das brasilianische Portugiesisch (BP) vom europäischen Portugiesisch (EP) unterscheiden (vgl. EP *mal* [maɫ] 'schlecht' vs. BP [mau̯]). Die gleiche Prozessabfolge von Velarisierung und Vokalisierung hat schließlich in der Diachronie des Französischen stattgefunden, wie man der Schreibung des Adjektivs *faux* /fo/ 'falsch' < lat. FALSU(M) entnehmen kann.

34 Ein anderes Beispiel für Vokalisierung ist die Aussprache von silbenfinalem /ʀ/ in deutschen Wörtern wie *Meer* [meːɐ̯] und *Herz* [hɛɐ̯t͡s] (vgl. 3.4.5).

Ein berühmtes Beispiel für eine sekundäre Artikulation kommt vom Russischen, wo ein phonematischer Gegensatz zwischen nicht-palatalisierten und palatalisierten Konsonanten besteht (vgl. форма /ˈformə/ 'Form' vs. ферма /ˈfʲɛrmə/ 'Bauernhof' sowie пот /pot/ 'Schweiß' vs. пьёт /pʲot/ '(er/sie) trinkt'); die sekundäre palatale Artikulation wird mit einem angefügten hochgestellten Diakrit [ʲ] transkribiert, welches dem IPA-Symbol für den palatalen Approximanten entspricht (vgl. 2.4.4).

In der Romanistik versteht man unter **Palatalisierung** (it. *palatalizzazione*) jedoch meist einen diachronen phonologischen Prozess. Als vokalisches Beispiel für eine Palatalisierung haben wir im ersten Teil dieses Unterkapitels die diachrone Entwicklung lat. LŪNA(M) > fr. *lune* /lyn(ə)/ 'Mond' erwähnt, wo aus einem Hintervokal ein Vordervokal entstanden ist. Hinter- und Vordervokale werden auch 'velar' bzw. 'palatal' genannt, da die Zunge sich bei einem Vordervokal in der Nähe des harten Gaumens (lat. *palatum*) und bei einem Hintervokal in der Nähe des weichen Gaumens (lat. *velum*) befindet. Ein zweiter Fall von vokalischer Palatalisierung betrifft die Entwicklung des lat. Tiefvokals /a/, der im Französischen (und in einigen norditalienischen Dialekten) zu einem vorderen Mitteltiefvokal geworden ist (z.B. lat. MATRE(M)/ PATRE(M) 'Mutter/ Vater' > frz. *mère, père*).

Häufiger als bei Vokalen ist die Palatalisierung in der Diachronie der romanischen Sprachen jedoch als phonologischer Prozess bei Konsonanten aufgetreten. Sie betrifft insbesondere die velaren Plosive /k/ und /g/ vor vorderem (palatalem) Vokal. Das lat. Graphem <c> wurde im klassischen Latein immer als /k/ ausgesprochen; so spiegelt das deutsche Lehnwort *Kaiser* ziemlich genau die ursprünglichen lautlichen Verhältnisse des Etymons CAESAR, bei dem die Vokalfolge AE ursprünglich als Diphthong ausgesprochen wurde. In den romanischen Sprachen ist jedoch infolge der vulgärlateinischen Monophthongierung AE > /ɛ/ eine partielle regressive Kontaktassimilation des anlautenden Plosivs an den folgenden Vokal eingetreten, indem sich die Zunge sich schon bei der Artikulation des eigentlich velaren Konsonanten /k/ in Richtung des palatalen Vokals /ɛ/ bewegte. Als Resultat dieser Assimilation finden wir beim it. Wort *cesare* /ˈt͡ʃɛzare/ 'Kaiser' im Anlaut eine stimmlose palato-alveolare Affrikate /t͡ʃ/, während sich im Französischen und im Spanischen die Artikulation des entsprechenden Konsonanten in den modernen Sprachstufen sogar noch weiter nach vorne verschoben hat (vgl. fr. *césar* /sezaʀ/, sp. *cesar* /ˈθesaɾ/).[35]

Während im Italienischen und im Spanischen die diachrone Palatalisierung von /k g/ nur als Assimilation vor den Vordervokalen /i ɛ/ eingetreten ist, findet man in den sog. 'nordromanischen' Sprachen wie Französisch, Frankoprovenzalisch oder

35 Ein Resultat dieses Lautwandelprozesses ist im Italienischen (sowie in den meisten anderen romanischen Sprachen) die fehlende Eineindeutigkeit in der Zuordnung der Grapheme <c> und <g>, welche je nach folgendem Vokal für verschiedene Phoneme stehen können: vgl. *cosa* /ˈkɔːsa/ 'Sache' und *gusto* /ˈgusto/ 'Geschmack' mit *cento* /ˈt͡ʃɛnto/ 'hundert' und *giro* /ˈd͡ʒiro/ 'Drehung, Runde' (zur Graphematik des Italienischen siehe 5.1).

Nordokzitanisch auch die Palatalisierung der velaren Plosive vor dem Tiefvokal /a/. Dies ist besonders auffällig im Französischen: vgl. fr. *chaud* /ʃo/ 'heiß' mit it. *caldo* /ˈkaldo/ < lat. CAL(I)DU(M). Die Palatalisierung der velaren Plosive vor /a/ zählt aber auch zu den charakteristischen Merkmalen der sog. 'rätoromanischen' Varietäten, wie die beiden Wörter *chan* /can/ 'Hund' und *giat* /ɟat/ 'Katze' des im schweizerischen Unterengadin gesprochenen *Vallader* zeigen (vgl. Schmid 2010c, 2018: 99–107).

3.3.3 Assimilationstypen nach Artikulationsart

Bei partiellen Kontaktassimilationen können nicht nur Merkmale des Artikulationsorts, sondern auch solche der Artikulationsart von einem bestimmten Sprachlaut an ein benachbartes Segment verliehen werden (wobei wir hier 'Artikulationsart' im etwas weiteren Sinn der distinktiven Merkmale verstehen; vgl. 3.2.4). Ein typischer Fall ist die in vielen Sprachen auftretende **Nasalierung** (it. *nasalizzazione*), bei welcher in einer Folge von Oralvokal und Nasalkonsonant (sog. VN-Sequenzen) das Merkmal [±nasal] vom Konsonanten auf den vorangehenden Vokal überspringt:

(20)

$$[+\text{vokalisch}] \rightarrow [+\text{nasal}] \;/\; \_\_ \begin{Bmatrix} +\text{konsonantisch} \\ +\text{nasal} \end{Bmatrix} \$$$

Maßgebend für diese phonologische Regel ist der durch das Dollarsymbol delimitierte phonotaktische Kontext: Oralvokal und Nasalkonsonant müssen sich in der gleichen Silbe befinden. Die phonetische Erklärung für diese regressive Kontaktassimilation ist relativ einfach: wenn die für die Artikulation eines Nasalkonsonanten erforderliche Senkung des Gaumensegels (vgl. 2.2.6) bereits während der Artikulation des eigentlich oralen Vokals einsetzt, so erhält dieser eine nasale Prägung. Während die Nasalität somit eigentlich eine unbeabsichtigte Nebenerscheinung der Koartikulation darstellt, so kann sie jedoch bei häufigem Auftreten vom Hörer als das relevante distinktive Merkmal uminterpretiert werden. Diese Entwicklung ist in der Diachronie des Französischen eingetreten:

(21a)	lat. CAMP(UM)	>	fr. *champ* /ʃɑ̃/	'Feld'
(21b)	lat. LONG(UM)	>	fr. *long* /lɔ̃/	'lang (m.)'
(21c)	lat. VĪN(UM)	>	fr. *vin* /vɛ̃/	'Wein'
(21d)	lat. ŪN(UM)	>	fr. *un* /œ̃/	'ein (m.sg.)'

Die lat. Nasalkonsonanten selbst sind nach der Nasalierung der Vokale in einem zweiten phonologischen Prozess weggefallen, wobei in den Formen unter (21) nicht nur der Nasalkonsonant, sondern auch die zweite unbetonte Silbe vom Prozess der sog. 'Tilgung' (vgl. 3.3.4) erfasst wurde. Die zunächst allophonische Nebenerscheinung der Nasalität hat schließlich dazu geführt, dass im Französischen vier phonemische Nasalvokale entstanden sind (vgl. 3.1.1, 3.2.5).

Eine häufige Kontaktassimilation bei Obstruenten betrifft die Stimmhaftigkeit, die wir hier analog zur Behandlung in 3.2.4 ebenfalls zu den Merkmalen der Artikulationsart zählen. Wird ein urprünglich stimmloser Konsonant stimmhaft, so bezeichnet man dies als **Sonorisierung** (it. *sonorizzazione*). Häufig treten Sonorisierungen in intervokalischem Kontext – also zwischen zwei Vokalen (V_V) – auf, wie die folgenden Beispiele aus der Diachronie des Italienischen zeigen:

(22a)	lat. RĪPA(M)	>	it. *riva*	'Ufer'
(22b)	lat. SPĂTHA(M)	>	it. *spada*	'Schwert'
(22c)	lat. LĂCU(M)	>	it. *lago*	'See'

Die intervokalischen Plosive des Lateinischen sind in den westromanischen Sprachen (Französisch, Spanisch, Portugiesisch usw.) allgemein sonorisiert worden, während dieser Prozess im Standarditalienischen – vermutlich durch norditalienischen Einfluss – nur teilweise eingetreten ist (vgl. die Wörter *lupo* 'Wolf', *vita* 'Leben' und *fuoco* 'Feuer', wo der ursprüngliche, stimmlose lat. Plosiv erhalten geblieben ist). Im Französischen und im Spanischen gibt es zudem synchrone Sonorisierungen von Frikativen, die durch benachbarte Konsonanten ausgelöst werden (23a, 23b); in beiden Fällen handelt es sich um eine partielle regressive Kontaktassimilation.

(23a)	sp. *mismo*	/ˈmismo/	'gleich'	→ [ˈmizmo]
(23b)	fr. *afghan*	/afgɑ̃/	'afghanisch'	→ [avgɑ̃]

Das Französische weist aber auch den gegenteiligen Prozess der **Entsonorisierung** (it. *desonorizzazione*) auf, wenn ein stimmhafter Konsonant auf einen stimmlosen Konsonanten trifft. So wird das fr. Wort *trois* /tʁwa/ 'drei' meist als [tʁ̥wa] ausgesprochen; das Phänomen der 'Entstimmung' – wie die Entsonorisierung auf Deutsch auch genannt wird – wird dabei in der phonetischen Transkription mit einem Kreis unterhalb oder oberhalb eines IPA-Symbols angegeben. An dieser Stelle sei darauf hingewiesen, dass die sog. 'Auslautverhärtung' im Deutschen (vgl. 3.1.3) phonetisch betrachtet auch eine Entstimmung darstellt, die allerdings nicht durch die Assimilation an ein anderes Segment, sondern durch den phonotaktischen Kontext (Wortende) ausgelöst wird.

Bei genauem Betrachten des ersten Beispiels in (22) fällt auf, dass bei der diachronen Entwicklung von lat. RĪPA(M) > it. *riva* nicht nur eine Sonorisierung stattfand, sondern dass gleichzeitig auch der Plosiv /p/ in einen Frikativ /v/ umgewandelt wurde. Für diesen phonologischen Prozess verwendet man den Begriff **Spirantisierung** (it. *spirantizzazione*), der vom Terminus *Spirans* – einem Synonym für 'Frikativ' (wörtlich: ein 'geblasener' Laut) – abgeleitet ist. Ein synchrones Beispiel für den Prozess der Spirantisierung liefert die allophonische Regel des Spanischen, welche die Phoneme /b d g / in die entsprechenden kombinatorischen Varianten [β ð ɣ] umwandelt, wobei die progressive Kontaktassimilation durch das Merkmal [+dauernd] des vorangehenden Segments ausgelöst wird (vgl. 3.1.4, 3.2.5).

Sonorisierung und Spirantisierung fallen zusammen unter den Oberbegriff der **Lenisierung** (it. *lenizione*), von welcher sie zwei verschiedene Spielarten darstellen. In beiden Fällen erfahren die betroffenen Obstruenten eine Schwächung ihrer artikulatorischen Stärke; oft treten die beiden Prozesse auch nacheinander auf, wie das Beispiel lat. RĪPA(M)> it. *riva* zeigt. So ist in der Diachronie des Spanischen zunächst die Sonorisierung der stimmlosen intervokalischen Plosive eingetreten (-P-, -T-, -K- > /b d ɡ/), während in der synchronen Phonologie des heutigen Spanisch die allophonische Spirantisierung von /b d ɡ/ zu [β ð ɣ] erfolgt. Der letzte Schritt in dieser Folge von Lenisierungs- oder Schwächungsprozessen besteht in der Tilgung des intervokalischen Konsonanten, die in umgangsprachlichem Spanisch beim *Allegro*-Stil manchmal eintritt. Die Staffelung der drei Prozesse kann am Beispiel des spanischen Worts für ‘Fisch’ (als Speise) aufgezeigt werden: Vom lat. Partizip PISCĀTU(M) (wörtlich: ‘das Gefischte’) leitet sich das sp. Substantiv *pescado* /pesˈkado/ ab, welches in der *Lento*-Aussprache als [pesˈkaðo] und in der *Allegro*-Form als [pesˈkao] realisiert wird.

In der Theorie der Natürlichen Phonologie (vgl. 1.3 und 3.3, n. 13) wird der Begriff der Lenisierung weiter gefasst und bezieht sich auf alle phonologischen Prozesse, welche die Aussprache erleichtern. Neben Sonorisierung, Spirantisierung und Tilgung gehört dazu z.B. auch die Monophthongierung von Vokalen. Man könnte in dieser funktionalistischen Perspektive sogar alle Assimilationsprozesse (Velarisierung und Palatalisierung, Nasalierung usw.) im weitesten Sinne als Lenisierungen interpretieren. Das konzeptuelle Gegenstück zur Lenisierung besteht in der sog. **Fortisierung** (it. *fortizione*): Dazu gehören alle phonologischen Prozesse, die nicht die Aussprache, sondern im Gegenteil die Wahrnehmbarkeit von phonologischen Segmenten verbessern oder ‘stärken’, wie z.B. die Entsonorisierung, die sog. ‘Epenthese’ (vgl. 3.3.4) oder die Diphthongierung.

3.3.4 Weitere phonologische Prozesse

Die meisten der bisher in diesem Kapitel behandelten Erscheinungen sind Assimilationen, die ihren Ursprung im Phänomen der Koartikulation haben und somit im Wesentlichen dazu dienen, die Aussprache zu erleichtern; Assimilationen machen den Großteil aller phonologischen Prozesse aus. Es gibt aber auch einige Prozesse, die nicht zu den Assimilationen gehören – wie etwa die **Dissimilation** (it. *dissimilazione*), welche das genaue Gegenteil der Assimilation darstellt. Bei einer Dissimilation werden zwei gleiche oder ähnliche Segmente derart verändert, dass sie nicht mehr identisch sind oder zumindest unähnlicher werden. Wie bei der Assimilation unterscheidet man auch bei der Dissimilation verschiedene Typen anhand der Kriterien des Grads, der Richtung und der Entfernung. Ein Beispiel für eine partielle regressive Kontaktdissimilation erscheint in der Aussprache des deutschen Wortes *Fuchs*: Die phonemische Repräsentation /fʊxs/ des Standarddeutschen enthält zwei aufeinander folgende stimmlose Frikative, aber in der phonetischen Realisierung der Umgangssprache wird der erste Frikativ oft als velarer Plosiv – also [fʊks] – ausgesprochen; somit werden also die beiden Konsonanten am Wortende dissimiliert. Ein diachrones Beispiel für eine partielle regressive Ferndissimilation findet man in der Etymologie des it. Verbs *chiedere* /ˈkjɛdere/ 'verlangen, bitten' < lat. QUAERERE: Das lat. Wort weist zwei Vibranten auf, von denen der erste im Italienischen – vermutlich aufgrund einer perzeptiven Reinterpretation – zu einem stimmhaften alveolaren Plosiv dissimiliert wurde. Im Gegensatz dazu hat das spanische Verb *querer* /keˈɾeɾ/ 'wollen, lieben' zwar eine Vereinfachung des Anlauts (und zudem einen leichten Bedeutungswandel) erfahren; die Wiederholung der beiden r-Laute im gleichen Wort ist jedoch erhalten geblieben. Meistens betrifft die Dissimilation die Artikulationsart eines Konsonanten, während der Artikulationsort unverändert bleibt (vgl. sp. *alma* 'Seele' < lat. AN(I)MA(M)).

Die folgenden Prozesse betreffen weniger die Ausprägung der distinktiven Merkmale eines einzigen Lauts, sondern vielmehr die phonologische Gestalt einer Lautkette, d.h. einer Reihe von aufeinanderfolgenden Sprachlauten. So können z.B. Konsonanten und Vokale ihre Stellung in einer Lautfolge tauschen; manchmal fallen aber auch Laute weg oder es kommen neue Laute hinzu. Bei der **Metathese** (it. *metatesi*) tauschen zwei Segmente ihre Stellung im Wort, wie z.B. in der ersten Silbe des fr. Worts *fromage* 'Käse', das vom lat. FORMATICU(M) (wörtlich: 'das Geformte') abgeleitet wird; im it. Wort *formaggio* wird hingegen die ursprüngliche Lautfolge bewahrt. Eine Metathese kann auch zwei Konsonanten aus verschiedenen Silben betreffen, wie der Austausch von /r/ und /l/ im sp. Wort *milagro* 'Wunder' < lat. MIRAC(U)LU(M) zeigt (während it. *miracolo* erneut die ursprüngliche Lautfolge bewahrt).

In der diachronen Entwicklung einzelner Wörter treten oft mehrere phonologische Prozesse hintereinander auf. So konnten die Dissimilation in sp. *alma* 'Seele' < lat. AN(I)MA(M) und die Metathese in sp. *milagro* 'Wunder' < lat. MIRAC(U)LU(M) erst eintreten, nachdem vorgängig ein Vokal ausgefallen war, was bei beiden Beispielen durch die runde Klammer () in den lat. Etyma angezeigt wird; ein weiteres Beispiel für den Ausfall eines unbetonten Vokals hatten wir bei it. *conte* 'Graf' < lat. COM(Ĭ)TE(M) angetroffen (3.3.1). Als Oberbegriff für den Wegfall eines Lauts verwenden wir im Deutschen den Terminus **Tilgung**, für den Spezialfall des wegfallenden unbetonten Vokals im Wortinnern das Fremdwort **Synkope**; im Italienischen spricht man in beiden Fällen von *sincope* (Betonung auf der drittletzten Silbe). Wie die Entwicklung COM(Ĭ)TE(M) > fr. *comte* /kɔ̃t/ zeigt, kann die Tilgung aber auch einen unbetonten Vokal am Wortauslaut erfassen. In diesem Fall spricht man von **Apokope** (it. *apocope*, auf der drittletzten Silbe betont) – ein Phänomen, das in der zusammenhängenden Rede auch als synchrone Variation auftreten kann; vgl. dt. *heute ist* mit dem umgangssprachlichen *heut ist* und it. *abbiamo fatto* 'wir haben' mit der *Allegro*-Form *abbiam fatto* (vgl. 3.6.3). Falls zwei Vokale aufeinanderstoßen und der erste weggelassen wird, liegt eine **Elision** (it. *elisione*) vor (vgl. it. *questo anno* 'dieses Jahr' → *quest'anno*). Die Tilgung eines unbetonten Vokals im Wortanlaut nennt man **Aphärese** (it. *aferesi*, auf der drittletzten Silbe betont). Beispiele aus der Diachronie des Italienischen sind *storia* < (H)ISTORIA(M) und *vangelo* < EVANGELIU(M); das aus dem Griechischen entlehnte lat. APOTHECA(M) hat in allen romanischen Sprachen eine Aphärese erfahren (vgl. it. *bottega*, sp. *bodega*, fr. *boutique*). Die Fachtermini 'Apokope' und 'Aphärese' werden manchmal nicht nur für den Wegfall einzelner Vokale verwendet, sondern auch für den Schwund ganzer Silben: So erfolgte eine Apokope der letzten Silbe in it. *virtù* 'Tugend' < lat. VIRTU(TEM) und eine Aphärese der ersten Silbe in it. *stasera* 'heut' abend' < *questa sera* 'dieser Abend'.

Den gegenteiligen phonologischen Prozess – also die Einfügung eines Vokals oder Konsonanten in einer Lautkette – nennt man **Epenthese** (it. *epentesi*, auf der drittletzten Silbe betont); im Deutschen spricht man manchmal von einem **Sprosslaut** bzw. einem 'Sprossvokal' oder 'Sprosskonsonanten'. Eine Konsonantenepenthese tritt manchmal im Anschluss an eine Vokalsynkope ein, wie z.B. in der Entwicklung von lat. HUM(I)LE(M) 'bescheiden' > fr. *humble* /œ̃bl/ oder TEN(E)RU(M) 'zart' > fr. *tendre* /tɑ̃dʀ/ (vgl. it. *umile* und *tenero*). In diesem Fall muss die Epenthese vor der Tilgung des Nasalkonsonanten erfolgt sein, da der eingefügte Plosiv dessen Artikulationsort übernommen hat. Häufiger als Sprosskonsonanten sind jedoch Sprossvokale. Falls das Segment im Wortanlaut eingefügt wird, liegt eine **Prothese** (it. *protesi* oder *prostesi*, auf der drittletzten Silbe betont) vor. Dieser Prozess erscheint in den westromanischen Sprachen bei Wörtern, die im Lateinischen auf /s/+C begannen (z.B. lat. SCHOLA(M) 'Schule' > fr. *école*, sp. *escuela*, pt. *escola*), nicht aber im Italienischen (vgl. *scuola*). Bei einem Sprossvokal im Wortinnern spricht man von **Anaptyxis** (it. *anaptissi*) oder mit einem aus dem Sanskrit stammenden Wort von **Svarabhakti**: Ein it. Beispiel ist die Einschaltung des Sprossvokals /i/ im Wortinnern von *medesimo* 'selbst' < altfr. *medesme* (seinerseits < lat. METIPSIMU(M); vgl. fr. *même*, sp. *mismo*). Wird schließlich ein Sprachlaut (oder eine Silbe) am Wortende angefügt, spricht man entweder von **Epithese** (it. *epitesi*, Betonung auf der drittletzten Silbe) oder häufiger von **Paragoge** (it. *paragoge*, Betonung auf der zweitletzten Silbe). Einen epithetischen Konsonanten findet man beim dt. Wort *niemand* < mhd. *nieman*. Im Italienischen tritt die Paragoge spontan bei Fremdwörtern ein, welche im Wortauslaut zwei Konsonanten aufweisen: so wird an Wörter wie *sport* oder *film* oft ein paragogisches Schwa angehängt ([ˈspɔrtə], [ˈfilmə]) – ein Vokal, der im Phoneminventar des Italienischen übrigens gar nicht vorkommt (vgl. 4.1.1). Im Sardischen wird ein paragogischer Vokal durch eine systematische Regel an Wörter angehängt, die auf Konsonant enden, wobei jeweils der letzte unbetonte Vokal kopiert wird; vgl. sard. *perdas* 'Steine' [ˈpɛrdaza] (Mensching/Remberger 2016: 274).

Wie zu Beginn dieses Unterkapitels erwähnt, betreffen phonologische Prozesse wie Metathese, Tilgung und Epenthese nicht den phonetischen Gehalt eines einzelnen Lauts, sondern vielmehr die Anordnung verschiedener Segmente in größeren Einheiten. Vokale und Konsonanten treten in der Regel in Lautverbindungen auf, die einerseits das Ergebnis diachroner phonologischer Prozesse sind und andererseits gewissen synchronen Gesetzmäßigkeiten unterliegen. Die Beschreibung dieser Gesetzmäßigkeiten stellt die Aufgabe einer eigenen Teildisziplin innerhalb der Phonologie dar, der Phonotaktik.

3.4 Phonotaktik und 'Schnittstellen'

3.4.1 Phonotaktische Beschränkungen und Einheiten

In der Einleitung zu diesem Kapitel wurde erwähnt, dass man die Phonologie als Teilgebiet der Sprachwissenschaft nochmals in die drei Unterdisziplinen der Phonemik, Phonotaktik und Prosodie einteilen kann. Bis hierhin haben wir uns hauptsächlich mit der Phonemik beschäftigt (Phoneminventare und distinktive Merkmale, allophonische Regeln usw.), wobei sich jedoch aus der Behandlung der phonologischen Prozesse fast zwangsläufig die Notwendigkeit ergeben hat, neben der paradigmatischen auch die syntagmatische Achse der Sprachlaute in die Betrachtung einzuschließen, also auch deren lineare Abfolge und Kombination in den Blick zu nehmen.

Um das phonologische System einer Sprache zu beschreiben, genügt es nämlich nicht, einfach ein Phoneminventar zu erstellen und die dazugehörigen allophonischen Regeln zu formulieren; vielmehr muss man auch feststellen, welche Kombinationsmöglichkeiten von Vokalen und Konsonanten in einer bestimmten Sprache überhaupt möglich sind. In der Tat bestehen große Unterschiede bezüglich der phonotaktischen Komplexität in den Sprachen der Welt: Auf der eine Seite stehen Sprachen wie das Japanische oder das in Neuseeland gesprochene Maori, die hauptsächlich einfache Verbindungen aus Konsonanten und Vokalen – also CV-Silben (vgl. 3.4.3) – zulassen; auf der anderen Seite stehen Sprachen wie das Russische und insbesondere das Polnische, wo mehrere Konsonanten problemlos aufeinander folgen können (vgl. Maddieson 2005, Schmid 2012a: 51–52).

Als phonologische Kombinationslehre beschreibt die Phonotaktik (abgeleitet von gr. *phoné* 'Laut' und *taktikós* 'anordnend') also die möglichen Lautverbindungen in einer Sprache, indem sie u.a. sog. **phonotaktische Beschränkungen** (it. *restrizioni fonotattiche*) formuliert. So können z.B. im Deutschen die beiden Konsonantenphoneme /h/ und /ŋ/ nicht in allen möglichen Positionen des Worts auftreten. Das Phonem /h/ erscheint am Anfang einer Stammsilbe wie in *haben* oder *gehabt*, jedoch nie am Ende eines Worts (das sog. 'Dehnungs-h' in Wörtern wie *sah, geschah* usw. wird ja nicht ausgesprochen, sondern hat lediglich die graphematische Funktion, die Länge des vorangehenden Vokals zu signalisieren). Umgekehrt kommt das Phonem /ŋ/ im Deutschen zwar im Wortinnern und am Wortauslaut vor (z.B. in den Wörtern *singen* und *Gesang*), jedoch nie im Wortanlaut – im Gegensatz zu vielen asiatischen oder afrikanischen Sprachen, die keine solche Beschränkung aufweisen.

Die synchronen phonotaktischen Beschränkungen, die wir in den phonologischen Systemen moderner Sprachen vorfinden, sind dabei oft das Ergebnis von diachronen phonologischen Prozessen. So verbietet z.B. eine phonotaktische Restriktion des Spanischen, dass ein Wort mit der Konsonantenfolge /s/+C beginnen kann. Wie wir in 3.3.4 anhand des Beispiels lat. SCHOLA(M) 'Schule' > sp. *escuela* gesehen haben, sind Wörter mit einem solchen Anlaut in der Entwicklung des lat. Erbwortschatzes durch Vokalepenthese (hier als Prothese) modifiziert worden. Auch bei Lehnwörtern aus dem modernen Englisch wie *snob* oder *standard* wurde ein prosthetisches /e/ eingefügt, so dass man in spanischen Wörterbüchern die Einträge *esnob* und *estándar* findet. Diese phonotaktische Beschränkung prägt auch die Aussprache vieler Muttersprachler des Spanischen, die im Deutschen bei auf /s/+C anlautenden Wörtern, oft Sprossvokale einfügen (z.B. *ich spreche Spanisch* realisiert als [ix es'prexe es'panis]).

Die phonologische Analyse untersucht neben den Phonemen auch größere **phonotaktische Einheiten** (it. *unità fonotattiche*). So ist das Wort nicht nur die wesentliche Bezugsgröße der lexikalischen Semantik und der Syntax: Das **phonologische Wort** (it. *parola fonologica*) und insbesondere die Wortgrenzen (Wortanlaut und Wortauslaut) spielen eine wichtige Rolle für die Formulierung von phonologischen Regeln und von phonotaktischen Beschränkungen. Die wichtigste phonotaktische Einheit liegt in der phonotaktischen Hierarchie jedoch auf einer Stufe zwischen dem Wort und den Phonemen: Es handelt sich um die **Silbe** (it. *sillaba*), die ihrerseits in einzelne Silbenkonstituenten zerfällt.

3.4.2 Silbenkonstituenten

Obwohl in der phonologischen Theorie nicht unumstritten, besteht substanzielle empirische Evidenz für die Silbe als fundamentale Einheit in der Wahrnehmung und Planung des Sprechvorgangs. Dabei handelt es sich sowohl um **externe Evidenz** (it. *evidenza esterna*), die auf Perzeptionsexperimenten oder Sammlungen von Versprechern beruht, als auch um **interne Evidenz** (it. *evidenza interna*), die sich u.a. aus der fundamentalen Rolle der Silbenstruktur beim Lautwandel und bei der Formulierung von Lautgesetzen (vgl. 2.1.5) ableiten lässt.

Der Begriff der 'Silbe' wurde in der Grammatikschreibung des alten Griechenlands eingeführt, und so geht auch die Etymologie des dt. Worts *Silbe* auf das gr. *syllabē* 'Zusammenhalt' zurück. Eher neueren Datums sind phonologische Analysen, bei denen die Silbe nochmals in einzelne Bestandteile – die sog. **Silbenkon-**

stituenten (it. *costituenti sillabici*) – zerlegt wird. Abb. 24 liefert eine phonotaktische Analyse des it. Worts *porta* 'Tür':

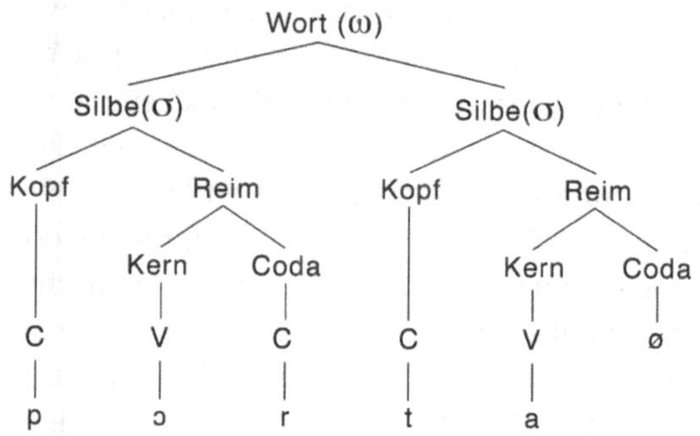

Abb. 24: Konstituentenstruktur der Silben im it. Wort *porta*

Wie aus diesem Schema ersichtlich ist, wird die Konstituentenstruktur der Silbe mit einem **Baumdiagramm** (it. *diagramma ad albero*) dargestellt – ein Formalismus, den die Phonologie aus der Syntax übernommen hat. In einem gewissen Sinn stehen die Bäume in der Linguistik aber auf dem Kopf, da sie sich von der zuoberst angesiedelten Wurzel fortlaufend nach unten verzweigen.

Die oberste Einheit in der phonotaktischen Hierarchie ist in Abb. 24 das phonologische Wort, welches durch das Symbol ω (gr. Kleinbuchstabe Omega) repräsentiert wird. Das Wort (ω) *porta* zerfällt danach in zwei Silben (σ) *por* und *ta*, deren Stellung in der phonotaktischen Hierchie durch die beiden Symbole σ (gr. Kleinbuchstabe Sigma) angezeigt wird. Die eigentliche Konstituentenstruktur der Silbe ergibt sich durch zwei binäre Verzweigungen: Zuerst wird die Silbe in den **Kopf** (it. *testa*) und den **Reim** (it. *rima*) aufgeteilt, welcher anschließend nochmals in **Kern** (it. *nucleo*) und **Coda** (it. *coda*) zerfällt.[36] Auf der nächstfolgenden Ebene können dann den drei Silbenkonstituenten Kopf, Kern und Koda eine bestimmte Anzahl von **Kategoriensymbolen** (it. *simboli di categoria*) V oder C zugewiesen werden – je nachdem, wie viele Vokale oder Konsonanten sich in den jeweiligen Konstituenten

36 Als terminologische Alternative für die Bezeichnung 'Kopf' wird sowohl im Deutschen als auch im Italienischen oft der Anglizismus *Onset* verwendet, der allerdings von anderen Autoren im Sinne des deutschen Worts 'Anlaut' für das allererste Segment in einer Silbe reserviert ist (der Silbenkopf selbst kann ja aus mehreren Konsonanten bestehen); in Analogie zu dieser Verwendung des Terminus *Onset* 'Anlaut' würde man dann den Terminus *Offset* 'Auslaut' auch nur für das letzte Segment in einer phonotaktischen Einheit (Wort oder Silbe) gebrauchen (vgl. Vennemann 1988: 6). Um diese Zweideutigkeit zwischen einzelnen Segmenten und Silbenkonstituenten zu vermeiden, kann man im Deutschen als Synonyme für 'Kopf' und 'Coda' die Begriffe **Silbenanlaut** und **Silbenauslaut** verwenden (vgl. Vennemann 1986: 38–39, Hall 2011²: 218).

befinden. Im letzten Schritt der phonotaktischen Analyse werden diesen Kategoriensymbolen noch die im betreffenden Wort tatsächlich auftretenden Phoneme zugeordnet.

Eine Silbe muss im Minimum aus einem Kern bestehen. Im Italienischen wird der Silbenkern ausschließlich durch Vokale gebildet, während in einigen Sprachen auch Konsonanten mit hoher Sonorität (vgl. 3.4.4) vorkommen. Z.B. erscheint in vielen slawischen Sprachen auch /r/ in dieser Silbenkonstituente, wie man an verschiedenen Städtenamen ablesen kann: Die böhmischen Städte *Brünn* und *Pilsen* heißen auf Tschechisch *Brno* und *Plzeň*, so wie die italienische Stadt *Trieste* durch die dort ansässige slowenische Minderheit *Trst* genannt wird. Im Deutschen und Englischen können auch Nasale oder Laterale im Silbenkern auftreten (z.B. dt. *Abend* [ˈaːbn̩t], engl. *bottle* ‘Flasche’ [ˈbɒtl̩]). Füllt ein Konsonant die Position des Silbenkerns aus, so wird dieser in der phonologischen Analyse als **silbisch** (it. *sillabico*) bezeichnet; in der phonetischen Transkription wird unter silbische Konsonanten das diakritische Zeichen [̩] gesetzt.

Der Kopf einer Silbe wird durch jene Konsonanten gebildet, die vor dem Kern stehen, während die Coda aus jenen Segmenten besteht, die auf den Kern folgen und zur gleichen Silbe gehören: So gehört im it. Wort *porta* der Vibrant /r/ zur Coda der ersten Silbe, während der Plosiv /t/ den Kopf der zweiten Silbe bildet. Das Beispiel *por.ta* zeigt zugleich, dass nicht alle Silben eine Coda besitzen: In Abb. 24 erscheint in der zweiten Silbe unterhalb des Coda-Knotens kein Kategoriensymbol C, sondern das Symbol ø, was für ‘Leerstelle’ steht. Das Fehlen oder Vorhandensein einer Coda legt die Grundlage für eine Unterscheidung, die insbesondere für die Phonologie des Italienischen sowohl aus diachroner als auch aus synchroner Sicht von fundamentaler Bedeutung ist (vgl. 2.1.5, 4.4.1): Eine Silbe, die auf Vokal endet und somit keine Coda aufweist, bezeichnet man als **offene Silbe** (it. *sillaba aperta*), während eine Silbe, die auf Konsonant endet und somit eine Coda enthält, eine **geschlossene Silbe** (it. *sillaba chiusa*) darstellt.[37]

3.4.3 Silbentypen

Während das Baumdiagramm in Abb. 24 eine phonotaktische Hierarchie abbildet, kann man auf der anderen Seite Silben auch aufgrund ihrer ‘Oberflächenstruktur’ klassifizieren, indem man die lineare Abfolge derjenigen Segmente beschreibt, die in den drei unmittelbaren Konstituenten Kopf, Kern und Coda vorkommen. Dazu verwendet man in der Regel die beiden Kategoriensymbole C (für Konsonant) und V (für Vokal). Die universell häufigste Silbe, die aus einem Konsonanten und einem

37 Weniger verbreitet ist die Unterscheidung zwischen ‘nackten Silben’, die keinen Silbenkopf enthalten, und ‘bedeckten Silben’, welche einen Kopf aufweisen (Vennemann 1988: 6).

Vokal besteht (wie die Silbe *ta* des Worts *por.ta*), wird als CV-Silbe bezeichnet. Folgt auf den Vokal im Silbenkern noch eine Coda mit einem Konsonanten (wie bei der Silbe *por* des Worts *porta*), so handelt es sich um eine CVC-Silbe. Die minimale Silbe besteht logischerweise nur aus einem Vokal bzw. aus einem Kern: Die erste Silbe des it. Worts *ala* 'Flügel' bildet z.B. eine V-Silbe. Falls eine Silbe keinen Kopf und dafür eine Coda mit einem Konsonanten enthält, haben wir es mit einer VC-Silbe zu tun (wie z.B. bei der ersten Silbe des it. Wortes *arte* 'Kunst'). Wie bereits erwähnt, können Silbenkonstituenten auch mehr als ein Segment enthalten. So kommen z.B. im Kopf der Silbe *pra* zwei Konsonanten vor. Das it. Wort *pra.to* 'Wiese' besteht somit aus einer CCV-Silbe und einer CV-Silbe, während das it. Wort *film* aus einer einzigen CVCC-Silbe besteht. Bei sog. 'fallenden' Diphthongen wie im it. Wort *pau.sa* kann man den Kern der ersten Silbe als VV-Sequenz darstellen: Die Silbe *pau* würde demnach als CVV notiert. Manchmal wird für fallende Diphthonge auch die Notation VS gewählt, wobei das Kategoriensymbol S für **Semivokal** (it. *semivocale*) steht (vgl. Calamai 2011b, 4.3.1).[38]

Solche linearen Kombinationen von Segmentkategorien wie CV, CVC, V, VC, CVCC usw. nennt man **Silbentypen** (it. *tipi sillabici*). In Tab. 8 werden zehn häufige Silbentypen mit Beispielwörtern aus dem Italienischen, Französischen, Deutschen und Englischen aufgelistet. Bei mehrsilbigen Wörtern illustriert immer die erste Silbe des Beispielworts den in der zweiten Spalte angegebenen Silbentyp; in der französischen Spalte ist auch eine phonetische Transkription angefügt, da sich die Aussprache der meisten Wörter – die übrigens alle aus einer Silbe bestehen – zum Teil stark von der orthographischen Repräsentation unterscheidet.

Tab.8: Elementare Silbentypen in vier Sprachen

		Italienisch	**Französisch**	**Deutsch**	**Englisch**
1	CV	*ma.dre*	*peu* [pø]	*Ta.fel*	*mo.ther*
2	CVC	*pas.ta*	*mère* [mɛʀ]	*Tan.te*	*sis.ter*
3	V	*a.la*	*eau* [o]	*A.bend*	*ea.sy*
4	VC	*ar.te*	*art* [aʀ]	*al.te*	*ol.der*
5	CCV	*pra.to*	*prêt* [pʀɛ]	*Blu.me*	*three*
6	CVV	*pau.sa*	*taille* [taj]	*tei.len*	*my*
7	VV	*au.la*	*œil* [œj]	*Ei*	*eye*
8	CCVC	*pran.zo*	*clair* [klɛʀ]	*trin.ken*	*clean*
9	CVCC	*film*	*forte* [fɔʀt]	*Hund*	*hand*
10	CCVCC	*sport*	*triste* [tʀist]	*krank*	*trust*

38 Als weitere Variante findet sich bisweilen auch die Abkürzung G für 'Gleitlaut' (engl. *glide*).

Ein kurzer Vergleich zwischen den vier Sprachen zeigt als Gemeinsamkeit, dass Silben mit zweigliedriger Coda – also CC wie in den Silbentypen 9 und 10 – meist nur am Wortende und kaum im Wortinnern vorkommen. Im Italienischen handelt es sich zudem eindeutig um Fremdwörter; im sog. 'Stammwortschatz' gibt es keine Silben, die auf zwei Konsonanten (CC) enden. Ein wesentlicher phonotaktischer Unterschied zwischen den germanischen und den romanischen Sprachen besteht darin, dass im Englischen und im Deutschen zahlreiche geschlossene Silben vorkommen, während das Italienische und das Spanische eine klare Präferenz für offene Silben zeigen; diese Präferenz ist etwas weniger ausgeprägt in anderen romanischen Sprachen wie z.B. dem Französischen oder dem Katalanischen (vgl. Heinz 2014).

Für das Deutsche kann man zudem insbesondere für einsilbige Wörter relativ leicht zehn weitere, z.T. viel komplexere Silbentypen aufzählen: VVC (*auch*), CVVC (*Teil*), CCVVC (*Traum*), CVVCC (*Haupt*), CCVVCC (*schreibst*), CCCVCC (*springt*), CCCVVC (*Strauch*), CCCVCCC (*springst*), CCCVVCCC (*streichst*), *Herbst* (CVCCCC). Die maximale Anzahl an Segmenten im Silbenkopf beträgt drei, wobei es sich in der Regel um eine Abfolge /ʃ/+Plosiv+/ʀ/ handelt. Auch bei Silben mit einer komplexen Coda erscheint meist in irgendeiner Form das Phonem /s/ (vgl. 3.4.5): Dies ist gleich zweimal der Fall bei der Genitivform *Herbsts* (CVCCCCC), die sogar fünf Konsonanten am rechten Wortrand aufweist. Einige Phonologen würden dieses Wort jedoch nicht als eine wohlgeformte Silbe betrachten, sondern es vielmehr in eine 'Kernsilbe' *Herb-* und einen 'Silbenanhang' oder 'Appendix' *-sts* zerlegen (vgl. Vennemann 1988: 10).

Dies führt uns zu einem zentralen Problem der phonotaktischen Analyse: Gerade bei mehrsilbigen Wörtern und komplexen Silben ist in gewissen Sprachen nicht immer einfach zu entscheiden, wo eine Silbe beginnt und wo sie endet, oder anders gesagt: wo die Grenze zwischen zwei Silben liegt.

3.4.4 Silbifizierung und Sonoritätsskala

Bei Liedern fallen die einzelnen Töne der Melodie oft mit bestimmten Silben zusammen und auch bei Gedichten kann man die Verse – zumindest in den Literaturen der romanischen Sprachen – nach der Zahl ihrer Silben klassifizieren; so ist das Versmaß in Petrarcas Sonetten der **Elfsilbler** (it. *endecasillabo*). Beim Schreiben spielen Silben schließlich für die Worttrennung am Zeilenumbruch eine Rolle. Bei vielen Wörtern fällt die Aufteilung in Silben relativ leicht, da die Sprachbenutzer meist die gleiche Intuition darüber haben, wie viele Silben das entsprechende Wort enthält und bei welchen Segmenten die Grenze zwischen den Silben anzusetzen ist: so würden vermutlich Muttersprachler sowohl des Italienischen als auch des Deutschen das it. Wort *porta* in zwei Silben *por* und *ta* trennen. Wie steht es aber beim ähnlichen it. Wort *festa* 'Fest', das ebenfalls aus einer CVCCV-Folge besteht: Lautet die phonotaktische Analyse nun *fes.ta* (wie bei *por.ta*) oder doch eher *fe.sta* (wie bei der orthographischen Trennung des Wortes)?

In der phonologischen Fachliteratur sind eine Reihe von Kriterien vorgeschlagen worden, um die **Silbengrenze** (it. *confine di sillaba*) in einem Wort festzulegen. Ein solches Kriterium ist z.B. die '*Onset*-Maximierung' (vgl. Hall 2011²: 223–225), wonach man so viele Segmente wie möglich in den Silbenkopf packt. Eine ähnliche Faustregel besagt, dass ein Wortanfang auch ein Silbenanfang sein kann. Aufgrund dieser beiden Maximen müsste man demnach für it. *festa* eine **Silbifizierung** (it. *sillabificazione*) vornehmen, welche das Wort in zwei Silben *fe* und *sta* zerlegt. Allerdings kann bei der Silbifizierung auch die Morphologie (die Wortstruktur) dazwischenfunken, was bei Komposita (zusammengesetzten Wörtern) des Deutschen klar ersichtlich ist. So müsste man aufgrund des Prinzips der *Onset*-Maximierung bei den Wörtern *Hofladen* und *Kuhfladen* die gleiche Silbifizierung vornehmen, nämlich *Ho.fla.den* und *Kuh.fla.den*; die meisten Muttersprachler würden aber aufgrund der Wortstruktur die Silben eher entlang der Morphemgrenzen trennen, also in *Hof+lad.en* und *Kuh+flad.en* (das Symbol + steht für die Grenze zwischen zwei Morphemen).

Das wohl wichtigste phonologische Prinzip für die Festlegung von Silbengrenzen beruht auf der sog. **Sonoritätsskala** (it. *scala di sonorità*). Unter 'Sonorität' versteht man die 'Schallfülle' – bzw. die Lautheit – einer bestimmten Kategorie von Sprachlauten. So weisen Vokale eine grössere Schallfülle auf als z.B. Frikative oder gar Plosive, wie aus Abb.25 ersichtlich ist:

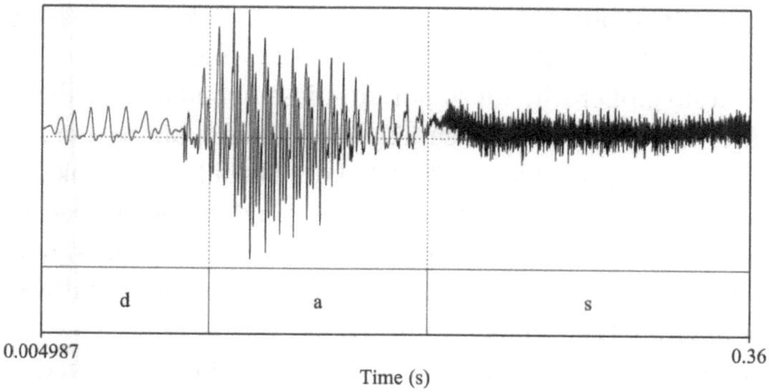

Abb. 25: Oszillogramm der Silbe *das*

Das Oszillogramm der Silbe *das* zeigt anschaulich, dass der Vokal [a] im Silbenkern die grössere Amplitude besitzt als die beiden Obstruenten [d] und [s], die sich an den Silbenrändern (im Kopf bzw. in der Coda) befinden. Die Idee der 'Sonoritätshierarchie' (vgl. Hall 2011²: 230–233) besteht nun darin, dass man mehrere Klassen von

Sprachlauten auf einer Skala anordnen kann, die von einer minimalen Sonorität am linken Pol zu einer maximalen Sonorität am rechten Pol reicht:

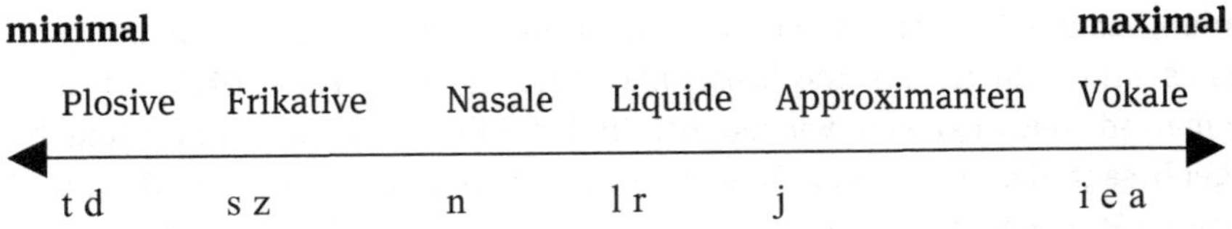

Abb. 26: Sonoritätsskala

Die unter dem Pfeil der Sonoritätsskala aufgeführten phonetischen Symbole haben lediglich Beispielcharakter; anstatt /t d/ und /s z/ könnten auch /p b/ und /f v/ stehen.

Wie aus Abb. 26 hervorgeht, weisen Plosive die niedrigste Sonorität auf. Dies ist insofern verständlich, als bei stimmlosen Plosiven während ihrer Verschlussphase überhaupt kein Schall erzeugt wird (im Oszillogramm von Abb. 25 ist zu Beginn auch nur eine niedrige Amplitude erkennbar, da es sich um einen stimmhaften Plosiv handelt). Eine etwas höhere Sonorität wird den Frikativen zugeschrieben aufgrund ihres kontinuierlichen Geräuschcharakters (vgl. in Abb. 25 die dichte Schwärzung rechts im Oszillogramm). Für die Silbifizierung des oben genannten Wortes *festa* legt das Sonoritätsprinzip eindeutig die Lösung *fes.ta* nahe. Die Anordnung der phonetischen Symbole unterhalb des Pfeils der Sonoritätsskala impliziert bei den Obstruenten, dass stimmhafte Plosive und Frikative eine höhere Sonorität besitzen als stimmlose, weil die Glottis-Schwingungen zu den im Vokaltrakt erzeugten Geräuschen eine weitere Schallquelle hinzufügen. Je weiter wir uns auf der Skala nach rechts bewegen, desto größer wird die Sonorität: Diese nimmt innerhalb der Sonoranten kontinuierlich zu – von den Nasalen über die Liquiden bis zu den Approximanten. Die höchste Sonorität wird am rechten Pol der Skala bei den Vokalen erreicht, wobei innerhalb dieser Lautklasse eine Zunahme von den hohen über die mittleren zu den Tiefvokalen postuliert wird: In der Tat vergrößert sich mit zunehmendem Öffnungsgrad der Resonanzkörper und somit die Amplitude der Schallwelle, wie im Oszillogramm von Abb. 11 ersichtlich wurde (vgl. 2.1.3).

Die relative Anordnung der Lautklassen auf einer Skala von links nach rechts lässt sich zwar phonetisch begründen (sowohl artikulatorisch als auch akustisch), dennoch ist die Motivation für die Postulierung der Sonoritätsskala aber eigentlich eine phonologische. So hat man in vielen Sprachen beobachtet, dass die Sonorität von den Silbenrändern zum Silbenkern zunimmt und dass innerhalb von Silbenkonstituenten diejenigen Konsonantengruppen bevorzugt werden, innerhalb derer ein möglichst großer Sonoritätsunterschied vorliegt: So erlauben die meisten Sprachen Silbenköpfe vom Typus /tr/, wohingegen ein Silbenkopf /tn/ in vielen Sprachen durch eine phonotaktische Beschränkung ausgeschlossen wird. In diesem Spannungsfeld zwischen Gemeinsamkeiten und Vielfalt in den Sprachen der Welt ist es aber dennoch möglich, gewisse phonotaktische Muster und allgemeine Tendenzen zu erkennen, wie im nächsten Unterkapitel ausgeführt wird.

3.4.5 Universelle und typologische Präferenzen für Silbenstrukturen

Universelle Tendenzen des Silbenbaus ergeben sich einerseits aus der Präferenz für die CV-Folge als 'unmarkiertem' Silbentyp und andererseits aus der Tendenz, Segmente innerhalb der Silbe entlang der Sonoritätsskala anzuordnen. Dass die CV-Silbe den Ausgangspunkt des phonologischen Erstspracherwerbs bildet, wurde in grundlegenden Arbeiten von Roman Jakobson (1941[1971], 1962) postuliert, während der Aufbau der Sonoritätskala sogar schon von Ferdinand de Saussure (1916[1967]) explizit dargelegt wurde. Die Verbindung dieser beiden Prinzipien – CV als unmarkierte Silbe und Sonoritätsskala – wurde schließlich in den Arbeiten von Theo Vennemann (1986, 1988) weiterentwickelt; gemäß seiner Theorie des Lautwandels tendieren sprachliche Subsysteme – in diesem Fall: Silbenstrukturen – dazu, sich selbst zu optimieren (wobei 'gute' Silbenstrukturen umgekehrt auch 'verschlechtert' werden können durch andere Tendenzen, wie etwa die maximale Hervorhebung betonter Silben).

Eine Auswahl der von Vennemann formulierten **Präferenzgesetze für Silbenstrukturen** (it. *leggi di preferenza sillabica*) soll an dieser Stelle kurz vorgestellt werden.[39] Ein erstes Präferenzgesetz ist das sog. **Silbenkopfgesetz** (it. *legge della testa sillabica*): Ein Silbenkopf ist umso stärker bevorzugt, a) je näher die Anzahl der darin enthaltenen Sprachlaute bei 1 liegt, b) je größer die **konsonantische Stärke** (it. *forza consonantica*)[40] des ersten Sprachlauts ist, und c) je stärker die Sonorität innerhalb des Silbenkopfs vom ersten Segment zum Silbenkern zunimmt (bzw. je stärker die konsonantische Stärke abnimmt). Punkt a) des Silbenkopfgesetzes folgt direkt aus der von Jakobson postulierten Universalität der CV-Silbe. Beispiele für die Umwandlung von reinen V-Silben in CV-Silben durch Konsonanten-Epenthese findet man synchron in der Einfügung des glottalen Verschlusslauts im Deutschen (/beˈaːtmʊŋ/ → [beˈʔaːtmʊŋ]) oder diachron in der /v/-Epenthese bei den it. Städtenamen *Genova*, *Mantova* und *Padova* (vgl. die auf dem Latein basierenden deutschen Namen *Genua*, *Mantua* und *Padua*). Die Punkte b) und c) beziehen sich auf die So-

39 Für eine ausführlichere Erörterung der Silbenpräferenzgesetze sei direkt auf deren Begründung bei Vennemann (1986: 32–46; 1988: 11–55) oder auf die Zusammenfassung bei Hall (2011^2: 218–223) verwiesen. Die Formulierung der Präferenzgesetze weicht hier z.T. von den zitierten Quellen ab (allerdings nicht inhaltlich, sondern rein terminologisch).

40 Die 'konsonantische Stärke' ist das genaue Gegenteil von 'Sonorität'. Je größer die konsonantische Stärke, desto geringer die Sonorität: Plosive haben die größte konsonantische Stärke, Vokale die geringste. Wir verwenden hier abwechselnd beide Begriffe.

noritätsskala: /pa/ ist demnach eine bessere Silbe als /ja/, und /pja/ ist als Silbe besser als /pla/. Zur Illustration von Punkt c) des Silbenkopfgesetzes eignet sich ein Lautwandel aus der Diachronie des Italienischen: lat. PLĀNU(M) ‘flach, eben’ > it. *piano*, lat. CLĀVE(M) ‘Schlüssel’> it. *chiave* (vgl. 4.3.1).

Ein zweites Präferenzgesetz ist das sog. **Silbencodagesetz** (it. *legge della coda sillabica*): Eine Silbencoda ist umso stärker bevorzugt, a) je näher die Anzahl der darin enthaltenen Sprachlaute bei 0 liegt, b) je größer die Sonorität des ersten Sprachlauts ist (falls die Coda mehr als ein Segment enthält), und c) je stärker die Sonorität innerhalb der Silbencoda abnimmt (bzw. je stärker die konsonantische Stärke zunimmt). Auch bei diesem Präferenzgesetz folgt Punkt a) direkt aus der universellen Unmarkiertheit der CV-Silbe (die optimale Silbe hat gar keine Coda), während die Punkte b) und c) sich wiederum auf die Sonoritätsskala beziehen. Man sieht allerdings eine grundlegende Asymmetrie zwischen Kopf und Coda: Der optimale Silbenkopf besteht aus einem Segment mit großer konsonantischer Stärke (bzw. geringer Sonorität), wohingegen die Coda am besten leer bleibt oder aber mit einem Segment mit hoher Sonorität besetzt ist (vorzugsweise ein Sonorant). Im Gegensatz zum Kopf befindet sich die Coda also in einer schwachen phonotaktischen Position, und in verschiedenen Sprachen findet man phonologische Prozesse, welche die Sonorität von Coda-Segmenten zusätzlich erhöhen bzw. ihre konsonantische Stärke schwächen. Dazu gehört z.B. die *r*-Vokalisierung im Deutschen und die *l*-Vokalisierung im brasilianischen Portugiesisch (vgl. 3.3.2).

Das dritte Präferenzgesetz, welches wir in dieser Einführung vorstellen wollen, ist das sog. **Silbenkontaktgesetz** (it. *legge del contatto sillabico*). Dieses Gesetz geht gewissermaßen aus der Verbindung der beiden Präferenzgesetze für den Kopf und die Coda hervor: Ein Silbenkontakt ist umso stärker bevorzugt, a) je größer die Sonorität des letzten Segments in der Coda der ersten Silbe und b) je größer die konsonantische Stärke des ersten Sprachlauts im Kopf der zweiten Silbe (mit anderen Worten: Je ausgeprägter der Unterschied in der Sonorität der beiden benachbarten Segmente) ist. Verschiedene in 3.3.4 aufgeführte phonologische Prozesse dienen in einem gewissen Sinne der ‘Reparatur’ von schlechten Silbenkontakten, die durch die Synkope von unbetonten Vokalen entstanden sind. Zu erwähnen sind insbesondere die Dissimilation des Artikulationsorts in sp. *alma* ‘Seele’ < lat. AN(I)MA(M) und die Epenthese des Plosivs in lat. HUM(I)LE(M) ‘bescheiden’ > fr. *humble* /œ̃bl/ oder TEN(E)RU(M) ‘zart’ > fr. *tendre* /tɑ̃dʀ/ (die it. Entsprechungen *umile* und *tenero* konservieren dagegen im Wesentlichen die ‘bessere’ Silbenstruktur des Lateinischen).

Kehren wir nun zum in 3.4.4 gestellten Problem der Silbifizierung des it. Worts *festa* zurück. Das Prinzip der *Onset*-Maximierung würde die Analyse *fe.sta* suggerieren; gleichzeitig erhielten wir so mit *fe* eine optimale CV-Silbe im Sinne von Punkt a) des Coda-Gesetzes. Eine CV-Silbe ergibt sich aber auch mit der Silbifizierung *fes.ta*, mit der man zudem den ‘schlechten’ Silbenkopf /st/ vermeiden kann: Eine Konsonantenfolge Frikativ+Plosiv würde der im Punkt b) des Silbenkopfgesetzes geforderten Anordnung gemäß Sonoritätsprinzip widersprechen. Aufgrund der Abwägung dieser verschiedenen Anforderungen (einer Vorgehensweise, die übrigens typisch ist für den theoretischen Ansatz der sog. 'Optimalitätstheorie'; vgl. 3.6.2) entscheiden wir uns für die Silbifizierung *fes.ta*. Für diese Analyse sprechen zudem nicht nur theoretische Überlegungen, sondern auch empirische Evidenz, die bisher noch nicht berücksichtigt worden ist. Der erste 'Beweis' ist diachroner Natur. Gemäß dem im 2.1.5 genannten Lautgesetz diphthongiert der lat. betonte Kurzvokal Ĕ in offener Silbe zu /jɛ/, weshalb wir mit der Silbifizierung FĔ.STA(M) im heutigen Italienisch das Wort *fiesta* vorfinden müssten; bei der Analyse *fes.ta* stellt sich dieses Problem nicht, da der betonte Vokal in einer geschlossenen Silbe steht. Der zweite 'Beweis' ist synchroner Natur. Wie wir in 4.4.1 sehen werden, werden im Italienischen betonte Vokale in offener Silbe gedehnt; den betonten Vokal in *festa* spricht man hingegen kurz aus.

Die alternative Silbifizierung *fe.sta* würde durch die Tatsache gestützt, dass es im Italienischen viele Wörter mit anlautenden Konsonantenverbindungen vom Typ /s/+C oder /s/+CC gibt (z.B. *scala* 'Treppe' oder *strada* 'Strasse), welche eigentlich dem Sonoritätsprinzip widersprechen. Eine solche 'Umkehrung der Sonorität' (engl. *sonority reversal*) erscheint in vielen Sprachen – u.a. im Deutschen und im Englischen – im Zusammenhang mit dem Phonem /s/ (übrigens auch am Wortende, vgl. die komplexen Konsonantenverbindungen in Wörtern wie *Herbsts* in 3.4.3). Dagegen wird ein solcher Wortanlaut in den iberoromanischen Sprachen durch Vokalepenthese vermieden (vgl. 3.3.4, 3.4.1). Für das Italienische stellt sich hier das Problem, wie denn ein Wort wie *strada* silbifiziert werden soll. Eine mögliche phonotaktische Analyse würde das Phonem /s/ in diesen Wörtern als **extrasilbisch** (it. *extrasillabico*) betrachten – als einen sog. **Appendix** (it. *appendice* f. 'Anhang'), der nicht zur Kernsilbe gehört (vgl. 3.4.3). Eine alternative Analyse akzeptiert solche Verstöße gegen das Sonoritätsprinzip in der zugrundeliegenden phonemischen Repräsentation der Wörter, erlaubt aber eine **Resilbifizierung** (it. *risillabificazione*) in der phonetischen Realisierung, so dass wir von einer abstrakten phonologischen Silbifizierung der lexikalischen Einheit /ˈstra.da/ für die gesprochene Rede eine phonetische Silbifizierung [las.ˈtraː.da] ableiten können, welche dem Sonoritätsprinzip entspricht (vgl. 4.3.1). Eine solche Analyse setzt voraus, dass wir zwei Ebenen der Silbifizierung annehmen (eine phonologische und eine phonetische) und dass die Wortgrenze für die phonetische Silbifizierung keine Rolle spielt.

An dieser Stelle können wir festhalten, dass in vielen Sprachen ähnliche phonotaktische Muster erscheinen – ein Umstand, der auf die genannten universellen Präferenzen im Silbenbau hinweist. Allerdings gibt es nicht nur beträchtliche Unterschiede bezüglich der phonotaktischen Komplexität in den Sprachen der Welt; darüber hinaus findet man auch vielfältige sprachspezifische Abweichungen vom Sonoritätsprinzip. Es zeigt sich also, dass in gewissen Sprachen die universellen Präferenzen für einen optimalen Silbenbau relativ eng befolgt werden und somit die Silbe als phonologische Einheit in diesen Sprachen eine wichtigere Rolle spielt als in anderen Sprachen, in denen eher das phonologische Wort oder die Akzentgruppe von Bedeutung sind. Deshalb wird in diesem Zusammenhang manchmal zwischen sog. **Silbensprachen** und **Wortsprachen** unterschieden (vgl. Auer 1993, 2001; Caro Reina/Szczepaniak 2014) – eine Dichotomie, die auf eine frühere, im Rahmen der Sprachrhythmusforschung formulierte Unterscheidung zwischen sog. **silbenzählenden** und **akzentzählenden Sprachen** (it. *lingue isosillabiche* vs. *lingue isoaccentuali*) zurückgreift und sie z.T. neu interpretiert (vgl. 3.5.5, 6.1). Etwas vereinfacht könnte man sagen, dass Silbensprachen wie das Italienische und das Spanische eher wenige und einfache Silbentypen aufweisen, die dem Sonoritätsprinzip entsprechen, während Wortsprachen wie das Deutsche und das Englische daneben tendenziell meist auch komplexe Silbentypen zulassen, die z.T. dem Sonoritätsprinzip zuwiderlaufen.

3.4.6 Silbengewicht

Bis hierhin haben wir unter den Silbenkonstituenten v.a. den Kopf und die Coda sowie in einem geringeren Maß (z.B. bei den Silbentypen CV usw.) auch den Silbenkern betrachtet. Das Baumdiagramm in Abb. 24 sieht aber in der phonotaktischen Hierarchie als Zwischenebene noch den **Reim** vor, der unterhalb des Silbenknotens und oberhalb der beiden Silbenkonstituenten Kern und Koda steht. Manchmal werden auch Kopf und Kern als 'Silbenkörper' und Kopf und Coda als 'Silbenschale' zusammenfasst (vgl. Vennemann 1986: 13); dennoch spielen Silbenkörper und Silbenschale keine wesentliche Rolle in der Phonologie – im Gegensatz zum Reim. Dies liegt weniger in der Funktion des Reims für die Poesie oder die Verslehre, wo bei einsilbigen Reimen in der Tat nur Kern und Coda identisch sein müssen (das Wort *Reim* reimt auf *Heim*, *Keim* oder *Schleim*) als in der Tatsache, dass in vielen Sprachen ein Zusammenhang zwischen der Struktur des Reims und dem Wortakzent besteht (vgl. 3.5.2).

Ein berühmtes Beispiel für den Zusammenhang zwischen Phonotaktik und Prosodie ist das sog. **Pänultimagesetz** (it. *legge della penultima*) des Lateinischen. Im Italienischen findet man noch Reste dieses Gesetzes, z.B. bei den Infinitivformen: So betont man *cantare*, *vedere* und *dormire* auf der zweitletzten Silbe, *leggere* hingegen auf der drittletzten (vgl. auch 4.4.2). Als Illustration für die Funktionsweise des Pänultimagesetzes dienen hier die verschiedenen Zeitformen der lat. Verben TANGERE 'berühren', RETANGERE 'wieder berühren' und REFĬCERE 'wiederherstellen', die im Beispiel (24) aufgeführt werden:

(24a)	TANGIT	3.sg. Präsens	TANGĒBAT	3.sg. Imperfekt
(24b)	RETANGIT	1.pl. Präsens	TANGĒBAT	3.sg. Imperfekt
(24c)	REFĬCIT	3.sg. Präsens	REFĒCIT	3.sg. Perfekt

Bis auf eine einzige Ausnahme werden alle Verbformen auf der zweitletzten Silbe (Pänultima) betont: Die Ausnahme bildet das Wort REFĬCIT (24C), bei welchem die Betonung auf der drittletzten Silbe liegt. Nun ist bei REFĬCIT der Vokal der zweitletzten Silbe kurz, während bei allen anderen Verbformen der Reim entweder aus einem langen Vokal (Ē) oder aus einem Kurzvokal gefolgt von einem Konsonanten (AN) besteht. Für die Akzentverteilung sind Ē und AN also gleichwertig.

Neben der Unterscheidung zwischen offenen und geschlossenen Silben müssen wir deshalb an dieser Stelle eine zweite Unterscheidung einführen, die auf dem **Silbengewicht** (it. *peso sillabico*) beruht. Für eine **schwere Silbe** (it. *sillaba pesante*) bedeutet das, dass der Reim entweder aus einem langen Vokal oder aus Kurzvokal+Konsonant besteht, wohingegen eine **leichte Silbe** (it. *sillaba leggera*) einen Reim mit kurzem Vokal enthält. Das Pänultimagesetz besagt also, dass die zweitletzte Silbe schwer sein muss, um die Betonung zu erhalten; ist die zweitletzte Silbe leicht, fällt die Betonung auf die drittletzte Silbe. Als Maßeinheit für das Silbengewicht gilt die **More** (it. *mora*), die man mit dem Symbol μ (dem griechischen Kleinbuchstaben My) darstellt. Eine schwere Silbe zählt zwei Moren (μμ), eine leichte Silbe zählt eine More (μ).[41]

3.4.7 Morphonologie

Wir sind es gewohnt, jede der verschiedenen linguistischen Beschreibungsebenen (Phonologie, Morphologie, Syntax, Semantik) einzeln für sich zu betrachten. Sprache ist aber ein Mehrebenenphänomen (vgl. 1.1) und es kommt immer wieder zu Interaktionen zwischen den verschiedenen Ebenen. So spricht man in diesem Zusammenhang manchmal von einer **Schnittstelle** (it. *interfaccia* vom engl. *interface*) zwischen zwei Sprachebenen; es handelt sich dabei um einen metaphorischen Gebrauch des Begriffs 'Schnittstelle', womit man in der elektronischen Datenverarbeitung eine Verbindung zwischen verschiedenen Funktionseinheiten bezeichnet. Eine enge Verbindung besteht z.B. zwischen der Syntax und der Prosodie (insbesondere der Intonation, vgl. 3.5.4). Klassische Schnittstellen sind v.a. diejenige zwischen Syntax und Phonologie, also der Bereich der 'Satzphonetik' bzw. der sog. 'Sandhi'-Erscheinungen (vg. 3.4.8) und diejenige zwischen Phonologie und Morphologie, die 'Morphonologie'.

---

41 Der Begriff der 'More' stammt eigentlich aus der Verslehre des Lateinischen; Moren spielen aber auch in außereuropäischen Sprachen, z.B. dem Japanischen, eine wichtige Rolle. In der phonologischen Theorie wurde die More bereits von Trubetzkoy (1939: 169) diskutiert; der Begriff hat aber in den letzten Jahren insbesondere im Rahmen der sog. 'Morentheorie' erneut an Aktualität gewonnen (vgl. Hall 2011[2]: 265–268).

Die Notwendigkeit, für die linguistische Analyse mit der 'Morpho-Phonologie'– meist verkürzt **Morphonologie** (it. *morfonologia*) genannt – eine Zwischenebene zwischen Phonologie und Morphologie anzusetzen, wurde zuerst von Trubetzkoy (1939: 268ff.) erkannt (vgl. 1.3). Zu den Aufgaben der Morphonologie gehört u.a. die Beschreibung jener lautlichen Alternationen (in Trubetzkoys Terminologie 'Lautwechselreihen'), die eine morphologische Funktion erfüllen. In der Tat gehen phonologische und morphologische Alternationen oft Hand in Hand. So bilden die beiden Wörter *cas-a* 'Haus' vs. *cas-e* 'Häuser' aus phonematischer Sicht ein Minimalpaar (das Phonem /a/ wird durch das Phonem /e/ ausgetauscht; vgl. 3.1.1); gleichzeitig stellen diese beiden Phoneme aber auch zwei Flexionsmorpheme dar, die Teile eines morphologischen Paradigmas bilden. In diesem Fall fällt der bis zu einem gewissen Grad zufällige Parallelismus zwischen Phonematik und Flexionsmorphologie aber nicht in das eigentliche Untersuchungsgebiet der Morphonologie.

Eine typisch morphonologische Erscheinung liegt hingegen den zwei Varianten des Wortstamms im it. Wort für 'Freund' zugrunde: Die aus der Orthographie nicht hervorgehende Alternation zwischen den beiden Allomorphen des Stammmorphems im Singular (*amic+o*[42] /aˈmiko/) und im Plural (*amic+i* /aˈmit͡ʃ i/) betrifft den Austausch der beiden Phoneme /k/ und /t͡ʃ/. Dieselbe Alternation findet man z.B. auch bei den Adjektiven *classico* 'klassisch' und *fantastico* 'fantastisch', welche im m.pl. *classici* und *fantastici* lauten. Analog zur morphonologischen Alternation zwischen /k/ und /t͡ʃ/ wird bei einzelnen Substantiven auch der stimmhafte velare Plosiv durch die stimmhafte palato-alveolare Affrikate ersetzt (vgl. die Singularform *filologo* /fiˈlɔlogo/ 'Philologe' mit dem Plural *filologi* /fiˈlɔlod͡ʒi/ 'Philologen'). Solche Alternationen erinnern uns natürlich an den phonologischen Prozess der Palatalisierung (vgl. 3.3.2), und in der Tat liegt dieser Stamm-Allomorphie des Italienischen ursprünglich eine phonetische Assimilation des Konsonanten an den nächstfolgenden Vokal zugrunde. Dennoch ist es wichtig, die morphonologische Regel der Pluralbildung bei *amico* von den eigentlichen phonologischen Regeln zu unterscheiden; ein Beispiel dafür ist die allophonische Regel (16), welche die Assimilation von Nasalkonsonanten an den Artikulationsort eines folgenden Konsonaten beschreibt (z.B. /ˈbanko/ 'Bank' → [ˈbaŋko]; vgl. 3.1.2, 3.2.5). Der wesentliche Unterschied zwischen diesen beiden Regeltypen liegt darin, dass allophonische Regeln gewissermaßen 'blind' und ausnahmslos operieren, während morphonologische Regeln von einzelnen Lexemen abhängig sind.[43] In der Tat gibt es zahlreiche it. maskuline Sub-

---

42 Das Pluszeichen (+) steht für eine Morphemgrenze.

43 Im Rahmen des SPE-Modells von Chomsky/Halle 1968 (vgl. 1.3, 3.2.1) wurden Phänomene wie das sog. *velar softening* im Englischen (gemeint ist die Alternation zwischen dem velaren Plosiv /k/ im Adjektiv *electric* und dem alveolaren Frikativ /s/ im abgeleiteten Substantiv *electricity*) durch eine ähnliche formale Notation wie diejenige der phonologischen Regeln dargestellt. Dabei entsteht allerdings die Gefahr einer Verwechslung der sprachlichen Beschreibungsebenen, weshalb man in

stantive, bei denen der stammauslautende velare Plosiv /k/ nicht nur im Singular, sondern auch im Plural erscheint. Als Beispiele mögen hier die beiden it. Substantive *fic+o* 'Feige' und *plic+o* 'Aktenbündel' dienen, deren Pluralformen *fich+i* und *plich+i* lauten. Es erstaunt deshalb nicht, dass es auch Wortstämme gibt, die den stimmhaften velaren Plosiv sowohl im Singular und im Plural aufweisen (vgl. z.B. die Singularform *analogo* /aˈnalogo/ 'analog' mit dem Plural *analoghi* /aˈnalogi/); zur graphematischen Alternation von <c, ch> und <g, gh> vgl. 5.1.2).

Abschließend können wir festhalten, dass morphonologische Alternationen aus diachroner Sicht zwar oft eine phonetische Motivation besitzen (z.B. die Assimilation), nur ist diese Motivation im heutigen Sprachsystem nicht mehr transparent, so dass keine phonologische Regelhaftigkeit im eigentlichen Sinne vorliegt. Ein typisches Beispiel dafür sind die manchmal als 'Umlaut' bezeichneten Alternationen im Deutschen (z.B. *Sohn* vs. *Söhne*), deren ursprünglich auslösender phonologischer Kontext (ahd. *-i* am Wortende) im Neuhochdeutschen nicht mehr vorhanden ist, weshalb wir es im Prinzip eher mit einem 'Ablaut' zu tun haben (vgl. 3.3.1).

3.4.8 Sandhi (Satzphonetik)

Bei der Behandlung von phonologischen Regeln und Prozessen (3.1.4, 3.3) haben wir eine Vielfalt von lautlichen Veränderungen betrachtet, die meist durch den unmittelbaren phonotaktischen Kontext – z.B. den vorangehenden oder folgenden Vokal oder Konsonanten – ausgelöst werden. Meistens treten solche Erscheinungen innerhalb desselben Wortes auf, aber je nach Sprache können phonologische Prozesse auch über Wortgrenzen hinaus wirken. Die wiederholt erwähnte Assimilation der Nasalkonsonanten an den Artikulationsort des folgenden Konsonanten tritt im Italienischen nicht nur innerhalb eines Wortes auf (z.B. /ˈbanko/ 'Bank' → [ˈbaŋko]; vgl. 3.1.2, 3.2.5), sondern auch am Ende eines Wortes (z.B. /un ˈkane/ 'ein Hund' → [uŋ ˈkaːne]). Es gibt aber auch phonologische Prozesse, die nur dann eintreten, wenn zwei Wörter aufeinanderstoßen. Solche satzphonetischen oder phonosyntaktischen Phänomene bezeichnet man auch in der modernen phonologischen Theorie mit dem Begriff **Sandhi**, der in der altindischen Grammatikschreibung eingeführt wurde. Das aus dem Sanskrit stammende Wort *Sandhi* illustriert sowohl in seiner Bedeutung als auch in der phonologischen Form das Phänomen, um welches es sich handelt, lässt sich seine Etymologie doch auf *sam* 'zusammen' + *dhi* 'setzen' zurückführen. Konkret stellt dieses Wort ein Beispiel für das sog. 'interne' Sandhi dar, da die Assimilation des Nasalkonsonanten zwischen zwei Morphemen eines zusam-

der Zwischenzeit davon abgekommen ist, morphonologische Alternationen wie phonologische Regeln zu behandeln.

mengesetzten Worts stattfindet. Häufiger ist jedoch das sog. 'externe' Sandhi, welches an der Grenze zwischen zwei Wörtern eintritt.

Oft führen Sandhi-Prozesse zur Epenthese von Konsonanten zwischen zwei Vokalen, wie dies bei der sog. *Liaison* ('Verbindung') im Französischen der Fall ist, die in den Beispielen (25a) und (25b) illustriert wird (in der phonetischen Transkription auf der rechten Seite bringt der Bogen zwischen zwei Wörtern [‿] die 'verschliffene' Aussprache bzw. das Fehlen einer phonologischen Grenze zum Ausdruck):

(25a)	i.	*un garçon*	'ein Junge'	/œ̃ gaʀsɔ̃/
	ii.	*les garçons*	'die Jungen'	/le gaʀsɔ̃/
	iii.	*quand tu viens*	'wann du kommst'	/kɑ̃ ty vjɛ̃/
(25b)	i.	*un homme*	'ein Mann'	/œ̃n‿ɔm/
	ii.	*les hommes*	'die Männer'	/lez‿ɔm/
	iii.	*quand elle vient*	'wann sie kommt'	/kɑ̃t‿ɛl vjɛ̃/

Wie aus diesen Beispielen hervorgeht, haben die Funktionswörter *un*, *les* und *quand* eine unterschiedliche Form, je nachdem ob das folgende Wort mit einem Konsonanten oder einem Vokal beginnt. Durch den eingefügten Konsonant wird verhindert, dass ein **Hiatus** (it. *iato*) – d.h. das silbenphonologisch suboptimale Aufeinandertreffen von zwei Vokalen – entsteht; auf der phonetischen Ebene tritt dabei auch eine Resilbifizierung ein ([œ̃.nɔm], [le.zɔm], [kɑ̃.tɛl.vjɛ̃]).[44]

Ähnliche Sprosskonsonanten gibt es auch im Englischen, wenn man z.B. die Form des Artikels in den Ausdrücken *a man* und *an old man* vergleicht. Im Britischen Englischen ist auch das Phonem /r/ von Sandhi-Variationen betroffen: So wird ein sog. *linking* /r/ zwischen zwei Vokalen eingefügt bei der Aussprache von *there it is* [ðɛːɾ ɪtʰ ɪːz] – nicht aber bei *it is there* [ɪtʰ ɪz ðɛː], wo sich das Wort *there* in äußerungsfinaler Stellung befindet. Ein sog. *intrusive* /r/ erscheint im Fall von *the idea is nice* [ðiːɪ̯ˈdiːɐ‿ɹ ɪːz naɪ̯s] (im Gegensatz zu *a nice idea*), da das Schriftbild des Wortes *idea* kein Graphem <r> enthält.

Sandhi-Prozesse treten nicht nur als Epenthesen auf, sondern auch als Assimilationen. Regressive Kontaktassimilationen gibt es z.B. in den schweizerdeutschen Dialekten, wenn an einer Wortgrenze zwei Obstruenten aufeinandertreffen. Dieses Phänomen wird in (26) am Beispiel des Zürcher Dialekts illustriert:

(26)	*nöd boue*	'nicht bauen'	/nød̥ ˈb̥ou̯ə/	[nø‿ˈpou̯ə]
	nöd daa	'nicht da'	/nød̥ d̥ɒː/	[nø‿tɒː]
	nöd gaa	'nicht gehen'	/nød̥ g̊ɒː/	[nø‿kɒː]

44 Die französische *Liaison* ist ein äußerst komplexes und vielfältiges Sandhi-Phänomen, welches sich zudem durch eine bemerkenswerte stilistische und soziolinguistische Variation auszeichnet (vgl. Meisenburg/Selig 1998: 130–139; Pustka 2016²: 156–158).

In allen drei Fällen erfährt der wortfinale *lenis*-Plosiv /d̥/ der Negation *nöd* 'nicht' eine Assimilation, indem er mit dem nächstfolgenden *lenis*-Plosiv zu einem einzigen *fortis*-Plosiv verschmilzt und auch dessen Artikulationsort übernimmt (vgl. Fleischer/ Schmid 2006: 249). Ein berühmtes Sandhi-Phänomen des Italienischen ist die satzphonetische Konsonantenverdoppelung nach betontem wortfinalen Vokal (das sog. *raddoppiamento fonosintattico*), welches im Unterkapitel 4.3.3 behandelt wird.

3.5 Prosodie

Bei der Wahrnehmung von gesprochener Sprache sind wir immer komplexen Sinnesreizen ausgesetzt, die sich fortlaufend hinsichtlich ihrer Dauer, Lautstärke, Tonhöhe und Klangfarbe verändern (vgl. 2.1.2). Diesen auditiven Dimensionen der mündlichen Kommunikation entsprechen spezifische akustische Charakteristika, die man mit instrumentellen Methoden zur Untersuchung von Schallwellen analysieren kann (vgl. 2.1.3): So misst man die Dauer in Millisekunden (ms), den Schallpegel in Dezibel (dB) und die Grundfrequenz in Hertz (Hz), während das Timbre unterschiedlicher Vokale durch die ersten beiden Formanten F1 und F2 erfasst wird. In der Phonetik betrachten wir bekanntlich den 'Stoff', aus dem Sprachsignale gemacht sind, während wir in der Phonologie analysieren, welche phonetischen Muster in den Sprachen der Welt auftreten und welche kommunikativen Funktionen diese Muster erfüllen.

Wenn wir nun auf die zu Beginn dieses Kapitels vorgenommene Einteilung der Phonologie in die drei Teilgebiete der Phonemik, Phonotaktik und Prosodie zurückkommen, so stellen wir fest, dass die bisher behandelten Subdisziplinen (Phonemik und Phonotaktik) damit befasst sind, wie sich Veränderungen der Klangfarbe bei einzelnen Vokalen und Konsonanten (sowie bei der Kombination von Vokalen und Konsonanten) in sprachlichen Strukturen manifestieren. Wenn man einem Computer das Sprechen beibringen will und dabei in der Programmierung nur die Phonemik und die Phonotaktik implementiert, so entsteht eine gleichförmige und monotone Sprechweise, die seltsam klingt – etwa so wie früher die Stimmen von Robotern in Science-Fiction-Filmen. Für Menschen ist es eher unnatürlich, mit konstanter Tonhöhe und Lautstärke (d.h. mit einem 'flachen' Verlauf von Grundfrequenz und Schallpegel) sowie mit gleichmäßigem Rhythmus und Tempo zu sprechen; dies ist manchmal bei Menschen mit Autismusspektrumsstörung zu beobachten (zu paralinguistischen Funktion der Intonation vgl. 3.5.4).

Aus phonetischer Sicht gehört alles, was nicht als Klangfarbe erscheint, in den Bereich der **Prosodie**, wie die aus dem Griechisch stammende Etymologie dieses Terminus (*pros* 'dazu' + *odé* 'Gesang', wörtlich 'das dazu Gesungene') nahelegt. In der modernen Linguistik verwendet man als Synonym für das Adjektiv **prosodisch** (it. *prosodico*) auch den Ausdruck **suprasegmental** (it. *soprasegmentale*) für all jene Phänomene, die gewissermaßen 'über die Segmente gelegt' werden und in der Regel auch größere sprachliche Einheiten als die einzelnen Segmente betreffen. Es besteht z.T. ein enger Zusammenhang zwischen Phonotaktik und Prosodie, zum Beispiel zwischen der Silbe und der Betonung (vgl. 3.5.2). Dementsprechend wird auch der Begriff **suprasegmentale Phonologie** (it. *fonologia soprasegmentale*) verwendet, in Abgrenzung zur bereits behandelten 'segmentalen Phonologie', welche auf Phoneme und distinktive Merkmale ausgerichtet ist (vgl. 3.1, 3.2).

Prosodische Phänomene haben sowohl einen phonetischen als auch einen phonologischen Aspekt. Während die phonetische Dimension der Prosodie im Prinzip für alle Menschen gleich und somit universell ist, so bestehen jedoch erhebliche Unterschiede in der Art und Weise, wie in den Sprachen der Welt der Zeitverlauf, die Lautstärke und insbesondere die Tonhöhe von Sprachsignalen funktional genutzt werden. Für das phonologische System spielen somit mehrere **prosodische Merkmale** (it. *tratti prosodici*) eine Rolle, die je nach Sprache recht unterschiedlich ausgeprägt sind. In der Folge sollen hauptsächlich vier phonologisch relevante prosodische Eigenschaften beleuchtet werden, nämlich 'Quantität' (3.5.1), 'Akzent' (3.5.2), 'Ton' (3.5.3) und 'Intonation' (3.5.4). Diese prosodischen Merkmale sind in der Regel an eine **prosodische Domäne** (it. *dominio prosodico*) gebunden, d.h. an eine strukturelle sprachliche Einheit von einer gewissen Größe: Die Domäne von Quantität und Ton ist die Silbe und diejenige des Akzents in erster Linie das **phonologische Wort** (it. *parola fonologica*), während die Intonation sich auf größere prosodische Einheiten bezieht, insbesondere auf die **Äußerung** (it. *enunciato*). Weitere prosodische Eigenschaften sind eher allgemeiner Natur und beziehen sich ebenfalls auf größere Domänen: Dazu gehören Pausen, Sprechtempo und Sprachrhythmus (3.5.5).

3.5.1 Quantität

Unter den soeben genannten prosodischen Merkmalen liegt die sog. 'Quantität' gewissermaßen der segmentalen Ebene am nächsten; sie betrifft eigentlich einzelne Vokale oder Konsonanten, ist z.T. aber auch an die Betonung und das Silbengewicht (vgl. 3.4.6) gebunden. Unter dem prosodischen Merkmal der **Quantität** (it. *quantità*) versteht man die phonologisch distinktive Länge eines Lauts, wobei die 'Länge' zunächst eine perzeptive Dimension darstellt, innerhalb derer man in der Regel zwischen den beiden Ausprägungen 'kurz' und 'lang' unterscheidet (vgl. Schmid 2004: 94–97). Die absolute Dauer (it. *durata assoluta*) eines Lauts ist physikalisch messbar in Millisekunden und hängt von einer Reihe von Faktoren ab, unter welchen insbesondere das Sprechtempo eine wesentliche Rolle spielt (vgl. 3.5.5). Unter der Quantität versteht man jedoch die **relative Dauer** (it. *durata relativa*) eines Sprachlauts der im Gegensatz zur rein phonetischen Dauer eine phonologische Funktion zukommt.

Die phonologische Funktion der Quantität besteht in der Unterscheidung von Wörtbedeutungen, sie ist also distinktiv. Das prosodische Merkmal der Quantität erscheint hauptsächlich bei Vokalen, wobei die **distinktive Vokalquantität** (it. *qualità vocalica distintiva*) auch nur in ca. einem Fünftel der Sprachen der Welt auftritt (vgl. Maddieson 1984: 129). Damit eine Sprache über das Merkmal der distinktiven Vokalquantität verfügen kann, müssen im Wortschatz dieser Sprache **Minimalpaare** (vgl. 3.1.1) vorkommen, die sich auf der Ausdrucksseite ausschließlich aufgrund des Austauschs eines kurzen durch einen langen Vokal unterscheiden. Dies ist z.B. beim klassischen Latein der Fall, wie aus den in (27) aufgeführten Minimalpaaren hervorgeht:

(27)

MĂLUS	'schlecht'	~	MĀLUS	'Apfelbaum'
SILVĂ	'Wald (Nominativ)'	~	SILVĀ	'Wald (Ablativ)'
VĔNIT	'(er/sie) geht'	~	VĒNIT	'(er/sie) ging'

Das erste Beispiel stellt ein klassisches lexikalisches Minimalpaar zwischen einem Adjektiv und einem Substantiv dar; im Italienischen haben sich die beiden lat. Etyma lautgesetzlich unterschiedlich zum Adverb *male* und zum Substantiv *melo* entwickelt. Die anderen beiden Minimalpaare zeigen auf, dass die distinktive Vokalquantität im Latein auch zur Markierung von grammatikalischen Kategorien diente, insbesondere zur Angabe des Kasus bei Substantiven oder des Tempus bei Verben; auch beim dritten Beispiel haben die lat. Vokale einen unterschiedlichen Lautwandel erfahren, wie man den entsprechenden it. Verbformen *viene* und *venne* ablesen kann.

Die meisten modernen romanischen Sprachen weisen keine distinktive Vokalquantität auf, da es im Übergang vom klassischen Latein zum gesprochenen **Vulgärlatein** (it. *latino volgare*) zu dem sog. **Quantitätenkollaps** (it. *collasso delle quantità*) kam: Als die Sprecher allmählich begannen, betonte Kurzvokale in offener Silbe automatisch zu dehnen, stand die Vokallänge als phonologisches Merkmal nicht mehr zu Verfügung, was zu einer mannigfaltigen Umgestaltung der Vokalsysteme in den meisten romanischen Sprachen führte (vgl. Loporcaro 2015). Das Standarditalienische führt die vulgärlateinischen Verhältnisse weiter und dehnt betonte Vokale in offener Silbe (vgl. 4.4.1); hingegen haben mehrere norditalienische Dialekte – z.B. in der Lombardei und in Ligurien – neue Vokalquantitäten eingeführt, wie die Beispiele in (28a) und (28b) zeigen (vgl. Loporcaro 2015: 95, 89):[45]

45 Die distinktive Vokalquantität ist auch typisch für die rätoromanischen Sprachvarietäten (vgl. Schmid 2016a: 473).

(28a)	lomb.	/kaːr/ 'teuer m.sg.'	~	/kar/ 'Wagen'
	lomb.	/pɛːs/ 'Gewicht'	~	/pɛs/ 'Fisch'
(28b)	lig.	/ˈpɔːsu/ 'ich ruhe aus'	~	/ˈpɔsu/ 'ich kann'
	lig.	/ˈfiːtu/ 'schnell m.sg.'	~	/ˈfitu/ 'Miete'

Auch in mehreren germanischen Sprachen, z.B. im Englischen und im Deutschen, gibt es phonemische Oppositionen zwischen Lang- und Kurzvokalen, wobei der Quantitätskontrast aber oft mit einem Unterschied in der 'Vokalqualität' (also der Klangfarbe des Vokals) einhergeht. Dies ist besonders auffällig bei den Hoch- und Halbhochvokalen des Englischen (bzw. bei den 'gespannten' und 'ungespannten' Hochvokalen; vgl. 3.2.4):

(29)	engl.	*feet* /fiːt/ 'Füsse'	~	*fit* /fɪt/ 'passen'
	engl.	*fool* /fuːl/ 'Narr'	~	*full* /fʊl/ 'voll'

Auch im Deutschen gibt es eine phonemische Opposition zwischen langen (gespannten) Hochvokalen und kurzen (ungespannten) Halbhochvokalen, wobei dieser Kontrast auch bei den gerundeten Vordervokalen vorliegt, wie das zweite Beispiel unter (30a) zeigt:

(30a)	dt.	*Miete* /ˈmiːtə/	~	*Mitte* /ˈmɪtə/
	dt.	*Hüte* /ˈhyːtə/	~	*Hütte* /ˈhʏtə/
	dt.	*Buße* /ˈbuːsə/	~	*Busse* /ˈbʊsə/
(30b)	dt.	*bäten* /ˈbɛːtn̩/	~	*betten* /ˈbɛtn̩/
	dt.	*fahlen* /ˈfaːlən/	~	*fallen* /ˈfalən/

Allerdings zeigen die Beispiele unter (30b), dass bei den Klangfarben [ɛ] und [a] die Quantitätsopposition nicht mit einem Qualitätsunterschied einhergeht. Gerade beim vorderen Tiefvokal lassen sich leicht Minimalpaare auch mit einsilbigen Wörtern finden, wie z.B. *Saat* /zaːt/ ~ *satt* /zat/ oder *Schal* /ʃaːl/ ~ *Schall* /ʃaːl/. Dagegen wird in norddeutschen Regionalvarietäten der Langvokal /ɛː/ meist durch/eː/ ersetzt (vgl. z.B. die Aussprache des Worts *Käse* als [ˈkʰeːzə]), wodurch im Phonemsystem auch bei den Mittelvokalen – analog zu den Hochvokalen – eine systematische Verteilung von Quantität und Qualität (/eː/ ~ /ɛ/ und /oː/ ~ /ɔ/) entsteht. Demnach sind Mittelhochvokale lang und Mitteltiefvokale kurz (vgl. *beten* /ˈbeːtn̩/ ~ *betten* /ˈbɛtn̩/ und *Schoß* /ʃoːs/ ~ *(er/sie) schoss* /ʃɔs/).

In der phonologischen Fachliteratur findet man für das prosodische Phänomen der Quantität – je nach theoretischem Ansatz – unterschiedliche formale Repräsentationen. Strukturalistische und klassische generativistische Modelle würden eher auf der segmentalen Ebene mit einem distinktiven Merkmal [±lang] (vgl. 3.2.1) operieren, während in neueren Theorien die Quantität eher suprasegmental (meist auf der Ebene der Silbe) repräsentiert wird: So erhalten Langvokale zwei Moren (vgl. 3.4.6), während Kurzvokalen nur eine More zugewiesen wird (vgl. Hall 2011²: 266).[46]

3.5.2 Akzent

Ein allgemeines Prinzip der menschlichen Kognition besagt, dass wir in unserer Wahrnehmung der Welt zwischen Vordergrund und Hintergrund (engl. *figure and ground*) unterscheiden. Auch in der Lautgestalt der gesprochenen Sprache ragen jeweils gewisse Elemente hervor, während andere zurücktreten. Dieses Phänomen bezeichnet man umgangssprachlich als ‘Betonung’ und in der linguistischen Fachsprache mit dem Terminus **Akzent** (it. *accento*).

Die phonologische Domäne des Akzents ist entweder das Wort oder der Satz, weshalb man zwischen **Wortakzent** bzw. **lexikalischem Akzent** (it. *accento di parola, accento lessicale*) auf der einen Seite und **Satzakzent** oder **prosodischem Akzent** (it. *accento di frase, accento prosodico*) auf der anderen Seite unterscheidet. In diesem Unterkapitel behandeln wir v.a. den Wortakzent, während die Satzakzente eigentlich in den Bereich der Intonation gehören (vgl. 3.5.4). Innerhalb des Wortes fallen Akzente auf einzelne Silben, wobei innerhalb der Silben hauptsächlich die Vokale den Akzent tragen. So folgt z.B. im zweisilbigen it. Wort *porta* ‘Tür’ auf die erste **betonte Silbe** (it. *sillaba tonica* oder *accentata*) eine zweite **unbetonte Silbe** (it. *sillaba atona*); die drei it. Wörter *sillaba, tonica* und *atona* werden auf der drittletzten Silbe betont. Analog dazu spricht man auch von **betonten Vokalen** (it. *vocali toniche* oder *accentate*) im Gegensatz zu **unbetonten Vokalen** (it. *vocali atone*).

Bei Wörtern mit mehr als einer Silbe kann man zudem zwischen dem **Hauptakzent** (it. *accento primario*) und einem **Nebenakzent** (it. *accento secondario*) unterscheiden; in der phonetischen Transkription mit dem IPA-Alphabet (vgl. 5.2.2) wird der Hauptakzent mit einem Apostroph vor dem ersten Segment der betonten Silben wiedergegeben, während Nebenakzente mit einem tiefgestellten Apostroph markiert werden (vgl. dt. *Straßenbahnen* [ˈʃtʀaːsn̩ˌbaːnən], it. *settimana* ‘Woche’ [ˌsetːiˈmaːna]).

Die Etymologie des Worts ‘Akzent’ geht im Unterschied zum Terminus ‘Prosodie’ nicht auf das Griechische, sondern auf das Lateinische zurück, hat aber die gleiche Bedeutung (ACCENTU(M) < AD+CANTU(M) ‘das Hinzugesungene’). In einem gewissen Sinne ist der Akzent also die prosodische Eigenschaft *par excellence*, und tatsächlich werden für seine phonetische Realisierung alle akustischen Korrelate der

46 In diesem Kapitel haben wir das prosodische Merkmal der Quantität hauptsächlich im Zusammenhang mit der distinktiven Vokallänge erörtert. In der phonetischen und phonologischen Fachliteratur wird der Terminus ‘Quantität’ z.T. aber auch für Konsonanten verwendet, z.B. für die Opposition zwischen ‘stimmlosen’ und ‘stimmhaften’ Plosiven in süddeutschen Varietäten (vgl. Kleber 2018). Konsonantenlänge und Konsonantenquantität spielen ebenso eine wesentliche Rolle bei den Geminaten des Italienischen (vgl. 4.3.2).

Prosodie verwendet. So kann man in der gesprochenen Sprache Akzente setzen, indem man bestimmte Tonhöhenbewegungen ausführt; meist steigt beim Akzent die Grundfrequenz (F0, vgl. 2.1.3), manchmal kann sie aber auch abfallen. Betonte Silben sind oft auch lauter als unbetonte, da sie mit einem höheren subglottalen Druck (vgl. 2.2.3) produziert werden. Je nachdem, ob der Akzent durch Tonhöhe oder Lautstärke realisiert wird, liegt ein sog. **musikalischer Akzent** (it. *accento musicale*) oder ein **dynamischer Akzent** (it. *accento dinamico*) vor. Neben Grundfrequenz und Intensität erscheint manchmal auch die Dauer als akustisches Korrelat des Akzents: Betonte Silben sind oft länger als unbetonte (vgl. für das Italienische 4.1.3). Schließlich können die drei Korrelate Tonhöhe, Intensität und Dauer auch gemeinsam auftreten.

Sowohl im Deutschen als auch im Italienischen ist der Terminus *Akzent* bzw. *accento* mehrdeutig. Neben dem prosodischen Akzent in Phonetik und Phonologie gibt es den **orthographischen Akzent** (it. *accento grafico*) in der Schrift (vgl. 5.1). In der französischen Orthographie wird z.B. die Klangfarbe der vorderen Mittelvokale mit einem sog. Akut- bzw. Gravis-Akzent markiert (fr. *accent aigu* vs. *accent grave*): Wie aus dem Minimalpaar *pré* /pʀe/ 'Wiese'~ *près* /pʀɛ/ 'nahe' ersichtlich ist, bezeichnet das Graphem <é> den mittelhohen Vokal /e/, während das Graphem <è> den mitteltiefen Vokal /ɛ/ darstellt. Im Spanischen hingegen dient der orthographische Akzent tatsächlich der Markierung des Wortakzents: Fällt z.B. der Wortakzent bei einem auf Vokal endenden Wort nicht auf die zweitletzte, sondern auf die letzte oder die drittletzte Silbe, so wird der entsprechende betonte Vokal mit einem akuten Akzent versehen (vgl. sp. *pájaro* /ˈpaxaɾo/ 'Vogel' und *cantaré* /kantaˈɾe/ 'ich werde singen').[47]

Aufgrund solcher Betonungsmuster kann man drei prosodische Worttypen unterscheiden, die mit aus dem Griechischen entlehnten Fachtermini bezeichnet werden. **Oxyton** (it. *ossitono*) nennt man ein Wort, dessen Hauptakzent auf der letzten Silbe liegt (z.B. dt. *Gesicht*, it. *città* 'Stadt'). **Paroxyton** (it. *parossitono*) ist ein Wort, welches auf der zweitletzten Silbe betont wird (z.B. dt. *Liebe*, it. *amore*). **Proparoxyton** (it. *proparossitono*) ist schließlich ein Wort, welches den Hauptakzent auf der drittletzten Silbe trägt (z.B. dt. *Ebene*, it. *cantano* 'sie singen'). Bezüglich der Aussprache dieser Fachtermini ist zu bemerken, dass sie sowohl im Deutschen als auch im Italienischen auf der drittletzten Silbe betont werden, also sog. 'Proparoxytona' sind (zu den Betonungsmustern im Italienischen vgl. 4.4.2, 6.4).

Für die Charakterisierung von Betonungsmustern auf Wortebene verwendet man manchmal auch Bezeichnungen, die der literarischen Verslehre, der **Metrik**

47 Eine weitere Bedeutung des Terminus 'Akzent' bezieht sich auf den Gesamteindruck der Aussprache, die auf die Herkunft eines Individuums verweist: So spricht man etwa von **Regionalakzenten** (it. *accenti regionali*) oder vom **fremdsprachlichen Akzent** (it. *accento straniero*); vgl. 6.2, 6.4.

(it. *metrica*) entlehnt sind und sich aus phonologischer Sicht eigentlich eher auf die prosodische Domäne des Fußes (vgl. 3.5.5) beziehen. So bildet ein zweisilbiges Wort mit Erstbetonung einen **Trochäus** (it. *trocheo*), während ein zweisilbiges Wort mit Endbetonung einen **Jambus** (it. *iambo*) darstellt; also haben dt. *Auge* und it. *casa* 'Haus' ein trochäisches Akzentschema, während dt. *Gesicht* und it. *città* 'Stadt' ein jambisches Betonungsmuster aufweisen. Bei dreisilbigen Wörtern spricht man bei Erstbetonung von einem **Daktylus** (it. *dattilo*), bei Endbetonung von einem **Anapäst** (it. *anapesto*); die beiden deutschen Termini tragen in sich selbst das entsprechende Akzentmuster. Weitere daktylische Beispielswörter sind dt. *Ebene* und it. *cantano* 'sie singen', während z.B. dt. *nebenbei* und it. *canterò* 'ich werde singen' eine anapästische Akzentstruktur haben.

In Bezug auf die phonologische Funktion des Wortakzents bestehen deutliche Unterschiede zwischen den Sprachen, so dass man aus prosodischer Sicht drei Sprachtypen unterscheiden kann: Der Wortakzent ist entweder fest, frei (distinktiv) oder überhaupt nicht vorhanden. Der sog. **feste Akzent** (it. *accento fisso*) liegt bei denjenigen Sprachen vor, in denen alle Wörter (bis auf wenige Ausnahmen) auf der gleichen Silbe betont werden. Zu den Sprachen mit festgelegter Erstbetonung gehören z.B. Finnisch, Ungarisch und Tschechisch; im Polnischen liegt der Hauptakzent in der Regel auf der zweitletzten Silbe, während im Türkischen meist die letzte Silbe im Wort betont wird. In Sprachen mit festem Akzent ist dieser also vorhersehbar und dient in erster Linie der Erkennbarkeit von Wortgrenzen.

Typisch für viele westeuropäische Sprachen ist hingegen der sog. **freie** oder **distinktive Akzent** (it. *accento libero* bzw. *accento distintivo*): Frei ist in der Betonung aber nicht der Sprecher, sondern gewissermaßen die Sprache, da der Akzent je nach Wort auf die letzte, zweitletzte oder drittletzte Silbe fallen kann. Der Wortakzent ist in einer solchen Sprache also unvorhersehbar und erfüllt somit eine distinktive Funktion, wie an den folgenden Minimalpaaren ersichtlich ist.

(31a) sp. *límite* 'Grenze' ~ *limite* '(dass ich) begrenze' ~ *limité* '(ich) begrenzte'
sp. *término* 'Ende' ~ *termino* '(ich) beende' ~ *terminó* '(er) beendete'
(31b) engl. /ˈkɒntɹɑːst/ 'Gegensatz' ~ /kənˈtɹɑːst/ 'gegenüberstellen'
engl. /ˈpɜːmɪt/ 'Erlaubnis' ~/pəˈmɪt/ 'erlauben'
(31c) dt. *August* (männl. Vorname) ~ *August* (Monat)
dt. *umfahren* /ˈʊmfaːʁən/ ~ *umfahren* /ʊmˈfaːʁən/

Bei den spanischen dreisilbigen Wörtern in (31a) kann der Wortakzent in beiden Fällen auf die drittletzte, zweitletzte oder letzte Silbe fallen, so dass man jeweils mit dem gleichen segmentalen Material drei Minimalpaare bilden kann; meist handelt es sich um verschiedene Zeitformen des gleichen Verbs oder um Substantive und Verben mit verwandter Bedeutung. Auch im Englischen dient der Akzent manchmal der Unterscheidung zwischen Substantiven und Verben, wie die beiden Beispiele in (31b) zeigen: Bei Substantiven fällt der Wortakzent auf die erste Silbe, während der

Akzent bei den semantisch verwandten Verben auf der letzten Silbe liegt. Die deutschen Beispiele (31c) zeigen zwei verschiedene Phänomene. Zum einen ist der Wortakzent bei Namen wie *August* im Prinzip nicht vorhersehbar, ebenso bei Fremdwörtern, auch wenn bei Letzteren – ähnlich wie bei Abkürzungen – sich eine Tendenz zur Endbetonung abzeichnet (z.B. dt. *Balkon*, *CD*, usw.). Zum anderen ist der Wortakzent im traditionellen Erbwortschatz des Deutschen stark durch die morphologische Struktur des Worts vorbestimmt und fällt in der Regel auf den sog. **Wortstamm** (it. *radice lessicale*): vgl. *Gesicht* vs. *sichtbar*. Bei einer Sprache wie dem Deutschen spricht man deshalb auch von **Stammbetonung**.

Der dritte prosodische Sprachtyp hat weder einen vorhersehbaren, festen Wortakzent noch einen freien, distinktiven Wortakzent: Bei solchen Sprachen spielt die Akzentuierung innerhalb der phonologischen Domäne des Worts schlicht keine Rolle. Ein typischer Vertreter dieses Sprachtyps ist das Französische. In der Tat findet man im Französischen keine Minimalpaare, deren Wörter sich durch die Position des Akzents unterscheiden würden; zudem zeichnen sich Französischsprachige beim Erlernen einer Fremdsprache oft durch eine gewisse 'Betonungstaubheit' (engl. *stress deafness*) aus, die ihnen das Erkennen der Akzentposition erschwert (vgl. Schwab/Dellwo 2019). Früher hat man dem Französischen z.T. einen festen, wortfinalen Akzent zugeschrieben, während heute eher die Auffassung vorherrscht, dass diese Sprache eben über keinen Wortakzent verfügt; vielmehr zeichnet sich das Französische durch einen prosodischen Akzent aus, d.h. durch eine starke Tendenz, die letzte Silbe einer 'Intonationsphrase' (vgl. 3.5.4) zu betonen – manchmal auch die zweitletzte Silbe, insbesondere wenn die letzte auf Schwa endet.[48]

Die Akzentverhältnisse im Italienischen, das zum Sprachtyp mit freiem, distinktivem Wortakzent zählt, werden ausführlich in den Unterkapiteln 4.4.2 und 6.4 erörtert.

3.5.3 Töne

In gewissen Sprachen werden innerhalb eines Wortes nicht einzelne Silben gegenüber anderen hervorgehoben, vielmehr findet man paradigmatische Gegensätze zwischen mehreren typischen Tonhöhenbewegungen auf der Ebene der Silbe: Solche **Töne** oder **Toneme** (it. *toni* bzw. *tonemi*) dienen der Unterscheidung von Wortbedeutungen und sind somit phonologisch distinktiv.[49] Die sog. **Tonsprachen** (it.

---

48 Die Akzentuierung im Französischen wird durch eine Vielfalt von Faktoren beeinflusst. Für eine ausführlichere Erörterung siehe Meisenburg/Selig (1998: 148–160) und Pustka (2016^2: 130–136); zu Sprachrhythmus und Konturbildung im Französischen vgl. auch Dufter (2003: 137–146, 2004).

49 Da weder das Italienische noch das Deutsche Tonsprachen sind, sind unsere Ausführungen zum prosodischen Merkmal 'Ton' sehr knapp gehalten. Für eine ausführliche Behandlung der Tonologie verweisen wir auf die entsprechenden Kapitel in Einführungen in die allgemeine Phonologie (wie

lingue tonali oder *lingue atoni*) sind zahlreicher als man aus eurozentrischer Perspektive annehmen könnte und sind v.a. in Afrika und in Asien weit verbreitet.[50] Die phonologische Domäne der Töne ist im Prinzip das Wort, wobei die Wörter in gewissen Tonsprachen oft nur aus einer einzigen Silbe bestehen können. Die Analyse der z.T. recht komplexen phonologischen Strukturen von Tonsprachen bildet den Untersuchungsgegenstand einer eigenen Unterdisziplin innerhalb der Prosodieforschung, der sog. **Tonologie** (it. *tonologia*).

Grundsätzlich unterscheidet man zwei Arten von Tönen, nämlich **Registertöne** (it. *toni a registro*) und **Konturtöne** (it. *toni a profilo*). Bei Registertönen bleibt die Tonhöhe (und somit die Grundfrequenz im akustischen Signal) relativ konstant, wobei man bis zu fünf verschiedene Register unterscheiden kann – von 'extrahoch' über 'hoch', 'mittel' und 'tief' bis zu 'extratief'. Bei Konturtönen zeichnet sich hingegen im Verlauf der betroffenen Silben eine Tonhöhenbewegung ab: Solche Konturen können z.B. 'steigend', 'fallend' oder 'fallend-steigend' sein. Ein prosodisches Universale besagt, dass Sprachen mit Konturtönen in der Regel auch Registertöne haben.

Sprachen, die nur Registertöne aufweisen, sind typisch für Westafrika. So unterscheidet man z.B. in der in Nigeria gesprochenen Sprache Igbo zwei Töne, nämlich einen hohen und einen tiefen Ton (vgl. Hyman 1975 [1981: 283]):

(32)	/ákwá/	'weinend'
	/ákwà/	'Stoff'
	/àkwá/	'Ei'
	/àkwà/	'Bett'

Obwohl die vier Wörter die gleiche segmentale Zusammensetzung haben, erlaubt das suprasegmentale Merkmal des Tons die Bildung von vier verschiedenen Wörtern, je nachdem wie die beiden Toneme (/á/ = hoher Ton, /à/ = tiefer Ton) miteinander kombiniert werden. Konturtöne sind charakteristisch für viele asiatische Sprachen: So unterscheidet z.B. das Chinesische (Mandarin) vier Töne. Im Thai gibt es sogar fünf verschiedene Töne (vgl. IPA 1999: 149):

z.B. Hyman 1975 [1981: 282–305], Hall 2011²: 155–182) oder auf einschlägige Monographien (wie z.B. Wee 2019).

50 Eine Mischform zwischen Ton und Akzent ist der sog. **Tonakzent** (it. *accento tonale*), der u.a. im Kroatischen, im Schwedischen und in moselfränkischen Dialekten des Deutschen vorkommt.

(33) /kʰá/ 'Handel treiben'
/kʰā/ 'feststecken'
/kʰà/ 'Galangal' (Gewürzsorte)
/kʰǎ/ 'Bein'
/kʰâ/ 'ich'

Die ersten drei Wörter weisen Registertöne auf (/á/ = hoch, /ā/ = mittel, /à/ = tief), während in den letzten beiden Wörtern Konturtöne auftreten (/ǎ/ = steigend, /â/ = fallend). Das Toninventar des Thai bestätigt somit das oben postulierte prosodische Universale, indem es nicht nur Konturtöne, sondern auch Registertöne aufweist.

In Situationen des Sprachkontakts übertragen Sprecher einer Tonsprache manchmal deren tonale Muster auf eine Zweitsprache; so kann man in einigen postkolonialen Varietäten des Französischen eine regelmäßige Abwechslung von hohen und tiefen Tönen hören. Umgekehrt stellt die Wahrnehmung und die Realisierung von Tonemen für Lernende mit einer westeuropäischen Muttersprache eine wahre Herausforderung dar. Erschwerend wirkt sich dabei auch die Tatsache aus, dass die Toneme innerhalb des Satzes z.T. ihre Tonhöhe leicht verändern können. So liegt in vielen Sprachen mit Registertönen der zweite hohe Ton eines Satzes etwas tiefer als der erste – ein Phänomen, welches man mit dem engl. Terminus **downdrift** bezeichnet. Der *downdrift* ist im Prinzip die Folge der sog. **Deklination** (it. *declinazione*), wonach die Tonhöhe vom Anfang gegen Ende einer Äußerung in der Regel kontinuierlich absinkt (vgl. 3.5.4); die physiologische Erklärung dieses Phänomens liegt im abnehmenden subglottalen Druck (vgl. 2.2.3).

Die Deklination ist allerdings keine ausschließliche Erscheinung von Tonsprachen, sondern stellt vielmehr einen universalen phonetischen Prozess dar. Wenn wir nun allmählich unseren Blickwinkel erweitern und unsere Aufmerksamkeit von der phonologischen Domäne der Toneme (der Silbe oder dem Wort) auf größere prosodische Einheiten wie den Satz oder die Äußerung verschieben, so gelangen wir zur nächsten prosodischen Eigenschaft: der Intonation.

3.5.4 Intonation

Die wohl auffälligste prosodische Eigenschaft einer Sprache ist die **Intonation** (it. *intonazione*, f.). Unter diesem Begriff – in der älteren Fachliteratur etwas unscharf für die Prosodie als Ganzes verwendet – versteht man diejenigen Modulationen der Sprechmelodie (bzw. der Grundfrequenz der Schallwelle), deren prosodische Domänen größere Einheiten als das Wort umfassen. Die Intonation kann sich somit auf eine ganze Äußerung oder einen Satz beziehen, wobei man aus prosodischer Sicht auch kürzere Einheiten – wie etwa die **Intonationsphrase** (it. *frase intonativa*) – analysieren kann. Die Intonationsforschung beschäftigt sich mit einem sehr komplexen Untersuchungsgegenstand sowohl in Bezug auf die formale Beschreibung der Tonhöhenverläufe als auch hinsichtlich der Vielzahl der sprachlichen und kommunikativen Funktionen, die durch bestimmte Intonationsmuster ausgedrückt werden können.

Wenn man die Intonationskonturen am Ende von verschiedenen Äußerungen betrachtet, so kann man grob gesagt drei grundlegende Formen des Tonhöhenverlaufs unterscheiden, welche in den Beispielen (34) sowie in Abb. 27 anhand von drei einfachen italienischen Sätzen illustriert werden:

(34a)	*Dovete andare a casa.*	'Ihr müsst nach Hause gehen.'
(34b)	*Dovete andare a casa?*	'Müsst ihr nach Hause gehen?'
(34c)	*Dovete andare a casa!*	'Ihr müsst nach Hause gehen!'

In der ersten Grafik in 27 erreicht die Grundfrequenz (F0) ihren höchsten Wert zu Beginn der Äußerung und nimmt dann gegen deren Ende kontinuierlich ab, so dass man einen solchen Intonationsverlauf als **fallend** (it. *discendente*) bezeichnet. In der zweiten Grafik erreicht die F0-Kurve ihren Gipfel hingegen erst kurz vor dem Satzende, weshalb wir diese Kontur als **steigend** (it. *ascendente*) wahrnehmen. Im dritten Beispiel bleibt die Satzmelodie während der ganzen Äußerung auf einem relativ hohen Niveau und nimmt auch gegen Ende eine eher flache Form an, so dass man eine solche Intonationskontur in der Regel als **gleichbleibend** (it. *costante*) beschreibt.

Die drei Sätze in (34) drücken aufgrund der soeben beschriebenen Intonationsverläufe (fallend, steigend, gleichbleibend) drei verschiedene Bedeutungen aus, die in der Schrift durch die Interpunktionszeichen am Satzende (Punkt, Fragezeichen, Ausrufezeichen) wiedergegeben werden. Die Intonation übt in diesem Fall also eine sprachliche – genauer: grammatikalische – Funktion aus, indem sie drei verschiedene Ausprägungen des **Satzmodus** (it. *modalità della frase*) signalisiert, nämlich Aussage, Frage und Befehl. Die Funktion der Intonation ist je nach Satz **deklarativ**, **interrogativ** oder **imperativ** (it. *intonazione dichiarativa/assertiva, intonazione interrogativa, intonazione imperativa*). Der aufgrund des physiologischen Phänomens der Deklination (vgl. 3.5.3) natürliche kontinuierliche Abfall der Tonhöhe ist so mit dem syntaktisch unmarkierten Typ des Aussagesatzes verbunden.

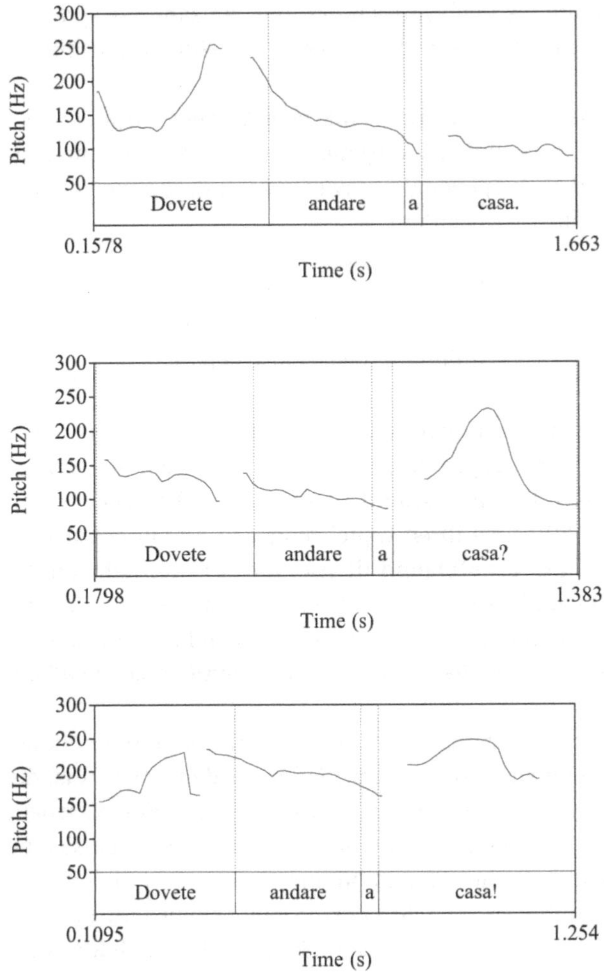

Abb. 27: Darstellung von drei elementaren Intonationskonturen

Neben der grammatikalischen gibt es auch eine **demarkative Funktion** (it. *funzione demarcativa*) der Intonation, wodurch die Sprechenden nicht nur längere Sätze in kleinere Sinneinheiten zerlegen, sondern gleichzeitig auch angeben, ob eine Äußerung weitergeführt oder abgeschlossen wird. Dies wird anhand des Beispiels (35) und Abb. 28 aufgezeigt:

(35) *Sabato mattina abbiamo fatto la spesa,*
poi nel pomeriggio abbiamo pulito la casa,
e la sera siamo andati al cinema.

'Am Samstag morgen haben wir Einkäufe gemacht,
dann haben wir am Nachmittag die Wohnung geputzt,
und am Abend sind wir ins Kino gegangen'.

Inhaltlich betrachtet besteht diese Erzählung aus einer Aufzählung von drei zeitlich gestaffelten Tätigkeiten. Syntaktisch zerfällt dieser Satz in drei Teilsätze, die in der Schrift durch Kommas getrennt werden. In der gesprochenen Sprache wird diese Strukturierung durch drei **Intonationsphrasen** mit unterschiedlichen Konturen vorgenommen, die in Abb. 28 dargestellt werden (P steht für 'Pause'):

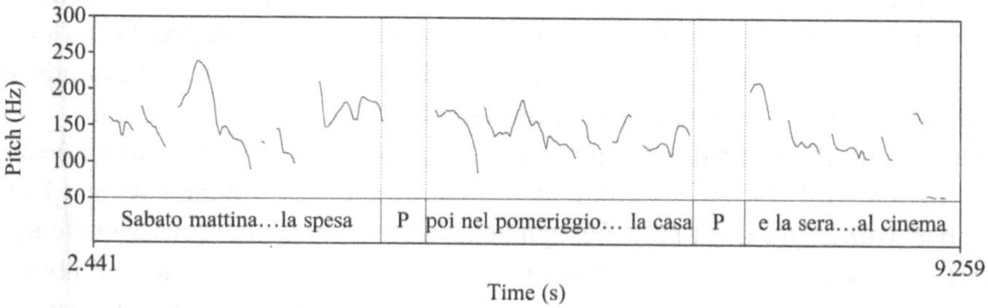

Abb. 28: Darstellung der demarkativen Funktion der Intonation

Die ersten beiden Intonationsphrasen zeichnen sich durch einen leichten Anstieg gegen Ende aus: Die Intonation erscheint demnach als **weiterweisend** oder **progredient** (it. *intonazione continuativa*). Im dritten Teilsatz fällt die Tonhöhe hingegen auf den letzten beiden Silben stark ab (aufgrund des äußerungsfinalen Knarrens liegt die Grundfrequenz dieser männlichen Stimme sogar sehr tief, knapp über 50 Hz): Die demarkative Funktion tritt hier deutlich als sog. **abschließende Intonation** (it. *intonazione terminale*) in Erscheinung. Wie bereits erwähnt, besteht der Informationsgehalt der Kurzerzählung in (35) im Wesentlichen in der Schilderung von drei Tätigkeiten (*fare la spesa* 'einkaufen', *pulire la casa* 'die Wohnung putzen', *andare al cinema* 'ins Kino gehen'); diese Tätigkeiten werden in den drei Teilsätzen jeweils am Schluss erwähnt und prosodisch durch drei **Satzakzente** (vgl. 3.5.2) auf den betonten Silben der Substantive *spesa*, *casa* und *cinema* hervorgehoben.

Nun können wir aber bei der Schilderung eines Sachverhalts die Information sprachlich auf unterschiedliche Art und Weise strukturieren. So wie die Kamera bei einer Filmaufnahme entweder die dargestellte Szene als Ganzes in den Blick fasst oder vielmehr auf einzelne Figuren zoomt, können in der gesprochenen Sprache die Inhalte bestimmter Wörter in den Vordergrund gerückt werden. Es besteht also eine Schnittstelle zwischen Prosodie und **Informationsstruktur** (it. *struttura informativa*, auch *dinamismo comunicativo*), bei welcher insbesondere die Satzakzente eine wesentliche Rolle spielen. Dies soll anhand des Beispielssatzes *Stamattina Laura ha letto il giornale* ('Heute morgen hat Laura die Zeitung gelesen') aufgezeigt werden:

(36a) *Stamattina Laura ha letto il giornale.*
(36b) ***Stamattina** Laura ha letto il giornale.*
(36c) *Stamattina **Laura** ha letto il giornale.*
(36d) *Stamattina Laura ha letto **il giornale**.*
(36e) *Stamattina Laura **ha letto** il giornale.*
(36f) *Stamattina **Laura il giornale** lo ha letto.*

Aus Platzgründen verzichten wir an dieser Stelle auf eine graphische Darstellung der Grundfrequenzverläufe jedes einzelnen der sechs Sätze im Beispiel (36). Dafür werden die informationsstrukturell wichtigen Wörter fett markiert; intonatorisch kann man sich diese Hervorhebung als einen Anstieg der F0-Kurve vorstellen.

In (36a) liegt informationsstrukturell ein sog. **weiter Fokus** (it. *focus ampio*) vor. Das Geschehen wird als Ganzes betrachtet, ohne dass ein bestimmter Aspekt herausgehoben würde, da der Inhalt des ganzen Satzes über einen gewissen Neuigkeitswert verfügt; aus diesem Grund muss auch intonatorisch keine Hervorhebung vorgenommen werden, so dass der Tonhöhenverlauf kontinuierlich abfällt (gemäß der natürlichen Tendenz zur Deklination). Im Beispiel (36b) fällt jedoch auf das erste Wort *stamattina* ein außerordentlicher Satzakzent: Im Gespräch war offenbar schon die Rede davon, dass Laura die Zeitung gelesen hat – nur war nicht klar, wann dies geschehen ist. Informationstrukturell liegt hier ein **enger Fokus** (it. *focus ristretto*) bzw. ein **kontrastiver Fokus** (it. *focus contrastivo*) vor, da ein bestimmtes Wort hervorgehoben wird, welches im Kontrast zu möglichen Alternativen steht (gestern Abend oder heute Morgen?). Ein ähnlicher Zusammenhang zwischen Informationsstruktur und Intonationsverlauf liegt in den Beispielen (36c) und (36d) vor, nur fällt hier der enge oder kontrastive Fokus (und dementsprechend der Satzakzent) jeweils auf ein anderes Element der Äußerung. In (36c) ist die Frage, wer denn nun die Zeitung gelesen hat (Laura oder Alessandro?), während in (36d) geklärt wird, dass Laura nicht etwa ein Buch, sondern eben die Zeitung gelesen hat. Im Beispiel (36e) wird versichert, dass Laura die Zeitung tatsächlich gelesen hat (es könnte sein, dass jemand dies in Abrede gestellt hat). Ähnlich gelagert, wenn auch etwas komplizierter, ist das Beispiel (36f), da hier gleich zwei Elemente (*Laura, il giornale*) als gegeben (it. *dato*) vorausgesetzt werden und somit das **Thema** (it. *tema*) der Aussage liefern, während die Tatsache, dass Laura die Zeitung gelesen hat, **neu** (it. *nuovo*) ist und somit innerhalb der Informationsstruktur das **Rhema** (it. *rema*) darstellt;[51] dementsprechend erhalten die beiden ersten Wörter *Stamattina* und

51 Im Sinne einer Unterscheidung zwischen Satzgegenstand vs. Satzaussage wird dies manchmal auch als *topic* vs. *comment* perspektiviert.

Laura jeweils einen kontrastiven Satzaktzent (vgl. Abb. 31 in 3.6.1). Diese **Topikalisierung** (it. *topicalizzazione*) der Nominalphrase *il giornale* geht syntaktisch mit einer sog. **Linksversetzung** (it. *dislocazione a sinistra*) einher, da in dieser markierten Satzstellung das direkte Objekt vor der Verbalphrase erscheint und mit dem unbetonten Pronomen *lo* wieder aufgenommen wird (vgl. Berruto 1985 [2012], Hülsmann 2019: 136–149).

Neben den grammatikalischen, demarkativen und informationsstrukturellen Funktionen sind mit der Intonation noch eine Reihe weiterer Bedeutungen verbunden, deren Wert man als **paralinguistisch** (it. *paralinguistico*) oder 'indexikalisch' (vgl. 3.1.2) bezeichnen kann. Paralinguistische oder paraverbale Informationen sind nicht direkt mit sprachlichen Funktionen verbunden, sondern verweisen vielmehr in den Bereich der Psychologie. Insbesondere können sich gewisse Gemütsverfassungen auf die Intonationsverläufe auswirken: So sprechen depressive Menschen oft mit einem gleichförmigen und monotonen Tonhöhenverlauf, während die Redebeiträge fröhlicher Personen sich in der Regel durch eine große Spanne der Grundfrequenz und durch sehr lebhafte Intonationsverläufe kennzeichnen. Schließlich tragen typische Intonationsmuster auch zu den sog. regionalen Akzenten bei und liefern somit indexikalische Hinweise auf die Herkunft eines Sprechers (vgl. 4.4.3).

Intonation ist ein sehr vielfältiges Phänomen, welches durch zahlreiche Faktoren geprägt wird und rein deskriptiv nicht einfach zu fassen ist. Erschwerend wirkt sich dabei die Tatsache aus, dass das IPA-Alphabet praktisch keine Symbole für die Transkription der Intonation bereitstellt. Am meisten verbreitet ist heutzutage das im Rahmen der sog. autosegmentalen Phonologie entwickelte Annotationssystem **ToBI** (*Tone and Break Indices*), welches in 3.6.1 kurz vorgestellt und in 4.4.3 anhand einiger Beispiele aus dem Italienischen angewendet wird.

3.5.5 Weitere prosodische Merkmale: Pause, Tempo, Rhythmus

Im Gegensatz zu geschriebenen Texten ist die gesprochene Sprache inhärent an die Dimension der Zeit gebunden: Ein Sprechakt muss nicht nur innerhalb eines bestimmten zeitlichen Rahmens geäußert werden, er verfügt auch über eine lineare Struktur, die im Zeitverlauf kontinuierlich fortschreitet. Diese zeitliche Bedingtheit der mündlichen Kommunikation gilt sowohl für Sprechende als auch für Hörende und liegt zahlreichen Koartikulationserscheinungen und phonologischen Prozessen zugrunde (vgl. 3.3). Gerade in der Prosodie spielen eine ganze Reihe von sog. 'Zeitbereichsmerkmalen' eine Rolle. Neben der bereits erwähnten relativen Dauer von Vokalen und Konsonanten, die phonologisch als distinktive Quantität in Erscheinung tritt (vgl. 3.5.1), sind hier insbesondere die Sprechpausen, die Sprechgeschwindigkeit und der Sprachrhythmus zu nennen.

Die **Pause** (it. *pausa*) kann insofern als ein Zeitbereichsmerkmal betrachtet werden, als Sprechpausen in der Tat unterschiedliche Dauern aufweisen, die in Millisekunden (ms) gemessen werden können; akustisch betrachtet manifestiert sich die Pause einfach durch das Fehlen oder zumindest die momentane Unterbrechung eines Sprachsignals. Sprechpausen stellen eine physiologische Notwendigkeit dar: Wir sprechen beim Ausatmen, müssen aber immer wieder den Sprechvorgang unterbrechen, um Luft zu holen (vgl. 2.2.1). In der Regel strukturieren Sprechende ihre Äußerungen derart, dass die Pausen zwischen Sinneinheiten bzw. zwischen syntaktischen Einheiten zu liegen bekommen. Dies ist z.B. in Abb. 28 ersichtlich, in welcher die drei Teilsätze prosodisch durch zwei Pausen unterbrochen werden. Die Pausen der gesprochenen Sprache entsprechen bis zu einem gewissen Punkt den Interpunktionszeichen in Texten: Beim Vorlesen sollte man versuchen, die Pausen dort zu setzen, wo Kommas oder Punkte stehen.

Wie die Intonation weisen Sprechpausen also eine demarkative Funktion auf, oder anders ausgedrückt: Pausen und Intonation gehen Hand in Hand bei der Strukturierung der Rede. Dies lässt sich anhand eines fiktiven Beispiels zeigen:

(37a) *Rossini disse Verdi è un grande compositore.*
(37b) *Rossini disse: Verdi è un grande compositore.*
(37c) *Rossini – disse Verdi – è un grande compositore.*

Würde ein sprechender Roboter die Wörter im Satz (37a) mit monotoner Sprechmelodie und ohne Pausen lesen (also in einer einzigen Intonationsphrase, vgl. 3.5.4), so wäre der Sinn des Satzes nicht eindeutig. Im Satz (37b) wird die Struktur der direkten Rede hingegen klar: Es war Rossini, der Verdi für einen großen Komponisten hielt. Die Strukturierung erfolgt im geschriebenen Text anhand eines Doppelpunkts, dem in der gesprochenen Sprache eine Pause entspricht, die zusätzlich durch eine fallende Intonationskontur auf dem Wort *disse* ‘sagte’ markiert wird; der Satz (37b) enthält somit zwei Intonationsphrasen. In der alternativen Lesart (37c) war es Verdi, der Rossini für einen großen Komponisten hielt. Dies wird im geschriebenen Text durch zwei Gedankenstriche deutlich gemacht, denen in der gesprochenen Sprache zwei Pausen entsprechen; im Beispiel (37c) liegen ingesamt drei Intonationsphrasen vor, wobei die ersten beiden (*Rossini* und *disse Verdi*) durch eine progrediente Intonation gekennzeichnet sind.

Sprechpausen erleichtern zweifellos das Verstehen der gesprochenen Sprache; sie werden aber nicht immer an syntaktischen Grenzen gesetzt. Dies ist insbesondere bei schnellem Sprechtempo der Fall (z.B. bei Nachrichtensprechern im Fernsehen und Radio), wo die Pausen manchmal nicht an den Satzgrenzen erscheinen, sondern zwischen zwei beliebigen Wörtern bzw. einfach an einem bestimmten Moment, an welchem der Sprecher einatmen muss (vgl. Heinz 2006: 92, 2017: 54–56). Pausen treten aber auch bei langsamem Sprechtempo auf, etwa wenn ein Sprecher nach einem bestimmten Wort sucht. Die Pause ist in diesem Fall ein **Verzögerungsphänomen** (it. *fenomeno di esitazione*), wobei man in der **Gesprächsanalyse** (it. *analisi della conversazione*) zwei Typen von Pausen unterscheidet, nämlich **leere Pausen** (it. *pause vuote*) und **gefüllte Pausen** (it. *pause piene*), die aus Füllwörtern oder Häsitationspartikeln wie *äh*, *ehm* usw. bestehen.

Wie in der Musik spielt auch beim Sprechen das **Tempo** eine gewisse Rolle, wobei man aus phonologischer Sicht das eher gemütliche *lento* dem flotten *allegro* gegenüberstellt, bei welchem eben Assimilationsprozesse und andere Koartikulationserscheinungen viel häufiger auftreten (vgl. 3.3, 6.4). Konkret wird das Sprechtempo durch eine Reihe von situativen und persönlichen Faktoren beeinflusst wie etwa Zeitdruck oder Persönlichkeitsmerkmale (gewisse Individuen sprechen schneller als andere); auch das Alter der Sprechenden kann eine Rolle spielen (Jugendliche sprechen oft schneller als ältere Menschen). Experimentalphonetisch kann man zum Sprechtempo verschiedene Parameter untersuchen: So berechnet man die **Sprechgeschwindigkeit** (it. *velocità di elocuzione*, engl. *speech rate*) in der Regel als Anzahl Silben pro Sekunde, wobei die Pausen mitberücksichtigt werden. Für die Berechnung der **Artikulationsgeschwindigkeit** (it. *velocità di articolazione*) schließt man die Pausen hingegen aus; die Artikulationsgeschwindigkeit wird meistens als Anzahl der Segmente (Vokale, Konsonanten) pro Sekunde angegeben. Das Verhältnis der Pausen zur Dauer der gesamten Äußerung ergibt die **Sprechflüssigkeit** (it. *fluenza*, engl. *fluency*).

Neben dem Tempo ergibt sich eine weitere Analogie zwischen Musik und Sprache im Phänomen des **Rhythmus** (it. *ritmo*). Ein Musikstück kann nicht nur schnell oder langsam gespielt werden; meist ergeben sich in der Abfolge der Töne auch bestimmte zeitliche Muster, die insbesondere in der Tanzmusik eine gewisse Rolle spielen. Auch in der gesprochenen Sprache erscheint Rhythmus entweder in der Gruppierung und regelmäßigen Wiederholung von langen und kurzen phonologischen Einheiten oder aber in der Form von bestimmten Akzentuierungsmustern. So spricht man in der Verslehre von trochäischem oder jambischem Rhythmus, wobei der sog. **metrische Fuß** (it. *piede metrico*) die prosodische Einheit für den Rythmus darstellt. Ein Fuß ist eigentlich eine **Akzentgruppe** (it. *gruppo accentuale*), die aus einer betonten und einer oder zwei unbetonten Silben besteht (vgl. 3.5.2). Gemäß der berühmten **Isochroniehypothese** (it. *ipotesi dell'isocronia*) weisen sog. akzentzählende Sprachen Füße oder Akzentgruppen von gleicher Dauer auf, während sog. silbenzählende Sprachen sich durch eine konstante Silbendauer auszeichnen (vgl. Pike 1945[1947²], Abercrombie 1967; siehe auch 3.4.5, 6.1). Akzentzählende Sprachen wären z.B. das Deutsche und das Englische, während das Italienische und das Spanische zu den silbenzählenden Sprachen gehören.[52] Die Isochroniehypothese konnte jedoch experimentalphonetisch nicht belegt werden. Gemäß neueren phonologischen Ansätzen geht man deshalb davon aus, dass Sprachrhythmus eher eine ab-

52 Auch das Französische wird traditionellerweise zu den silbenzählenden Sprachen gezählt, auch wenn die rhythmische Natur dieser Sprache relativ komplex ist und mitunter auch als 'phrasenbasiert' bezeichnet wird (vgl. Dufter 2003: 137–146, 2004).

strakte Eigenschaft bestimmter Sprachen darstellt, die auf dem Zusammenspiel einer Reihe von phonologischen Charakteristika wie z.B. der Komplexität der Silbenstruktur und der Reduktion von unbetonten Silben beruht (vgl. 3.4.5; Schmid 2012b, 2014).

3.6 Neuere Ansätze in der Phonologie

Der Begriff 'Phonologie' wird mit unterschiedlichen Bedeutungen verwendet. Unter der ersten, wohl am häufigsten verwendeten Bedeutung ist mit 'Phonologie' die lautliche Beschreibungsebene der Sprache gemeint (im Unterschied etwa zur Morphologie oder zur Syntax, die sich mit der Struktur von Wörtern oder Sätzen beschäftigen). In den ersten fünf Abschnitten dieses Kapitels haben wir hauptsächlich die Phonologie im ersten Sinne erörtert, wobei wir versucht haben, diese so 'theorieneutral' wie möglich darzustellen. Manchmal bezieht man sich mit dem Begriff 'Phonologie' aber auch auf die lautlichen Strukturen einer bestimmten Sprache und spricht zum Beispiel von der 'Phonologie des Italienischen', welche den Inhalt des vierten Kapitels darstellen wird. In einem dritten Sinne versteht man unter 'Phonologie' schließlich die linguistische Teildisziplin, die sich mit der Lautstruktur der menschlichen Sprache(n) und ihrer Systematik beschäftigt; je nach historischem Kontext oder theoretischer Präferenz werden in phonologischen Analysen recht unterschiedliche Termini und Analyseverfahren verwendet. Nachdem wir im Teilkapitel 1.3 eine erste Vorschau auf die historische Entwicklung der Phonologie (im dritten Sinne) eröffnet haben, möchten wir an dieser Stelle kurz eine Auswahl neuerer theoretischer Ansätze vorstellen.

Im Rahmen des generativistischen Paradigmas sind in der Nachfolge des von Chomsky/Halle (1968) begründeten SPE-Modells in den letzten Jahrzehnten zahlreiche neue phonologische Theorien entstanden, die entweder gewisse Aspekte der SPE-Phonologie weiterentwickeln oder aber neue formale Analysemethoden begründet haben. So vertiefte etwa die **Lexikalische Phonologie** (engl. *Lexical phonology*, it. *fonologia lessicale*) den Untersuchungsgegenstand der Morphonologie (vgl. 3.4.7), d.h. den Zusammenhang zwischen morphologischen und phonologischen Regeln (siehe z.B. Kiparsky 1985, Mohanan 1986). Wie das SPE-Modell ist dieser Ansatz 'regelbasiert', so dass die im Lexikon gespeicherten Lautstrukturen verschiedene Stadien der 'Derivation' durchlaufen; ein solches Modell postuliert demnach eine Regelordnung, wodurch sog. 'lexikalische' Regeln vor 'postlexikalischen' Regeln angewendet werden. Der im SPE-Modell entworfene Katalog der distinktiven Merkmale wurde v.a. im Rahmen der Merkmalsgeometrie weiterentwickelt (Clements 1985, 2006); neben der Einführung von sog. 'privativen' Merkmalen (vgl. 3.2.1) entstand hier v.a. die Idee, dass die Merkmale selbst einer gewissen Hierarchie unterworfen sind, die man in Form eines Baumdiagramms darstellen kann (vgl. Hall 2011[2]: 183–209). Die im SPE-Modell vernachlässigte Phonotaktik wurde in der generativen Phonologie zunächst im Rahmen der sog. **CV Phonology** (Clements/Keyser 1983) und später in der sog. **Rektionsphonologie** (engl. *Government phonology*, it. *fonologia della reggenza*) analysiert; letztere stellt einen Versuch dar, das aus der Syntaxtheorie entlehnte Konzept der Rektion (engl. *government*, it. *reggenza*) auf Lautstrukturen anzuwenden (Kaye/Lowenstamm/Vergnaud 1990). Die sog. **nichtlineare Phonologie** (engl. *non-linear phonology*, it. *fonologia non lineare*) erscheint in verschiedenen Spielarten und unterscheidet sich insofern vom 'linearen' SPE-Modell, als phonologische Repräsentationen auf mehreren Ebenen oder Schichten (engl. *tiers*) angesiedelt sind und Segmente z.B. mit abstrakten Zeiteinheiten (sog. *X-slots*) oder Moren verbunden werden (vgl. Hayes 1989). Die Idee, phonologische Einheiten im Sinne einer Konstituentenstruktur aufzufassen, findet man schließlich auch in der sog. **Dependenzphonologie** (engl. *Dependency phonology*, it. *fonologia delle dipendenze*; vgl. Lass 1984: 271–293; De Dominicis 2003: 133–139) sowie in der sog. **Prosodischen Phonologie** (engl. *Prosodic phonology*, it. *fonologia prosodica*). Diese Theorie postuliert eine **prosodische Hierarchie** (it. *gerarchia prosodica*) (Nespor/Vogel 1986[2007²], Nespor 1993: 187–214), wonach die prosodischen Konstituenten folgendermaßen organisiert sind: Silbe < Fuß < phonologisches Wort < phonologische Phrase < Intonationsphrase < phonologische Äußerung (vgl. Hall 2011²: 307–322).

Es würde den Rahmen dieser Einführung sprengen, eine vollständige Übersicht über diese vielfältigen Strömungen geben zu wollen. Vielmehr sollen hier im Sinne einer Auswahl diejenigen drei theoretischen Ansätze kurz skizziert werden, die vermutlich die breiteste Wirkung entfaltet haben. Dazu gehört in erster Linie die sog. **Autosegmentale und metrische Phonologie** (engl. *Autosegmental and metrical phonology*, it. *fonologia autosegmentale e metrica*), welche v.a. für die Intonationsforschung von Bedeutung ist (3.6.1). Auf große Resonanz stößt nach wie vor die sog. **Optimalitätstheorie** (engl. *Optimality theory*, it. *teoria dell'ottimalità*), welche ein vollkommen anders geartetes formales Modell zur Repräsentation phonologischer Strukturen vorlegt (3.6.2). An Bedeutung gewonnen haben in jüngster Zeit schließlich sog. 'gebrauchsbasierte' Ansätze (engl. *usage-based*), die auch unter der Bezeichnung **Exemplartheorie** (engl. *Exemplar theory*, it. *teoria degli esemplari*) erscheinen (3.6.3).

3.6.1 Autosegmentale und metrische Phonologie

Die autosegmentale und metrische Phonologie ist die wohl typischste Verteterin der nichtlinearen Phonologie. Die ursprüngliche **autosegmentale Phonologie** (it. *fonologia autosegmentale*) wurde zuerst für die Analyse von Tonsprachen (vgl. 3.5.3) entwickelt (Goldsmith 1976) und später um die **metrische Phonologie** (it. *fonologia metrica*) erweitert (Goldsmith 1990, Hayes 1995). Das autosegmentale Modell verwendet für Töne die beiden Merkmale [H] (für engl. *high*) und [L] (engl. *low*), wobei solche prosodische Merkmale sich nicht wie segmentale Merkmale zu Bündeln zusammenfassen lassen (vgl. 3.2.1), sondern – ganz im Sinne der nichtlinearen Phonologie – auf einer separaten Schicht der phonologischen Repräsentation angesiedelt sind. Töne sind somit keine Segmente, sondern sog. ‘Autosegmente’, die mit unterschiedlichen Segmenten assoziert werden können: Während z.B. Registertöne ganz einfach mit den Merkmalen [H] und [L] repräsentiert werden, analysiert man Konturtöne als eine Folge von zwei Registertönen ([HL] = fallend, [LH] = steigend), die einem einzigen Segment, z.B. einem Vokal, zugewiesen werden (vgl. Hall 2011[2]: 159–179).

Die metrische Phonologie ist im Wesentlichen ein formales Modell der Akzentologie und dient somit der Beschreibung von Betonungsmustern. In Abweichung vom SPE-Modell begann man bereits Ende der Siebziger Jahre (Libermann/Prince 1977), den Wortakzent nicht als ein distinktives Merkmal [±betont] einzelner Segmente und somit als Teil einer linearen Anordnung von Elementen aufzufassen, sondern vielmehr als eine relationale Eigenschaft von Silben, die sich aufgrund unterschiedlicher Prominenzgrade voneinander abheben und somit – erneut im Sinn der nichtlinearen Phonologie – gemeinsam eine hierarchische Struktur bilden. Eine Möglichkeit, ein solche prosodische Hierarchie graphisch darzustellen, ist das sog. **metrische Gitter** (engl. *metrical grid*, it. *griglia metrica*). Abb. 29 zeigt die Akzentstruktur des italienischen Infinitivs *lavorare* ‘arbeiten’ anhand eines metrischen Gitters:

Wort			*		Ebene 3
Fuß	*		*		Ebene 2
Silbe	*	*	*	*	Ebene 1
	la	*vo*	*ra*	*re*	

Abb. 29: Metrisches Gitter für it. *lavorare*

Das metrische Gitter bildet die drei hierarchisch geordneten Ebenen der Silbe, des metrischen Fußes und des phonologischen Worts ab. Auf der ersten Ebene des Gitters erhält jede Silbe automatisch einen ‘Schlag’ (engl. *beat*), der in diesem Formalismus mit einem Asterisk (Sternchensymbol *) dargestellt wird. Im Wort *lavorare* bilden jeweils zwei CV-Silben einen Fuß, dessen erste Silbe prominenter als die zweite ist; es handelt sich um Trochäen (vgl. 3.5.2). Deshalb erhalten die beiden Tonsilben *la* und *ra* auf der zweiten Ebene des Gitters ein zusätzliches Sternchen. Nun besteht aber auch zwischen den beiden Füßen eine Prominenzrelation, da das Wort einen Nebenakzent auf der ersten und den Hauptakzent auf der dritten Silbe vorweist (vgl. 3.5.2); deshalb erhält auf der Ebene des phonologischen Worts die dritte Silbe *ra* als einzige ein drittes Sternchen.

Eine alternative Darstellung von Akzentstrukturen besteht in der Form eines Baumdiagramms, wie dies in Abb. 30 nochmals für das it. Wort *lavorare* gezeigt wird, welches z.B. in der Intonationsphrase *devo lavorare* 'ich muss arbeiten' prosodisch prominent ist. Die drei prosodischen Ebenen werden hier mit den Symbolen ω (phonologisches Wort), Φ (metrischer Fuß) und σ (Silbe) notiert. Zusätzlich sind die einzelnen Knoten für Füße und Silben mit den Symbolen 's' und 'w' versehen, welche für die engl. Adjektive *strong* und *weak* stehen. Dadurch wird angezeigt, dass die hierarchische Struktur auf einer binären Alternation zwischen prosodisch starken und schwachen Konstituenten beruht.

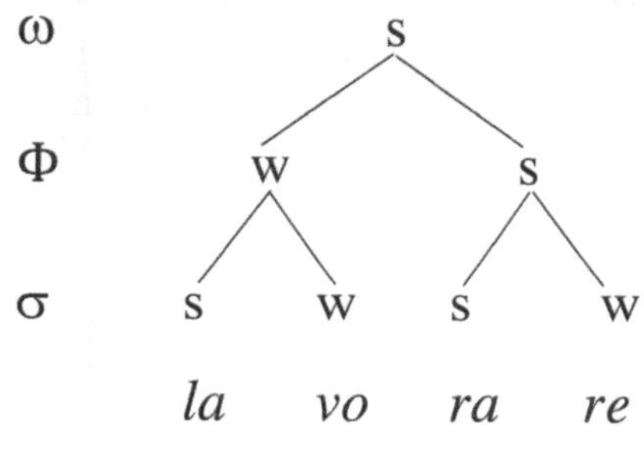

Abb. 30: Metrischer Baum für it. *lavorare*

Wie bereits in der Einführung zu 3.6 erwähnt, besteht die einflussreichste Anwendung des autosegmentalen (AM-)Modells in der Entwicklung des Notationssystems **ToBI** (*Tone and Break Indices*) für Intonationskonturen. Diese Beschreibungskonvention ist insofern durch die autosegmentale Analyse von Tonsprachen geprägt, als Intonationsverläufe ebenfalls mit den Symbolen H (*high*) und L (*low*) notiert werden. Diese Symbole werden nun aber nicht für Töne, sondern für drei verschiedene Typen von Intonationsphänomenen verwendet, nämlich für sog. Tonakzente, Phrasenakzente und Grenztöne. **Tonakzente** (engl. *pitch accents*, it. *accenti intonativi*) entsprechen eigentlich Satzakzenten bzw. Wortakzenten, die aufgrund der Informationsstruktur eines Satzes besonders hervorgehoben werden (vgl. 3.5.4). Tonakzente werden mit einem Asterisk '*' gekennzeichnet und sind entweder 'monotonal' (H*, L*) oder 'bitonal' (z.B. L+H* oder H+L*). Sog. bitonale Tonakzente bestehen entweder aus einer steigenden oder einer fallenden Tonbewegung, wobei das Sternchen auch nach dem ersten Teil des Akzents stehen kann; so zeichnet sich ein bitonaler Tonakzent L*+H durch einen späten Anstieg der Grundfrequenz aus, während bei einem L+H*-Akzent der Ton bereits früher ansteigt (bei solchen Tonakzenten kann die F0-Kurve manchmal auch auf der folgenden unbetonten Silbe ihren Gipfel erreichen). **Phrasenakzente** (engl. *phrase accents*, it. *accenti di frase*) bezeichnen Intonationsbewegungen, die am Anfang oder am Ende einer Intonationsphrase auftreten und somit in erster Linie eine demarkative Funktion aufweisen (vgl. 3.5.4). Phrasenakzente werden mit einem angehängten Minuszeichen notiert: z.B. stellt L- eine abschließende und H- eine weiterweisende Intonationskontur dar. Auf der Ebene der prosodischen Töne werden schließlich sog. **Grenztöne** (engl. *boundary tones*, it. *toni di confine*) angesetzt, die gemäß Notationskonvention mit dem Prozentzeichen % versehen werden: Die Symbole L% und H% stehen also für eine tiefe bzw. eine hohe Grundfrequenz am Ende einer Äußerung, wobei aufgrund der Annahme der prosodischen Hierarchie äußerungsfinale Intonationskonturen oft als Verbindungen von Phrasenakzenten und Grenztönen notiert werden, z.B. H-L%, L-L%, H-L%, H-H% (vgl. Avesani 1995).

Abb. 31 zeigt die ToBI-Annotion des it. Satzes *Stamattina Laura il giornale lo ha letto* 'Heute morgen hat Laura die Zeitung gelesen', welcher schon im Beispiel (36f) im Zusammenhang mit der Interaktion von Informationsstruktur und Intonation besprochen wurde (vgl. 3.5.4):

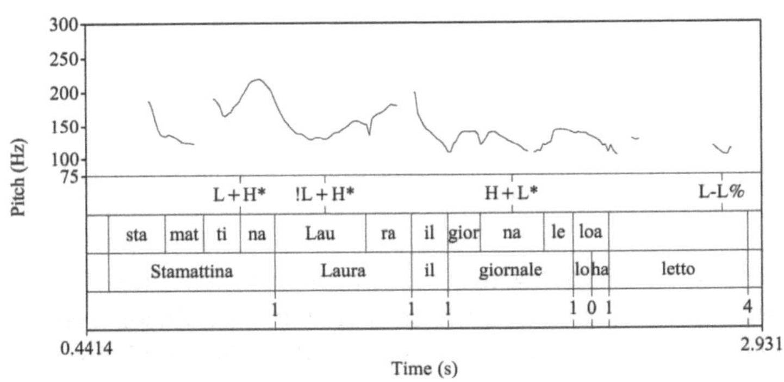

Abb. 31: ToBI-Annotation des Satzes *Stamattina Laura il giornale lo ha letto*

Aufgrund des doppelten Fokus auf die Wörter *Stamattina* und *Laura* tragen die Silben *ti* und *Lau* beide einen Tonakzent vom Typus L+H*, wobei die zweite Silbe aufgrund des sog. *Downstep* intonatorisch deutlich tiefer angelegt ist und daher mit dem Ausrufezeichen '!' gekennzeichnet wird; bei beiden Tonakzenten erreicht die F0-Kurve ihren Höhepunkt übrigens erst auf der nachfolgenden unbetonten Silbe. Der Name *Tone and Break Indices* weist darauf hin, dass ToBI nicht nur Töne, sondern auch die Phrasierung (d.h. Grenzen) von Wortfolgen indiziert, wobei 4 den höchsten und 0 den niedrigsten Grad von prosodischer Grenze angibt; in diesem Beispiel werden alle Wortgrenzen mit 1 annotiert, mit Ausnahme des Satzendes (4) und der Verbindung zwischen dem unbetonten Pronomen *lo* und dem Hilfsverb *ha* (0).

3.6.2 Optimalitätstheorie

Eine der einflussreichsten jüngeren Theorie-Entwicklungen im Bereich der generativen Phonologie ist die einleitend (1.3, 3.6) erwähnte **Optimalitätstheorie** (abgekürzt OT). Während dieser Ansatz sich zunächst besonders für Silbenstrukturanalysen und Lehnwortphonologie eignet, wurde er in der Folge auch auf andere Bereiche des Sprachsystems wie Morphologie, Syntax, Semantik angewendet.[53]

Deutlich abweichend von anderen Ansätzen der generativen Grammatiktheorie in der Folge des SPE-Modells, welche auf Regeln und deren Ergebnisvorhersagen mit potentiell ausnahmsloser Gültigkeit setzen, strebt die OT zwar auch eine universalgrammatische, übereinzelsprachliche Modellierung an, die aber den Widerstreit unterschiedlicher **Wohlgeformtheitsbeschränkungen** (it. *condizioni di buona formazione*) sichtbar macht. Die OT versucht den Wettbewerb verschiedener (phonetischer) Output-Kandidaten bzw. Oberflächenstrukturen zu modellieren, die sich aus einem bestimmten Input (d.h. einer zugrundeliegenden phonologischen Form) ergeben, indem sie ein universelles Set von solcher Wohlgeformtheitsbeschränkungen annimmt. Die Besonderheit dieser **Beschränkungen** (it. *vincoli*, engl. *constraints*) ist ihre prinzipielle **Verletzbarkeit** (it. *violabilità*) und potentielle Widersprüchlichkeit, da trotz ihrer angenommenen Universalität die Beschränkungen in den Einzelsprachen nicht ausnahmslos gelten. Deshalb können Beschränkungen im Widerspruch zueinander stehen und jeweils Vorrang vor anderen haben. In verschiedenen Sprachen kann nach dieser Theorie auch eine entgegengesetzte Hierarchisierung (engl. *ranking*) der gleichen Beschränkungen vorkommen.

Durch das Zusammenspiel verschiedener Beschränkungen ergeben sich aus den jeweiligen Inputformen 'wohlgeformte', d.h. 'optimale' Output-Strukturen, die in der betreffenden Sprache tatsächlich vorkommen. Angenommen wird dabei das Wirken einer sog. Generator-Funktion (GEN), um eine Reihe von möglichen Output-Kandidaten hervorzubringen, und einer Evaluator-Funktion (EVAL), um unter diesen den optimalen Kandidaten auszuwählen. EVAL enthält im Sinne eines Algorithmus zwei Arten von Beschränkungen (in der OT-Terminologie 'Familien' genannt), sog. **Markiertheitsbeschränkungen**[54] (it. *vincoli di marcatezza*, engl. *markedness constraints*), die der möglichen Abweichung einer Output-Struktur von der ursprünglichen Input-Struktur gewisse Grenzen setzen, und sog. **Treuebeschränkun-**

53 Vgl. grundlegend Prince/Smolensky (1993 [2004²]), McCarthy/Prince (2004). Einen Überblick liefern Kager (1999) und Hall (2011²: 323–340) sowie aus der Perspektive des Italienischen De Dominicis (2003: 141–155) und Krämer (2009: 11–16 und *passim*).

54 Bereits in der strukturalistischen Phonologie werden als **markiert** (it. *marcato*) solche Elemente definiert, die in den Sprachen der Welt seltener vorkommen, im kindlichen Erstspracherwerb später auftauchen und eine höhere phonetische Komplexität aufweisen, d.h. merkmalhaltiger sind (vgl. 3.1.1, 3.2.5). So wird die in allen bekannten Sprachen vorkommende CV-Silbe als universell unmarkiert angesehen (3.4.5).

gen (it. *vincoli di fedeltà*, engl. *faithfulness constraints*), welche die möglichst getreue Abbildung der Elemente einer Input-Struktur auf die Output-Struktur zum Ziel haben. Die Phonologie einer bestimmten Sprache beruht nach OT auf einer sprachspezifischen Rangliste, dem *Ranking* der jeweils 'siegreichen' Beschränkungen, die an der Spitze einer absteigenden Folge solcher Beschränkungen stehen. Diese dürfen verletzt sein, um am Ende ungrammatische bzw. nicht wohlgeformte Kandidaten auszuschließen und die optimalen zu generieren.

Den optimalitätstheoretisch modellierten Grammatikmechanismus mit der Funktion GEN für die Hervorbringung möglicher Output-Repräsentationen und EVAL zur Selektion des optimalen Kandidaten zeigt das folgende Schema:

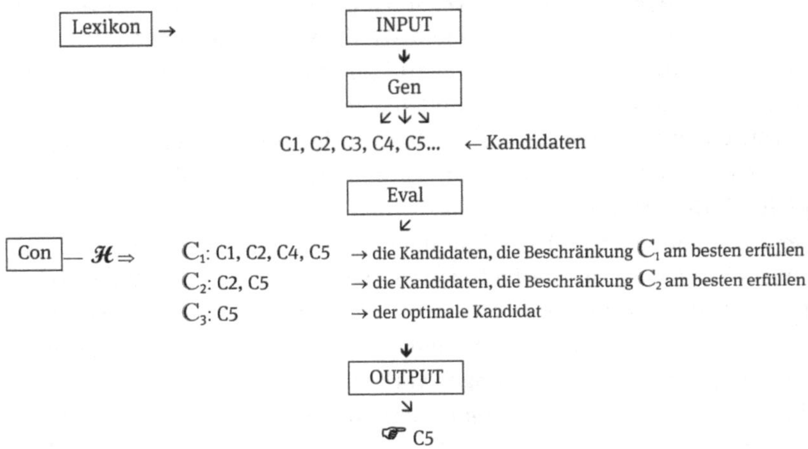

Abb. 32: Schema des Grammatikmechanismus in OT (nach Cutillas Espinosa 2003: 29)

Das Beispiel it. *in piazza* zeigt eine optimalitätstheoretische Wiedergabe der Assimilation von Ortsmerkmalen beim Nasalkonsonanten /n/ (vgl. 3.3.2, Regel 16 in 3.2.5) in Form eines sog. **Tableaus** (Tab. 9). Dabei handelt es sich um eine tabellarische Darstellung, die die verschiedenen Output-Kandidaten und die im Zusammenspiel befindlichen Beschränkungen sichtbar macht. Durch '*' wird angezeigt, dass ein *constraint* verletzt wird, wobei eine 'fatale' Verletzung '*!' den jeweiligen Kandidaten ausschließt. Im vorliegenden Fall sind die wichtigsten Beschränkungen die folgenden (vgl. Colina 2009: 34f., Gabriel/Meisenburg/Selig 2013: 116–119, Gabriel 2021a: 71):

(38)
i. MAX-IO — Jedes Element des Inputs korrespondiert mit einem Element des Outputs.
ii. CODACOND — Eine Silbencoda weist keine eigenen Ortsmerkmale auf.
iii. IDENT(PLACE) — Ortsmerkmale des Inputs entsprechen denen des Outputs.

Aus der Interaktion dieser Beschränkungen innerhalb einer gewissen Hierarchie (von links nach rechts) soll aufgrund der Input-Struktur /in.ˈpjat͡s.t͡sa/ der optimale Output-Kandidat ausgewählt werden. Dieser wird mit dem Zeichen '☞' ausgewiesen. Grau schattierte Zellen stehen dabei für solche Beschränkungen, deren Verletzung oder Nichtverletzung für die Auswahl keine Rolle mehr spielt, weil eine übergeordnete Beschränkung fatal verletzt ist und zum Ausschluss des Kandidaten führt.

Tab. 9: It. *in piazza* /in.ˈpjat͡s.t͡sa/

	MAX-IO	CODACOND	IDENT(PLACE)
a. [in.ˈpjat͡s.t͡sa]		*!	
b. [iŋ.ˈpjat͡s.t͡sa]		*!	*
c. ☞ [im.ˈpjat͡s.t͡sa]			*
d. [i.ˈpjat͡s.t͡sa]	*!		

Nach dieser Modellierung erfüllt Form a. [in.ˈpjat͡s.t͡sa] zwar vollauf die beiden Treuebeschränkungen MAX-IO (38. i) und IDENT(PLACE) (38. iii), da dieser Output-Kandidat getreu alle Segmente und Ortsmerkmale des phonologischen Inputs abbildet. Doch verletzt diese Struktur die Markiertheitsbeschränkung CODACOND (38. i), derzufolge eine Silbencoda keine eigenen Ortsmerkmale zulässt (bzw. technischer ausgedrückt: 'lizenziert'). Die Coda übernimmt das Ortsmerkmal vom Folgesegment /p/, anders gesagt: Es kommt beim Nasal zur Assimilation des Artikulationsorts an den folgenden Konsonanten. Die theoretisch mögliche Outputstruktur b. [iŋ.ˈpjat͡s.t͡sa] scheidet aus dem gleichen Grund aus. Sie verletzt außerdem die Treuebeschränkung IDENT(PLACE), denn Ortsmerkmale des Inputs sollten denen des Outputs entsprechen. Diese Beschränkung führt per se nicht zum Ausschluss einer Oberflächenform, wie der optimale Kandidat c. [im.ˈpjat͡s.t͡sa] zeigt. Dieser verletzt zwar IDENT(PLACE), erfüllt dagegen die beiden hierarchisch höherstehenden Beschränkungen MAX-IO und CODACOND. Kandidat d. [i.ˈpjat͡s.t͡sa] mit der Tilgung des Nasalsegments steht im Widerspruch zur übergeordneten Beschränkung MAX-IO, die für jedes Input-Element eine Entsprechung im Output fordert. Demnach ist c. der in der Evaluation, dem "Schönheitswettbewerb" (Pustka 2016²: 84) der generierten Strukturen, siegreiche Kandidat, weil diese Form nur eine im Ranking niedriger stehende Beschränkung verletzt, während a., b. und d. jeweils durch eine fatale *Constraint*-Verletzung auszuschließen sind.

Es handelt sich hier um eine formalisierte Abbildung abstrakter phonologischer Eingabeformen auf tatsächlich phonetisch realisierte Oberflächenformen. Mit diesem Ansatz gelingt es besser als in SPE-nahen Modellen, widerstreitende Tendenzen in der Phonologie von Einzelsprachen als unterschiedliche Gewichtung (quasi)universaler, aber verletzbarer Wohlgeformtheitsbedingungen fassbar zu machen. Allerdings werden an den Grundannahmen der OT die oftmals ad hoc formulierten Beschränkungen, deren teils hoher Abstraktionsgrad und ihr individuelles Ranking kritisiert, welches letztlich die in den einzelsprachlichen Systemen vorgefundenen Bedingungen nachbilden würde. Ferner wird eingewendet, dass durch die GEN-Funktion eine große Zahl von Kandidaten 'übergeneriert' wird, deren Eingrenzung durch Rückbindung an konkrete Kriterien der phonetischen Realisierung nicht immer klar ist. Als Alternative zu dieser Theorie finden wir andererseits Ansätze, bei denen Funktion, Gebrauch und Variation sprachlicher Formen im Mittelpunkt stehen. Einzelne davon sollen im folgenden Abschnitt beleuchtet werden.

3.6.3 Funktionale und kognitive Ansätze

Alternativ zu den meist formal orientierten Modellen der zeitgenössischen Phonologie sind in letzter Zeit auch vermehrt sog. **funktionale** oder 'funktionalistische' **Theorien** (it. *teorie funzionali/funzionaliste*) in Erscheinung getreten. Gemeinsam ist diesen eine *Bottom-up*-Sicht, die sich an den konkreten Formen, d.h. den beobachtbaren lautlichen Phänomenen, ausrichtet und von diesen ausgehend zu phonologischen Funktionszuordnungen gelangt.[55] Den Ansätzen der generativen Grammatik stehen so alternativ oder teils, im Sinne sich ergänzender Perspektiven, komplementär Ansätze der (phonetisch-phonologischen) Sprachtypologie gegenüber, welche die in Sprachen unterschiedlicher Sprachfamilien vorkommenden Merkmale und Merkmalkomplexe zu Typen zu gruppieren und so übergreifende Eigenschaften genetisch nicht verwandter Einzelsprachen zu erklären suchen. Weiter gehören hierzu Theorien aus dem Bereich der **kognitiven Linguistik** (it. *linguistica cognitiva*) wie die *Cognitive Grammar* (vgl. Langacker 1991).

In der Sicht einer kognitiv-funktionalen Linguistik können die sprachlichen Formen in zentrale, prototypische Vertreter und eher periphere (oft markierte) Vertreter differenziert werden, die sich kognitiv in ihrem *entrenchment*, der 'Tiefe' ihrer mentalen Verankerung, unterscheiden (vgl. Langacker 1991: 48, Bybee 2006; Schmid

55 Wissenschaftstheoretisch kann man die formal-generativen Ansätze als deduktiv klassifizieren, d.h. sie formulieren Gesetzmäßigkeiten, die Vorkommen und Struktur bestimmter sprachlicher Formen vorhersagen, was diesen Theorien einen spekulativen Charakter verleiht. Funktionale Ansätze gehen induktiv vor, d.h. sie schließen vom Vorkommen und den spezifischen Struktureigenschaften sprachlicher Formen auf Gesetzmäßigkeiten.

2007, Heinz 2014). Durch die verschiedene Frequenz ihrer Verwendung werden diese als mentale Repräsentationen unterschiedlich stark aktiviert. Hochfrequente Formen sind demnach für die Sprechenden zentral, sie sind schneller aktivierbar und im Gebrauch verfügbarer als solche von geringer Vorkommenshäufigkeit; dazu sind sie stabiler gegenüber Sprachwandeltendenzen. Auf diesen Grundlagen aufbauende **gebrauchsbasierte** (it. *basato sull'uso*, engl. *usage-based*) Analysen heben sich also von herkömmlichen Auffassungen des Sprachsytems ab, indem sie konsequent die Manifestation von Sprache im Gebrauch als Ausgangspunkt sprachtheoretischer Reflexion nehmen (Croft/Cruse 2004: 291–327). Damit lösen sie die bei Saussure (und schon vorher) postulierte Aufteilung in realen Sprachgebrauch (bei Saussure: *parole*) vs. abstraktes System (*langue*) auf: Ausgangspunkt sind demnach lexikalische Einheiten und Kombinationen im Gebrauch, weshalb Daten aus Korpora zur Sprachproduktion wie auch zur Diachronie hier eine bedeutende Rolle spielen. Regelhaftigkeiten werden konsequent aus dem Vorkommen von sprachlichen Phänomenen im Gebrauch und deren Frequenz rekonstruiert. Im Bereich der Syntax interessieren sich entsprechende Arbeiten für Konstruktionen und deren Häufigkeit, woraus die in 1.3 erwähnte Konstruktionsgrammatik entstanden ist.

Für die Phonologie hat sich die **Exemplartheorie** herausgebildet (vgl. Bybee 2001, 2006, Pierrehumbert 2001), die ähnlich wie die Prototypentheorie in der lexikalischen Semantik an psychologische Theorien der Kategorisierung von Wahrnehmung anschließt. Die realisierten Wortformen (*Tokens*, auch: Okkurrenzen) haben Einfluss darauf, wie stark oder schwach ein Worttyp kognitiv repräsentiert ist. Phonologische Repräsentationen kann man sich dabei als Gruppen (oder *Cluster*) von **Exemplaren** (it. *esemplari*) vorstellen, die sich um einen Prototyp herum anordnen. Formrealisierungen mit einer höheren oder niedrigen Vorkommenshäufigkeit im Gebrauch bedingen eine größere oder geringere lexikalische Stärke der Exemplare. Es gibt also zentrale oder eher periphere Exemplare im **mentalen Lexikon** (it. *lessico mentale*); im Sprachwandel kann es auch zu deren Marginalisierung bis zum vollständigen Verschwinden kommen. Im sprachlichen Wissen der Sprachbenutzer interagieren diese phonologischen Repräsentationen beständig mit mehr oder weniger stark variierenden Realisierungen des alltäglichen Gebrauchs. Form-Bedeutungs-Paare im Lexikon sind dabei in einem Netzwerk mit phonetischer, morphosyntaktischer, pragmatischer und soziolinguistischer Information verknüpft zu denken. Dieser Beschreibungsansatz versucht also, das komplexe Zusammenspiel von Faktoren holistisch zu erfassen, anstelle einer auf Beschreibungsökonomie gerichteten Herangehensweise, die eher von getrennten Modulen des Grammatiksystems – gegebenenfalls mit Schnittstellen zwischen den Systemebenen – ausgeht. Forschungsergebnisse der **Psycholinguistik** (it. *psicolinguistica*) liefern Evidenz für solche inkrementellen (parallel ablaufenden)[56] und eher konnektionistischen (auf Verknüpfung beruhenden) Prozesse der Sprachverarbeitung anstelle von modularen, aufeinanderfolgenden Verarbeitungsroutinen (vgl. Levelt 1989: 23–27). Die kognitive Aktivierung von phonologischen Exemplaren entspricht der Vorstellung eines gleichzeitigen Abrufens aller zu einem Exemplar gehörigen Repräsentationen, Verknüpfungen und Regelsachverhalte (Schemata), was das Wirken von phonologischen Prozessen und Regeln (vgl. 3.1.4, 3.3) nicht ausschließt.

Als Beispiel eines Exemplars kann uns die it. Verbform *hanno fatto* 'sie haben gemacht' (3. Pers. Pl. Perfekt, Verb *fare*) dienen. Im Sprachgebrauch kommen Realisierungen als 'Vollform' [ˈanːo ˈfatːo] neben Realisierungen mit Tilgung des unbetonten Endvokals der flektierten Verbform vor; es handelt sich dabei um den Prozess des sog. *troncamento*. Die Vollform ist häufiger als die gekürzten (Allegro-)Formen *han fatto* [anˈfatːo] mit Vokaltilgung und [aɱˈfatːo], bei der im Nasalkonsonanten zusätzlich die Assimilation des Artikulationsorts an den Folgekonsonanten eingetreten ist; [ɱ] ist wie [f] labiodental (vgl. 2.4.3). Die beiden letzteren können somit erstere ersetzen, man spricht dann von **Suppletion** (it. *suppletivismo*). Durch Korpusabfragen können wir das belegen: So kommen etwa im Mündlichkeitskorpus *Banca dati dell'italiano parlato* (BADIP, http://badip.uni-graz.at) auf knapp 0,5 Millionen Wörter 140 Okkurrenzen der Wortfolge *hanno fatto* gegenüber 18 für *han fatto*. Von insgesamt 158 Realisierungen entfallen demnach ca. 88,5% auf die Vollform, auf die Suppletionsformen 11,5%. Die Datengrundlage ist hier allerdings etwas eingeschränkt (das betrifft generell Produktionsdaten zu lautlichen Realisierungen), da große allgemeine Sprachkorpora selten phonetische Details annotieren. Die 18 Abfrageergebnisse zu *han fatto* verteilen sich auf [anˈfatːo]- und [aɱˈfatːo]-Realisierungen, wobei in der Logik des phonologischen Prozesses die assimilierte Form [aɱˈfatːo] nach der unassimilierten [anˈfatːo] im Gebrauch auftaucht.

Abb. 33 (orientiert an Pustka 2016[2]: 91 und Gabriel/Meisenburg/Selig 2013: 120) veranschaulicht die auf ihrer abweichenden Vorkommensfrequenz und damit abwiechender lexikalischer Stärke beruhende unterschiedliche Repräsentation als Exemplare. Während die Vollform, deren Vorteil ihre klare Analysierbarkeit für die Sprecher ist, das Exemplar mit der größten Verfügbarkeit ist, gewinnen im Gebrauch die Realisierungen der gekürzten Form [anˈfatːo] an Frequenz. Zur Repräsentation von *hanno fatto* gehört damit neben /ˈanːo ˈfatːo/ ein weiterer Prototyp /anˈfatːo/. In Etappe 2 führen Faktoren wie die sprachliche Ökonomie, bedingt durch den Hang zur 'Bequemlichkeit' in der Aussprache (engl. als *ease of articulation* be-

56 Rezeption und Produktion von Sprache erfolgt inkrementell, d.h. 'anwachsend', weil seriell und parallel ablaufende Prozesse wortweise neue Informationen integrieren, so dass längere Strukturen schon vorweggenommen werden, noch bevor die Äußerung vollständig ist. Der beständige, automatisierte Abgleich von vorhandener mit zusätzlicher, genauerer Information führt zur beschleunigten Sprachwahrnehmung (vgl. Levelt 1989: 27).

zeichnet), zur Zunahme an *tokens* des Realisierungstyps [aŋˈfatːo], in dem zum Vokalausfall die Assimilation des Ortsmerkmals beim Nasal [ŋ] kommt. Man könnte einwenden, dass im gesprochenen Gebrauch zu jeder Zeit parallel Schnellsprechformen vorkommen, doch ist in der diachronischen Perspektive über lange Zeiträume zu erwarten und de facto zu beobachten, dass zunächst ein Typ als vollständig realisierte Form auftaucht, von dem ausgehend es zu Abwandlungen (Kürzungen, Assimilationen etc.) kommt. Ähnlich werden im kindlichen Spracherwerb und auch im Zweitspracherwerb zunächst Formen des (Voll- und Hilfs-)Verbs *avere* erworben, danach erst mögliche Kombinationen (wie hier in der Vergangenheitsform des *passato prossimo* aus Hilfsverb und Partizip von *fare*).

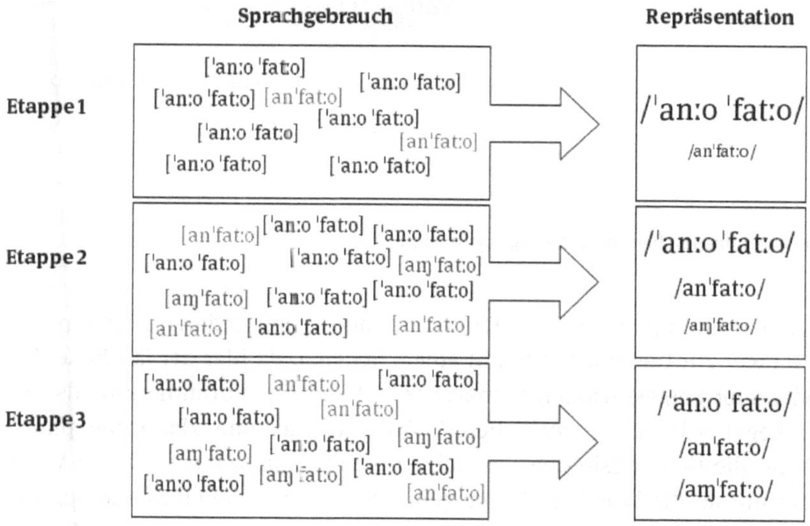

Abb. 33: Exemplartheorie: Sprachgebrauch und Repräsentation von it. *hanno fatto*

Diese Modellierung ermöglicht eine Rekonstruktion der mentalen Repräsentation sprachlicher Elemente aus dem Sprachgebrauch heraus und kann besonders gut Abstufungen variierender Formen je nach Frequenz ihrer Realisierung sichtbar machen. Diese können parallel in Gebrauch sein, ihre mentale Aktivierung ist jedoch verschieden. Im vorliegenden Beispiel behält der Prototyp /ˈanːo ˈfatːo/ eine hohe, jedoch relativ etwas verringerte lexikalische Stärke und es ist anzunehmen, dass dieses grammatisch leicht dekodierbare, schriftsprachlich gestützte im Exemplar-Cluster zentral bleibt. In Etappe 3 bestehen daneben die beiden weiteren Prototypen /anˈfatːo/ und /aŋˈfatːo/. Mit einer möglichen weiteren Zunahme der [anˈfatːo]- und [aŋˈfatːo]-Realisierungen sind diese also im mentalen Lexikon nicht mehr peripher, so dass ihre lexikalische Stärke bzw. kognitive Aktivierbarkeit zunimmt. Da es nicht nur in dieser spezifischen Formkombination, sondern auch in ähnlichen Kontexten zu Suppletionsformen kommt (in Formen wie *hanno finito/han finito, hanno trovato/han trovato* etc.), kann hier das Vorliegen mehrerer Varianten der Verbform generalisiert werden. Somit kann die **Emergenz** (it. *emergenza*) eines auf dem Sprachgebrauch basierenden **Schemas** (it. *schema*) angenommen werden, das die Vokaltilgung in *hanno* bedingt wie Abb. 34 (adaptiert nach Pustka 2016²: 91) zeigt:[57]

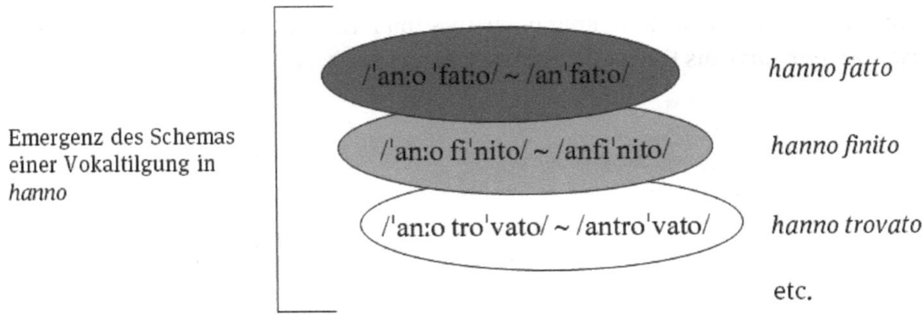

Abb. 34: Emergenz eines Schemas: Vokaltilgung in *hanno*

Die Ortsassimilation in [aɱˈfatːo], [aɱfiˈnito] u.a. neben den anderen Formtypen eignet sich weniger zur Generalisierung in einem Schema, da hier der lautliche Kontext (labiodentaler Folgekonsonant) eingeschränkt ist. Eine Formulierung als phonologische Regel wäre hier ‘treffsicherer’. Auch würde eine klassische phonologische Regel die Generalisierung des obigen Schemas ausweiten, da die Vokaltilgung nicht nur an die Wortform *hanno* gebunden, sondern auch in anderen Formen zu beobachten ist (etwa in *sono venuti/son venuti* und in weiteren Fällen). Wichtig am exemplaristischen Ansatz ist jedoch der Fokus auf die Rolle, die Einheiten des Lexikons für die Verbreitung von Lautwandel haben. Das Prinzip der **lexikalischen Diffusion** (it. *diffusione lessicale*) besagt, dass Lautwandelprozesse sich üblicherweise nicht gleichzeitig, sondern zunächst über bestimmte hochfrequente Formen im Lexikon verbreiten (vgl. Wang 1969, Labov 1981). Der Lautwandel erfasst also sehr häufige Wörter zuerst und erreicht solche mit niedriger Frequenz manchmal nicht oder nur marginal.

57 In strukturalistischer Analyse wäre ein solches Schema als Allomorphie aufzufassen, bei welcher zu einem Morphemtyp weitere Formvarianten (Allomorphe) gehören; anders als diese Sprachsystemsicht (*langue*) strebt das exemplaristische Sprachbeschreibungsmodell jedoch eine radikale Gründung der Schematisierungen im konkreten Sprachgebrauch (*parole*) an.

3.7 Bibliographische Hinweise zur Phonologie

Die folgenden bibliographischen Angaben verweisen auf weiterführende Lektüren und Nachschlagewerke.

Auf Deutsch verfasste neuere Einführungen in die allgemeine Phonologie sind Hall (2011[2]) und Wiese (2011). Unter den auf Italienisch geschriebenen Einführungen kann auf das Kapitel 3 in Schmid (1999) verwiesen werden. Eine systematische Erörterung der strukturalistischen Phonologie bietet der erste Teil der Monographie von Muljačić (1969), während man in Uguzzoni (1978) einen kurzen Abriss der Geschichte der Phonologie im letzten Jahrhundert findet. Der Stand der generativen Phonologie der neunziger Jahre wird in Nespor (1993) dargelegt, wobei ein besonderer Fokus auf die sog. 'prosodische Phonologie' gelegt wird (in diesem Sinne auch Nespor/Bafile 2008). Der relativ kurze Band von De Dominicis (2003) stellt eine Reihe von theoretischen Ansätzen vor – vom Strukturalismus über die klassische generative Phonologie bis hin zur Dependenzphonologie und der Optimalitätstheorie, während Savoia (2014) eine umfangreiche Monographie generativistischer Prägung vorlegt. Eine Einführung in die Prosodieforschung wird schließlich von Sorianello (2006) geboten.

Ein großer Teil der internationalen Fachliteratur wird heutzutage auf Englisch geschrieben. Unter den zahlreichen Monographien sind Hyman (1975) und Lass (1984) immer noch lesenswert; der Band von Hyman liegt zudem in italienischer Übersetzung vor (1981) und enthält sowohl strukturalistische als auch klassische generative Elemente in Anlehnung an Chomsky/Halle (1968). Handbücher mit Kapiteln zu verschiedenen Untersuchungsgegenständen und Theorien der Phonologie sind de Lacy (2007), Goldsmith/Riggle/Yu (2011[2]) und Hannahs/Bosch (2018). Zur Lektüre empfohlen seien aber auch die eigentlichen Klassiker der Phonologie wie etwa Trubetzkoy (1939), Jakobson (1941), Jakobson/Fant/Halle (1952) und Chomsky/Halle (1968).

3.8 Aufgaben zur Phonologie

3.1 Ordnen Sie die drei folgenden Fachbegriffe je einem Teilgebiet der Phonologie zu: kombinatorische Variante, Coda, Wortakzent.

3.2 Welche dieser Wortpaare sind Minimalpaare, welche nicht? Warum?
a) dt. *Hase* [ˈhaːzə] vs. *hasse* [ˈhasə]
b) fr. *cour* [kuʀ] 'Hof' vs. *court* [kuʀ] 'kurz (m.sg.)'
c) sp. *número* [ˈnumero] 'Nummer' vs. *numero* [nuˈmero] '(ich) nummeriere'
d) pt. *avó* [ɐˈvo] 'Großmutter vs. *avò* [ɐˈvɔ] 'Großvater'

3.3 Man betrachte die folgenden Wortformen des Deutschen:
Tier [tʰiːɐ̯], *Grad* [gʀaːt], *Stier* [ʃtiːɐ̯], *drei* [dʀaɪ̯],
Trieb [triːp], *Dir* [diːɐ̯], *Grat* [gʀaːt]
a) Welche alveolaren Plosive kommen in der Transkription vor?
b) Welche alveolaren Plosive sind Phoneme, welche kombinatorische Varianten?
c) Liegt eine Neutralisierung vor? Wenn ja, in welchem Kontext?

3.4 Im Portugiesischen besitzt das Phonem /l/ eine kombinatorische Variante [ɫ]:
lã 'Wolle'[lã], *sol* 'Sonne' [sɔɫ],
malandro 'Schlingel'[mɐˈlɐ̃dɾu], *volta* 'Rückkehr' [ˈvɔɫtɐ]
Formulieren Sie eine phonologische Regel, die den Kontext der kombinatorischen Variante bezeichnet.

3.5 Welche Typen von distinktiven Merkmalen gibt es im SPE-Modell?

3.6 Welche Artikulationsorte erhalten das Merkmal [+koronal]?

3.7 Das spanische Vokalsystem enthält die fünf Phoneme /i e a o u/.
Stellen Sie dieses System mittels einer Merkmalsmatrix dar und verwenden Sie dabei die Merkmale [±hoch], [±tief], [±hinten].

3.8 Bei der Aussprache des französischen Wortes *croix* 'Kreuz' beobachtet man folgendes Phänomen: /kʁwa/ → [kʁ̥wa].
a) Welcher spezifische phonologische Prozess findet hier statt?
b) Bestimmen Sie die Assimilation anhand von drei allgemeinen Kriterien.
c) Geben Sie eine artikulatorische Erklärung dieses Assimilationsprozesses.

3.9 In einigen süditalienischen Dialekten lautet das Wort für 'Ziege' *crapa* (< lat. CAPRA(M)). Welcher phonologische Prozess hat hier stattgefunden?

3.10 Analysieren Sie die Silbenstruktur des deutschen Wortes *streichst* mittels eines Baumdiagramms.

3.11 Wiederholen Sie die Silben [at.at.at] mindestens fünf Mal mit hoher Sprechgeschwindigkeit und ohne Unterbrechung.
Wie verändert sich Ihre Wahrnehmung dieser Silben? Erklären Sie dieses Phänomen aufgrund der universalen Präferenzen für Silbenstrukturen.

3.12 Im modernen Französisch haben einige Wörter den lat. Vokal /a/ behalten, während in anderen Wörtern derselbe Vokal sich zu /e/ oder /ɛ/ entwickelt hat.

MĂSSA(M)	'Teig'	> *masse*	/mas/
NĀSU(M)	'Nase'	> *nez*	/ne/
PĀTRE(M)	'Vater'	> *père*	/pɛʀ/
PARTE(M)	'Teil'	> *part*	/paʀ/

Erklären Sie die unterschiedliche Entwicklung dieses Vokals aufgrund der Silbenstruktur.

3.13 a) Nennen Sie drei akustische Korrelate des Wortakzents.
b) Welche Sprachtypen unterschiedet man aufgrund des Wortakzents?

3.14 Nennen Sie drei Formen und drei Funktionen der Intonation.

3.15 Nennen Sie zwei Tonakzente in der Notation des autosegmental-metrischen Intonationsmodells und geben Sie deren mögliche Funktionen an.

3.16 Wie werden in der OT die optimalen Outputkandidaten ausgewählt?

3.17 Welche Bedeutung hat in der Exemplartheorie die Vorkommenshäufigkeit (Frequenz) von Realisierungen für die Repräsentation im mentalen Lexikon?

4 Die Lautgestalt des Italienischen

Während im vorangehenden Kapitel Grundbegriffe und Methoden der Phonologie als Teilgebiet der Linguistik erörtert wurden, geht es in diesem Kapitel darum, mit ebendiesen Begriffen und Methoden das phonologische System der italienischen Sprache zu beschreiben und zu analysieren. Wie bereits zu Beginn dieses Buches (vgl. 1.2) ausgeführt wurde, zeichnet sich das Italienische bezüglich seiner Aussprache allerdings durch eine bemerkenswerte regionale Vielfalt aus. So werden wir in diesem Kapitel zwar in erster Linie die sog. **Standardsprache** (it. *italiano standard*) betrachten, daneben aber auch ausgewählte lautliche Erscheinungen der regionalen Varietäten des Italienischen (*italiani regionali*) vorstellen.

Die orthoepische Norm des Standarditalienischen beruht im Prinzip auf dem Modell der Aussprache von gebildeten Florentinern, dem allerdings eine Reihe von markierten Erscheinungen der toskanischen Regionalvarietät fehlen. Diese Aussprachenorm wird eigentlich nur von ausgebildeten Theaterschauspielern verwendet (sowie früher von Sprechern der staatlichen Rundfunkanstalt RAI). Für den heutigen Alltag in Italien gilt deshalb eigentlich die Aussage, dass "jede(r) einen Akzent hat" (Crocco 2017). Die Regionalakzente sind ursprünglich auf das sog. **dialektale Substrat** (it. *sostrato dialettale*) zurückzuführen (vgl. Abb. 1): Bis vor wenigen Jahrzehnten hatten viele Italienerinnen und Italiener – v.a. in ländlichen Gegenden – als Muttersprache einen lokalen Dialekt und erlernten die Nationalsprache erst später, insbesondere in der Volksschule sowie durch die Medien. Heute erwerben viele Kinder das (Regional-)Italienische hingegen bereits im familiären Umfeld und haben bestenfalls passive Kenntnisse der ursprünglichen Dialekte.[58] Bezüglich des Begriffs *italiano regionale* ist anzumerken, dass nicht immer alle Sprecherinnen und Sprecher einer Region (im Sinne der Gebietskörperschaften der Italienischen Republik) die gleiche Aussprache aufweisen. Einzelne Ausspracheerscheinungen haben überregionalen Charakter (vgl. dazu auch 6.2), während umgekehrt manchmal sogar innerhalb einer einzelnen Region gewisse phonetische Unterschiede auftreten. Auch ist der regionale Akzent nicht bei allen Personen und in allen kommunikativen Situationen gleich ausgeprägt: Als allgemeine Tendenz kann man annehmen, dass stark dialektal gefärbte Aussprachephänomene eher bei Sprechern mit niedrigem sozialem Status und in informellen Gesprächssituationen auftreten, während gebildete Sprecher in formellen Kontexten sich eher dem Standardmodell annähern (Crocco 2017: 99–101).

58 Der Gebrauch von Dialekt und Hochsprache wird im Forschungsgebiet der Soziolinguistik untersucht (vgl. 1.3; siehe insbesondere Berruto 2004: 22-28, D'Agostino 2007: 59-61). Wie bereits in 1.2 erwähnt, bestehen auch hier erhebliche regionale Unterschiede: Während in Venetien, Kampanien und Sizilien der Dialekt im Alltag relativ häufig gesprochen wird, herrscht z.B. in der Lombardei und im Piemont der Gebrauch des regionalen Standards vor.

https://doi.org/10.1515/9783110534047-004

In der nun folgenden Beschreibung der Lautgestalt des Italienischen übernehmen wir die übliche Vorgehensweise, wonach zuerst die segmentale Phonologie (Vokale und Konsonanten, Phoneme und Allophone) und anschließend Phonotaktik und Prosodie dargestellt werden. Zudem stellen wir zunächst das phonologische System des standarditalienischen Referenzmodells als Ganzes vor, bevor wir einzelne Aussprachebesonderheiten verschiedener Regionalvarietäten betrachten.

4.1 Das Lautinventar des Standarditalienischen

4.1.1 Vokalphoneme im Standarditalienischen

Das phonologische System des Standarditalienischen verfügt über sieben Vokalphoneme, nämlich /i e ɛ a ɔ o u/. Es handelt sich somit um ein relativ einfaches Vokalsystem, welches zwar leicht umfangreicher ist als dasjenige des Spanischen mit den fünf Vokalphonemen /i e a o u/ (vgl. 3.1.1); hingegen ist es weit entfernt von der Komplexität des Standardfranzösischen mit den 16 Phonemen /i e ɛ a ɑ ɔ u ə y ʏ ø œ ɑ̃ ɔ̃ ɛ̃ œ̃/ oder des Deutschen mit den 14 Phonemen /iː eː ɛ ɛː a aː yː ʏ øː œ uː ʊ oː ɔ/ (vgl. auch 3.2.5, 6.1). In der Romanistik wird ein Vokalsystem mit sieben Elementen als **heptavokalisch** (it. *eptavocalico*) bezeichnet, im Gegensatz zu einem System mit fünf Elementen, welches man **pentavokalisch** (it. *pentavocalico*) nennt.[59]

Strukturell betrachtet kann man für das italienische Vokalsystem zwei Artikulationstellen (vorne, hinten) und vier Öffnungsgrade (hoch, mittelhoch, mitteltief und tief) unterscheiden:

Tab. 10: Vokalphoneme des Standarditalienischen

	vorne	hinten
hoch	i	u
mittelhoch	e	o
mitteltief	ɛ	ɔ
tief	a	

In der traditionellen romanistischen Literatur werden diese sieben Phoneme manchmal auch in einem sog. **Vokaldreieck** (it. *triangolo vocalico*) dargestellt, da /a/ als Zentralvokal aufgefasst wird. In der Tat liegt die Artikulationsstelle von /a/ etwas weiter hinten als jene von /e/ und /ɛ/. Die besondere Stellung dieses Vokals erkenn man auch daran, dass das IPA-Zeichen [a] sich auf einen Vordervokal bezieh

59 Die Präfixe *hepta-* und *penta-* entstammen den griechischen Zahlwörtern für 'sieben' und 'fünf'

(vgl. 2.3.3), während der gleiche Vokal in der Theorie der distinktiven Merkmale als [+hinten] definiert wird (vgl. 3.2.3), wie auch aus der folgenden Merkmalsmatrix des italienischen Vokalinventars hervorgeht:

Tab. 11: Merksmalsmatrix der Vokalphoneme des Standarditalienischen

	i	e	ɛ	a	ɔ	o	u
[±hoch]	+	–	–	–	–	–	+
[±tief]	–	–	+	+	+	–	–
[±hinten]	–	–	–	+	+	+	+
[±gerundet]	–	–	–	–	+	+	+

Wie bei der Erörterung der Ortsmerkmale ausgeführt (vgl. 3.2.3), reichen die beiden Merkmale [±hoch] und [±tief] aus, um vier Öffnungsgrade zu unterscheiden (vgl. auch die Matrix der französischen Vokalphoneme in der Tab. 6): Die Mittelhochvokale /e/ und /o/ erhalten die Spezifizierung [–hoch, –tief], während die Mitteltiefvokale /ɛ/ und /ɔ/ mit der Merkmalskombination [–hoch, +tief] beschrieben werden. Das Merkmal [±gerundet] muss einzig und allein für die Unterscheidung der beiden Phoneme /a/ und /ɔ/ eingeführt werden, da diese sonst – aufgrund der Spezifierung von /a/ als [+hinten] – in der Matrix nicht unterschieden werden könnten.

Für die meisten Vokalphoneme des Standarditalienischen ist es einfach, Minimalpaare zu finden. In Anlehnung an die Wörter, die wir zur Illustration des spanischen Vokalsystems verwendet haben (vgl. 3.1.1), können wir auch beim Italienischen mit nur vier Minimalpaaren gleich fünf Vokalphoneme ausfindig machen, nämlich /a i ɛ o u/:

(39)			
	~	*pizzo*	'Spitze (textil)'
pazzo 'verrückt (m.)'	~	*pezzo*	'Stück'
	~	*pozzo*	'Ziehbrunnen'
	~	*puzzo*	'(ich) stinke'

Allerdings fehlen hier noch die beiden Phoneme /e/ und /ɔ/. Die orthographische Darstellung erlaubt es in der Regel nämlich nicht, den genauen phonetischen Wert der Mittelvokale in *pezzo* und *pozzo* zu erschliessen: Es handelt sich im ersten Fall um ein 'offenes' /ɛ/ und im zweiten Fall um ein 'geschlossenes' /o/ (bzw. um einen Mitteltiefvokal in [ˈpɛt͡ːso] und um einen Mittelhochvokal in [ˈpot͡ːso]). Im Gegensatz zum Spanischen besteht im Italienischen also keine eineindeutige Beziehung zwischen Graphemen und Vokalphonemen (vgl. 5.1).

Der Umstand, dass die phonemischen Oppositionen /e/ ~/ɛ/ und /o/ ~/ɔ/ in der Orthographie des Italienischen nicht abgebildet werden, ist allerdings nicht zufällig. Es handelt sich in der Tat um Oppositionen mit einer niedrigen funktionellen Belastung (vgl. 3.1.1), die nur wenige Minimalpaare bilden. Unter (40a) und (40b) werden für beide Oppositionen je drei Beispiele aufgeführt, wobei jeweils links ein Wort mit 'geschlossenem' und rechts ein Wort mit 'offenem' betonten Vokal steht (für weitere Minimalpaare siehe Schmid 1999: 132):[60]

(40a)	/e/ ~ /ɛ/						
	pesca	/ˈpeska/	'Fischfang'	~	*pesca*	/ˈpɛska/	'Pfirsich'
	venti	/ˈventi/	'zwanzig'	~	*venti*	/ˈvɛnti/	'Winde'
	esse	/ˈesse/	'sie' (f. pl.)	~	*esse*	/ˈɛsse/	'Buchstabe <s>'
(40b)	/o/ ~/ɔ/						
	botte	/ˈbotte/	'Fass'	~	*botte*	/ˈbɔtte/	'Schläge'
	colto	/ˈkolto/	'gebildet'	~	*colto*	/ˈkɔlto/	'gepflückt'
	fosse	/ˈfosse/	'wäre'	~	*fosse*	/ˈfɔsse/	'Gräben'

Es muss an dieser Stelle betont werden, dass diese Minimalpaare nur für das Standarditalienische gelten und dass in den meisten Regionalvarietäten andere Verhältnisse herrschen (vgl. 4.2.1) – ein Umstand, der nicht zuletzt durch die Homographie der Beispielwörter für die Minimalpaare in (40) gefördert wird. Viele Sprecher unterscheiden zwar phonetisch zwei Typen von Mittelvokalen ([e] vs. [ɛ], [ɔ] vs. [o]), verwenden allerdings diese Vokale mit einer anderen Verteilung als im Standarditalienischen, wodurch einzelne Minimalpaare wegfallen; man spricht in diesem Fall von einem sog. 'marginalen Kontrast' (vgl. Renwick/Ladd 2016).

Welcher Mittelvokal in welchem Wort vorkommt, lässt sich im Italienischen jedenfalls nicht aufgrund einer phonologischen Regel oder dem phonotaktischen Kontext ableiten. Dieser Umstand spricht für die Phonemizität der italienischen Mittelhoch- und Mitteltiefvokale, die im Gegensatz zu kombinatorischen Varianten eben nicht vorhersagbar sind. Mit anderen Worten: Sowohl Muttersprachler als auch fremdsprachliche Lernende müssen sich in ihrem phonologischen Bewusstsein für jedes Lexem einprägen, ob das Wort nun mit /e/ oder /ɛ/ (bzw. mit /o/ oder /ɔ/) ausgesprochen wird. Nur wer über Kenntnisse des Lateinischen und der historischen Lautlehre verfügt, kann die Klangfarbe der it. Mittelvokale von den lat. Etyma ableiten. Wie die Beispiele unter (41) zeigen, entwickelten sich die it. Mittelhochvokale /e/ und /o/ aus lat. langem Ē und Ō sowie aus kurzem Ĭ und Ŭ, während die it. Mitteltiefvokale /ɛ/ und /ɔ/ das Ergebnis der lat. Kurzvokale Ĕ und Ŏ in geschlossener Silbe darstellen (vgl. Rohlfs 1949[1966]: 70–159):

60 In der phonemischen Transkription der Beispiele werden hier Geminaten als doppelte Phoneme wiedergegeben und nicht – wie sonst in der phonetischen Transkription üblich – als Langkonsonanten (vgl. 4.3.2); im Gegensatz zu 3.4.5 verzichten wir hier aber auf den Punkt zur Angabe der Silbengrenze.

(41a)	Ē	> /e/	MĒ(N)SE(M)	>	/ˈmese/	‘Monat’
	Ĭ	> /e/	VĬDE(T)	>	/ˈvede/	‘(er/sie) sieht’
(41b)	Ĕ	> /ɛ/	TĔMPU(S)	>	/ˈtɛmpo/	‘Zeit’
(41c)	Ō	> /e/	VŌCE(M)	>	/ˈvot͡ʃe/	‘Stimme’
	Ŭ	> /e/	NŬCE(M)	>	/ˈnot͡ʃe/	‘Nuss’
(41d)	Ŏ	> /ɔ/	PŎRTA(M)	>	/ˈpɔrta/	‘Türe’

In offener Silbe wurden /ɛ/ und /ɔ/ bekanntlich zu /jɛ/ und /wɔ/ diphthongiert (vgl. 2.1.5, 3.3.): VĔNI(T) > /ˈvjɛne/ (‘er/sie) kommt’, BŎNU(M) > /ˈbwɔno/ ‘gut (m.sg.)’.

Wenden wir uns nun den übrigen Oppositionen zwischen Vokalphonemen zu, für die sich eigentlich recht leicht Minimalpaare finden lassen. Aus Platzgründen verzichten wir an dieser Stelle darauf, alle Vokalphoneme einander gegenüberzustellen und Beispiele für jedes einzelne Phonempaar aufzuführen, sondern beschränken uns für die Illustration der Phonemizität dieser Vokale auf die Auflistung von je drei Minimalpaaren, bei welchen das Phonem /a/ mit den Vokalen /i e ɛ ɔ o u/ in Opposition steht:[61]

(42a)	/i/ ~ /a/						
	vino	/ˈvino/	‘Wein’	~	*vano*	/ˈvano/	‘vergeblich’
	rido	/ˈrido/	‘(ich) lache’	~	*rado*	/ˈrado/	‘spärlich’
	chilo	/ˈkilo/	‘Kilo’	~	*calo*	/ˈkalo/	‘Rückgang’
(42b)	/e/ ~ /a/						
	pelo	/ˈpelo/	‘Körperhaar’	~	*palo*	/ˈpalo/	‘Pfahl’
	volere	/voˈlere/	‘wollen’	~	*volare*	/voˈlare/	‘fliegen’
	meno	/ˈmeno/	‘weniger’	~	*mano*	/ˈmano/	‘Hand’
(42c)	/ɛ/ ~ /a/						
	petto	/ˈpɛtto/	‘Brust’	~	*patto*	/ˈpatto/	‘Pakt’
	perla	/ˈpɛrla/	‘Perle’	~	*parla*	/ˈparla/	‘(er/sie) spricht’
	peste	/ˈpɛste/	‘Peste’	~	*paste*	/ˈpaste/	‘Gebäck’
(42d)	/ɔ/ ~ /a/						
	porto	/ˈpɔrto/	‘Hafen’	~	*parto*	/ˈparto/	‘Geburt’
	motto	/ˈmɔtto/	‘Motto’	~	*matto*	/ˈmatto/	‘verrückt’
	volle	/ˈvɔlle/	‘(er/sie) wollte’	~	*valle*	/ˈvalle/	‘Tal’
(42e)	/o/ ~ /a/						
	sole	/ˈsole/	‘Sonne’	~	*sale*	/ˈsale/	‘Salz’
	pone	/ˈpone/	‘(er/sie) stellt’	~	*pane*	/ˈpane/	‘Brot’
	amore	/aˈmore/	‘Liebe’	~	*amare*	/aˈmare/	‘lieben’

61 Für die Suche nach weiteren Minimalpaaren verweisen wir auf die von Paolo Mairano entwickelte Webseite *Phonetic Tools*: http://phonetictools.altervista.org/minimalpairfinder/.

(42f) /u/ ~ /a/

luna	/ˈluna/	'Mond'	~	*lana*	/ˈlana/	'Wolle'
cupo	/ˈkupo/	'düster'	~	*capo*	/ˈkapo/	'Haupt'
muri	/ˈmuri/	'Mauern'	~	*mari*	/ˈmari/	'Meere'

Bis hierher haben wir zur Illustration des Phonemstatus der italienischen Vokale nur Minimalpaare verwendet, bei denen die entsprechenden Phoneme in betonter Silbe vorkommen. Im Prinzip können Vokale jedoch auch in unbetonten Silben phonemische Oppositionen bilden. Dies lässt sich leicht anhand der wortfinalen Vokale zeigen, die als Suffixe von Verbalparadigmen erscheinen: So liefern z.B. die ersten drei Personen des Präsens Singular der Verben in *-are* einleuchtende Minimalpaare für die drei Vokalphoneme /o/, /i/ und /a/ (*cant-o* '(ich) singe', *cant-i* '(du) singst', *cant-a* '(er/sie) singt'). Weniger häufig sind Minimalpaare mit Vokalen in vortoniger Silbe vom Typus *svenire* 'in Ohnmacht fallen' ~ *svanire* 'entschwinden'.

Nicht ganz zufällig nehmen aber die Mittelvokale bezüglich ihrer Phonemizität im unbetonten Vokalismus erneut eine Sonderstellung ein. Es gibt nämlich keine Minimalpaare, bei denen die phonemischen Oppositionen /e/ ~ /ɛ/ und /o/ ~/ɔ/ bei unbetonten Vokalen auftreten würden. Vielmehr kommen in unbetonten Silben nur die mittelhohen Phoneme /e/ und /o/ vor, wie die Beispiele in (43) zeigen:

(43a)	*bene*	/ˈbɛne/	'gut (Adv.)'	vs.	*benestante*	/benesˈtante/	'wohlhabend'
(43b)	*sonno*	/ˈsɔnno/	'Schlaf'	vs.	*sonnifero*	/sonˈnifero/	'Schlafmittel'

Bei der Ableitung der beiden Wörter *benestante* und *sonnifero* verschiebt sich der primäre Wortakzent vom ursprünglichen Wortstamm in *bene* und *sonno* auf die zweitletzte Silbe (vgl. 3.5.2); die erste Silbe in *benestante* trägt lediglich einen Nebenakzent, so dass der entsprechende Vokal hier als [e] ausgesprochen wird. Auch in unbetonten Silben am Wortende erscheinen nur die Phoneme /e/ und /o/, nicht /ɛ/ oder /ɔ/. Die phonetische Realisierung dieser Laute liegt manchmal zwischen einem Mittelhoch- und einem Mitteltiefvokal, was man in der phonetischen Transkription mit dem diakritischen Zeichung für 'Senkung' ausdrücken kann (also [e̞] und [o̞], vgl. 5.2.3). Erscheint in der vorhergehenden betonten Silbe ein Mitteltiefvokal, so wird diese Klangfarbe infolge einer progressiven Assimilation (vgl. 3.3.1) manchmal auch auf die Endsilbe übertragen (vgl. [ˈpɛrdɛ] '(er/sie) verliert', [ˈpɔrtɔ] '(ich) trage'). In einer phonemischen oder systematischen Transkription (vgl. 5.2.1) werden in der Regel jedoch die IPA-Symbole /e/ und /o/ verwendet. Aus phonologischer Sicht handelt es sich um einen klassischen Fall von Neutralisierung (vgl. 3.1.3): die Opposition zwischen den Phonemen /e/ ~ /ɛ/ und /o/ ~/ɔ/ kommt lediglich in betonten Silben zum Tragen und wird in unbetonter Stellung aufgehoben. Somit besteht der unbetonte Vokalismus des Standarditalienischen aus einem pentavokalischen System mit den fünf Vokalen /i e a o u/.

4.1.2 Konsonantenphoneme des Standarditalienischen

Gemäß den gängigen phonologischen Analysen verfügt das Standarditalienische über 23 Konsonantenphoneme, die in der Tab. 12 aufgeführt werden:

Tab. 12: Konsonantenphoneme des Standarditalienischen

	labial	alveolar	postalveolar	palatal	velar
Plosive	p b	t d			k g
Frikative	f v	s z	ʃ		
Affrikaten		t͡s d͡z	t͡ʃ d͡ʒ		
Nasale	m	n		ɲ	
Liquide		r l		ʎ	
Approximanten				j	w

Anders als in traditionellen phonetischen Darstellungen der Konsonanten werden in dieser Tabelle der Einfachheit halber die beiden Artikulationsorte ‘bilabial’ und ‘labiodental’ unter einer Kolonne ‘labial’ zusammengefasst, wie dies in der jüngeren Merkmalstheorie oft der Fall ist (vgl. 3.2.4); anstelle von ‘palato-alveolar’ wird hier das Synonym ‘postalveolar’ verwendet. Ebenso wird in der Tab. 12 der labiovelare Approximant /w/ unter den velaren Konsonanten aufgeführt.

Mit 23 Phonemen ist das Konsonanteninventar des Italienischen leicht umfangreicher als diejenigen des Französischen und des Spanischen, die beide 20 Konsonantenphoneme aufweisen (vgl. Schmid 2016a: 478); es liegt jedoch nur leicht über dem in typologischen Datenbanken errechneten Mittelwert von 22,7 (vgl. Schmid 2012a: 50). Wie im Spanischen kommen im Italienischen als Allophone noch der labiodentale und der velare Nasalkonsonant [ɱ] und [ŋ] vor; da es sich bei diesen Konsonanten um kombinatorische Varianten handelt, werden sie aber in der Tab. 12 nicht aufgeführt (siehe jedoch 4.1.3). Betrachtet man die Anordnung der Phoneme in der Tabelle, so bemerkt man in einzelnen Bereichen eine gewisse Häufung. Bezüglich der Artikulationsarten ist zu vermerken, dass das Italienische über vier Affrikaten /t͡s d͡z t͡ʃ d͡ʒ/ verfügt, was aus sprachtypologischer Sicht eher selten ist; das Spanische hat z.B. nur das Phonem /t͡ʃ/ (in Wörtern wie *muchacha* [muˈt͡ʃat͡ʃa] ‘Mädchen’), während im Französischen überhaupt keine Affrikaten vorkommen. Im Sprachvergleich eher selten sind zudem die beiden palatalen Sonoranten /ɲ/ und /ʎ/. Bezüglich der Artikulationsorte fällt auf, dass knapp mehr als die Hälfte der Phoneme entweder alveolar oder postalveolar sind und somit die Merkmalsausprägung [+koronal] erhalten (vgl. Tab. 13). Dies prägt die sog. **Artikulationsbasis** (it. *base di articolazione*) des Italienischen, welche eher im vorderen Teil des Vokaltrakts angesiedelt ist und nur drei Konsonanten mit dem Merkmal [+hinten] aufweist.

Hervorzuheben ist außerdem, dass mit 15 Phonemen fast zwei Drittel der Konsonanten stimmhaft sind. So enthält das Konsonanteninventar einerseits relativ viele Sonoranten, während andererseits die Stimmhaftigkeitskorrelation bei den Obstruenten ziemlich systematisch ausgenutzt wird. In sieben Zellen der Tabelle besteht eine Opposition zwischen zwei Phonemen, die nur auf das Merkmal [±stimmhaft] zurückzuführen ist. Dies gilt für die sechs Plosive /p b t d k g/ an den drei 'kanonischen', d.h. im Sprachvergleich am häufigsten anzutreffenden Artikulationsorten (bilabial, alveolar, velar), ebenso für die vier Frikative /f v s z/ und die vier Affrikaten /t͡s d͡z t͡ʃ d͡ʒ/. Die einzige Ausnahme bildet der postalveolare Frikativ /ʃ/: In diesem Fall tritt nur der stimmlose Konsonant auf, wie aufgrund der in der Sprachtypologie und der phonologischen Theorie begründeten Markiertheitsverhältnisse zu erwarten ist. Insgesamt trägt dieses große Gewicht der Stimmhaftigkeit – zusammen mit dem auf die Silbenstruktur zurückzuführenden Vokalreichtum der Wörter (vgl. 4.3.1) – zum typisch 'sonoren' Klang der italienischen Sprache bei.

Diese wesentlichen Eigenschaften des italienischen Konsonanteninventars erscheinen auch in der Merkmalsmatrix der Tab. 13:

Tab. 13: Merkmalsmatrix der Konsonantenphoneme des Standarditalienischen

	p	b	t	d	k	g	f	v	s	z	ʃ	t͡s	d͡z	t͡ʃ	d͡ʒ	m	n	ɲ	r	l	ʎ	j	w
konsonant	+	+	+	+	+	+	+	+	+	+	+	+	+	+	+	+	+	+	+	+	+	–	–
sonorant	–	–	–	–	–	–	–	–	–	–	–	–	–	–	–	+	+	+	+	+	+	+	+
dauernd	–	–	–	–	–	–	+	+	+	+	+	–	–	–	–	–	–	–	–	+	+	+	+
verzögert	–	–	–	–	–	–	–	–	–	–	–	+	+	+	+	–	–	–	–	–	–	–	–
stimmhaft	–	+	–	+	–	+	–	+	–	+	–	–	+	–	+	+	+	+	+	+	+	+	+
nasal	–	–	–	–	–	–	–	–	–	–	–	–	–	–	–	+	+	+	–	–	–	–	–
lateral	–	–	–	–	–	–	–	–	–	–	–	–	–	–	–	–	–	–	–	+	+	–	–
koronal	–	+	–	+	–	–	–	–	+	+	+	+	+	+	+	–	+	–	+	+	–	–	–
vorne	+	+	+	+	–	–	+	+	+	+	–	+	+	–	–	–	–	–	–	–	–	–	–
hinten	–	–	–	–	+	+	–	–	–	–	–	–	–	–	–	–	–	–	–	–	–	–	+

Diese Matrix kommt mit 10 Merkmalen aus – einem weniger als die Matrix des Spanischen, für welche man zur Unterscheidung der Frikative /s/ und /θ/ noch das Merkmal [±scharf] braucht (vgl. Tab. 7). Insgesamt zeichnet sich das italienische Konsonanteninventar durch erhebliche strukturelle Ausgewogenheit aus, da die meisten Merkmale mehrmals verwendet werden; z.B. kommt die Merkmalsausprägung [+verzögert] viermal vor anstatt nur einmal wie im Spanischen. Die bereits erwähnten Tendenzen bezüglich der Artikulationsbasis zeigen sich in der häufigen Zuordnung der Spezifizierung [+koronal] und in der seltenen Verwendung von [+hinten], während die Sonorität der Lautgestalt des Italienischen durch die zahlreichen Segmente mit der Spezifizierung [+stimmhaft] und [+sonorant] geprägt ist.

Auch eine funktionale Analyse des italienischen Konsonantensystems belegt die regelmässige Verwendung der meisten distinktiven Merkmale. Bei homorganen Plosiven weist z.B. die Stimmhaftigkeit eine hohe funktionelle Belastung auf (sowohl im Anlaut als auch im Wortinnern), wie die Minimalpaare unter (44) zeigen:

(44a)	/p/ ~ /b/						
	pasta	/ˈpasta/	‘Teig’	~	*basta*	/ˈbasta/	‘(es) reicht’
	cupo	/ˈkupo/	‘finster’	~	*cubo*	/ˈkubo/	‘Kubus’
	campi	/ˈkampi/	‘Felder’	~	*cambi*	/ˈkambi/	‘(du) änderst’
(44b)	/t/ ~ /d/						
	tue	/ˈtue/	‘deine (f.pl.)’	~	*due*	/ˈdue/	‘zwei’
	moto	/ˈmɔto/	‘Bewegung’	~	*modo*	/ˈmɔdo/	‘Art und Weise’
	quanto	/ˈkwanto/	‘wie viel’	~	*quando*	/ˈkwando/	‘wann’
(44c)	/k/ ~ /g/						
	cara	/ˈkara/	‘lieb (f.sg.)’	~	*gara*	/ˈgara/	‘Rennen’
	dica	/ˈdika/	‘(er/sie) sage’	~	*diga*	/ˈdiga/	‘Damm’
	manco	/ˈmanko/	‘(ich) fehle’	~	*mango*	/ˈmango/	‘Mango’

Bezüglich der Artikulationsorte lassen sich relativ leicht Minimalpaare für die Plosive finden. Im Anlaut unterscheiden sich die drei stimmlosen Plosive /p t k/ z.B. in den Wörtern *passa* ‘(er/sie) geht vorbei’ ~ *tassa* ‘Steuer’ ~ *cassa* ‘Kasse’, während die drei stimmhaften Plosive wortinitial mit den Wörtern *ballo* ‘Tanz’ ~ *dallo* ‘Präp. *da* + Art. *lo*’ ~ *gallo* ‘Hahn’ Minimalpaare bilden. Auch für wortinitiale Frikative findet man leicht Minimalpaare sowohl in Bezug auf den Artikulationsort (z.B. *foglie* /ˈfɔʎʎe/ ‘Blätter’ ~ *soglie* /ˈsɔʎʎe/ ‘Schwellen’ ~ *scioglie* /ˈʃɔʎʎe/ ‘(er/sie) löst’ als auf die Stimmaftigkeit (z.B. *fanno* ‘(sie) machen’ ~ *vanno* ‘(sie) gehen’). Einen Spezialfall stellt allerdings die Opposition /s/ ~ /z/ dar, da die phonotaktische Distribution dieser beiden Phoneme stark eingeschränkt ist, wie die Beispiele (45a–g) zeigen:

(45a) *sale* /ˈsale/ ‘Salz’, *sera* /ˈsera/ ‘Abend’, *sole* /ˈsole/ ‘Sonne’
(45b) *sparo* /ˈsparo/ ‘Schuss’, *strano* /ˈstrano/ ‘seltsam’, *scala* /ˈskala/ ‘Treppe’
(45c) *sbaglio* /ˈzbaʎʎo/ ‘Fehler’, *slancio* /ˈzlant͡ʃo/ ‘Schwung’
(45d) *festa* /ˈfɛsta/ ‘Fest’, *vasca* /ˈvaska/ ‘Becken’
(45e) *disgiunto* /dizˈd͡ʒunto/ ‘getrennt’
(45f) *corso* /ˈkorso/ ‘Kurs’, *falso* /ˈfalso/ ‘falsch’
(45g) *cosa* /ˈkɔsa/ ‘Sache’, *rosa* /ˈrɔza/ ‘Rose’

Aus dieser Aufstellung geht hervor, dass im Wortanlaut für die alveolaren Sibilanten zwei Kontexte unterschieden werden müssen. Vor Vokal (45a) kommt nur das stimmlose /s/ vor – im Gegensatz zum Deutschen, wo nur das stimmhafte /z/ erscheint (z.B. in *Sonne* /ˈzɔnə/). Folgt im Wortanlaut ein weiterer Konsonant, so muss der Sibilant die gleiche Spezifizierung bezüglich der Stimmhaftigkeit aufweisen (45b, 45c). Dieselbe phonotaktische Beschränkung gilt auch im Wortinnern (45d, 45e). Folgt der Sibilant im Wortinnern auf einen anderen Konsonanten, so ist wie im Wortanlaut nur das stimmlose Phonem /s/ zugelassen (45f). Einzig in intervokalischer Stellung im Wortinnern können sowohl /s/ als auch /z/ vorkommen (45g). Allerdings sind in diesem Kontext die Minimalpaare äußerst spärlich; einige wenige Beispiele werden unter (46) aufgeführt:

(46)	/s/ ~/z/		
	chiese /ˈkjɛse/ '(er/sie) verlangte'	~	*chiese* /ˈkjɛze/ 'Kirchen'
	fuso /ˈfuso/ 'Spindel'	~	*fuso* /ˈfuzo/ 'geschmolzen'
	presente /ˈpresɛnte/ '(er/sie) ahnt'	~	*presente* /ˈprezɛnte/ 'Gegenwart'

Da die phonemische Opposition /s/ ~/z/ nur in einem einzigen von sechs möglichen phonotaktischen Kontexten erscheint und da selbst in dieser Stellung nur wenige Minimalpaare existieren, kommt dieser Opposition eine sehr niedrige funktionelle Belastung zu. Nicht ganz zufällig werden die beiden Phoneme in der Schrift mit demselben Buchstaben <s> wiedergegeben. So erstaunt es auch nicht, dass in den meisten Regionalvarietäten des Italienischen die beiden alveolaren Sibilanten eine komplementäre Distribution aufweisen, so dass [z] als eine kombinatorische Variante des Phonems /s/ bezeichnet werden kann (vgl. 4.2.2). Die Tab. 14 fasst schematisch die Verteilung und die funktionelle Belastung der beiden Phoneme /s/ und /z/ im Italienischen zusammen.

Tab. 14: Verteilung und funktionelle Belastung der Phoneme /s/ und /z/ im Standarditalienischen

Kontext	/s/	/z/
#__V	+	–
__C [–stimmhaft]	+	–
__C [+stimmhaft]	–	+
C__	+	–
V__V	+	+

Wenn wir uns nun den Affrikaten zuwenden, so finden wir am alveolaren Artikulationsort ebenfalls eine niedrige funktionelle Belastung der phonemischen Opposition /t͡s/ ~ /d͡z/. Zu den wenigen Minimalpaaren gehört z.B. *razza* /ˈrat͡s.t͡sa/ 'Rasse'

~ *razza* /ˈrad͡z.d͡za/ ‘Rochen (Fischart)’: Die beiden Wörter sind in der Schrift nicht zu unterscheiden, da wie bei den alveolaren Frikativen für das stimmlose und das stimmhafte Phonem nur ein einziges Graphem <z> bzw. für den Doppelkonsonanten <zz> verwendet wird. Diese Homographie liefert einen weiteren Hinweis für die niedrige funktionelle Belastung der Opposition /t͡s/ ~ /d͡z/. Dennoch lässt sich das Vorkommen der stimmlosen oder stimmhaften alveolaren Affrikate nicht aufgrund des phonotaktischen Kontexts vorhersagen, da in mehreren Umgebungen beide Phoneme erscheinen. Dies gilt sowohl für den Wortanlaut (z.B. *zio* /ˈt͡sio/ ‘Onkel’, *zucchero* /ˈt͡sukkero/ ‘Zucker’ vs. *zero* /ˈd͡zɛro/ ‘Null’) als auch für den postkonsonantischen Kontext (z.B. *forza* /ˈfɔrt͡sa/ ‘Kraft’ und *orzo* /ˈɔrd͡zo/ ‘Gerste’), wobei im Anlaut sowohl in Nord- als auch in Süditalien die stimmhafte Affrikate sich als einzige Variante auszubreiten scheint (vgl. Crocco 2017: 98).

Zahlreicher sind die Minimalpaare, bei welchen die beiden palato-alveolaren Affrikaten /t͡ʃ/ ~ /d͡ʒ/ einen phonemischen Kontrast bilden, wie dies bei den Beispielen unter (47) der Fall ist:

(47)	/t͡ʃ/ ~ /d͡ʒ/						
	cita	/ˈt͡ʃita/	‘(er/sie) zitiert’	~	*gita*	/ˈd͡ʒita/	‘Ausflug’
	cucina	/kuˈt͡ʃina/	‘Küche’	~	*cugina*	/kuˈd͡ʒina/	‘Cousine’
	mancia	/ˈmant͡ʃa/	‘Trinkgeld’	~	*mangia*	/ˈmand͡ʒa/	‘(er/sie) isst’

Auch für die Sonoranten lassen sich leicht Minimalpaare finden, so etwa für die Opposition zwischen den beiden Liquiden /r/ ~ /l/: z.B. *rana* /ˈrana/ ‘Frosch’ ~ *lana* /ˈlana/ ‘Wolle’ oder *mare* /ˈmare/ ‘Meer’ ~ *male* /ˈmale/ ‘schlecht (Adv.)’. Die beiden Laterale /l/ ~ /ʎ/ können nur in intervokalischer Position in einen phonemischen Kontrast treten, da der palatale Lateral /ʎ/ (phonetisch [ʎː]) eine sog. ‘intrinsische Geminate’ darstellt (siehe 4.3.2): z.B. *palla* /ˈpalla/ ‘Ball’ ~ *paglia* /ˈpaʎʎa/ ‘Stroh’. Dasselbe gilt für den palatalen Nasalkonsonanten /ɲ/ (phonetisch [ɲː]): z.B. *canna* /ˈkanna/ ‘Rohr’ ~ *cagna* /ˈkaɲɲa/ ‘Hündin’. Hingegen kommen bilabiale und alveolare Nasale relativ häufig und auch in verschiedenen phonotaktischen Positionen vor, weshalb sich für die Opposition /m/ ~ /n/ leicht Minimalpaare finden lassen: z.B. *modo* /ˈmɔdo/ ‘Art’ ~ *nodo* /ˈnɔdo/ ‘Knoten’, *temevo* /teˈmevo/ ‘(ich) fürchtete’ ~ *tenevo* /teˈnevo/ ‘(ich) hielt’. Hingegen stellen die labiodentalen und velaren Nasalkonsonanten [ɱ] und [ŋ] keine Phoneme dar, sondern – wie wir im nächsten Abschnitt sehen werden – kombinatorische Varianten.

4.1.3 Allophonische Prozesse des Standarditalienischen

Wie bereits angedeutet sind für das Standarditalienische zusätzlich zu den Konsonantenphonemen auch einige Varianten zu nennen. Allerdings sind diese Allophone im Vergleich zu anderen Sprachen nicht besonders zahlreich. Die beiden kombinatorischen Varianten [ɱ] und [ŋ] ergeben sich aus der automatischen Anpassung der Nasalkonsonanten an den Artikulationsort eines folgenden Konsonanten, wie wir sie für das Spanische anhand einer phonologischen Regel mit Alpha-Notation beschrieben haben (vgl. (16) und die Beispiele (15) im Teilkapitel 3.2.5). Wie im Spanischen erfolgt diese partielle regressive Kontaktassimilation auch im Italienischen nicht nur innerhalb eines Wortes, sondern auch über die Wortgrenze hinweg; letzteres wird in den sechs Beispielen in (48) anhand der Assimilation des Phonems /n/ aufgezeigt:

(48a) *naso* [ˈnaso] ‘Nase’
(48b) *canto* [ˈkanto] ‘Gesang’
(48c) *un bacio* [um ˈbat͡ʃo] ‘ein Kuss’
(48d) *un filo* [uɱ ˈfilo] ‘ein Faden’
(48e) *con gnocchi* [koɲ ˈɲɔkki] ‘mit Knödeln’
(48f) *un chilo* [uŋ ˈkilo] ‘ein Kilo’

Wie im Spanischen bildet die Unterspezifizierung bezüglich des Artikulationsorts von Nasalkonsonanten in der Silbencoda nicht nur die Grundlage für die Distribution der Varianten [ɱ] und [ŋ] (vgl. 3.1.2), sondern auch für die Neutralisierung der drei Phoneme /m n ɲ/ in diesem Kontext, wie die Beispiele (48c), (48e) zeigen.

Die wohl wichtigste allophonische Regel des Standarditalienischen betrifft die Dehnung der betonten Vokale in offener Silbe; diese Regel wird im Rahmen der Prosodie im Teilkapitel 4.4.1 behandelt. Als freie Varianten kann man schließlich die unterschiedlichen Realisierungen des Phonems /r/ nennen: Im Prinzip herrscht im Standarditalienischen und in den meisten Regionalvarietäten der alveolare Vibrant [r] vor, wobei in einzelnen Regionen auch andere Varianten auftreten (vgl. 4.2.2).

4.2 Besonderheiten der Aussprache in einigen regionalitalienischen Varietäten

4.2.1 Vokale in den italienischen Regionalvarietäten

Wie in 4.1.1. ausgeführt wurde, dient das Vokalsystem des Standarditalienischen als abstrakte Bezugsgröße, die vorwiegend in besonderen Situationen wie Theateraufführungen oder für den Kommentar in Dokumentarfilmen verwendet wird; in der Tat weichen die Vokalinventare der meisten Regionalvarietäten vom Standarditalienischen ab. Strukturell betrachtet können *grosso modo* drei Typen von Vokalsystemen unterschieden werden (vgl. Mioni 1993: 122–123, Schmid 1999: 145): i) Systeme mit sieben Phonemen, denen sieben Klangfarben entsprechen; ii) Systeme mit fünf Phonemen, die durch sieben Klangfarben realisiert werden; iii) Systeme mit fünf Phonemen, die durch fünf Klangfarben realisiert werden.

Der erste, heptavokalische Typ (sieben Phoneme mit sieben Vokalfarben) entspricht strukturell dem System des Standarditalienischen, nur dass in den Regionalvarietäten die Zuordnung der Mittelhoch- und Mitteltiefvokale zu einzelnen Lexemen z.T. unterschiedlich vorgenommen wird. Selbst in der Norm des Standarditalienischen werden für das Wort *lettera* 'Brief' zwei Varianten akzeptiert: Neben der etymologisch zu erwartenden Form [ˈletːera] (< lat. LĬTTERA(M)), die in der römischen Standardvarietät vorherrscht, wird in den Aussprachewörterbüchern auch die typisch toskanische Realisierung [ˈlɛtːera] angegeben. Auch innerhalb der Toskana, die bezüglich des Vokalismus dem Standarditalienischen am nähesten kommt, bestehen areale Unterschiede: So wird das Wort *neve* 'Schnee' in der Gegend von Florenz lautgesetzlich als [ˈneːve] (< lat. NĬVE(M)) realisiert, während man an der tyrrhenischen Küste, z.B. in Livorno, die Variante [ˈnɛːve] hört.

Heptavokalische Systeme stellen in den italienischen Regionalvarietäten eigentlich den Normalfall dar und kommen in den meisten Gegenden Nord-, Mittel- und Süditaliens vor (eigentlich in allen Gebieten auf der Dialektkarte in Abb. 1 mit Ausnahme von Sardinien und der sog. *area meridionale estrema*). Anstatt der im Beispiel (40) aufgeführten Minimalpaare trifft man dabei oft auf Homonyme; entsprechend werden in einigen Regionen die Wörter für 'Fischfang' und 'Pfirsich' je mit offenem Vokal als [ˈpɛska] ausgesprochen. Gewisse Aussprachemuster erstrecken sich auch auf größere Landesteile: Das Adverb *bene* 'gut' wird z.B. in Mittel- und Süditalien wie in der Standardlautung als [ˈbɛːne] realisiert, während man in praktisch ganz Norditalien [ˈbeːne] hört. Auch wenn standarditalienische Minimalpaare z.T. durch Homonyme ersetzt werden, so existieren in den meisten Regionalvarietäten trotzdem Vokalsysteme mit sieben Phonemen, in denen die Verteilung der sieben Vokalqualitäten nicht aufgrund von phonologischen Regeln vorhersehbar ist, sondern für jedes einzelne Wort gelernt werden muss (siehe z.B. den Vergleich des Standarditalienischen mit den regionalitalienischen Varietäten von Mailand und Neapel in Maturi 2014^3: 105). Noch mehr als für das Standarditalienische gilt somit für die *italiani regionali*, dass die Oppositionen /e/ ~ /ɛ/ und /o/ ~ /ɔ/ einen marginalen Status innehaben (vgl. 4.1.1).

Ansätze für eine vorhersehbare (allophonische) Verteilung der Mittelvokale findet man am ehesten im Regionalitalienischen der Lombardei bezüglich der vorderen Mittelvokale. In dieser Varietät erscheint in betonter offener Silbe im Wortinnern der Mittelhochvokal /e/, ebenso in betonter geschlossener Silbe vor Nasalkonsonant. Die Wörter *medio* 'mittel', *sede* 'Sitz, Ort' sowie *vento* 'Wind' und *tempo* 'Zeit' werden in Mailand alle mit geschlossenem *e* realisiert ([ˈmeːdjo], [ˈseːde]; [ˈvento], [ˈtempo]),[62]

62 Das Regionalitalienische der Provinz Bergamo unterscheidet sich hier von der westlombardischen Aussprache, indem vor tautosilbischem Nasal meist /ɛ/ erscheint (vgl. Berruto 1987: 517) – also auch dort, wo die Standardlautung /e/ vorschreibt; dementsprechend sagt man nicht nur [ˈtɛmpo], sondern auch [ˈmɛnto] (im Gegensatz zum toskanischen [ˈmento] für *mento* 'Kinn').

im Gegensatz zur toskanischen und standarditalienischen Norm, in der betonte Vokale, die etymologisch auf ein lat. kurzes Ĕ zurückgehen, gemäß dem in (41b) formulierten Lautgesetz immer offen sind ([ˈmɛːdjo], [ˈsɛːde]; [ˈvɛnto], [ˈtɛmpo]). Im lombardischen Regionalitalienisch werden umgekehrt betonte vordere Mittelvokale offen ausgesprochen, wenn sie im Wortinnern in geschlossener und am Wortende in offener Silbe auftreten. Wörter wie *questo* 'dieses', *detto* 'gesagt' und *verde* 'grün' ebenso wie *tre* 'drei' und *perché* 'weil' werden also als [ˈkwɛsto], [ˈdɛtːo], [ˈvɛrde]; [trɛ], [pɛrˈkɛ] realisiert, auch hier im Unterschied zur toskanischen und standarditalienischen Norm, wonach betonte Vokale in Wörtern, deren lat. Etyma ein langes Ē oder ein kurzes Ĭ aufweisen, gemäß dem in (41a) formulierten Lautgesetz immer geschlossen sind (also [ˈkwesto], [ˈdetːo]; [ˈverde]; [tre], [perˈke]).[63] Zumindest bei den vorderen Mittelvokalen [e] und [ɛ] scheint in der lombardischen Regionalvarietät also eine komplementäre, regelgeleitete Verteilung vorzuliegen, was jedoch für die beiden hinteren Mittelvokale und [o] und [ɔ] nicht unbedingt zutrifft.

Dass in vielen Regionalvarietäten phonetisch betrachtet sieben verschiedene Vokale vorkommen, lässt sich experimentalphonetisch anhand von Formantmessungen nachweisen (vgl. z.B. die akustische Analyse von 17 Sprechern aus verschiedenen Regionen in Renwick/Ladd 2016). Als Beispiel soll hier ein Vergleich zwischen den Vokalformanten von zwei Sprechern dienen, die beide den gleichen Text gelesen haben, nämlich einen Ausschnitt aus dem 1962 veröffentlichten Roman *Il giardino dei Finzi-Contini* von Giorgio Bassani (von diesem Textausschnitt wird im Kapitel 5.2.3 eine phonetische Transkription vorgelegt). Der erste Sprecher stammt aus der Toskana, die zweite Sprecherin kommt aus der italienischen Schweiz (Kanton Tessin) und spricht somit ein Regionalitalienisch, das aufgrund des dialektalen Substrats als 'lombardisch' bezeichnet werden kann.

Die Tab. 15 listet für beide Sprecher die durchschnittlichen Formantwerte der betonten Vokale auf; die Mittelwerte beruhen auf Formantmessungen der einzelnen Vokalrealisierungen, die mit dem Phonetik-Programm *Praat* vorgenommen wurden. Die beiden Spalten ganz rechts geben an, wie viele Messungen für jeden Vokal durchgeführt wurden (N = lat. *Numerus* 'Anzahl'). Obwohl beide Sprecher den genau gleichen Text lesen, bestehen gewisse Unterschiede bezüglich der Zahl der verwendeten Messungen. Diese Unterschiede sind z.T. zufällig, wenn z.B. bei [u] und [i] ein Vokal aufgrund seiner kurzen Dauer ausgeschlossen wurde. Bei den beiden mittleren Vordervokalen zeigt sich jedoch, dass die Tessiner Sprecherin für die gleichen Wörter mehr geschlossene Mittelvokale realisiert, während umgekehrt ihr Kollege aus der Toskana mehr offene Vokale produziert. Diese komplementäre Verteilung ist eindeutig die Folge der unterschiedlichen Aussprachenormen in den beiden Regionalvarietäten (vgl. auch die entsprechenden Transkriptionen und Kommentare in 5.2.3).

63 Vgl. die lat. Etyma *(EC)CU(M) ĬSTU(M), DĬCTU(M), VĬR(I)DE(M); TRĒ(S), PER QUĬ(D).

Tab. 15: Vokalformanten von italienischen Regionalvarietäten: Toskanisch und Lombardisch (Mittelwerte und Standardabweichungen in Hz)

Vokal	F1 Tosk.	Lomb.	F2 Tosk.	Lomb.	N Tosk.	Lomb.
u	379 (±31)	376 (±30)	1114 (±165)	1200 (±151)	9	10
o	448 (±31)	442 (±24)	1133 (±135)	1250 (±174)	16	12
ɔ	602 (±54)	554 (±51)	1069 (±135)	1220 (±135)	9	11
a	694 (±64)	785 (±195)	1467 (±102)	1565 (±102)	22	21
ɛ	529 (±41)	567 (±25)	1814 (±103)	1830 (±80)	22	12
e	406 (±22)	418 (±25)	1886 (±85)	2054 (±180)	14	24
i	328 (±24)	371 (±26)	2133 (±92)	2290 (±149)	13	12

In den Kolonnen 2 und 3 der Tab. 15 werden die jeweiligen Mittelwerte des ersten Formanten (F1) aufgeführt, welcher mit der vertikalen Lage der Zunge korreliert (vgl. Tab. 1 in 2.1.3). Die F1-Werte steigen also mit zunehmendem Öffnungsgrad von [i] zu [a] und nehmen dann bei den Hinterzungenvokalen von [ɔ] zu [u] wieder ab. Während das arithmetische Mittel die in den hier analysierten Daten vorliegende zentrale Tendenz widerspiegelt, liefert die in Klammern (±) aufgeführte **Standardabweichung** (it. *deviazione standard*) ein Maß für die Streuung der Daten um den Mittelwert herum. Die Kolonnen 4 und 5 der Tab. 15 enthalten die Mittelwerte für den zweiten Formanten (F2), welcher mit der Artikulationsstelle der Vokale zusammenhängt und bei zunehmender Vorverlagerung der Zunge von [u] bis [i] konstant zunimmt. Im Großen und Ganzen sind die Mittelwerte und Standardabweichungen der beiden Sprecher sehr ähnlich, abgesehen von den leicht höheren F2-Werten der lombardischen Sprecherin, welche aufgrund des bei Frauen meist kürzeren Vokaltrakts zu erwarten sind (vgl. Reetz 1999: 139).

Dass sowohl in der toskanischen als auch in der lombardischen Regionalvarietät sieben verschiedene Vokalqualitäten vorkommen, wird noch deutlicher in den aufgrund dieser Messungen erstellten Formantkarten in Abb. 35. Die Formantkarten tragen auf der Y-Achse (von oben nach unten) jeweils den ersten Formanten F1 auf, während auf der X-Achse (von rechts nach links) der zweite Formant abgebildet wird. Der 'Ursprung' des kartesischen Diagramms, d.h. der Nullpunkt der auf den beiden Achsen abgebildeten Werte, liegt dabei nicht wie üblich links unten, sondern rechts oben. Die Formantskalen wurden hier absichtlich umgekehrt angeordnet, um den Zusammenhang zwischen dem ersten und zweiten Formanten und den beiden artikulatorischen Korrelaten (Öffnungsgrad sowie Artikulationsstelle) darstellen zu können. Die Ellipsen in dieser Graphik zeigen die Streuung der tatsächlich gemessenen Formantwerte rund um den Schnittpunkt der Mittelwerte von F1/F2 der sieben Vokale; die Mittelwerte selbst kann man sich also als imaginäre Punkte im Zentrum der Ellipsen vorstellen. Auch wenn sich die Lage und die Form der Ellipsen für die jeweiligen Vokale leicht voneinander unterscheiden, so ist als wesentliches Resultat festzuhalten, dass weder in der linken noch in der rechten Formantkarte Überschneidungen von Ellipsen ersichtlich sind. Mit anderen Worten: In beiden Regionalvarietäten werden alle sieben Vokale deutlich voneinander unterschieden.

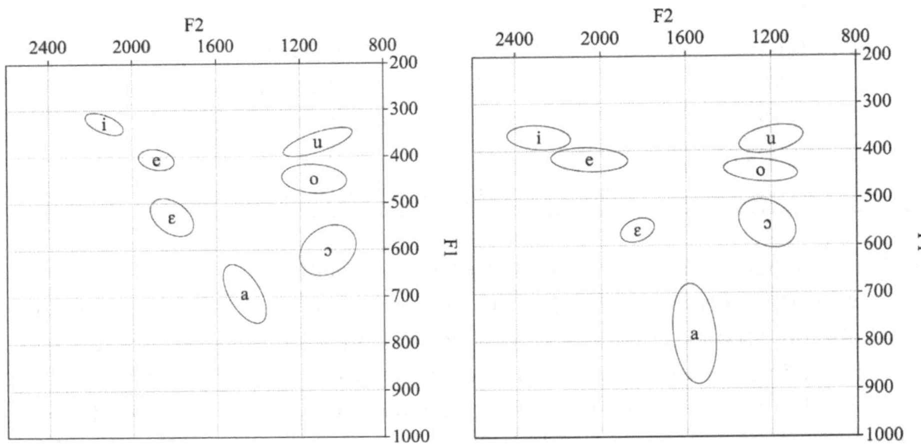

Abb. 35: Formantkarten der betonten Vokale in italienischen Regionalvarietäten: Toskanisch (links, männlicher Sprecher) und Lombardisch (rechts, weibliche Sprecherin)

Wenden wir uns nun dem zweiten, in den italienischen Regionalvarietäten eher seltenen Typus von Vokalsystemen zu, bei welchem sieben verschiedene Vokalqualitäten auf fünf Phoneme zurückgeführt werden können. Ein solches System erscheint z.B. in der auf Sardinien gesprochenen Regionalvarietät; das *italiano regionale sardo* ist zwar durch das phonologische System der sardischen Sprache geprägt (vgl. Mensching/Remberger 2016), mit letzterer jedoch nicht identisch. Auch hier sind für die phonologische Analyse v.a. die Mittelvokale von Interesse, deren komplementäre Verteilung in den Beispielen (49a–c) illustriert wird:

(49a)	i.	*un gatto nero* 'ein schwarzer Kater'	[uŋ ˈgatːo ˈnɛːrɔ]
	ii.	*una gatta nera* 'eine schwarze Katze'	[ˈuːna ˈgatːa ˈnɛːra]
	iii.	*due gatte nere* 'zwei schwarze Katzen'	[ˈduːe ˈgatːɛ ˈnɛːrɛ]
(49b)	i.	*un uomo solo* 'ein einsamer Mann'	[un ˈwɔːmɔ ˈsɔːlɔ]
	ii.	*una donna sola* 'eine einsame Frau'	[ˈuːna ˈdɔnːa ˈsɔːla]
	iii.	*due donne sole* 'zwei einsame Frauen'	[ˈduːe ˈdɔnːɛ ˈsɔːlɛ]
(49c)	i.	*due gatti neri* 'zwei schwarze Kater'	[ˈduːe ˈgatːi ˈneːri]
	ii.	*due uomini soli* 'zwei einsame Männer'	[ˈduːe ˈwoːmini ˈsoːli]

Im sardischen Regionalitalienisch existieren zwei Phoneme /ɛ/ und /ɔ/, deren Default-Realisierungen aus den Phonen [ɛ] und [ɔ] bestehen. Wie die Aussprache der beiden Adjektive *nero* ‘schwarz’ in Beispiel (49a) und *solo* ‘einsam’ in (49b) zeigt, erscheinen diese Vokale immer dann, wenn in der nächsten Silbe ein Tief- oder Mittelvokal folgt (d.h. ein Vokal, welcher mit dem Merkmal [+tief] spezifiert ist, hier /a/ /ɛ/ /ɔ/); diese Default-Realisierung gilt ebenfalls für unbetonte Endvokale. Folgt hingegen in der nächsten Silbe der Hochvokal /i/, so weisen diese Adjektive in der betonten Silbe einen Mittelhochvokal (in 49c /e/ und /o/) auf. Die Distribution der Mittelvokale im sardischen Regionalitalienischen kann mit der allophonischen Regel (50) erfasst werden, in der aufgrund des nachfolgenden Kontextes [+vokalisch, +hoch] im betonten Vokal das Merkmal [+tief] zu [−tief] umgeschrieben wird:

(50)
$$\begin{pmatrix} +\text{vokalisch} \\ -\text{hoch} \\ +\text{tief} \end{pmatrix} \rightarrow \begin{pmatrix} +\text{vokalisch} \\ -\text{hoch} \\ -\text{tief} \end{pmatrix} \Big/ \underset{[+\text{betont}]}{\underline{\qquad\quad}}\ \text{C(C)} \begin{pmatrix} +\text{vokalisch} \\ +\text{hoch} \end{pmatrix}$$

Aus Sicht der Prozessphonologie handelt es sich bei der Hebung der Mitteltiefvokale /ɛ/ und /ɔ/ zu [e] und [o] um eine partielle regressive Fernassimilation, genauer um einen Fall von Umlaut oder Metaphonie (vgl. 3.3.1). Das zweite Beispiel unter (49c) [ˈwoːmini] zeigt übrigens, dass der auslösende Hochvokal /i/ sich nicht unbedingt in der wortfinalen Silbe befinden muss (wo er normalerweise das maskuline Pluralmorphem ausdrückt), sondern auch in nachtoniger Position im Wortinnern erscheinen kann; diese Tatsache lässt sich auch anhand der Adjektive *strategico* ‘strategisch’ und *logico* ‘logisch’ zeigen, welche im sardischen Regionalitalienisch als [straˈtedˑʒikɔ] und [ˈlodˑʒikɔ] ausgesprochen werden (bezüglich des halblangen Konsonanten [dˑʒ] vgl. 4.3.2).

Auch der dritte und letzte Typus von Vokalsystemen in regionalitalienischen Varietäten ist durch das dialektale Substrat geprägt. Es handelt sich um das pentavokalische Phoneminventar /i ɛ a ɔ u/, welches in Sizilien sowie in südlichen Teilen Kalabriens und Apuliens auftritt – also in jenen Gebieten, welche auf der Dialektkarte in Abb. 1 zur *area meridionale estrema* gehören. In Sizilien werden betonte Mittelvokale meist offen artikuliert, so dass z.B. die Wörter *sera* ‘Abend’ und *ora* ‘Stunde’ als [ˈsɛːra] und [ˈɔːra] realisiert werden, im Gegensatz zur toskanischen und standarditalienischen Aussprache [ˈseːra] und [ˈoːra]. In dialektal geprägten Formen des sizilianischen Regionalitalienischen werden manchmal auch die beiden Hochvokale /i/ und /u/ leicht gesenkt und somit als [ɪ] und [ʊ] ausgesprochen (z.B. *Sicilia* [sɪˈt͡ʃɪːlja], *futuro* [fʊˈtʊːrɔ]).

Den Zusammenfall der vorderen bzw. hinteren Mittelhoch- und Mitteltiefvokale zeigen die Formantkarten von zwei sizilianischen Sprechern:

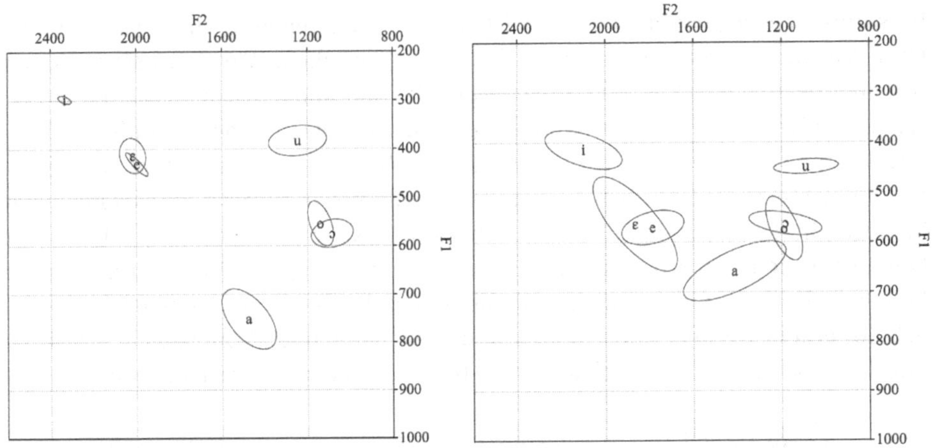

Abb. 36: Formantkarten der betonten Vokale im Regionalitalienisch: Sizilianisch (zwei männliche Sprecher)

Die Formantkarten wurden anhand eines Korpus erstellt, für das die Sprecher eine Liste von Sätzen lasen, wobei die sieben Vokalphoneme des Italienischen jeweils in fünf verschiedenen Wörtern vorkamen (Petrarca 2020). Sowohl aus der linken als auch aus der rechten Grafik der Abb. 36 ist klar ersichtlich, dass sich die Ellipsen der Realisierungen von /e/ und /ɛ/ bzw. von /o/ und /ɔ/ in weiten Teilen überlappen. Die akustischen Messungen bestätigen somit die phonologische Analyse, wonach das Vokalsystem der sizilianischen Regionalvarietät aus fünf Phonemen besteht (vgl. Canepari 1986³: 80).

Als abschließende Bemerkung zu den regionalitalienischen Vokalsystemen sei hier festgehalten, dass im unbetonten Vokalismus – zumindest aus phonologischer Sicht – die meisten Varietäten (auch diejenigen Sardiniens und Siziliens) ein pentavokalisches Inventar aufweisen, wobei die konkrete phonetische Ausprägung dieser Vokale leicht variieren kann. Eine markante zusätzliche Erscheinung ist jedoch in der sog. *area meridionale* (vgl. Abb. 1) zu verzeichnen, wo in stark dialektal gefärbter Aussprache alle Endvokale außer *-a* zu Schwa reduziert werden (vgl. Maturi 2014³: 107–108). So kann in Neapel ein Satz wie *hanno fatto tutte queste cose* ‘sie haben alle diese Dinge getan’ als [ˈɑnːə ˈɣ̥ɑtːə ˈd̥utːə ˈg̊westə ˈg̊ɔːsə] realisiert werden, im Gegensatz zur standarditalienischen Aussprache [ˈanːo ˈfatːo ˈtutːe ˈkweste ˈkɔːse].[64]

64 Die in der Transkription vermerkte Lenisierung der stimmlosen intervokalischen Plosive in mittel- und süditalienischen Varietäten wird in 4.2.3 erörtert.

4.2.2 Konsonanten in den italienischen Regionalvarietäten

Im Großen und Ganzen teilen die Regionalvarietäten das Konsonanteninventar des Standarditalienischen, so dass bezüglich des Phonemstatus einzelner Konsonanten nur geringfügige Abweichungen bestehen. Unterschiede ergeben sich z.T. bezüglich der phonotaktischen Distribution einzelner Phoneme oder bezüglich deren phonetischer Realisierung; oft sind auffällige Aussprachen bestimmter Konsonanten zudem das Ergebnis von allophonischen Prozessen (vgl. 4.2.3).

Ein für die phonologische Analyse relevantes Beispiel ist die Opposition /s/ ~ /z/ (vgl. 4.1.2), deren Phonemizität im Prinzip nur für das Standarditalienische im engeren Sinne sowie für die toskanische Regionalvarietät gilt. In allen anderen Landesteilen haben die Frikative [s] und [z] eine komplementäre Verteilung, so dass wir [z] als kombinatorische Variante des Phonems /s/ betrachten können. Die komplementäre Verteilung ergibt sich dadurch, dass die Regionalvarietäten auch im intervokalischen Kontext für die Opposition /s/ ~ /z/ keine Minimalpaare kennen. Vielmehr gilt hier die Faustregel, dass die alveolaren Frikative in Norditalien stimmhaft und in Süditalien stimmlos realisiert werden: Die Wörter *casa* 'Haus' oder *cosa* 'Sache' werden also im Norden als [ˈkaːza] bzw. [ˈkɔːza] und im Süden als [ˈkaːsa] bzw. [ˈkɔːsa] ausgeprochen (vgl. Maturi 2014³: 111). Allerdings scheint sich bei jüngeren Sprechern mittlerweile auch im Süden die eher prestigereiche nördliche Variante [z] auszubreiten; selbst in der Toskana konnte diese Erscheinung v.a. bei jüngeren Frauen beobachtet werden (Nocchi/Filipponio 2012; vgl. auch 6.2).

In weiten Teilen der Po-Ebene hört man eine eher apikale Realisierung der Sibilanten ([s̺] und[z̺]), bei welcher die Zungenspitze – anstatt wie üblich das Zungenblatt – den Zahndamm berührt (vgl. 2.2.5). Auditiv erinnert diese Artikulation an Realisierungen von /s/ im europäischen Spanisch. Am auffälligsten ist diese Erscheinung in der Emilia, wo die beiden Phoneme /s/ und /ʃ/ manchmal recht ähnlich ausgesprochen werden, etwa in Wörtern wie *sessanta* [s̺eˈs̺anta] 'sechzig' und *lasciare* [laˈs̺aːre] 'lassen' (vgl. Canepari 1986³: 102–103); der palato-alveolare Frikativ /ʃ/ erscheint manchmal auch in Form einer Konsonantenverbindung aus Sibilant und Approximant [s̺j] (z.B. [laˈs̺jaːre]).

In mehreren europäischen Sprachen kann das Phonem /r/ je nach Region unterschiedlich realisiert werden. Solche freie Varianten haben eine sog. 'indexikalische' Funktion und weisen somit auf die Herkunft der Sprecher hin. Im Deutschen und im Französischen herrschen z.B. uvulare Varianten vor, während alveolare Vibranten eher im Süden zu hören sind (vgl. 2.4.4). Für das Standarditalienische wird in der Regel der alveolare Polyibrant [r] angesetzt, aber in verschiedenen Regionen erscheinen auch andere Varianten; so wird z.B. im Veneto auch der Monovibrant [ɾ] verzeichnet (Canepari 1986³: 92). Während uvulare Artikulationen von /r/ in erster Linie auf individuelle Aussprachegewohnheiten zurückzuführen sind (und somit vereinzelt auch bei Sprechern etwa aus Rom oder Neapel auftreten), ist die sog. *erre moscia* ('schlaffes' *r*; vgl. 6.4) eher häufiger in Norditalien zu hören – insbesondere in einzelnen lombardischen Provinzen, in der italienischen Schweiz und in der Gegend um die piemontesische Hauptstadt Turin. Auch bei bilingualen Sprechern aus der Region Südtirol, welche als Erstsprache einen deutschen Dialekt sprechen, treten uvulare /r/-Varianten auf (Vietti 2012).

Ganz am anderen Ende des italienischen Staatsgebiets, auf der Insel Sizilien, kann man hingegen verschiedene retroflexe /r/-Varianten hören, insbesondere bei Sprechern mit dialektal gefärbter Aussprache (Canepari 1986[3]: 81). Die Aussprache dieses Phonems schwankt zwischen einem retroflexen Approximanten und Frikativen: So kann z.B. it. *è raro* ‘es ist selten’ als [ɛ ˈɻ̝ːaɻ̝ɔ] oder [ɛ ˈz̝ːaz̝ɔ] realisiert werden. Wortinitial ist das Phonem /r/ in dieser Regionalvarietät immer lang (wie im Spanischen), unabhängig von der satzphonetischen Verdoppelung (vgl. 4.3.3); also sagt man [ˈmɔltɔ ˈɻ̝ːikːɔ] oder [ˈmɔltɔ ˈz̝ːikːɔ] für it. *molto ricco* ‘sehr reich’ (vgl. Maturi 2014[3]: 115). Auffällig sind in Sizilien vor allem die Konsonantenverbindungen /tr/ und /str/: Ein Wort wie *treno* ‘Zug’ wird mitunter als [ˈtɻ̝ɛːnɔ] oder sogar mit Affrikate als [ˈtʂ̝ɛːnɔ] realisiert, während die dreigliedrige Phonemfolge /str/ – z.B. in den Richtungsangaben *sinistra* ‘links’ und *destra* ‘rechts’ – zur zweigliedrigen Konsonantenverbindung [ʂ̝ɻ] vereinfacht wird ([sɪˈnɪʂ̝ɻa], [ˈdɛʂ̝ɻa]).

Weitere Besonderheiten in der Realisierung von Konsonantenphonemen betreffen die beiden Phoneme /b/ und /d͡ʒ/, welche in Mittel- und Süditalien tendenziell lang (also [bː] und [d͡ːʒ]) ausgesprochen werden und somit in diesen Regionalvarietäten zur Kategorie der sog. ‘intrinsischen Geminaten’ gehören (vgl. 4.3.2). Umgekehrt wird der palatale Lateral [ʎː] in gewissen Gegenden Süditaliens oft durch den homorganen Approximanten [jː] ersetzt, so dass ein Wort wie *foglio* ‘Blatt’ z.B. in Kampanien meist als [ˈfɔjːo] ausgesprochen wird und nicht als [ˈfɔʎːo] wie im Standarditalienischen (vgl. Canepari 1986[3]: 72; Maturi 2014[3]: 114).

Bezüglich der alveolaren Affrikaten /t͡s/ und /d͡z/ kann man in einigen Regionen Süditaliens beobachten, dass nach einem Sonoranten meist nur die stimmhafte Variante auftritt – so z.B. in Kalabrien (vgl. Canepari 1986[3]: 79), aber auch in anderen Regionen (vgl. Maturi 2014[3]: 112): Wörter wie *alzare* ‘aufstehen’ und *canzone* ‘Lied’ werden in diesen Gegenden als [alˈd͡zaːre] und [ɡ̊anˈd͡zoːne] realisiert (im Gegensatz zu den standarditalienischen Formen [alˈt͡saːre] und [kanˈt͡soːne]). In einzelnen norditalienischen Regionen, insbesondere in der Emilia, verschiebt sich hingegen der Artikulationsort von /t͡s/ und /d͡z/ nach vorne in Richtung der interdentalen Affrikaten [t̪͡θ] und [d̪͡ð] (die manchmal zusätzlich noch deaffriziert werden), so dass Wörter wie *piazza* ‘Platz’ und *zio* ‘Onkel’ als [ˈpjat̪͡θa] und [d̪͡ðiːo] ausgesprochen werden (vgl. Canepari 1986[3]: 103; Maturi 2014[3]: 112–113).

Es würde den Rahmen dieser Einführung sprengen, die ganze Vielfalt der regionalen Aussprachen des Italienischen im Detail darlegen zu wollen; vielmehr wollen wir uns auf einige besonders auffällige, teils regionenübergreifende Phänomene beschränken. Viele konsonantische Besonderheiten der italienischen Regionalvarietäten sind zudem an bestimmte phonotaktische Kontexte gebunden und haben somi einen regelhaften Charakter, weshalb es angezeigt ist, diese Erscheinungen als allophonische Prozesse zu beschreiben.

4.2.3 Allophonische Prozesse in italienischen Regionalvarietäten

Die meisten allophonischen Prozesse in italienischen Regionalvarietäten betreffen Konsonanten. Als Ausnahme kann die Nasalierung von Vokalen vor tautosilbischen Nasalkonsonanten genannt werden, die durch die Regel (20) im Teilkapitel 3.3.3 beschrieben wird. Während eine solche Assimilation in der Diachronie des Französischen zur Entstehung von phonemischen Nasalvokalen geführt hat, bleibt dieser natürliche Koartikulationsprozess im Italienischen immer rein allophonischer Natur. Die Nasalierung von Vokalen hört man v.a. in Norditalien, insbesondere im Veneto und in der Lombardei, wobei dieser Prozess auch dort nicht bei allen Sprechern gleich auspeprägt ist (vgl. Telmon 1993: 105, Schmid 1999: 149–150, 153). Ein Ausdruck wie *tanto tempo* 'so viel Zeit' wird je nachdem als [ˈtãnto ˈtẽmpo] oder sogar als [ˈtãto ˈtẽpo] ausgesprochen, wobei im ersten (häufigeren) Fall der Vokal nasaliert wird, ohne dass es zur Tilgung des folgenden Nasalkonsonanten kommt (vgl. Beispiele in der engen Transkription in 5.2.3). Ebenfalls in weiten Teilen Norditaliens tritt zudem in der Silbencoda eine velarisierte Variante der Nasalkonsonanten auf, unabhängig vom Artikulationsort des folgenden Konsonanten (z.B. [ˈtãŋto ˈtẽŋpo]; vgl. Telmon 1993: 105; Schmid 1999: 153; Maturi 2014³: 114).

Unter den allophonischen Prozessen, die Konsonanten betreffen, trifft man in italienischen Regionalvarietäten auf verschiedene Formen der Lenisierung (vgl. 3.3.3). So bringt z.B. die im vorhergehenden Teilkapitel erwähnte Ersetzung des palatalen Laterals /ʎ/ durch den homorganen Approximanten [jː] in Süditalien eine Verminderung des artikulatorischen Aufwands mit sich; sie erfolgt zudem im prototypischen Kontext von Lenisierungserscheinungen, nämlich zwischen Vokalen. Wie in 3.3.3 ausgeführt wurde, erfasst die Lenisierung im engen Sinne die Artikulationsart der Plosive und erfolgt meist als Spirantisierung und/oder Sonorisierung, je nachdem ob das Merkmal [±dauernd] oder das Merkmal [±stimmhaft] im Spiel ist.

Ein berühmtes Beispiel für die Spirantisierung ist die sog. **gorgia toscana** (vgl. 6.2), die vor allem beim Phonem /k/ sehr auffällig ist. Ein gängiges Beispiel ist der Ausdruck *una camicia con le maniche corte* 'ein Hemd mit kurzen Ärmeln', welchen man bei Anwendung der *gorgia* als [ˈuna haˈmiːʃa hon le ˈmaːnihe ˈhorte] ausspricht, wobei das Phonem /k/ gleich viermal durch die kombinatorische Variante [h] ersetzt wird. Die Spirantisierung wird durch den postvokalischen Kontext ausgelöst, wie man anhand des Unterschieds zwischen den Beispielen (51a) und (51b) erkennen kann:

(51a)	*la casa*	'das Haus'	/la ˈkasa/ →	[la ˈhaːsa]
(51b)	*in casa*	'im Haus'	/in ˈkasa/ →	[iŋ ˈkaːsa]

Nach dem Nasalkonsonant /n/ kommt die allophonische Regel der *gorgia* nicht zur Anwendung. Aufgrund der Auffälligkeit des glottalen Frikativs [h] wird dabei oft übersehen, dass der im Prinzip gleiche phonologische Prozess in postvokalischer Stellung auch die Phoneme /p/ und /t/ erfasst, wie aus den Beispielen (52a) und (52b) ersichtlich wird:

(52a)	*la pipa*	‘die Pfeife’	/la ˈpipa/	→	[la ˈɸiːɸa]
(52b)	*il dito*	‘der Finger’	/il ˈdito/	→	[il ˈdiːθo]

Das Beispiel (52a) zeigt auch, dass die Spirantisierung nach Vokalen immer eintritt – unabhängig davon, ob eine Wortgrenze vorliegt oder nicht. Nicht nur der stimmlose velare Plosiv /k/ hat also eine kombinatorische Variante (der stimmlose glottale Frikativ [h]), sondern auch die bilabialen und alveolaren Plosive /p/ und /t/ verfügen über je eine kombinatorische Variante, die als bilabialer oder interdentaler Frikativ [ɸ] bwz. [θ] in Erscheinung treten. Der allophonische Prozess hat als Eingabe somit die natürliche Klasse der stimmlosen Plosive, wie aus der phonologischen Regel (53) hervorgeht:

(53)

$$\begin{pmatrix} -\text{sonorant} \\ -\text{dauernd} \\ -\text{stimmhaft} \end{pmatrix} \rightarrow [+\text{dauernd}]\ /\ \text{V}\ \_\_$$

Der auslösende Kontext muss als ‘postvokalisch’ und nicht ‘intervokalisch’ bezeichnet werden, da nach dem Konsonanten auch ein Vibrant folgen kann, wie die Aussprache des Satzes *non ci credo proprio* ‘daran glaube ich wirklich nicht’ zeigt: [non t͡ʃi ˈhreːdo ˈɸrɔːɸjo] (vgl. Canepari 1986³: 142).

Ein aus struktureller Sicht ganz ähnlicher Lenisierungsprozess kommt in vielen regionalen Varietäten Mittel- und Süditaliens vor:

(54)

$$\begin{pmatrix} -\text{sonorant} \\ -\text{dauernd} \\ -\text{stimmhaft} \\ +\text{gespannt} \end{pmatrix} \rightarrow [-\text{gespannt}]\ /\ \text{V}\ \_\_$$

Die allophonische Regel (54) besagt, dass in diesen Gegenden die Phoneme /p t k/ in postvokalischer Stellung ebenfalls geschwächt werden – nur hat diese Regel aufgrund des relevanten Merkmals [±gespannt] (vgl. 3.2.4) eine andere Ausgabe. Es handelt sich hier um eine ‘Lenisierung’ im engeren Sinne, bei der ein stimmloser *fortis*-Plosiv in einen homorganen *lenis*-Plosiv umgewandelt wird, wie die Beispiele in (55) zeigen:

(55a)	*la pelle* ‘die Haut’	/la ˈpɛlle/ →	[la ˈb̥ɛlːe]
(55b)	*la terra* ‘die Erde’	/la ˈtɛrra/ →	[la ˈd̥ɛrːa]
(55c)	*la casa* ‘das Haus’	/la ˈkasa/ →	[la ˈg̊aːz̥a]

Da der intervokalische Kontext sehr häufig vorkommt, wird diese allophonische Regel manchmal zweimal nacheinander angewendet, z.B. wenn der Ausdruck *la tua pelle* ‘deine Haut’ als [la ˈd̥uˑa ˈb̥ɛlːe] realisiert wird. Diese intervokalischen *lenis*-Plosive zeichnen sich inbesondere durch eine kürzere Dauer aus und werden in (55) als entsonorisierte stimmhafte Konsonanten transkribiert (die diakritischen Zeichen [̥] bzw. [̊] stehen im IPA-Alphabet für Entstimmung; vgl. 3.3.3). Eigentlich bestehen somit in den mittel- und süditalienischen Regionalvarietäten fünf ‘Stärkegrade’ für Plosive: stimmhaft [b], stimmlos *lenis* [b̥] und stimmlos *fortis* [p] sowie die beiden Geminaten oder Langkonsonanten [bː] und [pː] (vgl. 4.3.2). Die in (55) transkribierten Formen könnten z.B. in den Abruzzen oder in Kampanien geäußert worden sein; im römischen Regionalitalienisch würde hingegen *la terra* als [aː ˈd̥ɛːra] realisiert, mit der typischen Artikelform [aː] und der Degeminierung von /r.r/ (vgl. Canepari 1986^3: 65; Maturi 2014^3: 115). Wie das Beispiel (55c) [la ˈg̊aːz̥a] zeigt, erfasst die Lenisierung nicht nur Plosive, sondern auch Frikative in intervokalischer Stellung: Aussprachen vom Typus [ˌbwɔˑna ˈz̥eːra] (‘guten Abend’) sind z.B. für das Regionalitalienische von Neapel und Palermo belegt (vgl. Nocchi/Schmid 2007). Manchmal werden die *lenis*-Varianten auch als ‘halbstimmhaft’ (it. *semisonoro*) bezeichnet, weshalb dann in der Transkription die Symbole der stimmlosen Plosive mit dem diakritischen Zeichen für Sonorisierung [̬] versehen wird, z.B. [la ˈt̬ɛrːa], [la ˈk̬aːs̬a] (vgl. Maturi 2014^3: 110; Crocco 2017: 96).

Eine vollständige Sonorisierung der stimmlosen Plosive tritt hingegen in vielen süditalienischen Regionalvarietäten nach Nasalkonsonant ein, gemäß der phonologischen Regel in (56):

(56) $$\begin{pmatrix} -\text{sonorant} \\ -\text{dauernd} \\ -\text{stimmhaft} \end{pmatrix} \rightarrow [+\text{stimmhaft}] \; / \; \begin{pmatrix} +\text{konsonantisch} \\ +\text{nasal} \end{pmatrix} \_\_$$

Aus phonologischer Sicht handelt es sich um einen Fall von Neutralisierung zwischen stimmlosen und stimmhaften Plosiven nach Nasalkonsonant. Beispiele für eine solche Aussprache findet man in Formen vom Typus [ˈtanda ˈdːʒɛndə] für *tanta gente* ‘viele Leute’ oder [ˈkwandə ˈd̥ɛmbə] für *quanto tempo* ‘wie viel Zeit’; in diesen Varietäten sind die Fragewörter *quanto* ‘wie viel’ und *quando* ‘wann’ homophon (außer bei stärker dialektalisierten Formen, in denen *quando* ‘wann’ als [ˈkwanːə] realisiert wird; vgl. 3.3.1). Solche Realisierungen hört man z.B. in Kampanien sowie im nördlichen Teil von Kalabrien (nicht jedoch in der Provinz Catanzaro; vgl. *infra*).

Eine der Spirantisierung verwandte Form der Lenisierung – im Sinne einer Verminderung der konsonantischen Stärke – ist die **Deaffrizierung** (it. *deaffricazione*), bei welcher eine Affrikate zu einem Frikativ reduziert wird. Als Folge dieses allophonischen Prozesses erscheint in weiten Teilen Süd- und Mittelitaliens (eingeschlossen die Toskana) das Phonem /t͡ʃ/ nach Vokal in der Form einer kombinatorischen Variante [ʃ]. In diesen Regionen sagt man also [ˈpaːʃe] für *pace* /ˈpat͡ʃe/ 'Frieden' oder [la ˈʃeːna] für *la cena* /la ˈt͡ʃena/ 'das Abendessen'. Trotzdem wird *la cena* nicht homophon zu *la scena* 'die Szene', da letzteres als [la ˈʃːɛːna] ausgesprochen wird, mit intrinsischem Langkonsonanten (vgl. 4.3.2) und offenem /ɛ/. Nur auf die Toskana beschränkt ist die Deaffrizierung der stimmhaften palato-alveolaren Affrikate /d͡ʒ/, die im intervokalischen Kontext zu [ʒ] wird (ein Konsonant, der sonst im Italienischen nicht vorkommt). Die toskanische Aussprache von *ragione* /raˈd͡ʒone/ 'Vernunft' oder *due giri* /ˈduːe ˈd͡ʒiri/ 'zwei Runden' ist demnach [raˈʒoːne] und [ˈduˑe ˈʒiːri]. In dialektal gefärbten Regionalvarietäten Norditaliens, z.B. im Veneto, beobachtet man hingegen die Deaffrizierung der stimmlosen alveolaren Affrikate /t͡s/ zu [s] in Formen wie [paˈsjẽŋsa] für das standardit. *pazienza* /paˈt͡ːsjɛnt͡sa/ 'Geduld'.

Der umgekehrte Prozess der **Affrizierung** (it. *affricazione*) stellt logischerweise keine Form von Lenisierung, sondern vielmehr eine Fortisierung dar (vgl. 3.3.3). Dieses Phänomen ist typisch für weite Teile Mittelitaliens, wobei die Toskana erneut eingeschlossen ist. In diesen Regionen wird der Frikativ /s/ als Affrikate [t͡s] ausgesprochen, wenn die vorhergehende Silbe auf einen Sonoranten endet, also auf einen Nasal oder einen Liquid. Wörter wie *penso* /ˈpɛn.so/ '(ich) denke', *borsa* /ˈbor.sa/ 'Tasche' oder *falso* /ˈfal.so/ 'falsch' werden in diesen Regionen als [ˈpɛnt͡so], [ˈbort͡sa] und [ˈfalt͡so] ausgesprochen (vgl. Maturi 2014³: 111). Dieser Prozess erhöht die konsonantische Stärke des Anlauts der zweiten Silbe und entspricht somit der Präferenz des sog. 'Silbenkontaktgesetzes' (vgl. 3.4.5).

Ein ähnlicher Fortisierungprozess besteht in der Aspiration (vgl. 2.4.6, 3.1.4) von stimmlosen Plosiven, welche im Standarditalienischen nicht vorkommt und auch in den Regionalvarietäten äußerst selten ist. Eine Ausnahme bildet das Regionalitalienische in der Provinz von Catanzaro (Kalabrien) sowie in südöstlichen Teilen der Provinz Cosenza, wo man aspirierte Plosive wie diejenigen in den Beispielen in (57) antrifft (vgl. Canepari 1986³: 79):

(57a)	*tanto tempo*	'viel Zeit'	[ˈtantʰo ˈd̥ɛmpʰo]
(57b)	*tutta la mattina*	'den ganzen Morgen'	[ˈtʊtːʰa la maˈtːʰiːna]

Bei der Aspiration im postnasalen Kontext in (57a) fällt zunächst auf, dass diese Fortisierung eigentlich das Gegenteil der oben besprochenen Sonorisierung der stimmlosen Plosive darstellt, welche in der *area meridionale* (vgl. Abb. 1) und somit im nördlichen Teil Kalabriens vorherrscht. Dieses Phänomen zeigt erneut, dass sogar innerhalb einzelner Regionen Unterschiede bezüglich der Aussprache bestimmter Laute bestehen können (eine ähnliche Form der Aspiration von Plosiven findet man übrigens auch in Teilen Siziliens; vgl. Canepari 1986³: 83). Aus phonologischer Sicht stellt sich hier jedoch die Frage, was die Aspiration der Geminaten in (57b) mit den jenigen nach Nasalkonsonant in (57a) gemein hat. Die Antwort liegt in der Silbenstruktur begründet bzw. in der Tatsache, dass sich Geminaten wie diejenige im Wort /mat'tina/ auf zwei Silben verteilen (vgl. 4.3.2): In beiden Fällen führt die Aspiration des Anlauts der zweiten Silbe somit zu einer Verbesserung des Silbenkontakts.

Die meisten hier aufgeführten allophonischen Prozesse betreffen die Artikulationsart, die Stimmhaftigkeit oder den 'Stärkegrad' von Obstruenten und fallen somit in das Spannungsfeld von Lenisierung vs. Fortisierung, wobei erstere meist im intervokalischen Kontext eintritt (auf ein weiteres Fortisierungsphänomen, das sog. *raddoppiamento fonosintattico*, wird im Teilkapitel 4.3.3 eingegangen). Vereinzelt gibt es in italienischen Regionalvarietäten aber auch allophonische Prozesse, welche den Artikulationsort betreffen. Ein berühmtes Beispiel ist die palatalisierte Aussprache der alveolaren Frikative /s/ und /z/ vor Konsonant, die in einigen süditalienischen Varietäten palato-alveolar als [ʃ] bzw. [ʒ] realisiert werden, wie die Beispiele in (58) zeigen:

(58a) siz.
spara ['ʃpaːra] '(er/sie) schießt', *stato* ['ʃtaːto] 'Staat', *scala* ['ʃkaːla] 'Treppe'
sbatte ['ʒbatːe] '(er/sie) schlägt', *smetto* ['ʒmɛtːo] '(ich) höre auf'

(58b) kamp.
scuola ['ʃkwoːla] 'Schule', aber: *stella* ['stelːa] 'Stern'
sbaglio ['ʒbajːo] 'Fehler', aber: *sdentato* [zdend'aːd̥o] 'zahnlos'
sfogliatella [ʃfojːa tɛlːa] 'süsse Teigtasche', *Svizzera* ['ʒvitːsera] 'Schweiz'

(58c) abr., molis.
spalla ['spalːa] 'Schulter', *scorta* ['skɔrta] 'Geleit', aber: ['ʃtalːa] *stalla* 'Stall'
sbarra ['zbarːa] 'Schranke', aber: *sdegno* ['ʒdeɲːo] 'Empörung'

Diese Beispiele illustrieren gleichzeitig einen kleinen, aber wichtigen Unterschied zwischen den drei regionalitalienischen Varietäten bezüglich der phonotaktischen Kontexte, in welchen dieser Prozess eintritt. Während die Palatalisierung (58a) in der dialektal geprägten Aussprache einiger Sizilianer– insbesondere aus der Provinz Trapani im Westen der Insel – vor jedem Konsonanten (unabhängig von dessen Artikulationsort) erfolgt, sind im kampanischen Regionalitalienischen (58b) die alveolaren Konsonanten von diesem Prozess ausgeschlossen (vgl. Canepari 1986³: 73, 84; Schmid 1999: 153). Aus diesem Grund ärgern sich die Neapolitaner oft, wenn andere Italiener bei der Nachahmung ihres Akzents diese Regel übergeneralisieren und den Frikativ /s/ z.B. auch in Wörtern wie dem Demonstrativpronomen *questo* palatalisieren. Genau das umgekehrte Muster als im kampanischen Regionalitalienischen tritt schließlich in einzelnen Gebieten der sog. *area mediana* (vgl. Abb. 1) auf, wo die Phoneme /s/ und /z/ nur vor alveolaren Konsonanten palatalisiert werden (siehe die Beispiele (58c); vgl. Maturi 2014³: 111–112; Crocco 2017: 98).

Unsere Beschreibung der regionalen Besonderheiten in der Aussprache des Italienischen beruht z.T. auf eigener Erfahrung sowie im Wesentlichen auf der einschlägigen Fachliteratur (vgl. dazu 4.5), wo ohrenphonetische Beobachtungen z.T. in phonetischer Transkription wiedergegeben werden. Wie bereits am Beispiel der betonten Vokale in 4.2.1 gezeigt wurde, besteht aber auch die Möglichkeit, solche symbolphonetischen Beschreibungen mittels instrumentalphonetischer Messungen empirisch zu erhärten. Akustische Analysemethoden erlauben zudem nicht nur eine quantitative Untermauerung phonologischer Fakten, sondern auch eine bildliche Darstellung einzelner Aussprachephänomene. Dies soll hier am Beispiel der Realisierungen von /p t k/ in zwei süditalienischen Regionalvarietäten vorgeführt werden.

Die Abb. 37 zeigt ein Oszillogramm des Ausdrucks *sta cantando* '(er/sie) singt gerade', der von einem Sprecher aus der Region Molise realisiert wurde. Die Aufnahme wurde auf einer dem Buch von Canepari (1986[3]) beiliegenden Tonbandkassette veröffentlicht.

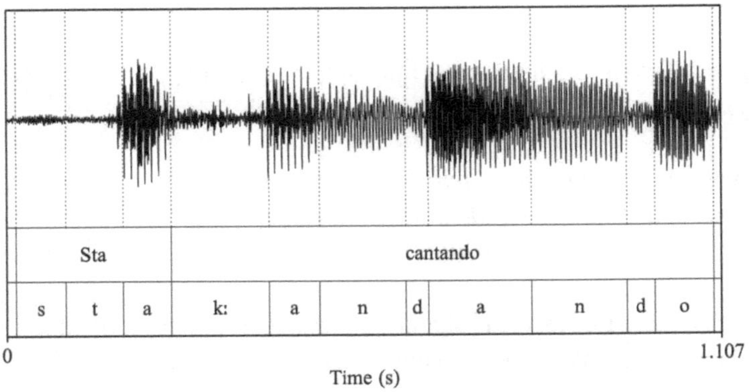

Abb. 37: Oszillogramm und annotierte Segmentierung des Ausdrucks *sta cantando* in der Realisierung eines Sprechers aus der Region Molise

Das Oszillogramm stellt bekanntlich den Zeitverlauf sowie die Intensität und die Periodizität des Sprachsignals dar (vgl. 2.1.3). In der Abb. 37 wurde die Wellenform mit dem Phonetik-Programm *Praat* zusätzlich segmentiert und in einem sog. *TextGrid* (wörtlich: 'Text-Gitter') auf Wort- und Segmentebene annotiert. In den beiden Wörtern *sta* und *cantando* kommen die Phoneme /t/, /k/ und /d/ vor, die als [t], [kː] und [d] realisiert werden. Aufgrund der schlechten Aufnahmequalität ist während der Verschlussphase der stimmlosen Plosive [t] und [kː] ein gewisses Hintergrundgeräusch zu vernehmen, das in der Abbildung in Form von unregelmäßigen Oszillationen mit niedriger Intensität ersichtlich ist. Das [t] in *sta* hat mit 83 ms die typische Dauer eines stimmlosen Plosivs, wobei das wortinitiale /k/ von *cantando* aufgrund des *raddoppiamento fonosintattico* als [kː] mit einer Dauer von 152 ms fast doppelt so lang realisiert wird (vgl. 4.3.3). Weiter fällt auf, dass die den Phonemen /t/ und /d/

entsprechenden Segmente im Wort *cantando* im Oszillogramm sehr ähnlich aussehen. Sie haben mit 35 ms und 43 ms nicht nur eine kürzere Dauer, sondern auch eine höhere Amplitude mit einem periodischen Wellenverlauf. Dieser Sprecher befolgt somit die weiter oben aufgeführte Sonorisierungsregel (56) süditalienischer Regionalvarietäten, wodurch die Opposition zwischen den Phonemen /t/ ~/d/ nach Nasalkonsonant neutralisiert wird.

Ein anderes Muster der Realisierung der Phoneme /p t k/ erscheint hingegen in Abb. 38: Dieses Oszillogramm bildet den Ausdruck *dopo tanto tempo* 'nach so langer Zeit' ab, der durch eine Sprecherin aus Catanzaro realisiert wurde (Quelle: CLIPS; vgl. 4.5).

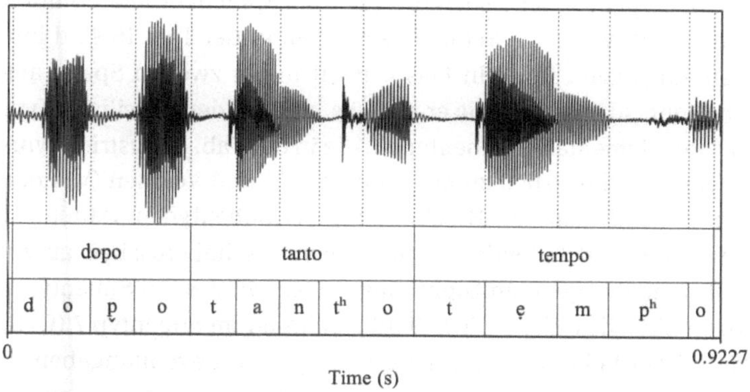

Abb. 38: Oszillogramm und annotierte Segmentierung des Ausdrucks *dopo tanto tempo* in der Realisierung einer Sprecherin aus Catanzaro (Kalabrien)

Eine leicht periodische Wellenform ist hier bei der Realisierung des Phonems /p/ im Wortinlaut von *dopo* ersichtlich, hingegen kaum im anlautenden /t/ von *tanto*; bei *dopo* erfolgt somit die intervokalische Lenisierung gemäß der oben aufgeführten allophonischen Regel (54), welche die intervokalischen stimmlosen Plosive in vielen mittel- und süditalienischen Regionalvarietäten erfasst. Im Gegensatz zur Abb. 37 kann man aber im postnasalen Kontext der Wörter *tanto tempo* keine Sonorisierung feststellen. Auffällig ist hier vielmehr der relativ lang dauernde schwarze Ausschlag in der rechten Hälfte der Segmente [t^h] und [p^h]. Die Stimmeinsatzzeit (VOT, vgl. 2.4.6) beträgt bei diesen Plosiven 26 ms bzw. 48 ms (im Verhältnis zur Gesamtdauer von 56 ms bzw. 103 ms) und dokumentiert somit die weiter oben im Beispiel (57a) erwähnte Aspiration von postnasalen Plosiven, welche für große Teile Kalabriens typisch ist.

4.3 Phonotaktische Strukturen des Italienischen

4.3.1 Silbenstrukturen im Italienischen

Aus sprachtypologischer Sicht zeichnet sich das Standarditalienische durch einen mittleren Grad an phonotaktischer Komplexität aus. Es weist mehr Silbentypen auf als z.B. das Hawaianische oder das Japanische, ohne jedoch komplexe Konsonantenverbindungen zuzulassen, wie sie z.B. im Russischen oder im Polnischen vorkommen (vgl. 3.4.1, 3.4.3). Zudem ist festzustellen, dass das Italienische viele der universellen Präferenzgesetze für Silbenstrukturen befolgt (vgl. 3.4.5).

Beginnen wir unsere kurze Beschreibung der Phonotaktik des Italienischen mit einem Inventar von Silbentypen, welche nach ihrer in zwei Sprachkorpora ermittelten Häufigkeit geordnet sind (vgl. auch Schmid 1999: 159). In der Tab. 16 sind insgesamt 25 Silbentypen aufgelistet; falls ein Beispielwort in der zweiten Spalte aus mehr als einer Silbe besteht, so illustriert die erste Silbe im Wort den jeweiligen Typ. Im Gegensatz zu den zehn elementaren Silbentypen, die in der Tab. 8 illustriert wurden (vgl. 3.4.3), erscheint hier zusätzlich zu Konsonanten (C) und Vokalen (V) noch eine dritte Kategorie S (= Semivokal) zur Beschreibung der Silbentypen. Damit soll die Vielzahl von steigenden und fallenden Diphthongen des Italienischen aufgezeigt werden (vgl. 3.3): Einen steigenden Diphthong finden wir z.B. im Silbentyp 6 (CSV) bzw. in der ersten Silbe des Worts *piede* 'Fuß', während im Silbentyp 7 (CVS) bzw. im Wort *poi* 'dann' ein fallender Diphthong vorliegt. Die Prozentangaben in den beiden Spalten auf der rechten Seite der Tabelle stammen zum einen aus einem schriftsprachlichen Korpus, dem aus 500.000 Wortformen bestehenden *Lessico di frequenza della lingua italiana contemporanea* (LIF) bzw. auf dessen Auswertung durch Bortolini (1976), und zum anderen aus einem Korpus gesprochener Sprache, dem *Lessico di frequenza dell'italiano parlato* (LIP) bzw. auf der Analyse der 475.883 darin vorkommenden Silben durch Mancini/Voghera (1994).

An den Prozentwerten in der Tab. 16 springt ins Auge, dass die Häufigkeit der verschiedenen Silbentypen in den beiden Korpora im Allgemeinen sehr ähnlich ausfällt und dass die ersten fünf Silbentypen zusammen mehr als 90% der realisierten Silben ausmachen. Umgekehrt kommen die letzten Silbentypen (20 bis 25) so selten vor, dass sie in den beiden Korpora z.T. gar nicht belegt sind. So könnte man sogar noch einen zusätzlichen Silbentyp CCCVCC aufführen, der z.B. im Anglizismus *sprint* 'Spurt' vorkommt. Die meisten auf Konsonantenverbindungen endenden Beispiele wie *nord, sport, est* (Silbentypen 18–20) sind ursprünglich ebenfalls Lehnwörter, was darauf hinweist, dass das Italienische einerseits eine starke Präferenz für offene Silben aufweist und andererseits in der Silbencoda meist nur einen einzigen Konsonanten zulässt (vgl. *infra*).

Tab. 16: Häufigkeit von Silbentypen in zwei Korpora des Standarditalienischen (LIF vs. LIP)

Silbentyp	Wort	Silbe	Bedeutung	LIF (%)	LIP (%)[65]
1. CV	*pane*	/ˈpa.ne/	'Brot'	55.821	57.74
2. CVC	*festa*	/ˈfɛs.ta/	'Fest'	14.408	14.83
3. V	*ora*	/ˈo.ra/	'Stunde'	10.096	7.52
4. VC	*anche*	/ˈan.ke/	'auch'	7.181	5.83
5. CCV	*treno*	/ˈtrɛ.no/	'Zug'	3.937	4.73
6. CSV	*piede*	/ˈpjɛ.de/	'Fuß'	3.291	5.75
7. CVS	*poi*	/ˈpɔi̯/	'dann'	1.380	
8. CSVC	*pianta*	/ˈpjan.ta/	'Pflanze'	1.228	1.34
9. CCVC	*pronto*	/ˈpron.to/	'bald'	1.027	1.20
10. VS	*auto*	/ˈau̯.to/	'Auto'	0.599	0.26
11. SV	*ieri*	/ˈjɛ.ri/	'gestern'	0.179	
12. CCCV	*strada*	/ˈstra.da/	'Straße'	0.288	0.29
13. CSVS	*vuoi*	/vwɔi̯/	'willst'	0.212	0.07
14. CCSV	*scuola*	/ˈskwɔ.la/	'Schule'	0.178	0.28
15. CCVS	*spauracchio*	/spau̯.ˈrak.kjo/	'Vogelscheuche'	0.064	
16. CCCVC	*spranga*	/ˈspran.ga/	'Stange'	0.035	0.09
17. CCSVC	*sguardo*	/ˈzgwar.do/	'Blick'	0.008	0.02
18. CVCC	*nord*	/nɔrd/	'Norden'	0.028	0.03
19. CCVCC	*sport*	/spɔrt/	'Sport'	0.004	0.002
20. VCC	*est*	/ɛst/	'Osten'		0.002
21. SVC	*iella*	/ˈjɛl.la/	'Unglück'		0.003
22. CCCVS	*sbraitare*	/zbrai̯.ˈta.re/	'schreien'		0.01
23. CCSVS	*sguainare*	/zgwai̯.ˈna.re/	'(Säbel) zücken'		
24. CSSV	*quieto*	/ˈkwjɛ.to/	'ruhig'		
25. CSSVC	*quiescenza*	/kwjeʃ.ˈʃɛn.t͡sa/	'Ruhestand'		

Wenn wir uns nun den konkreten Kombinationsmöglichkeiten der Phoneme innerhalb der einzelnen Silbenkonstituenten zuwenden (vgl. 3.4.2), so ergeben die Prozentzahlen der Tab. 16, dass der Silbenkopf von mehr als drei Viertel der Silben aus einem einzigen Konsonanten besteht, womit die erste Bedingung des sog. 'Silben-

65 Da das LIP nicht zwischen steigenden und fallenden Diphthongen unterscheidet, wird für die Silbentypen 6+7, 10+11 und 14+15 jeweils die Summe der beiden Prozentwerte angegeben.

kopfgesetzes' erfüllt ist, demzufolge Silbenköpfe bevorzugt nur ein Segment enthalten (vgl. 3.4.5). Bezüglich des Vorkommens der einzelnen Konsonanten bestehen fast keine phonotaktischen Beschränkungen: Jeder Konsonant des Italienischen kann im Prinzip allein in einem Silbenkopf auftreten. Die einzige Beschränkung betrifft den stimmhaften Frikativ /z/, der – im Gegensatz zum Deutschen – allein nie im Wortanlaut, sondern nur nach Vokal im Wortinlaut auftreten kann (vgl. Tab. 14).

Silbenköpfe aus zwei Konsonanten bestehen entweder aus einer Folge von Obstruent + Sonorant oder aus einer Verbindung Sibilant + Konsonant. Der erste Silbenkopftyp entspricht durchaus der zweiten Präferenz des Silbenkopfgesetzes, indem z.B. Verbindungen von ***muta cum liquida*** (also von Plosiven und Vibranten/Lateralen) sehr häufig aufreten. An erster Stelle findet man in solchen Clustern meist Plosive (Bsp. *prato* 'Wiese', *treno* 'Zug' oder *grande* 'groß') sowie das Phonem /f/ (Bsp. *freddo* 'kalt'), während der stimmhafte labiodentale Frikativ /v/ nur im Wortinlaut mehrgliedrige Silbenköpfe bildet (Bsp. *avrò* 'ich werde haben'). Einige Lautwandelerscheinungen in der Diachronie des Italienischen haben zu einer 'Optimierung' des Silbenkopfs im Sinne einer Anordnung der Segmente auf der **Sonoritätsskala** (3.4.4) geführt, indem der Lateral /l/ in vielen Wörtern durch den Approximanten /j/ ersetzt wurde, der über eine größere Schallfülle verfügt (Bsp. it. *pieno* /ˈpjɛno/ 'voll' < lat. PLENU(M), *bianco* /ˈbjanko/ 'weiß' < germ. *blank* im Gegensatz zu fr. *plein* /plɛ̃/ und *blanc* /blɑ̃/). Wenn in italienischen Wörtern trotzdem Konsonantenverbindungen mit /l/ an zweiter Stelle vorkommen, so handelt es sich dabei meistens um Neubildungen aus dem Lateinischen oder Griechischen sowie um Lehnwörter aus anderen Sprachen wie etwa dem Französischen (Bsp. *plastico* 'Plastik' oder *blusa* 'Bluse'); das Gleiche gilt für Konsonantenverbindungen mit /n/ wie in *pneumatico* 'Reifen' (wofür man in der Alltagssprache eher den metonymischen Ausdruck *gomma* 'Gummi' verwendet).

Der zweite Typ von zweigliedrigen Silbenköpfen beginnt jeweils mit der sog. ***s impura*** (wörtlich: 'unreines *s*'), also mit den beiden Phonemen /s/ und /z/ (je nach Stimmhaftigkeit des folgenden Konsonanten), für die jeweils das Graphem <s> steht (vgl. 5.1.2). In sC-Clustern können an der zweiten Stelle zahlreiche Konsonanten vorkommen: In der Tat gibt es Verbindungen mit Plosiven (wie in *scala* /ˈskala/ 'Treppe'), Frikativen (*sviluppo* /zviˈluppo/ 'Entwicklung') und Affrikaten (Bsp. *sgelo* /ˈzd͡ʒɛlo/ 'Auftauen'), aber auch mit Vibranten (Bsp. *sradicare* /zradiˈkare/ 'entwurzeln'), Lateralen (*slancio* /ˈzlant͡ʃo/ 'Schwung'), Nasalen (Bsp. *smalto* /ˈzmalto/ 'Schmelz') und Approximanten (*siepe* /ˈsjɛpe/ 'Hecke'). Die Häufigkeit solcher Wörter im Italienischen hängt u.a. damit zusammen, dass die Phoneme /s/ und /z/ hier auch eine wortbildende Funktion ausüben: Das Präfix *s-* kann nämlich Bedeutungen entweder in ihr Gegenteil verwandeln (z.B. in *gelo* /ˈd͡ʒɛlo/ 'Frost ' vs. *sgelo* /ˈzd͡ʒɛlo/ 'Auftauen') oder aber einen semantisch intensivierenden Effekt bewirken (wie in *lancio* /ˈlant͡ʃo/ 'Wurf' vs. *slancio* /ˈzlant͡ʃo/ 'Schwung'). Aus phonotaktischer Sicht stellen sC-Verbindungen mit Sonoranten für das Silbenkopfgesetz kein Problem dar, da die Sonorität vom ersten zum zweiten Element des Konsonantenclusters zunimmt. Hingegen liegt bei einer Folge von zwei Frikativen (wie im Fall von *sviluppo* /zviˈluppo/ ‘Entwicklung’) ein sog. ‘Sonoritätsplateau’ vor, während bei einer Verbindung von /s/+Plosiv (wie im Fall *scala* /ˈskala/ ‘Treppe’) sogar ein *sonority reversal* eintritt (zum Problem der Silbifizierung von sC-Clustern siehe 3.4.5). Hierzu muss allerdings angemerkt werden, dass solche phonotaktische Muster im Zusammenhang mit Sibilanten in vielen europäischen Sprachen auftreten, so z.B. im Deutschen (vgl. Wörter wie *Stuhl* oder *spät*) und im Englischen (vgl. Wörter wie *stay* ‘bleiben’ oder *sky* ‘Himmel’); eine Ausnahme bildet freilich das Spanische, welches bekanntlich keine wortinitialen sC-Cluster zulässt (vgl. 3.4.1).

Dreigliedrige Silbenköpfe (CCC) bestehen im Italienischen in der Regel aus einer Verbindung der soeben betrachteten zweigliedrigen Cluster sC und Cluster aus *muta cum liquida*, wobei der Liquid dann meist ein Vibrant ist (Bsp. *strada* /ˈstrada/ ‘Strasse’, *scrivere* /ˈskrivere/ ‘schreiben’, *sfruttare* /sfrutˈtare/ ‘ausnutzen’); seltener kommen auch Verbindungen mit Lateral oder Approximant vor (Bsp. *splendere* /ˈsplɛndere/ ‘scheinen’, *stuoia* /ˈstwɔja/ ‘Matte’). Bei steigenden Diphthongen ist allerdings auch eine alternative Analyse möglich, welche den ganzen Diphthong als Teil des Nukleus betrachtet (vgl. *infra*).

In Bezug auf den Silbenkern ergibt ein Blick auf die Tab. 16, dass dieser im Italienischen meistens aus einem Monophthong – also aus einem einzigen Vokal – besteht. Monophthonge kommen zwar nur in zwölf Silbentypen vor; diese stellen aber zusammen mehr als 90% der in den beiden Korpora realisierten Silben dar. In der Tat sind gemäß dem von Vennemann (1988: 27) postulierten ‘Silbenkerngesetz’ aus sprachtypologischer Sicht solche Silben bevorzugt, deren Nukleus aus einem einzigen Vokal besteht. Wie aus den Minimalpaaren in 4.1.1 ersichtlich wurde, können betonte Silben italienischer Wörter jedes der sieben Vokalphoneme /i e ɛ a ɔ o u/ enthalten, während in unbetonten Silben der phonemische Kontrast zwischen Mittelhoch- und Mitteltiefvokalen neutralisiert wird und somit nur die fünf Vokalphoneme /i e a o u/ vorkommen. In wortfinaler Stellung ist zudem der Vokal /u/ sehr selten; er erscheint z.B. in Fremdwörter wie *tabu* (manchmal aber auch mit Endbetonung *tabù*) oder in sardischen Familiennamen wie *Canu*. Die Tab. 16 enthält aber auch zahlreiche Silbentypen mit Diphthongen (z.B. die bereits erwähnten Typen 6 CSV und 7 CVS) und sogar mit Triphthongen (z.B. im Silbentyp 13 CSVS).

In der Tab. 17 werden nun die einzelnen Diphthonge illustriert, die im Wortschatz des Standarditalienischen sowohl in offenen als auch in geschlossenen Silben vorkommen. Bei phonemischen Transkriptionen transkribiert man in der italienischen Linguistik steigende Diphthonge traditionsgemäß als eine Folge von Approximant + Vokal, während fallende Diphthonge als eine Verbindung aus einem silbischen und einem nicht silbischen Vokal (bzw. einem Voll- und einem Halbvokal) dargestellt werden; Halbvokale werden mit einem diakritischen Zeichen notiert, z.B. /ei̯/ in it. *dei* (vgl. auch 5.2.3).

Tab. 17: Steigende und fallende Diphthonge im Standarditalienischen

steigend		**fallend**	
/je/ *piegare* 'falten'	/wi/ *qui* 'hier'	/ei̯/ *dei* 'Präp.+Art.'	/eu̯/ *euforia* 'Euphorie'
/jɛ/ *chiesa* 'Kirche'	/we/ *questa* 'diese'	/ɛi̯/ *lei* 'sie'	/ɛu̯/ *Euro*
/ja/ *piano* 'leise'	/wɛ/ *quercia* 'Eiche'	/ai̯/ *mai* 'nie'	/au̯/ *cauto* 'vorsichtig'
/jɔ/ *chiodo* 'Nagel'	/wa/ *quando* 'wann'	/ɔi̯/ *poi* 'leise'	
/jo/ *fiore* 'Blume'	/wɔ/ *cuore* 'Herz'	/oi̯/ *voi* 'ihr'	
/ju/ *fiume* 'Fluss'	/wo/ *nuotare* 'schwimmen'	/ui̯/ *lui* 'er'	

Die Vielfalt der italienischen Diphthonge ist u.a. auf zwei diachrone Prozesse zurückzuführen. Der erste Prozess betrifft die oben genannten Verbindungen von *muta cum liquida*, bei denen /l/ durch /j/ ersetzt wurde (z.B. it. *chiave* /ˈkjave/ 'Schlüssel' < lat. CLAVE(M), it. *piombo* /ˈpjombo/ 'Blei' < lat. PLUMBU(M)); dieser Lautwandel würde nahelegen, dass der Approximant Teil des Silbenkopfs ist. Der zweite Prozess führt hingegen zu einer Diphthongierung der kurzen lat. Mittelvokale in offener Silbe (z.B. it. *piede* /ˈpjɛde/ 'Fuß' < lat. PĔDE(M), it. *fuoco* /ˈfwɔko/ 'Feuer' < lat. FŎCU(M); vgl. 3.3), weshalb man in diesem Fall den Approximanten auch als Teil des Silbenkerns analysieren kann. Der steigende Diphthong /wo/ kommt nur in unbetonten Silben vor, während umgekehrt /wɔ/ nur in betonten Silben erscheint (vgl. it. *nuoto* /ˈnwɔto/ '(ich) schwimme'). An dieser Stelle sollen schließlich auch noch die **Triphthonge** (it. *trittonghi*) erwähnt werden, die eigentlich aus der Verbindung eines steigenden mit einem fallenden Diphthong entstehen (z.B. *miei* /mjɛi̯/ 'meine, m.pl.', *tuoi* /twɔi̯/ 'deine, m.pl.').

Auch bezüglich der Silbencoda sind im Italienischen klare phonotaktische Muster zu erkennen. Aus der Tab. 16 geht hervor, dass von den ersten sieben Silbentypen ganze sechs keine Coda enthalten und dass die offenen Silben mehr als drei Viertel aller Silbenrealisierungen ausmachen. Somit kommt im Italienischen der ersten Präferenz des Silbencodagesetzes (vgl. 3.4.5) eine große Bedeutung zu. Liegt eine Silbencoda vor, so besteht diese meist aus einem einzigen Konsonanten (gewissermaßen die 'zweitbeste Lösung' im Sinne dieses Gesetzes), der zudem einen hohen Grad an Sonorität aufweist. Dementsprechend erscheinen in der Silbencoda in erster Linie Sonoranten, also Vibranten, Laterale und Nasale wie in den ersten Silben der Beispielwörter (59a).

(59a) *porta* /ˈpɔrta/ 'Türe', *alto* /ˈalto/ 'hoch'
punto /ˈpunto/ 'Punkt', *tempo* /ˈtɛmpo/ 'Zeit'

(59b) *vespa* /ˈvɛspa/ 'Wespe', *pasta* /ˈpasta/ 'Teig', *bosco* /ˈbosko/ 'Wald'
risveglio /riz.ˈveʎʎo/ 'Erwachen'

In den Beispielwörtern in (59b) kommt ein zweites typisches Muster vor, bei welchem die Coda der ersten Silbe durch die Sibilanten /s/ und /z/ besetzt ist. Aufgrund einer phonotaktischen Beschränkung des Italienischen (vgl. Tab. 14) muss der Sibilant mit dem folgenden Konsonanten jeweils die Spezifizierung des Merkmals [±stimmhaft] teilen, wobei solche 'heterosilbischen' sC-Verbindungen eher mit stimmlosen Konsonanten gebildet werden. Im Wortinlaut stellt die Silbifizierung von sC-Clustern aufgrund der Sonoritätsskala bekanntlich kein Problem dar, im Gegensatz zu Silbenköpfen im Wortanlaut (vgl. 3.4.4, 3.4.5).

In den Beispielen (59a-b) erscheinen geschlossene Silben vorwiegend in betonter Stellung im Wortinlaut. Es handelt sich dabei um Inhaltswörter (Nomen und Verben), während unbetonte geschlossene Silben vor allem bei einsilbigen Funktionswörtern vorkommen, wie etwa bei Artikeln (*il, un*) oder Präpositionen (*con, per, in* usw.), die auf einen Sonoranten enden. Einsilbige Inhaltswörter, die auf einen Konsonanten enden /s/ (z.B. *gas, bus*), hat das Italienische in der Regel aus anderen Sprachen, insbesondere dem Englischen, entlehnt. In der Silbencoda erscheinen einerseits Liquide und Nasale (z.B. *bar, goal; fan, boom*), anderseits aber auch /s/ (z.B. *bus, gas*) und z.T. sogar Plosive (z.B. *stop, chat, snack; pub, sud, blog*). Vor allem bei Wörtern, die auf einen stimmhaften Plosiv auslauten, wird im gesprochenen Italienischen häufig ein paragogisches Schwa angehängt, wobei der auslautende Konsonant noch leicht gelängt wird (z.B. *il sud* [il ˈsudːᵊ]). Ebenfalls typisch für Lehnwörter sind zweigliedrige Silbencodas im Auslaut von einsilbigen Wörtern, wie sie in der Tab. 16 für die Silbentypen 18–20 (z.B. *nord, sport, est*) aufgeführt worden sind. Wie bereits in 3.3.4 erwähnt, hört man auch bei solchen Wörtern v.a. am Ende einer Äußerung oft ein paragogisches Schwa (z.B. *ho fatto un test* [ɔ ˈfːatːo un tɛstᵊ]) 'ich habe einen Test gemacht').

Im letzten Beispielwort von (59b) – *risveglio* /riz.ˈveʎ.ʎo/ 'Erwachen' – ist hingegen ein weiteres phonotaktisches Muster ersichtlich, das für den Stammwortschatz des Italienischen charakteristisch ist. Es handelt sich um die sog. 'Geminaten', bei denen zwei identische Phoneme – in diesem Fall /ʎ.ʎ/ – sich auf zwei Silben verteilen. Den Geminaten ist das nächste Unterkapitel 4.3.2 gewidmet.

4.3.2 Geminaten

Ein phonologisches Charakteristikum des Italienischen liegt in den **Geminaten** (it. *geminate,* f.pl.), welche manchmal auch **Doppelkonsonanten** (it. *consonanti doppie*) genannt werden. Der Begriff 'Geminate' geht etymologisch auf das lat. Wort GEMINUS 'Zwilling' zurück, während der Terminus 'Doppelkonsonant' vom graphematischen Erscheinungsbild von Wörtern wie *fatto* 'gemacht' oder *sonno* 'Schlaf' geprägt ist, bei denen die Geminaten durch die Wiederholung des gleichen Buchstabens abgebildet werden. Hier besteht allerdings ein wesentlicher phonologischer Unterschied zwischen dem Italienischen und dem Deutschen. In der deutschen Orthographie dienen Doppelkonsonanten dazu, die Kürze des vorangehenden Vokals zu signalisieren: So besteht z.B. im Minimalpaar *Watte* /ˈvatə/ ~ *wate* /ˈvaːtə/ ein phonemischer Kontrast zwischen Kurz- und Langvokal (/a/ ~ /aː/). Distinktiv ist im Deutschen die Vokalquantität (vgl. 3.5.1), während der Plosiv in beiden Wörtern kurz ausgesprochen wird. Im Italienischen hat die Vokallänge hingegen einen allophonischen Charakter (vgl. 4.4.1), da sie durch die Silbenstruktur (u.a. durch das Vorhandensein einer Geminate) bestimmt wird.

Aus phonologischer Sicht besteht eine Geminate aus einer Sequenz von zwei identischen Phonemen, die sich auf zwei Silben verteilen: Der erste Teil der Geminate belegt die Position der Coda in der vorangehenden Silbe, während der zweite Teil im Kopf der folgenden Silbe steht bzw. deren Anlaut bildet. In einer phonemischen Transkription (vgl. 5.2.1) bildet man die phonotaktische Struktur eines Wortes mit Geminate ab, indem man einen Punkt zwischen die sich wiederholenden Phoneme setzt (z.B. *mamma* /ˈmam.ma/ 'Mutter' oder *gatto* /ˈgat.to/ 'Katze'). In der phonetischen Transkription werden die Geminaten hingegen als Langkonsonanten dargestellt (also [ˈmamːa] und [ˈgatːo]), da in der Tat ja nicht zweimal derselbe Konsonant artikuliert wird. Vielmehr handelt es sich um eine einzige Artikulationsbewegung, die schlicht länger dauert; bei einem Plosiv wird z.B. die Verschlussphase gedehnt.

Wörter mit Geminaten kommen im Italienischen recht häufig vor. Ein Teil davon ist aus dem Lateinischen ererbt (z.B. MAMMA 'weibliche Brust', MASSA 'Teig', TERRA 'Erde'), andere sind hingegen aufgrund von diachronen Assimilationsprozessen (vgl. 3.3) neu entstanden (z.B. *ammirare* 'bewundern' < lat. ADMIRARI, *tetto* 'Dach' < lat. TECTU(M)). Aus synchroner Sicht kann man in der Phonologie des Italienischen vier Typen von Geminaten unterscheiden: i) 'lexikalische' Geminaten, ii) 'intrinsische' Geminaten, iii) spontan gebildete 'postlexikalische' Geminaten an Wortgrenzen sowie iv) Geminaten, die aufgrund des *raddoppiamento fonosintattico* entstehen (vgl. 4.3.3).

Lexikalische Geminaten (it. *geminate lessicali*) stellen – wie ihr Name andeutet – einen integralen Bestandteil des italienischen Wortschatzes dar. Die zugrundeliegende, im mentalen Lexikon eines Sprechers gespeicherte phonologische Repräsentation solcher Wörter enthält – wie bereits erwähnt – zwei identische Phoneme, die auf zwei verschiedene Silben verteilt sind. Italienische Geminaten kommen nur in mehrsilbigen Wörtern vor, wobei sie sowohl vor als auch nach dem betonten Vokal liegen können (vgl. die oben erwähnten Beispiele *ammirare* und *tetto*). Durch die Ersetzung eines einfachen Konsonanten mit einer Geminate kann sogar eine spezielle Art von Minimalpaaren gebildet werden, die freilich nicht ganz der engen Definition eines Minimalpaars in 3.1.1 entspricht, da in der phonotaktischen Struktur des Worts eine Position hinzugefügt wird. In den Beispielen (60) ist eine Reihe solcher Wortpaare aufgeführt (der Punkt zwischen zwei identischen Phonemen markiert jeweils die Silbengrenze).

(60a)	Stimmlose Plosive						
	papa	/ˈpa.pa/	'Papst'	~	*pappa*	/ˈpap.pa/	'Brei'
	note	/ˈnɔ.te/	'Noten'	~	*notte*	/ˈnɔt.te/	'Nacht'
	eco	/ˈɛ.ko/	'Echo'	~	*ecco*	/ˈɛk.ko/	'hier kommt'
(60b)	Stimmhafte Plosive						
	libra	/ˈli.bra/	'Waage'	~	*libbra*	/ˈlib.bra/	'Pfund'
	cade	/ˈkade/	'(er/sie) fällt'	~	*cadde*	/ˈkad.de/	'(er/sie) fiel'
	fuga	/ˈfuga/	'Flucht'	~	*fugga*	/ˈfug.ga/	'flüchte' (Konj.)
(60c)	Frikative						
	tufo	/ˈtu.fo/	'Tuffstein'	~	*tuffo*	/ˈtuf.fo/	'Kopfsprung'
	beve	/ˈbe.ve/	'(er/sie) trinkt'	~	*bevve*	/ˈbev.ve/	'(er/sie) trank'
	casa	/ˈka.sa/	'Haus'	~	*cassa*	/ˈkas.sa/	'Kasse'
(60d)	Affrikaten						
	cacio	/ˈka.t͡ʃo/	'Käse'	~	*caccio*	/ˈkat͡ʃ.t͡ʃo/	'(ich) jage'
	magio	/ˈma.d͡ʒo/	'Weiser'	~	*maggio*	/ˈmad͡ʒ.d͡ʒo/	'Mai'
(60e)	Sonoranten						
	caro	/ˈka.ro/	'lieb, teuer'	~	*carro*	/ˈkar.ro/	'Karren'
	pala	/ˈpa.la/	'Schaufel'	~	*palla*	/ˈpal.la/	'Ball'
	fumo	/ˈfu.mo/	'Rauch'	~	*fummo*	/ˈfum.mo/	'wir waren'
	tono	/ˈtɔ.no/	'Ton'	~	*tonno*	/ˈtɔn.no/	'Thunfisch'

Wie aus den Beispielen (60a–e) ersichtlich ist, enthält der italienische Wortschatz vielfältige Geminaten, die durch Konsonanten aller Artikulationsarten – außer den Approximanten – gebildet werden (eine lange Liste mit solchen Wortpaaren findet man bei Lichem 1969: 107–112). 15 von 23 Konsonantenphonemen treten sowohl als einfache Konsonanten als auch als Geminaten auf. Die drei Phoneme /j/, /w/ und /z/ können keine Geminaten bilden.

Hingegen gibt es fünf Konsonanten, die intervokalisch immer lang ausgesprochen werden. Zu diesen sog. **intrinsischen Geminaten** (it. *geminate intrinseche*) gehören im Standarditalienischen die drei palatalen Phoneme /ʃ ɲ ʎ/ (z.B. *lasciare* /laʃ.ˈʃa.re/ 'lassen', *bagno* /ˈbaɲ.ɲo/ 'Bad', *foglio* /ˈfɔʎ.ʎo/ 'Blatt'); diese Laute sind artikulatorisch komplex und diachron aus den Clustern /ks/, /nj/, und /lj/ entstanden, wie die lat. Etyma der soeben zitierten Wörter (LAXARE, *BANIU(M), FOLIU(M)) bezeugen (siehe Loporcaro 2001). Dazu kommen die beiden alveolaren Affrikaten /t͡s/ und /d͡z/, welche intervokalisch nur als Geminate existieren (z.B. *pazzo* /ˈpat͡s.t͡so/ 'verrückt', *mezzo* /ˈmɛd͡z.d͡zo/ 'halb'). Diese beiden Affrikaten bilden auch dann intrinsische Geminaten, wenn sie orthographisch nur mit einem Buchstaben geschrieben werden und wenn im folgenden Silbenkern ein steigender Diphthong vorliegt (z.B. *stazione* /stat͡s.ˈt͡sjone/ 'Bahnhof'). Treten /t͡s/ und /d͡z/ im Wortinlaut nach Konsonant auf, so sind sie hingegen nur als einfache Konsonanten zugelassen, da die Coda der vorangehenden Silbe bereits besetzt ist (z.B. *forza* /ˈfɔr.t͡sa/ 'Kraft', *manzo*

/ˈman.d͡zo/ ‘Rind’). Geminaten sind im Italienischen **ambisilbisch** (it. *ambisillabico*), d.h. auf zwei Silben verteilt.

Diese Ambisilbizität gilt für intrinsische Geminaten auch im Wortanlaut – ein Umstand, der Auswirkungen auf die Morphologie hat. Bekanntlich haben die bestimmten maskulinen Artikel im Italienischen zwei Formen, nämlich *il/lo* im Singular und *i/gli* im Plural. Die Selektion der beiden Allomorphe wird im Singular durch die phonotaktische Struktur des folgenden Wortanlauts bestimmt. Im Normalfall – d.h. vor einem einfachen Konsonanten oder einer Konsonantenverbindung, die problemlos innerhalb des Silbenkopfs silbifiziert werden kann – kommt als Default-Variante das Allomorph *il* zum Zug (z.B. *il pane* ‘das Brot’, *il prato* ‘die Wiese’). Vor komplexen Silbenköpfen, deren Silbifizierung problematisch ist, muss hingegen das Allomorph *lo* gewählt werden. Dies gilt z.B. für Wortanlaute mit *s impura* (z.B. sg. *lo studente* ‘der Student’), wodurch der Sibilant satzphonetisch mit dem vorangehenden Artikel eine gemeinsame Silbe bildet (/los.tu.ˈdɛn.te/) und somit der Verstoß gegen das Sonoritätsprinzip im Silbenkopf /stu/ gewissermaßen ‘repariert’ wird. Analoges gilt für die intrinsischen Geminaten, die aufgrund ihrer Ambisilbizität ebenfalls die Coda der vorangehenden Silbe besetzen, wozu im Singular das auf Vokal endende Allomorph des Artikels benötigt wird (z.B. *lo sciame* /loʃ.ˈʃame/ ‘der Schwarm’, *lo gnocco* /loɲ.ˈɲɔk.ko/ ‘der Kloß’, *lo zio* /lot͡s.ˈt͡sio/ ‘der Onkel’). Da eine Silbencoda im italienischen Stammwortschatz nur aus einem Segment bestehen kann, ist bei diesen Wörtern der Artikel *il* aufgrund der daraus entstehenden Konsonantenfolgen */ils.tu.ˈdɛn.te/ und */ilt͡s.ˈt͡sio/ nicht zulässig. Aus Gründen der morphologischen Analogie wird dann auch im Plural die seltenere Artikelvariante *gli* gewählt (pl. *gli studenti; gli sciami, gli gnocchi, gli zii*).[66]

Bezüglich der Geminaten bestehen z.T. erhebliche Unterschiede zwischen der Aussprachenorm des Standarditalienischen und den phonologischen Gegebenheiten in den Regionalvarietäten. In Bezug auf die lexikalischen Geminaten sind eigentlich keine größeren Abweichungen zu vermerken, da der Wortschatz in der Standardvarietät und den *italiani regionali* zu weiten Teilen identisch ist. Interessanterweise gibt es in Mittel- und Süditalien einige Lexeme, die im Wortanlaut lexikalische Geminaten aufweisen (vgl. Maturi 2014³: 117). Solche Wörter haben zum Teil einen emphatischen Charakter, sowohl auf höheren und tieferen semantischen Sphären: z.B. *Dio* [ˈdːiːo] ‘Gott’ (auch Standarditalienisch) und *merda* [ˈmːɛrda] ‘Scheiße’. Zum Teil handelt es sich aber auch um semantisch neutrale Wörter wie z.B. das Raumadverb *là* [ˈlːa], bei welchem die Geminate im Anlaut ein Relikt des lat. Etymons ILLAC darstellt; im Prinzip bildet dieses Wort sogar ein Minimalpaar mit

66 Der bestimmte Artikel *gli* (sowie das homophone unbetonten Personalpronomen für das indirekte Objekt, 3. Person) stellt im Standarditalienischen insofern einen Sonderfall dar, als nur in diesem einzigen Wort eine intrinsische Geminate im absoluten Anlaut (also am Satzanfang nach Pause) erscheinen kann.

dem (allerdings unbetonten) femininen Artikel *la*. Die Regionalvarietäten spiegeln hier natürlich das dialektale Substrat wider (vgl. Abb. 1), und dasselbe gilt auch für die intrinsischen Geminaten. Wie bereits in 4.2.2 vermerkt, umfasst diese Kategorie in Mittel- und Süditalien auch die beiden Phoneme /b/ und /d͡ʒ/, welche intervokalisch als [bː] und [d͡ːʒ] ausgesprochen werden (z.B. *abile e agile* [ˈabːile e ˈad͡ːʒile] ‘geschickt und wendig’, *molto bella* [ˈmolto ˈbːɛlːa] ‘sehr schön, f.sg.’).

Auch in Norditalien ist die Realisierung der Geminaten teilweise durch das dialektale Substrat geprägt. Die in der Diachronie erfolgte **Degeminierung** (it. *degeminazione*) der lat. Doppelkonsonanten ist bekanntlich ein Merkmal, das wesentlich zum Isoglossenbündel der sog. *Linea La Spezia-Rimini* auf der Abb. 1 beiträgt (vgl. Loporcaro 2013²: 19). Diese Sprachgrenze trennt nicht nur die Westromania von der Ostromania, sondern auch die norditalienischen von den mittel- und süditalienischen Dialekten. In der Tat verfügen die norditalienischen Dialekte über keine Geminaten – weder die als ‘gallo-italisch’ bezeichneten Mundarten der Regionen Ligurien, Piemont und Lombardei (vgl. Abb. 1) noch die im Veneto und im Trentino gesprochenen Dialekte (z.B. lomb. *dona* ‘Frau’, ven. *gato* ‘Katze’, *tera* ‘Erde’ usw.). Deshalb ist in dialektal geprägten Aussprachen der entsprechenden Regionalvarietäten oft eine Tendenz zur Degeminierung zu erkennen bei Wörtern, die im Italienischen eigentliche eine Geminate hätten. Symptomatisch für diese Verhältnisse ist die Karikatur einer Lehrperson aus dem Veneto, welche die Schülerinnen und Schüler zur Schreibung der Doppelkonsonanten (eine orthographische Fehlerquelle auch für Muttersprachler) anhält mit den Worten *Ragazzi, fate le doppie!*, wobei in der eigenen Aussprache [raˈgaːd͡zi ˈfaːte le ˈdɔːpje] gleich zwei Doppelkonsonanten degeminiert werden.[67] Allerdings ist es nicht so, dass Norditaliener keine Geminaten ausprechen könnten, wie akustische Messungen der Dauern von Doppelkonsonanten bei norditalienischen Studierenden gezeigt haben (Mairano/De Iacovo 2019). Bei gebildeten Personen ist Aussprache von Geminaten somit im Sinne einer *spelling pronunciation* z.T. auch durch das Schriftbild geprägt (vgl. Crocco 2017: 108).

Seltener als lexikalische und intrinsische Geminaten sind sog. **postlexikalische Geminaten** (it. *geminate postlessicali*), die weder in der zugrundeliegenden phonemischen Repräsentation der Lexeme enthalten noch in der Natur der Phoneme selbst angelegt sind. Vielmehr entstehen solche postlexikalischen Geminaten – manchmal auch ‘falsche Geminaten’ genannt (engl. *false geminates*, vgl. Payne 2006) – durch spontane, v.a. bei hohem Sprechtempo entstehende Assimilationen, die entweder unübliche Konsonantencluster im Wortinlaut vereinfachen (61a) oder

67 Das entgegengesetzte Phänomen findet man in der Regionalvarietät Sardiniens, wo einfache Konsonanten in betonter Silbe oft gelängt werden (vgl. Maturi 2014³: 117; Crocco 2017: 97). Die Karikatur der sardischen Lehrperson sagt dementsprechend *Le parole ‘sale’ e ‘sole’ si scrivono con una <l> sola* [lɛ paˈrɔlˑɛ ˈsalˑɛ e ˈsɔlˑɛ si sˈkrivˑɔnɔ kɔn ˈunˑa ˈɛlˑɛ ˈsɔlˑa] (‘Die Wörter ‘Salz’ und ‘Sonne’ schreibt man mit einem einzigen <l>’). Mit dem diakritischen Zeichen [ˑ] vermerkt man in der phonetischen Transkription die ‘halbe Länge’ eines Sprachlauts.

aber bei Wortgrenzen einen auslautenden Konsonanten an den Anlaut des folgenden Worts angleichen (61b-e), wovon v.a. Sonoranten betroffen sind.

(61a)	*tecnico*	/ˈtɛkniko/	‘technisch’	→ [ˈtɛnːiko]
(61b)	*il lido*	/il ˈlido/	‘der Lido’	→ [iˈlːiːdo]
(61c)	*un modo*	/un ˈmɔdo/	‘eine Art’	→ [uˈmːɔːdo]
(61d)	*il ritmo*	/il ˈritmo/	‘der Rhythmus’	→ [iˈrːitmo]
(61e)	*un rischio*	/un ˈriskjo/	‘ein Risiko’	→ [ũˈrːiskjo]

Neben solchen optionalen und manchmal zufälligen phonetischen Prozessen gibt es im Italienischen aber auch einen zweiten Typus von postlexikalischer Geminierung, der z.T. auf phonologischen Regeln beruht. Es handelt sich um die sog. ‘satzphonetische Verdoppelung’ (it. *raddoppiamento fonosintattico*), die im nächsten Unterkapitel 4.3.3. behandelt wird.

4.3.3 Die satzphonetische Anlautverdoppelung (*raddoppiamento fonosintattico*)

Die bisher beschriebenen allophonischen Prozesse des Standarditalienischen und der italienischen Regionalvarietäten – wie etwa die Assimilation des Artikulationsorts der Nasalkonsonanten oder die Lenisierung von stimmlosen Plosiven zwischen zwei Vokalen – sind durch den unmittelbaren segmentalen Kontext bestimmt und kommen sowohl im Wortinlaut als auch über Wortgrenzen hinweg vor (4.1.3, 4.2.3). Daneben gibt es aber auch im Italienischen eigentliche Sandhi-Phänomene (3.4.8), die nur an Wortgrenzen auftreten. Darunter fällt z.B. die Elision von Vokalen (3.3.4), wodurch das Aufeinandertreffen von zwei Vokalen – also ein Hiatus – vermieden wird. In der Allomorphie der italienischen Artikelformen weist dieses Phänomen durchaus systematischen Charakter auf, wie die Beispiele unter (62) zeigen:

(62a)	*lo stormo*	/los.ˈtor.mo/	‘die (Vogel)schar’
	l’uccello	/lut͡ʃˈ.t͡ʃɛl.lo/	‘der Vogel’
(62b)	*la civetta*	/la.t͡ʃiˈ.vet.ta/	‘die Eule’
	l’aquila	/ˈla.kwi.la/	‘der Adler’
(62c)	*una civetta*	/ˈu.na.t͡ʃiˈ.vet.ta/	‘eine Eule’
	un’aquila	/u.ˈna.kwi.la/	‘ein Adler’

Wie bereits im letzten Unterkapitel angedeutet wurde, wird die Selektion der Artikel im Italienischen durch die phonotaktische Struktur des folgenden Wortanlauts bestimmt. Beim bestimmten maskulinen Artikel im Singular gibt es neben der Alternation *il/lo* noch eine dritte Form *l’*, die eine Variante von *lo* darstellt (62a). Beim femininen Artikel im Singular besteht die Alternation zwischen einer auf *-a* endenden und einer elidierten Form sowohl beim bestimmten als auch beim unbestimmten Artikel (62b, 62c). Wie die phonemischen Transkriptionen zeigen, ermöglicht die

Elision des Artikels bei *l'* und *un'* die 'Einsparung' einer Silbe (vgl. ungrammatische Formen wie **lo uccello*, **la aquila*) sowie eine regelmäßige Abfolge von CV-Silben.

Das wichtigste Sandhi-Phänomen des Italienischen ist jedoch die **satzphonetische Anlautverdoppelung** (it. *raddoppiamento fonosintattico*, abgekürzt RF). Im Gegensatz zur Elision wird bei diesem Prozess kein Vokal getilgt, sondern durch die Geminierung eines Konsonanten eine phonotaktische Position hinzugefügt. Bei der Formulierung einer phonologischen Regel für das *raddoppiamento fonosintattico* spielt die Silbenstruktur zwar durchaus eine Rolle; der Prozess an sich ist aber – zumindest aus synchroner Sicht – nicht phonotaktischer, sondern prosodischer oder lexikalischer Natur. In Tab. 18 werden die vier Grundtypen des RF aufgelistet (vgl. Loporcaro 1988: 341, 1997: 1).

Tab. 18: Die vier Grundtypen des *raddoppiamento fonosintattico* (RF)

	Prosodisches RF	**Beispiel**	**Bedeutung**
1a	nach betontem Vokal	*cantò bene* [kan'tɔ 'bːɛːne]	'(er/sie) sang gut'
	in mehrsilbigen Wörtern	*mangerò poco* [manʤe'rɔ 'pːɔːko]	'(ich) werde wenig essen'
		caffè buono [ka'fːɛ 'bːwɔːno]	'guter Kaffee'
1b	nach betontem Vokal	*è vero* [ɛ 'vːeːro]	'(es) ist wahr'
	in einsilbigen Wörtern	*tu puoi* [tu pːwɔi̯]	'du kannst'
		tè caldo [tɛ 'kːaldo]	'heißer Tee'
	Lexikalisches RF		
2a	nach unbetontem Vokal	*a casa* [a 'kːaːsa]	'im Haus, nach Hause'
	in einsilbigen Wörtern	*io e te* ['iːo e tːe]	'ich und tu'
		uno o due ['uːno o 'dːuːe]	'eins oder zwei'
2b	nach unbetontem Vokal	*come me* ['koːme mːe]	'wie ich'
	in zweisilbigen Wörtern	*dove vai?* ['doːve vːai̯]	'wohin gehst Du?'
		qualche volta ['kwalke 'vːɔlta]	'manchmal'

Alle vier Typen von *raddoppiamento fonosintattico* haben zwei Aspekte gemeinsam: Erstens den Effekt, dass ein Konsonant im Wortanlaut geminiert wird, und zweitens die Bedingung, dass das vorangehende Wort auf Vokal und somit auf eine offene Silbe endet. In allen vier Typen handelt es sich zudem um einen postlexikalischen (satzphonetischen) Prozess, da die Geminierung im Anlaut nicht Teil der zugrundeliegenden phonemischen Repräsentation der jeweiligen Wörter ist. Im mentalen Lexikon ist der jeweilige Worteintrag mit einem einfachen Konsonanten im Anlaut gespeichert, und auch in der zusammenhängenden Rede erscheinen diese Wortformen meist ohne Geminate. Wenn wir die vier RF-Typen in Tab. 18 betrachten, so ist es leicht, für jedes erste Beispiel (außer bei 1b) einen ähnlichen Ausdruck ohne satzphonetische Verdoppelung zu finden (1a: *canta bene* [ˈkanta ˈbɛːne] ‘(er/sie) singt gut’; 2a: *la casa* [la ˈkaːsa] ‘das Haus’); 2b: *per me* [per me] ‘für mich’). Es gibt aber zwei wesentliche Unterschiede zwischen dem prosodischen RF auf der einen und dem lexikalischen RF auf der anderen Seite. Ein erster besteht in der Tatsache, dass bei den Typen 1a und 1b der vorangehende Vokal den Wortakzent trägt, während der auslautende Vokal bei den Typen 2a und 2b unbetont ist. Wir sprechen von ‘prosodischem’ RF, da der Wortakzent bekanntlich eine suprasegmentale Eigenschaft darstellt (vgl. 3.5.2).

Der zweite Unterschied beruht darauf, dass das prosodische RF einen absolut regelhaften Charakter aufweist. Es handelt sich um eine produktive phonologische Regel, die man mit dem Formalismus unter (63) darstellen kann.

(63) $$C_\alpha \rightarrow C_\alpha \$ C_\alpha \Big/ \begin{bmatrix} +\text{vokalisch} \\ +\text{betont} \end{bmatrix} \# \_$$

Diese phonologische Regel besagt, dass ein beliebiger einfacher Konsonant C_α geminiert wird, wenn er in einem Wortanlaut unmittelbar auf einen betonten Vokal folgt; der erste Teil der dadurch generierten Geminate schließt als Coda die betonte Silbe des vorangehenden Wortes.

Es gibt eine Reihe von Ausnahmen für die Regel (63), die sich allerdings zwangsläufig aus den allgemeinen phonotaktischen Beschränkungen für Geminaten (vgl. 4.3.2) ergeben. Logischerweise kann kein zusätzliches RF stattfinden bei Konsonanten, die bereits zugrundeliegend als intrinsische Geminaten repräsentiert sind. So wird z.B. in einem wie Satz *mangerà gnocchi* [mand͡ʒeˈra ˈɲːɔkːi] ‘(er/sie) wird Gnocchi essen’) der anlautende Nasal [ɲː] sowieso lang ausgesprochen; dies wäre auch nach einem unbetonten Vokal der Fall (vgl. [mand͡ʒeˈra ʎːi ˈɲːɔkːi]). Umgekehrt werden /j/, /w/ und /z/ nicht von der Regel des RF erfasst, da diese drei Phoneme im Standarditalienischen gar keine Geminaten bilden. Eine weitere Ausnahme betrifft Wörter, die mit einem sC-Cluster beginnen: In diesem Fall wird /s/ nicht geminiert, da es als Einfachkonsonant bereits die Position der Coda in der betonten Endsilbe besetzt (z.B. *città sporca* [t͡ʃiˈ.tːas.ˈpɔr.ka] ‘schmutzige Stadt’). Bei wortinitialen Konsonantenverbindungen, deren Anordnung auf der Sonoritätsskala dem Silbenkopfgesetz entspricht (vgl. 3.4.4), wird das *raddoppiamento fonosintattico* hingegen angewendet (z.B. *città tranquilla* [t͡ʃi.ˈtːa.tːraŋˈ.kwi.lːa] ‘ruhige Stadt’).

Unter den vier Typen des *raddoppiamento fonosintattico* kommt 1a mit Abstand am häufigsten vor. Mehrsilbige Wortformen mit Endbetonung entstehen insbesondere durch produktive Flexionsendungen in der Verbalmorphologie, z.B. für die erste und dritte Person Singular des Futurs sowohl bei regelmäßigen als auch bei unregelmäßigen Verben (z.B. *parlerò* ‘(ich) werde sprechen’, *scriverà* ‘(er/sie) wird sprechen’; *verrò* ‘(ich) werde kommen’, *sarà* ‘(es) wird sein’). Die Tab. 18 enthält auch eine weitere oxytone Form des Verbalparadigmas, die dritte Person Singular der regelmäßigen Verben im *passato remoto* (z.B. *comprò* '(er/sie) kaufte', *partì* '(er/sie) reiste ab'). Insgesamt generiert das RF vom Typ 1a also eine offene, im Prinzip unbeschränkte Menge von Wortformen. Typ 1a des RF erscheint zudem bei einer etwas weniger zahlreichen Gruppe von mehrsilbigen oxytonen Substantiven (wie z.B. *realtà* 'Wirklichkeit', *virtù* 'Tugend', *povertà* 'Armut' oder *gioventù* 'Jugend'), die in der Regel nicht flektierbar sind und oft eine eher abstrakte Bedeutung aufweisen.

Das RF des Typs 1b entspricht zwar auch der Regel (63), aber die Anzahl der entsprechenden betonbaren Einsilbler ist wesentlich geringer als jene der mehrsilbigen Wörter mit Endbetonung. Unter den Typ 1b fallen die erste und insbesondere die dritte Person Singular Präsens einiger unregelmäßiger Verben wie *fare* 'machen', *dare* 'geben', *stare* 'sein, bleiben', aber auch *sapere* 'wissen' und *potere* 'können' (z.B. *fa, do/da, sto/sta; so/sa, può*), ebenso die 3. Person Singular des *passato remoto* von *essere* (*fu*). Seltener sind in dieser Gruppe die Substantive (*re* 'König'), darunter v.a. die Namen von Buchstaben und Tonarten in der Musik (*vu doppia* <w>, *si bemolle* 'B'). Dazu kommen einige wenige Zahlwörter und Adjektive (*tre* 'drei', *blu* 'blau'), mehrere betonte Personal- und Fragepronomen (*tu* 'du', *mé/té/sé* 'mich/dich/sich'; *che* 'was', *chi* 'wer') sowie eine Reihe von Adverbien (*più* 'mehr', *già* 'schon', *qua/qui* 'hier', *là/lì* 'dort').

Lexeme der Klasse 1b nennt man auf Italienisch *monosillabi forti*, da es sich um einsilbige Inhaltswörter handelt, die akzentuiert, also 'stark' sind. Aufgrund dieser beiden Eigenschaften unterscheiden sich die *monosillabi forti* von den nicht sehr zahlreichen Lexemen der Klasse 2a, den sog. *monosillabi deboli*: Diese besteht aus einer recht kurzen Liste einsilbiger Funktionswörter, die demgegenüber 'schwach', also unbetont sind. Dazu gehören mehrere Präpositionen (*e* 'und', *o* 'oder', *tra/fra* 'zwischen', *su* 'auf', *ma* 'aber', *se* 'wenn') und Konjunktionen (*a* 'an', *da* 'von, bei', *tra/fra* 'zwischen', *su* 'auf') sowie das Relativpronomen *che*. An dieser Stelle muss man festhalten, dass beim Typ 2a das *raddoppiamento fonosintattico* nicht mehr aus der Regel (63) hergeleitet werden kann. Vielmehr handelt es sich hier eben um 'lexikalisches' RF, wo man bei jedem Wort wissen bzw. erlernen muss, ob der folgende Anlaut zu geminieren ist oder nicht. So löst z.B. die Präposition *di* 'von' im nächsten Wort keine Geminierung aus (im Gegensatz zur bereits erwähnten Präposition *da*). Der Unterschied zwischen dem ersten und dem zweiten Typ von lexikalischem RF liegt schließlich darin, dass bei 2a die auslösenden Wörter aus einer einzigen Silbe bestehen, während diese bei 2b zweisilbig sind. Die Klasse 2b ist mit Abstand die kleinste: Sie besteht aus gerade einmal vier Funktionswörtern, nämlich *come* 'wie', *dove* 'wo', *qualche* 'einige', *sopra* 'auf'.

Als postlexikalisches Phänomen ist das *raddoppiamento fonosintattico* in der Schrift normalerweise nicht ersichtlich. Dennoch findet man graphematische Hinweise auf das RF aufgrund der Wortbildung, nämlich bei bestimmten zusammengesetzten Lexemen. Ein fossilisiertes Beispiel für den Typ 2b ist das Wort *soprattutto* 'vor allem', welches üblicherweise mit einem Doppelkonsonanten nach *sopra* geschrieben wird (vgl. 5.1). Beispiele für lexikalisierte Formen des RF findet man sowohl für *monosillabi deboli* (Typ 2a: *frattempo* 'Zwischenzeit', *davvero* 'wirklich', *nemmeno* 'nicht einmal', *sebbene* 'obwohl', *macché* 'ach was!') als auch für *monosillabi forti* (Typ 1b: *quaggiù* 'hier unten', *lassù* 'dort oben', *giammai* 'niemals'). Bezüglich der *monosillabi forti* ist das RF besonders auffällig beim enklitischen, am Imperativ angefügten Personalpronomen von unregelmäßigen Verben: *dammi* 'gib mir', *dimmi* 'sag mir' (im Gegensatz zur Schreibweise bei proklitischem, vorangestellem Personalpronomen: *mi da* '(er/sie) gibt mir', *mi dici* '(du) sagst mir').

Die hier vorgelegte Beschreibung des *raddoppiamento fonosintattico* bezieht sich auf das *italiano standard.* Es bestehen aber große Unterschiede zwischen der Standardaussprache und den Regionalvarietäten, welche mehr oder weniger die Verhältnisse in den jeweiligen Dialekten abbilden. Es würde den Rahmen dieser Einführung sprengen, die detaillierten Bedingungen in den verschiedenen Regionen und Teilregionen aufzählen zu wollen (siehe dazu Loporcaro 1988: 347–373, Loporcaro 1997: 82–118). Der wesentlichste Unterschied betrifft auf jeden Fall Norditalien: Nördlich der *Linea La Spezia-Rimini* (vgl. Abb. 1) gibt es nämlich praktisch kein *raddoppiamento fonosintattico*; nur sehr gebildete Sprecher wenden es in bewusster Annäherung an die Standardlautung an. In Mittelitalien bestehen v.a. Unterschiede bezüglich des lexikalischen RF, während in Süditalien – so z.B. in Neapel – die satzphonetische Anlautverdoppelung ausschließlich lexikalisch bedingt ist. Es gibt somit kein regelhaftes prosodisches RF in Süditalien (Maturi 2014[3]: 116).

Nach dieser Anmerkung zur geographischen Verbreitung des *raddoppiamento fonosintattico* wollen wir zum Schluss einen Blick auf dessen historische Entstehung werfen (vgl. Loporcaro 1997). Das Latein hatte zwar lexikalische Geminaten (vgl. 4.3.2), kannte aber keine satzphonetische Verdoppelung; diese stellt eine diachrone Neuerung des Italienischen dar. Hinweise auf die Natur dieses Lautwandels finden wir bei den bereits erwähnten lexikalischen Fossilisierungen des RF (*nemmeno, davvero* usw.). Ein häufiger Fall von lexikalisiertem RF nach *monosillabo debole* tritt z.B. bei Verben auf, welche das Präfix *a* enthalten (vgl. z.B. *ammettere* 'zulassen' und *abbattere* 'niederschlagen' mit den einfachen Verben *mettere* 'legen' und *battere* 'schlagen'). Die it. Präposition *a* (ebenso wie das entsprechende Präfix) sind vom lat. Etymon AD abgeleitet. Bei der diachronen Entwicklung des it. Verbs *ammettere* < ADMITTERE ist demnach eine totale regressive Kontaktassimilation eingetreten (vgl. 3.3.1), wie wir sie auch aus vielen Beispielen im Wortinlaut kennen (z.B. FACTU(M) > *fat.to* 'getan', IPSU(M) > *esso* 'es' usw.). Während also das lexikalische *raddoppiamento* das Relikt eines ursprünglich segmentalen Prozesses darstellt, ist beim regelhaften prosodischen RF eine Reinterpretation und somit eine **Phonologisierung** (it. *fonologizzazione*) dieses Prozesses eingetreten. Aus synchroner Sicht dient das regelgeleitete RF dazu, eine prosodische Beschränkung des Italienischen zu erfüllen, nämlich die Bedingung, dass betonte Silben 'schwer' sein müssen. Das Silbengewicht spielt in der synchronen Phonologie des Italienischen auch im Zusammenhang mit der Vokallänge und dem Wortakzent eine wichtige Rolle, wie wir in den nächsten beiden Unterkapiteln sehen werden (4.4.1, 4.4.2).

4.4 Zur Prosodie des Italienischen

4.4.1 Allophonische Vokallänge

Bekanntlich zeichnete sich das phonologische System des Lateinischen durch die distinktive Vokalquantität aus, da es im Latein zahlreiche Minimalpaare gibt, die sich einzig durch den Kontrast zwischen Kurz- und Langvokal unterscheiden (vgl. 3.5.1). Da jedoch im Vulgärlatein die Sprecher begannen, alle betonten Vokale in offener Silbe zu dehnen, erfolgte ein sog. 'Quantitätenkollaps'. In der Folge veränderten sich die lat. Kurz- und Langvokale durch eine Vielfalt von diachronen phonologischen Prozessen (insbesondere Diphthongierungen), wodurch in den romanischen Sprachen neue Vokalqualitäten entstanden.

Im Gegensatz zu den meisten Schwestersprachen hat das Italienische die lat. Geminaten nicht nur bewahrt, sondern sogar neue Doppelkonsonanten entwickelt (vgl. 4.3.2). Eigentlich stellt der phonologisch distinktive Kontrast zwischen einem einfachen Konsonanten und einer Geminate einen Fall von **Konsonantenquantität** (it. *quantità consonantica*) dar. In der phonemischen Transkription werden Geminaten bekanntlich als Doppelkonsonanten repräsentiert, während man sie in der phonetischen Transkription mit einem diakritischen Zeichen als Langkonsonanten notiert. Allerdings verwenden wir in diesem Buch bei Transkriptionen des Italienischen das Längezeichen auch für Vokale, und es besteht sogar ein Zusammenhang zwischen Konsonantenlänge und Vokallänge, wie aus den folgenden Beispielen hervorgeht:

(64a)	*fato*	/ˈfa.to/	'Schicksal'	→	[ˈfaːto]
	casa	/ˈka.sa/	'Haus'	→	[ˈkaːsa]
	cane	/ˈka.ne/	'Hund'	→	[ˈkaːne]
(64b)	*fatto*	/ˈfat.to/	'Fakt'	→	[ˈfatːo]
	cassa	/ˈkas.sa/	'Kasse'	→	[ˈkasːa]
	canne	/ˈkan.ne/	'Rohre'	→	[ˈkanːe]
(64c)	*fasto*	/ˈfas.to/	'Prunk'	→	[ˈfasto]
	casta	/ˈkas.ta/	'Kaste'	→	[ˈkasta]
	carne	/ˈkar.ne/	'Fleisch'	→	[ˈkarne]

So wird ein betonter Vokal vor einem einfachen Konsonanten lang ausgesprochen (64a), während derselbe Vokal vor einer Geminate kurz bleibt (64b). In Wortpaaren wie *fato* ~ *fatto* besteht somit eine komplementäre Beziehung zwischen Vokal- und Konsonantenlänge: Entweder ist der Vokal lang oder der darauffolgende Konsonant, aber nie beide nacheinander. Wir stellen also fest, dass die Vokallänge von der Konsonantenquantität (bzw. von der Silbenstruktur) abhängt und nicht umgekehrt. Daraus folgt, dass im Italienischen die Konsonantenquantität (Gemination) distinktiv ist, während die Vokallänge nur allophonischen Status besitzt. Die Abhängigkeit der Vokallänge von der Silbenstruktur belegen die Beispielwörter in (64c), deren heterosilbische Konsonantenverbindungen die Vokaldehnung ebenso verhindern wie die Geminaten in (64b): In beiden Fällen ist die betonte Silbe geschlossen, da die Codaposition besetzt ist.

Diese Fakten erlauben uns nun, eine allophonische Regel für die Vokallänge des Italienischen zu formulieren:

(65) $V \rightarrow [+\text{lang}] \; / \; \underset{[+\text{betont}]}{\underline{\qquad}} \; \$ \qquad (\$ \neq \#)$

Diese Regel besagt, dass ein betonter Vokal in offener Silbe lang realisiert wird, falls die Silbe sich im Wortinlaut befindet. Gemäß der Spezifikation in Klammer ($\$ \neq \#$) wird die Regel dagegen nicht befolgt, falls die betonte offene Silbe im Wortauslaut steht; dann tritt bekanntlich das *raddoppiamento fonosintattico* (Regel 63) ein.

Aus variationslinguistischer Sicht kann festgehalten werden, dass die allophonische Vokaldehnung nicht nur im Standarditalienischen, sondern auch in den meisten Regionalvarietäten realisiert wird. Satzphonetisch wird die Dehnung oft noch verstärkt, falls die betonte Silbe im letzten Wort einer Äußerung steht. Eine solche **präpausale Dehnung** (it. *allungamento prepausale*, engl. *final/prepausal lengthening*) ist in vielen westeuropäischen Sprachen zu beobachten und stellt eine natürliche Folge des verlangsamten Sprechtempos am Satzende bzw. vor einer Sprechpause dar. Interessanterweise fallen beide Phänomene – allophonische und präpausale Dehnung – in der toskanischen Umgangssprache manchmal weg. Dies wird z.B. eindrücklich durch eine Sprachaufnahme aus Caneparis (1986[3]) Sammelband zum Regionalitalienischen (vgl. 4.5) illustriert, wo der Sprecher die betonten Vokale in den äußerungsfinalen Wörtern *canzoni* ‘Lieder’ und *cena* ‘Abendessen’ hörbar kurz ausspricht. Auch im sardischen Regionalitalienisch bewirkt die oben erwähnte Halblänge von einfachen Konsonanten nach betonten Vokalen (etwa in Ausdrücken wie *una <l> sola* [ˈunˑa ˈɛlˑɛ ˈsɔlˑa] ‘ein einziges <l>), dass die Vokaldehnung gemäß Regel (65) ausbleibt (vgl. 4.3.2, n. 51). Schließlich kann man in weiten Teilen Norditaliens beobachten, dass betonte Vokale auch in geschlossenen Silben lang ausgesprochen werden. So dehnt z.B. die von Canepari (1986[3]) aufgenommene Sprecherin aus dem Veneto betonte Vokale vor tautosilbischem Vibrant und Nasalkonsonant in Wörtern wie *campo* [ˈkãːmpo] ‘Feld’ und *corda* [ˈkɔːrda] ‘Seil’.

Aus phonologischer Sicht kann man an dieser Stelle festhalten, dass die allophonische Vokaldehnung und das *raddoppiamento fonosintattico* in einem gemeinsamen prosodischen Zusammenhang stehen. Die Regeln (65) und (63) sind beide an die Silbenstruktur und den Wortakzent gebunden. Mit diesen beiden komplementären Verfahren wird im Standarditalienischen sichergestellt, dass betonte Silben schwer sind bzw. zwei Moren (μμ) erhalten (vgl. 3.4.6): Beim RF wird die zweite More dem ersten Teil der Geminate zugewiesen, bei der allophonischen Vokaldehnung dem betonten Vokal selbst.

4.4.2 Der Wortakzent im Italienischen

Gemäß der in 3.5.2 skizzierten prosodischen Typologie zählt das Italienische zu den Sprachen, die über einen Wortakzent verfügen – im Gegensatz etwa zum Französischen oder zum Chinesischen. Das Italienische hat aber keinen 'festen' lexikalischen Akzent, da die Betonung nicht immer auf eine bestimmte Silbe – z.B. die erste oder die letzte – innerhalb des Wortes fällt. Vielmehr ist der Wortakzent im Italienischen bis zu einem gewissen Grad 'frei' und auf jeden Fall distinktiv, da sich bei zahlreichen Minimalpaaren die Wortbedeutung allein aufgrund der Position des Akzents unterscheidet.

Im Gegensatz zum Spanischen verfügt das Italienische nicht nur über drei, sondern sogar über vier Betonungsmuster. Der Wortakzent kann auf die letzte, zweitletzte, drittletzte und sogar auf die viertletzte Silbe fallen. Bei Wortformen mit Endbetonung (wie z.B. der Futurform *parlerò* 'ich werde sprechen' oder der Vergangenheitsform *cantò* '(er/sie) sang') liegt ein oxytones Betonungsmuster vor (vgl. 3.5.2); auf Italienisch spricht man in diesem Fall auch von ***parole tronche*** (wörtlich: 'abgeschnittene Wörter'). Paroxytone Wörter mit Betonung auf der zweitletzten Silbe (z.B. *càsa* 'Haus' oder *màngio* 'ich esse') nennt man ***parole piane*** (wörtlich: 'flache Wörter'). Proparoxytone Wörter mit Betonung auf der drittletzten Silbe (wie z.B. in *pòrtano* 'sie tragen' oder *lìbero* 'frei') werden italienisch ***parole sdrucciole*** (wörtlich: 'rutschige' Wörter) genannt. Schließlich bezeichnet man die seltenste Wortkategorie mit Betonung auf der viertletzten Silbe (wie z.B. *telèfonano* 'sie telefonieren') als ***parole bisdrucciole*** ('sehr rutschige Wörter').

Die Beispiele unter (66) belegen anhand von einigen Minimalpaaren die vier wesentlichen Akzentmuster des Italienischen (für weitere Beispiele siehe Lichem 1969: 126–130):[68]

(66a)	*pàpa*	'Papst'	~	*papà*	'Papa'
	fini	'Ziele'	~	*finì*	'(er/sie) endete'
	calamìta	'Magnet'	~	*calamità*	'Unheil'
(66b)	*àncora*	'Anker'	~	*ancóra*	'noch'
	càmice	'Kittel'	~	*camìce*	'Hemden'
	àlzati	'steh auf!'	~	*alzàti*	'aufgestanden (m.pl.)'

68 Wir verzichten an dieser Stelle auf die phonetische Transkription der Beispielwörter, sondern verwenden in diesem Kapitel ausnahmsweise den graphischen Gravis- bzw. Akut-Akzent nicht nur für die Endbetonung, sondern allgemein zur Markierung der Akzentposition im Wort; solche disambiguierenden Schreibweisen sind im Italienischen zwar möglich, aber nicht obligatorisch (vgl. 5.1).

(66c)	*càpito*	'ich komme'	~	*capìto*	'verstanden'
			~	*capitò*	'es kam vor'
	prèdico	'ich predige'	~	*predìco*	'ich sage voraus'
			~	*predicò*	'(er/sie) predigte'
	pèrdono	'sie verlieren'	~	*perdóno*	'Vergebung'
			~	*perdonò*	'(er/sie) verzieh'
(66d)	*càpitano*	'sie ereignen sich'	~	*capitàno*	'Hauptmann'
	àbitino	'sie wohnen (Konj.)'	~	*abitìno*	'Kleidchen'
	tèmperino	'sie spitzen (Konj.)'	~	*temperìno*	'Bleistiftspitzer'

Bei den Minimalpaaren in (66a) erscheint der Akzent entweder auf der zweitletzten oder der letzten Silbe, woraus sich ein Kontrast zwischen *parole piane* und *parole tronche* ergibt. Bei den Minimalpaaren in (66b) liegt der Wortakzent entweder auf der drittletzten oder der zweitletzten Silbe, sodass eine phonologische Opposition zwischen *parole sdrucciole* und *parole piane* entsteht. Die Beispiele in (66c) verbinden die beiden Akzentkontraste von (66a) und (66b), so dass ein und dasselbe Wort zwei Minimalpaare bilden kann. Bei den letzten beiden Beispielen in (66d) stehen zwei *parole bisdrucciole* (mit Betonung auf der viertletzten Silbe) zwei *parole piane* gegenüber. Solche Minimalpaare sind für gewisse morphologische Muster typisch: So erscheint die Lautfolge *–ino* einerseits in Verbformen (hier die dritte Person Plural des Konjunktiv Präsens der Verben *abitàre* und *temperàre*) und andererseits in Derivationssuffixen maskuliner Substantive (*àbito* 'Kleid' → *abitìno* 'Kleidchen').

Man könnte zusätzlich zu den Beispielen in (66a–d) noch einen fünften Typ aufführen, bei dem der Akzent auf der fünftletzten Silbe liegt. Dieses Betonungsmuster erscheint aber nur bei zusammengesetzten Imperativausdrücken vom Typ *òccupamelo* 'besetz ihn mir!' oder *ìndicagliele* 'zeig sie ihm/ihr/ihnen an!', wo den proparoxytonen Verbformen zwei enklitische Pronomen angehängt werden. Allerdings lassen sich mit solchen Ausdrücken keine Minimalpaare bilden; aus der Sicht des lexikalischen Wortakzents handelt es sich um einen Sonderfall der *parole sdrucciole*, wenn man die Verbformen *òccupa* 'besetze!' und *ìndica* 'zeig an!' für sich betrachtet.

Die vier in (66a-d) illustrierten Akzenttypen unterscheiden sich stark bezüglich ihrer Vorkommenshäufigkeit. In der Tat kann die Betonung auf der zweitletzten Silbe eigentlich als eine Art Default-Lösung für den it. Wortakzent betrachtet werden. Auf jeden Fall kommen die *parole piane* mit Abstand am häufigsten vor, wie u.a. die Auswertung des *Lessico di frequenza dell'italiano parlato* (LIP) durch Mancini/ Voghera (1994: 241) ergeben hat:

Tab. 19: Häufigkeit der Akzenttypen im gesprochenen Italienisch (Korpus: LIP)

Anzahl Silben	*Parole tronche*	*Parole piane*	*Parole sdrucciole*
1	229 (100%)		
2	41 (6.7%)	574 (93.3%)	
3	18 (2.7%)	540 (81.1%)	108 (16.2%)
4	9 (4.0%)	168 (75.0%)	47 (21.0%)
5	2 (2.9%)	61 (89.7%)	5 (7.4%)
6	2 (12.5%)	13 (81.3%)	1 (6.2%)

In der Tab. 19 werden die *parole bisdrucciole* vom Typus *telèfonano* gar nicht aufgeführt, da sie offenkundig ziemlich selten vorkommen. Hingegen zeigt sich ganz klar, dass in jeder der anderen drei Wortkategorien das paroxytone Muster klar vorherrscht und in jedem Fall mindestens drei Viertel der Belege ausmacht; die *parole piane* bilden 75% der viersilbigen Wörter gegenüber den 21% der *parole sdrucciole* (vgl. den Infinitiv *lavoràre* 'arbeiten' mit der dritten Person Plural des Präsens *lavórano*). Aus der Tab. 19 geht ebenfalls hervor, dass Lexeme mit fünf oder sechs Silben (wie z.B. *femminilità* 'Weiblichkeit' oder *paracadutìsta* 'Fallschirmspringer') im it. Wortschatz eher selten sind. Meistens handelt es sich dabei morphologisch um zusammengesetzte oder abgeleitete Wörter (vgl. Kaschny/Schwarze 2012) wie im Fall des angeblich längsten it. Wortes *precipitevolissimevolménte* 'Hals über Kopf', das sogar 11 Silben zählt: Dieses Adverb ist vom Superlativ des Adjektivs *precipitévole* 'dazu neigend, herabzustürzen' hergeleitet, welches seinerseits eine Derivation des Verbs *precipitàre* 'herabstürzen' darstellt. Wichtig ist in diesem Zusammenhang auch die Feststellung, dass italienische Wortformen mit mehr als drei Silben immer einen Nebenakzent aufweisen (vgl. 3.5.2); bei den Beispielen *femminilità*, *paracadutìsta* und *precipitévole* liegt dieser jeweils auf der ersten Silbe.

Die große Häufigkeit der *parole piane* wird auch durch die bereits erwähnte prosodische Beschränkung gefördert, derzufolge betonte Silben im Italienischen schwer sein müssen (vgl. 4.3.3, 4.4.1). Das bedeutet umgekehrt, dass der Wortakzent gewissermaßen automatisch auf die zweitletzte Silbe zu liegen kommt, falls es sich dabei um eine geschlossene (und somit schwere) Silbe vom Typ CVC handelt. Es ist im Prinzip unmöglich, dreisilbige Wörter wie *palèstra* /pa.ˈlɛs.tra/ 'Turnhalle' oder *pigrìzia* /pi.ˈgrit͡s.t͡sja/ 'Faulheit' auf der ersten Silbe zu betonen, da in wortmedialen sC(C)-Clustern der Sibilant /s/ die Coda ebenso besetzt wie die erste Hälfte der intrinsischen Geminate /t͡s.t͡s/ in intervokalischem Kontext (vgl. 4.3.1, 4.3.2). Es gibt zwar eine Handvoll Ausnahmen: So fällt der Akzent in den beiden Lexemen *màndorla* 'Mandel' und *pòlizza* 'Versicherungspolice' auf die drittletzte Silbe, ebenso in einer Reihe italienischer Ortsnamen wie *Tàranto*, *Òtranto* (in Apulien), *Lèvanzo* (in Sizilien), *Lèvanto* (in Ligurien) und *Àgordo* (im Veneto). Umgekehrt wird im Italienischen der Städtename *Istànbul* oft auf der zweitletzten Silbe betont.

Im Prinzip stellt diese prosodische Beschränkung innerhalb der Phonologie des Italienischen ein Relikt des Pänultimagesetzes (vgl. 3.4.6) dar, welches den Akzent im Latein immer der zweitletzten Silbe zuweist, falls diese schwer ist. Allerdings ist im Italienischen nur noch diejenige Bedingung des Pänultimagesetzes wirksam, welche die geschlossenen Silben betrifft. Da es aufgrund des Quantitätenkollapses (vgl. 4.4.1) im Italienischen keine zugrundeliegenden Kurz- oder Langvokale mehr gibt, kann die zweite Bedingung des Pänultimagesetzes nicht zum Tragen kommen. Diese besagt bekanntlich, dass bei lat. Wörtern mit der Struktur CV.CV.CV die zweitletzte Silbe betont wird, falls der Vokal lang ist; ist hingegen der Vokal der zweitletzten Silbe kurz, so fällt der Akzent auf die drittletzte Silbe. Für Italienischlernende stellen CV.CV.CV-Wörter hingegen eine notorische Schwierigkeit dar (vgl. 6.4): Aufgrund der Graphie sieht man einem Substantiv wie <fegato> 'Leber' nämlich nicht an, dass es auf der drittletzten Silbe betont ist (*fégato*), sondern würde aufgrund der statistischen Präferenz für die *parole piane* eher annehmen, dass es gleich wie das Adjektiv <legato> 'gebunden' den Akzent auf der zweitletzten Silbe trägt (*legàto*). Im Gegensatz zum Latein kann im Italienischen die Position des Wortakzents eben gerade nicht durch eine Regel von der zugrundeliegenden phonemischen Repräsentation abgeleitet werden, im Gegenteil: Wie die vielfältigen Minimalpaare in (66) zeigen, stellt in einer Sprache wie dem Italienischen der Wortakzent – analog zum Phonem – ein sog. *phonological primitive* dar. Der Wortakzent kann somit nicht strukturell hergeleitet werden, sondern er wirkt vielmehr selbst strukturbildend, wie das *raddoppiamento fonosintattico* und die allophonische Dehnung betonter Vokale in offener Silbe zeigen (vgl. die beiden Regeln (63) und (65) in 4.3.3 und 4.4.1).

4.4.3 Aspekte der Intonation in italienischen Regionalvarietäten

Die Intonation stellt zweifellos die faszinierendste, gleichzeitig aber auch komplexeste prosodische Eigenschaft einer Sprache dar und kann deshalb in dieser Einführung nur in Grundzügen umrissen werden (vgl. 3.4.5; für eine ausführliche und detaillierte Analyse der Intonation aus phonologischer Sicht sei zudem auf Ladd 2008[2] verwiesen). Die Komplexität der Intonation als Forschungsgegenstand liegt einerseits in der Ausdrucksebene begründet, wo mannigfaltige Verläufe der Satzmelodie sich auf syntaktische und semantische Einheiten von unterschiedlicher Größe beziehen. Wesentliche Aspekte der Intonation wurden bereits in 3.4.5 anhand einiger italienischer Beispiele erörtert (vgl. auch die Ausführungen zur autosegmentalen Phonologie in 3.6.1). Wie bereits erwähnt, erfüllt die Intonation neben sprachlichen aber auch parasprachliche Funktionen; so können intonatorische Muster neben grammatischen und pragmatischen Sinneffekten auch 'indexikalische' Informationen über die Herkunft eines Sprechers oder einer Sprecherin vermitteln. Gerade in Bezug auf das Italienische besteht Einigkeit darüber, dass es eine 'Intonation des Standarditalienischen' eigentlich gar nicht geben kann, sondern dass trotz gewisser verbreiteter Muster die Sprechmelodie im Prinzip regional gefärbt ist (Lepschy 1978: 286, Gili Fivela et al. 2015: 144).[69]

In der Geschichte des Fachgebiets 'Phonetik und Phonologie' ist die Intonationsforschung relativ spät entstanden und auch lange eine Randerscheinung geblieben, nicht zuletzt wegen der technisch relativ beschränkten Analysemöglichkeiten. In Bezug auf das Italienische legte Lepschy (1978) mit seinen *Appunti sull'intonazione italiana* eine erste zusammenfassende Darstellung vor und skizzierte in Anlehnung an die 'britische Schule' von Halliday (1967) die wesentlichen intonatorischen Phänomene, welche zwei Jahrzehnte später – wenn auch mit einer etwas anderen Terminologie – dann auch im Rahmen der autosegmentalen Phonologie beschrieben wurden (Avesani 1995). So unterscheidet Lepschy (1978: 280) zunächst eine Art Nuklearakzent (*nucleo tonico*) innerhalb von größeren Intonationsphrasen (*gruppi tonali*), um anschließend aufgrund von fünf grundlegenden Tonbewegungen (steigend, fallend, gleichbleibend, fallend-steigend, steigend-fallend) ein Inventar von 240 (!) möglichen Intonationsverläufen zu postulieren (282–287); dabei zieht er – ganz im Sinne Hallidays – insbesondere auch Wortstellung und Informationsstruktur in Betracht (288–292). Die im Titel als *appunti* 'Notizen' bezeichneten Ausführungen beruhen hauptsächlich auf Introspektion und beziehen sich explizit auf Lepschys eigene Varietät, das venezianische Regionalitalienisch. Das Notationssystem bleibt äußerst rudimentär und verwendet im Wesentlichen doppelte Schrägstriche // für die Grenzen von Intonationsphrasen sowie Ziffern (1 2 3 4 5) für die oben genannten fünf Tonverläufe; Wörter, die den Nuklearakzent tragen, werden mit Kapitälchen hervorgehoben (z.B. // 1 è stato MARCO // für einen normalen Aussagesatz mit breitem Fokus; vgl. Lepschy 1978: 281–282).

Ein alternatives Notationssystem für die Intonation wurde von Canepari (1985) entwickelt. In diesem Ansatz unterscheidet man die sog. *tonía* (die letzte betonte Silbe in der Äußerung) von der sog. *protonía* (dem Vorlauf der *tonía*); die Tonverläufe selbst werden graphisch als Punkte und Striche dargestellt, die ähnlich wie Musiknoten zwischen vier (anstatt fünf) Linien eingetragen werden. Mittels solch schematischer Darstellungen hat Canepari (1985: 37–41) – ausgehend von seiner eigenen ohrenphonetischen Wahrnehmung – einige typische Intonationsmuster für verschiedene Sprachen und regionale Varietäten des Italienischen skizziert (vgl. auch Canepari 1986³, Kap. 6). Der Ansatz und die Terminologie von Caneparis Arbeiten weisen aber einen etwas idiosynkratischen Charakter auf und sind nur von wenigen Autoren übernommen worden. Caneparis Notationssystem wurde z.T. von De Dominicis (1992: 86–87) verwendet in einer empirischen Studie, welche anhand von Perzeptionsexperimenten die pragmatische Interpretation synthetisierter Grundfrequenzverläufe untersuchte. Der Zusammenhang zwischen Illokution und Intonation

69 Die gleiche Feststellung gilt übrigens in weiten Teil auch für das Deutsche (vgl. z.B. Gilles/Peters 2004, Bergmann 2008).

wurde später im Rahmen von Crestis *Teoria della lingua in atto* thematisiert (siehe z.B. Cresti/Firenzuoli 1999, Cresti 2018, vgl. auch Heinz 2006: 50–54 und Moroni 2020: 78–83), während erste experimentalphonetische Arbeiten zur Intonation in italienischen Regionalvarietäten bereits in den späten 1970er Jahren entstanden (vgl. Magno Caldognetto et al. 1978, Bertinetto/Magno Caldognetto 1993: 155–182).

Einer der naheliegenden Vorteile des autosegmentalen Forschungsstrangs in der Folge von Pierrehumbert (1980) liegt nun darin, dass die phonologische Analyse von Intonationsmustern mit der Inspektion von F0-Kurven verbunden wird (vgl. 3.6.1). Das erste Inventar von *Tone and Break Indices* für das Italienische ist von Avesani (1995) unter dem Namen ToBIT eingeführt worden und umfasst mindestens die neun in Tab. 20 aufgeführten Intonationsverläufe (vgl. auch Moroni 2020: 29).

Tab. 20: Intonationsverläufe des Italienischen nach ToBIT (nach Avesani 1995: 96–97)

	Satztyp (Bedeutung)	**Intonationsverlauf (Tonakzente und Grenztöne)**
1	Aussagesatz mit breitem Fokus	H+L* L-L%
2	Aussagesatz mit engem Fokus	H* L-L%
3	Unsicherheit/Zweifel	L*+H L-L%
4	Ausrufesatz	H% H* L-L%
5	Vokativ (Rufkontur)	H* H-L%
6	Entscheidungsfrage (1)	L* H-H%
7	Entscheidungsfrage (2)	H+L* L-H%
8	Weiterweisung (1)	H* L-H%
9	Weiterweisung (2)	H+L* L-H%

Gemäß dieser Aufstellung gibt es im Italienischen vier Tonakzente, nämlich je zwei monotonale und zwei bitonale Akzente (H* und L* bzw. H+L* und L*+H). Bezüglich der Phrasenakzente und Grenztöne erscheint bei den ersten vier Intonationskonturen am Äußerungsende jeweils das Muster L-L%. Nur beim Ausrufesatz (Typ 5) gibt es auch einen hohen Grenzton am Satzanfang. Steigende und hohe Phrasenakzente/Grenztöne sind typisch für Fragen oder weiterweisende Intonationsverläufe; wie die Intonationsverläufe 6 und 7 zeigen, kann die Entscheidungsfrage unterschiedlich realisiert werden. Umgekehrt gibt es auch Konturen, die für verschiedene Satztypen gebraucht werden: So erscheint die Kontur 2 (H* L-L%) auch beim Imperativ, während Ergänzungsfragen im Prinzip die gleichen Intonationsverläufe wie Aussagesätze (1 und 2) aufweisen (Avesani 1995: 97; vgl. auch Avesani et. al. 2003).

Um die Jahrtausendwende entstanden zahlreiche Dissertationen und andere Forschungsarbeiten, die den theoretischen Ansatz der autosegmentalen Phonologie und insbesondere die ToBI-Annotation auf die Analyse der Intonation mehrerer italienischer Regionalvarietäten verwenden. Aufgrund dieser Studien konnten Grice et al. (2005) Intonationsmuster aus vier Städten (Neapel, Bari, Palermo und Florenz) vergleichen und somit eine erste Typologie der Nuklearakzente in italienischen Regionalvarietäten entwerfen, die in der Tab. 21 dargelegt wird (vgl. auch Moroni 2020: 108–110).

Tab. 21: Nukleare Tonakzente in vier italienischen Regionalvarietäten (nach Grice et al. 2005: 364)

	Neapel	Bari	Palermo	Florenz
Aussagesatz (breiter Fokus)	H+L*	H+L*	H+L*	H+L*
Aussagesatz (kontrastiver Fokus)	L+H*	H*+L	H*+L	H*
Entscheidungsfrage	L*+H	L+H*	L*+H	H*
Weiterweisung	L*	L*	L+H*	

Diese kontrastive Analyse zeigt u.a., dass für Aussagesätze mit breitem Fokus alle vier genannten Varietäten den bereits von Avesani (1995) aufgeführten Tonakzent H+L* teilen. Bei kontrastivem Fokus erscheinen hingegen drei verschiedene Akzenttypen, ebenso bei der Entscheidungsfrage, bei welcher die vier Varietäten zudem auch unterschiedliche Phrasenakzente und Grenztöne aufweisen (Grice et al. 2005: 367).

Seit der Jahrtausendwende hat sich die Intonationsforschung sowohl im internationalen Kontext als auch in Italien rasant entwickelt, wobei sich die ToBI-Annotation mehr und mehr als eine Art Standard durchgesetzt hat.[70] Die bisher ausführlichste Beschreibung der Intonation in italienischen Regionalvarietäten wurde von Gili Fivela et al. (2015) vorgelegt, als Beitrag für einen Sammelband über die Intonation in insgesamt neun romanischen Sprachen (Fróta/Prieto 2015). Ein Vorteil dieses großangelegten kontrastiven Forschungsvorhabens liegt darin, dass in den einzelnen Sprachbeschreibungen nicht nur das gleiche analytische Rüstzeug, sondern auch dieselbe Methode zur Elizitierung der Sprachdaten eingesetzt wurde. Es handelt sich um den sog. *Discourse Completion Task* (Blum-Kulka/House/Kasper 1989, Vanrell/Feldhausen/Astruc 2018), bei welchem die Informanten in 34 imagi-

70 Es muss an dieser Stelle aber betont werden, dass sehr wohl Alternativen zum autosegmentalen Modell und zur ToBI-Annotation der Intonation existieren. Darunter sollen zumindest das perzeptionsbasierte IPO-Modell und die INTSINT-Annotation genannt sein (vgl. De Dominicis 2010: 109–123) sowie der rein phonetische Ansatz des *Atlas Multimédia Prosodique de l'Espace Roman* AMPER (vgl. https://www.lfsag.unito.it/ricerca/amper-ita/#/). Anhand des AMPER-Ansatzes beschreiben z.B. Interlandi/Romano (2006) einige Intonationsverläufe verschiedener regionalitalienischer Varietäten; auch die soziophonetische Studie von Felloni (2011) über die Prosodie des Regionalitalienischen von Parma orientiert sich an diesem Modell.

nären Kommunikationssituationen einen Satz bilden müssen. Zur Elizitierung einer Entscheidungsfrage wird z.B. folgende Situation vorgegeben: "Sie betreten eine Obsthandlung und möchten sich erkundigen, ob es Mandarinen gibt: Wie lautet Ihre Frage?". Im Überblick von Gili Fivela et al. (2015) werden nicht weniger als dreizehn Regionalvarietäten beschrieben, nämlich zwei aus Norditalien (Mailand, Turin), vier aus der Toskana (Florenz, Siena, Pisa, Lucca), eine aus Mittelitalien (Rom), vier aus dem oberen Teil Süditaliens (Pescara, Bari, Neapel, Salerno) sowie zwei aus dem unteren Teil Süditaliens (Cosenza, Lecce). Von jeder Varietät wurden fünf Sprecher im Alter zwischen 20–35 Jahren aufgenommen, welche die Sätze zweimal spontan formulierten und anschliessend zweimal vorlasen. Insgesamt konnte so ein Korpus von mehr als 14'000 Äußerungen erhoben werden. Zu den elizitierten Satztypen gehören Aussagesätze mit breitem und engem Fokus, Ausrufesätze, Entscheidungsfragen, sog. W-Fragen (*wer? wie? was?* usw.), Aufforderungssätze (Imperative) und Vokative (Rufkonturen).

Die Ergebnisse der breit angelegten Studie von Gili Fivela et al. (2015) bestätigen im Wesentlichen das Bild, welches Grice et al. (2005) zehn Jahre früher aufgrund von nur vier Regionalvarietäten skizziert hatten. In beiden Aufsätzen wird übrigens die Existenz von Phrasenakzenten kontrovers diskutiert, wobei Gili Fivela et al. (2015) sich schließlich dafür entscheiden, anstelle der traditionellen ToBI-Repräsentation in Form einer Folge aus Phrasenakzenten und Grenztönen (vom Typ L-L%, H-L% usw.; vgl. 3.6.1) für das Italienische nur einen einzigen Grenzton in vier Ausprägungen (L%, H%, LH%, HL%) anzusetzen. Im Sinne einer Weiterentwicklung von ToBIt (vgl. Tab. 20) wird ein Inventar von 20 Intonationskonturen aufgeführt, die auch in Form von schematischen Grafiken dargestellt werden (siehe Gili Fivela 2015: 191–193). Daraus geht hervor, dass sich die einzelnen Regionalvarietäten nicht nur in der Auswahl der verwendeten Tonakzente und Grenztöne unterscheiden, sondern auch bezüglich der Zuordnung dieser Intonationskonturen zu bestimmten Satztypen/Sprechakten sowie z.T. sogar bezüglich deren phonetischer Umsetzung. Neben gewissen regionsübergreifenden Mustern – wie z.B. H+L* L% für Aussagesätze mit breitem Fokus – ergibt sich so ein äußerst vielfältiges Intonationspanorama der italienischen Regionalvarietäten. Dabei können dieselben Konturen auch in geographisch weit entfernten Regionen auftreten, so dass die Prosodie im Gegensatz zu den in 4.2 beschriebenen segmentalen Besonderheiten der Regionalvarietäten nicht das dialektal geprägte Kontinuum abbildet.

In den letzten Jahren sind neue Forschungsarbeiten zur Intonation in italienischen Regionalvarietäten hinzugekommen, welche die Perspektive aus theoretischer und methodischer Sicht zusätzlich erweitert haben. So führte Cangemi (2014) Produktions- und Perzeptionsexperimente zum neapolitanischen Italienisch durch, deren Ergebnisse von ihm auch im Licht der Exemplartheorie (vgl. 3.6.3) diskutiert werden. In einer korpusbasierten und gesprächsanalytisch ausgerichteten Studie vergleicht Moroni (2020) schließlich unterschiedliche Funktionen einer speziellen nuklear **steigend-fallenden** Intonationskontur, die sowohl im Deutschen von Freiburg i.Brsg. als auch im Italienischen von Bergamo vorkommt.[71] Es würde den Rahmen der vorliegenden Einführung sprengen, weiter ins Detail der jeweiligen regionalen Intonationsmuster gehen zu wollen; vielmehr sollen zum Schluss beispielhaft zwei Intonationskonturen aus italienischen Regionalvarietäten betrachtet werden, die in der vergleichenden Übersicht von Gili Fivela et al. (2015) nicht vorkommen. Unsere Wahl fällt auf die beiden geographisch weit voneinander entfernt gelegenen Regionen Lombardei und Sizilien, genauer: die Intonation des Italienischen von Bergamo und Palermo.

Eine steigend-fallende Intonationskontur wurde für das Regionalitalienische von Bergamo zum ersten Mal von Berruto (1987: 525–527) beschrieben und als typisch für eher bildungsferne Sprecher charakterisiert. Im neueren Korpus von Moroni (2020) wird diese Kontur jedoch auch bei Sprechern mit hohem Bildungsgrad beobachtet und vielmehr als eine “Kontur der Gemeinsamkeit bzw. des gemeinsamen Sprechens” interpretiert (Moroni 2020: 310).[72] Abb. 39 zeigt ein Beispiel für einen solchen Intonationsverlauf im Satz *beh è stata brava Federica* ‘nun, sie hat es gut gemacht, Federica’ (vgl. Moroni 2020: 243):[73]

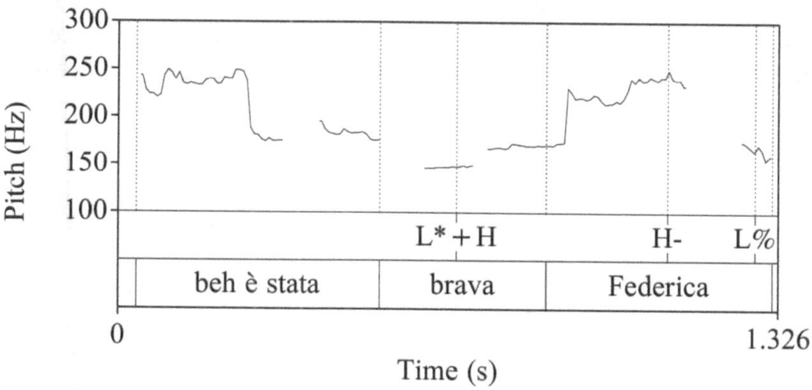

Abb. 39: Steigend-fallende Intonationskontur im bergamaskischen Regionalitalienisch

71 Anders als für das Deutsche ist die Intonation des Italienischen kaum aus der Sicht der Gesprächsanalyse erforscht worden, mit Ausnahme der ebenfalls kontrastiv (deutsch-italienisch) angelegten Studie von Rabanus (2001). Heinz (2006) untersuchte die Prosodie von Spontansprache und insbesondere auch Lesesprache in verschiedenen Textsorten (Nachrichten, Spontangespräch und Märchen/Nacherzählung).

72 Eine soziophonetische Differenzierung der Intonationsverläufe aufgrund des Alters und Geschlechts der Sprecher konnte Felloni (2011: 193) hingegen im Regionalitalienischen von Parma beobachten.

73 Wir bedanken uns bei Manuela Caterina Moroni für das Teilen der Audio-Datei.

In dieser Äußerung beginnt die steigend-fallende Kontur mit dem Nuklearakzent L*+H auf der betonten Silbe von *brava* und erstreckt sich über den hohen Phrasenakzent H- auf der betonten Silbe von *Federica* bis zum tiefen Grenzton L%. Aus gesprächsanalytischer Sicht kann man diese Kontur als "potentiell weiterweisend" interpretieren, da die positive Bewertung von Federica im folgenden Gesprächsverlauf weiter erörtert wird (siehe Moroni 2020: 242).

Nicht nur in der Lombardei findet man innerhalb derselben Region verschiedene Intonationsmuster, sondern auch für Sizilien konnte bereits Grice (1991) klare Unterschiede in der Frageintonation der Städte Catania und Palermo nachweisen. Typisch für palermitanische Entscheidungsfragen ist die Tatsache, dass die interrogative Intonation im Unterschied zu den meisten italienischen Regionalvarietäten (vgl. Tab. 21) nicht in erster Linie durch hohe oder steigende Grenztöne, sondern hauptsächlich durch einen steigenden Nuklearakzent L*+H ausgedrückt wird, dem ein tiefer Grenzton L-L% folgt (vgl. Grice 1995: 209). Abb. 40 zeigt die Intonationskontur des Fragesatzes *Hai detto destra posteriore?* 'Hast Du rechts hinterer Teil gesagt?'; dieser stammt aus einem Dialog, der für das CLIPS-Korpus aufgenommen wurde (vgl. 4.5). Wie aus der Abbildung ersichtlich ist, erstreckt sich der steigende Nuklearakzent über die betonte Silbe des Wortes *posteriore*, während die letzte unbetonte Silbe einen tiefen Grenzton trägt. Es zeigt sich daran, dass eine begrenzte Zahl von Intonationsmustern in verschiedenen Regionalvarietäten unterschiedlich funktionalisiert werden kann.

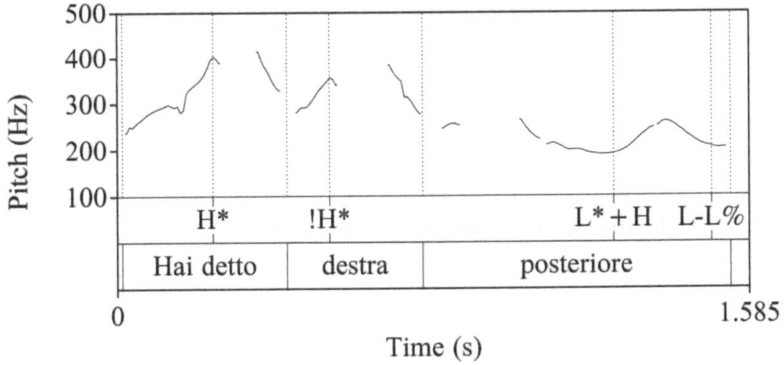

Abb. 40: Entscheidungsfrage mit tiefem Grenzton im palermitanischen Regionalitalienisch

4.5 Bibliographische Hinweise zur Aussprache des Italienischen

Zur phonologischen Beschreibung des Standarditalienischen liegen auf Deutsch neben der Monographie von Lichem (1969) drei Beiträge für Handbücher vor, nämlich Stammerjohann (1988) im vierten Band des *Lexikons der Romanistischen Linguistik* (LRL) sowie Heinz (2021a, 2021b). Auf Italienisch kann man die Übersicht von Mioni (1993) lesen, ebenso jeweils das vierte Kapitel in De Dominicis (2001²) und in Schmid (1999) sowie das zweite Kapitel in Calamai (2008). Ein Klassiker bleibt nach wie vor die strukturalistische Analyse der Phonologie des Italienischen im zweiten Teil der Monographie von Muljačić (1969), während Krämer (2009) eine ausführliche optimalitätstheoretisch angelegte Abhandlung zur Phonologie des Italienischen bietet.

Für die phonetische Beschreibung der regionalitalienischen Varietäten bleibt nach wie vor Canepari (1986³) wegweisend (vgl. auf Englisch Canepari 2018). Neben dem Standarditalienischen illustrieren Bertinetto/Loporcaro (2005) in ihrer Skizze für das *Journal of the International Phonetic Association* auch die Aussprache des Italienischen in Florenz, Mailand und Rom, während der aktuelle Forschungsstand im Bereich der Phonologie in regionalitalienischen Varietäten von Crocco (2017) zusammengefasst wird; zur gegenseitigen phonetischen Beeinflussung zwischen Dialekt und Regionalitalienisch vgl. auch Cerruti/Regis (2020: 74–79, 98–100).

Beschreibungen der Prosodie des Italienischen findet man bei Bertinetto (1981), Canepari (1988) sowie bei Bertinetto/Magno Caldognetto (1993); eine etwas ausführlichere Einführung in Theorien und Methoden der Prosodie bietet die Monographie von Sorianello (2006). Der aktuelle Stand der Intonationsforschung zu verschiedenen italienischen Regionalvarietäten wird in Gili Fivela et al. (2015) umfassend und detailliert dargestellt, während Gabriel (2021b) einen konzisen Überblick zur Prosodie des Italienischen (einschließlich Silbenstruktur und Sprachrhythmus) liefert.

Für das Studium der Aussprache des Italienischen sind neben der phonologischen und phonetischen Fachliteratur natürlich auch Tondokumente von besonderem Interesse. Eine Pionierleistung bildet in diesem Bereich das Hörbuch von Tagliavini (1965), das in 52 Lektionen auf 26 Schallplatten die Phonologie des Standarditalienischen und der Regionalvarietäten erörtert (vgl. auch Knapp 2018).[74] Dem Standardwerk von Canepari (1986³) sind ebenfalls zwei Audio-Kassetten beigelegt, auf denen 44 Vergleichssätze von Sprechern aus allen Regionen Italiens (mit Ausnahme des Aostatals) vorgelesen werden. Eine kurze Übersicht über regionalitalienische Aussprachephänomene findet man auch bei Telmon (1993: 105–116, 2016: 306–310).

Das digitale Zeitalter und die damit verbundene korpuslinguistische Wende haben auch für die Phonetik und Phonologie des Italienischen wertvolle Ressourcen

---

74 Wir bedanken uns bei Roland Bauer (Universität Salzburg) für diesen bibliographischen Hinweis.

und somit neue Perspektiven eröffnet. Die größte Errungenschaft stellt in diesem Zusammenhang zweifellos das Projekt CLIPS dar (das Akronym steht für *Corpora e Lessici dell'Italiano Parlato e Scritto*). Diese Korpussammlung enthält eine beeindruckende Menge an Sprachdaten, die nach der Jahrtausendwende in insgesamt 15 Universitätsstädten erhoben wurden, nämlich – in alphabetischer Reihenfolge – in Bari, Bergamo, Cagliari, Catanzaro, Florenz, Genua, Lecce, Mailand, Neapel, Palermo, Parma, Perugia, Rom, Turin, Venedig. Darunter befinden sich nicht nur Sprachaufnahmen verschiedenster Art (wie etwa vorgelesene Sätze oder Dialoge), für die meist Studierende aufgenommen wurden, sondern z.T. auch Textdateien mit Transkriptionen der aufgenommenen Gespräche. Äußerst hilfreich ist dabei die Tatsache, dass man auf dem Web-Portal (http://www.clips.unina.it/it/) des Projekts nach einer kostenlosen Registrierung eine Vielzahl von Audio- und Textdateien herunterladen und selbst auswerten kann (vgl. Abb. 38 und 40).

4.6 Aufgaben zur Phonologie des Italienischen

4.1 Welche der folgenden Wortpaare des Standarditalienischen sind Minimalpaare, welche nicht?

a) *gatto*	[ˈgatːo]	‘Katze’	*gatti*	[ˈgatːi]	‘Katzen’
b) *parti*	[ˈparti]	‘(du) reist ab’	*partì*	[parˈti]	‘(er/sie) reiste ab’
c) *madre*	[ˈmaːdre]	‘Mutter’	*madre*	[ˈmaːdʀe]	‘Mutter’
d) *conto*	[ˈkonto]	‘Rechnung’	*sconto*	[ˈskonto]	‘Rabatt’
e) *cielo*	[ˈtʃɛːlo]	‘Himmel’	*celo*	[ˈtʃɛːlo]	‘(ich) verberge’

4.2 Welche Phonemoppositionen haben im Standarditalienischen eine niedrige funktionelle Belastung? Weshalb?

4.3 a) Welche Nasalkonsonanten des Standarditalienischen sind Phoneme, welche Allophone?
b) Begründen Sie Ihre Analyse für jeden Nasalkonsonanten.
c) Handelt es sich bei den Allophonen um freie oder um kombinatorische Varianten?

4.4 a) Was versteht man unter dem Begriff *gorgia toscana*?
b) Geben Sie Beispiele mit drei verschiedenen Konsonanten.
c) Um welchen phonologischen Prozess handelt es sich?
d) In welchem phonotaktischen Kontext tritt dieser Prozess ein?

4.5 a) Nennen Sie drei allophonische Lenisierungsprozesse in mittel- und süditalienischen Regionalvarietäten.

b) Nennen Sie für jeden Prozess die betroffene Lautkategorie und den auslösenden phonotaktischen Kontext.
c) Führen Sie für jeden Prozess ein Beispiel an.

4.6 a) Welche Lautklassen erscheinen im Italienischen in zweigliedrigen Konsonantenverbindungen am Wortanlaut?
b) Welche Lautklassen erscheinen im Italienischen in zweigliedrigen Konsonantenverbindungen am Silbenanlaut im Wortinnern?
c) Geben Sie Wortbeispiele für die unter a) und b) genannten Fälle.

4.7 Welche Konsonanten kommen im Italienischen nicht als Geminaten vor?

4.8 a) Welche intrinsischen Geminaten gibt es im Standarditalienischen?
b) Welche intrinsischen Geminaten gibt es in süditalienischen Regionalvarietäten?
c) Geben Sie Wortbeispiele für die unter a) und b) genannten Fälle.

4.9 a) Welche Grundtypen von *raddoppiamento fonosintattico* gibt es im Standarditalienischen?
b) Geben Sie Beispiele.

4.10 a) Wann sind Vokale im Standarditalienischen lang, wann nicht?
b) Geben Sie Beispiele.

4.11 a) Klassifizieren Sie die folgenden Wörter aufgrund ihrer Akzentstruktur:
applicano 'sie wenden an'
parlerò 'ich werde sprechen'
grande 'groß'
piccolo 'klein'

Verwenden Sie für ihre Klassifikation sowohl die gebräuchlichen italienischen Bezeichnungen als auch die allgemeinen linguistischen Fachtermini.
b) Welcher Akzentyp ist am häufigsten, welcher am seltensten?

4.12 a) Welche Intonationskontur ist im Italienischen typisch für Aussagesätze mit breitem Fokus?
b) Welche Intonationskontur ist im Italienischen typisch für Entscheidungsfragen?
c) Geben Sie Beispiele für den Konturtyp a) und b).

5 Von der Lautung zur Schrift

Dieses Kapitel erörtert im ersten Teil die Bezüge zwischen phonologischen Strukturen und deren Repräsentation durch die Schrift, wobei ein besonderes Augenmerk auf die Schreibung des Italienischen gelegt wird. Im zweiten Teil werden theoretische und praktische Grundlagen der phonetischen Transkription behandelt, welche ein wichtiges Hilfsmittel für die linguistische Forschung darstellt. Nachdem in den Kapiteln 2–4 bereits die IPA-Symbole für einzelne Vokale und Konsonanten eingeführt wurden, soll an dieser Stelle auch eine aktive Kompetenz in dieser wichtigen Arbeitstechnik ermöglicht werden.

Während man in der Linguistik Phoneme zwischen Schrägstrichen // und Phone zwischen eckigen Klammern [] notiert (vgl. 3.1), so werden die Graphien sprachlicher Formen nach der üblichen Notationskonvention als Buchstabenfolgen in spitzen Klammern <> dargestellt, sofern das Hauptaugenmerk auf deren schriftlicher Wiedergabe liegt. Daneben werden einzelne Sprachbeispiele wie in anderen Kapiteln kursiv hervorgehoben. Um ein konkretes Beispiel zu geben: Für das italienische Wort *casa* 'Haus' können wir in der Standardvarietät die phonemische Repräsentation /ˈkasa/ annehmen, während die typische norditalienische Aussprache [ˈkaːza] lautet (vgl. 4.2.2). Die graphematische Repräsentation wäre hier <casa>.

5.1 Graphematik: linguistische Analyse von Schriftsystemen

Das Gebiet der **Graphematik** (it. *grafematica*), d.h. die Systematik der Schriftsymbole, beschäftigt sich mit der Übertragung von Lautketten in Schriftzeichen, während **Rechtschreibung** oder **Orthographie** (it. *ortografia*) die für die Verschriftung einer Sprache gültigen – üblicherweise historisch gewachsenen, im Zuge ihrer Standardisierung festgelegten – Regeln bezeichnet. Anders als sog. 'ideographische' Schriftsysteme (z.B. die chinesischen Schriftzeichen) entstehen Alphabetschriftsysteme aus dem Bestreben, Eins-zu-eins-Entsprechungen zwischen dem Phoneminventar einer Sprache und dem Bestand an Schriftzeichen herzustellen. Genauer gesagt entwickelten sich Alphabetschriften aus dem Übergang von individuellen Piktogrammen (Bildzeichen) über Logogramme (Zeichen für Wortbedeutung) und Syllabogramme (Silbenzeichen) zu geordneten Buchstabeninventaren, in denen ein Schriftzeichen einen Sprachlaut repräsentiert.[75]

Die Zeichen kodieren also nicht mehr Begriffe, Wortbedeutungen oder Silben, sondern basieren auf dem Prinzip phonographischer Entsprechungen (**Phonem-Graphem-Korrespondenzen**, it. *corrispondenze fonografiche*, vgl. Tab. 24), demzu-

75 Vgl. im Detail und teils kritisch hinsichtlich einer angenommenen Unidirektionalität in den Phasen der Schriftentwicklung Coulmas (2003: 196–201).

https://doi.org/10.1515/9783110534047-005

folge den einzelnen Phonemen Buchstaben oder Buchstabenkombinationen zugeordnet sind.

Da Prozesse der Verschriftung zunächst nur mündlich gebrauchter Sprachen für gewöhnlich von bestehenden Schrifttraditionen ausgehen, wie dies bei den romanischen Sprachen mit der Übernahme des lateinischen Alphabets der Fall war, kommt es über kurz oder lang meist zu Diskrepanzen zwischen dem Lautwert und dessen schriftlicher Repräsentation. Denn die grundlegende Eigenschaft von Sprache, primär lautlich realisiert zu werden,[76] geht einher mit der Tendenz zum historischen Wandel des Gesprochenen, während das Medium der Schrift eine gewisse konservierende Wirkung hat, so dass über längere Zeiträume Lautung und Schrift oft auseinanderfallen. Dabei spielen besonders veränderte Aussprachegewohnheiten der Sprecher und allfällige Tendenzen zum Wandel von grammatischen Formen eine Rolle, wenn z.B. Flexionsendungen vertauscht, unvollständig realisiert oder mit der Zeit weggelassen werden. Ein konkretes Beispiel soll das veranschaulichen: So hat sich das Französische von der mittelalterlichen Sprachstufe des Altfranzösischen mit seiner relativ reichen Verbal- und Nominalflexion zu einer flexionsarmen Sprache entwickelt. Im gesprochenen Neufranzösisch werden gerade bei den Verben Formunterschiede reduziert. Während die Graphie noch immer drei Formen für vier grammatikalische Funktionen (1., 2., 3. Person Singular und 3. Person Plural) unterscheidet, steht lautlich nur eine Form für diese Funktionen:

(67)	(*je*) <chant**e**>	'(ich) singe'	
	il/*elle* <chant**e**>	'er/sie singt'	/ʃɑ̃t/
	(*tu*) <chant**es**>	'(du) singst'	
	(ils/elles) <chant**ent**>	'(sie) singen'	

Allerdings kann es im Gegenzug auch Einflüsse der Schriftnorm auf die Aussprache geben (sog. *spelling pronunciations*), wenn z.B. seltene, typischerweise vorwiegend schriftlich vorkommende Wörter oder auch Lehnwörter und Eigennamen selbst von L1-Sprechern ausgehend von ihrer schriftlichen Form gesprochen werden. Das ist in Sprachen wie Englisch und Französisch mit Schreibungen, die frühere historische Lautstände wiedergeben und sich von der heutigen Aussprache weit entfernt haben, häufiger der Fall. Im Italienischen liegen die größten Unsicherheiten für Muttersprachler und noch mehr für L2-Lernende eher im Bereich der Wortakzentuierung (vgl. 4.4.2) – insbesondere bei drei- und mehrsilbigen Wörtern. Dagegen ist z.B. im Spanischen die Wortbetonung durch Konventionen der Rechtschreibung vorhersagbar. Graphische Akzente können in der italienischen Orthographie zum einen fa-

---

76 Zu Recht verweist Ferdinand de Saussure – weder als Einziger, noch als Erster, doch mit besonders nachhaltiger Wirkung in der Fachgeschichte der Linguistik – auf den Primat des "gesprochenen Wortes" (Saussure 1916[1967]: 28).

kultativ vorkommen; so finden sich etwa in Wörterbüchern zur Verdeutlichung der Akzentstelle im Wort sowie ggf. der Vokalqualität Schreibungen wie <fégato> 'Leber', <pésca> 'Fischfang', <pèsca> 'Pfirsich' (vgl. 4.4.2). Zum anderen sind graphische Akzente am Wortende in einigen Fällen obligatorisch (vgl. 5.1.2).

Generell werden der italienischen Orthographie oft Attribute wie 'Klarheit', 'Schlichtheit', 'Einfachheit' attestiert, und das italienische Schriftsystem gilt wegen der ihm eigenen Nähe zwischen Lautung und schriftlicher Wiedergabe gemeinhin als 'flach' bzw. **transparent** (it. *trasparente*). Tatsächlich gibt es im italienischen Schriftsystem viele klare Entsprechungen zwischen Laut und Schrift (vgl. Meisenburg 1996: 3, Schmid 1999: 183f., Biffi/Maraschio 2008: 2811, Eufe 2021). Doch finden sich dort auch Fälle mehrdeutiger Zuordnung, in denen mehrere Schriftzeichen bzw. -kombinationen für denselben Laut stehen können und umgekehrt.[77] Auch sorgen typische Eigenschaften des Italienischen wie die Geminaten (vgl. 4.3.2), die (in der Regel) durch Doppelschreibungen wiedergegeben werden, für eine Reihe von Komplexitäten. So erschwert etwa das Phänomen des *raddoppiamento fonosintattico* (vgl. 4.3.3) die Wahrnehmung einer einheitlichen Regel (vgl. *soprattutto*, das heute die Normvariante darstellt, gegenüber den Varianten *sopratutto, sopra tutto*).[78]

5.1.1 Das graphematische System des Italienischen

Das italienische Alphabet besteht aus 21 Buchstaben, mit denen 'einheimische' (nicht entlehnte, d.h. zum lateinischen Erbwortschatz gehörige) Lexien wiedergegeben werden. Dazu kommen die fünf 'fremden' Buchstaben (it. *lettere straniere*) <j, k, w, x, y> für die Schreibung von Lehnwörtern, archaischen Formen und Eigennamen (vgl. u.a. Serianni 1988: 30-32, Dardano/Trifone 1995^3: 679–699, Schmid 1999: 185). Diese Buchstaben erscheinen z.B. in Substantiven wie *jazz, kitsch, water, xenofobia, yeti* oder in Eigennamen wie *Jacopo, Craxi* (Nachname). Das resultierende Alphabet sei hier aufgeführt (Tab. 22):

77 In vergleichbarem oder eher noch höherem Maße kann die spanische Orthographie als sehr transparent und insofern 'phonologisch' gelten. Aus den bereits genannten Gründen sind hingegen über die Schriftsysteme von Sprachen wie Französisch oder Englisch mit ihrer historisch bedingten größeren Distanz im Verhältnis von Lautung und Schreibung als intransparent oder 'tief' anzusehen (vgl. Meisenburg 1996: 3).

78 Vgl. etwa *Vocabolario Treccani online* oder *Nuovo Devoto-Oli*, s.v. '*soprattutto*'; diese Schreibvarianten werden zwar in diesen Wörterbüchern als 'weniger verbreitet' ("meno comune") markiert, ihr bloßes Vorhandensein zeugt aber von einem Schwanken der Schreibgewohnheiten.

Tab. 22: Alphabet des Italienischen

Buchstabe	Name	*Lettere straniere*	Name
a	*a*	j	*i lunga*
b	*bi*	k	*cappa/kappa*
c	*ci*	w	*vu doppia/doppia vu*
d	*di*	x	*ics*
e	*e*	y	*ipsilon/i greca*
f	*effe*		
g	*gi*		
h	*acca*		
l	*elle*		
m	*emme*		
n	*enne*		
o	*o*		
p	*pi*		
q	*qu*		
r	*erre*		
s	*esse*		
t	*ti*		
u	*u*		
v	*vu/vi*		
z	*zeta*		

In der Regel werden die Namen der Buchstaben in femininer Form gebraucht, daneben findet sich jedoch auch das Maskulinum (vgl. Formen wie *vu doppio/doppio vu*) – je nachdem, auf welche Substantive man diese zurückführt (*segno* m. oder *lettera* f., vgl. Serianni 1988: 31).

Von großer Regelmäßigkeit, jedoch für Lernende zunächst herausfordernd, ist der Wechsel zwischen velarer und palataler Aussprache bei <c> und <g>, je nachdem ob ein palataler Vokal folgt oder nicht, wie diese Beispiele zeigen:

(68a)	<cara>	/ˈkara/	'lieb (adj.f.)'	vs.	<cera>	/ˈt͡ʃera/	'Wachs'
(68b)	<gatto>	/ˈgat.to/	'Katze'	vs.	<getto>	/ˈd͡ʒɛt.to/	'Strahl'

Andererseits bleibt, wie die Schreibungen <chilo> 'Kilogramm' und <ghetto> 'abgeschlossenes Stadtviertel' (historisch für die jüdische Bevölkerung in Venedig), zeigen, bei sog. 'diakritischem' <h> der Lautwert von <c> und <g> /k/ bzw. /g/ (vgl. 5.1.2). Notorische Unsicherheiten der Schreibung ergeben sich bei Vokalfolgen wie <io>, <ia> für die Schreibung von Pluralformen. So konkurrieren für die Schreibung des Plurals von Substantiven wie it. *studio* 'Studium' die Varianten <studii>, <studij> und <studî> mit der üblicheren Schreibung <studi>.[79] In der Pluralendung von Wörtern wie it. *provincia* kann das <i> entfallen: die Pluralform *province* ist neben der Schreibung *provincie* möglich, bei *camicia* 'Hemd' gilt neben der Schreibung *camicie* die Variante *camice* als weniger empfehlenswert.[80]

5.1.2 Phonem-Graphem-Zuordnungen und Diakritika

Die italienische Graphematik kennt Kombinationen aus zwei und aus drei Buchstaben; man spricht in diesem Fall von einem **Digraph** (it. *il digramma*, pl. *digrammi*) bzw. einem **Trigraph** (it. *trigramma*). Charakteristisch sind die Zweierkombinationen <ch> (*chi* /ki/ 'wer'), <gh> (*brighe* /ˈbrige/ 'Scherereien'), <gl> (*mogli* /ˈmɔʎ.ʎi/ 'Ehefrauen'), <gn> (*ragno* /ˈraɲ.ɲo/ 'Spinne'), <sc> vor <e> und <i> (*nasce* /ˈnaʃ.ʃe/ '(er/sie) wird geboren', *pesci* /ˈpeʃ.ʃi/ 'Fische'), <ci> (*pancia* /ˈpant͡ʃa/ 'Bauch'), <gi> (*giardino* /d͡ʒarˈdino/ 'Garten') sowie die Dreierkombinationen <gli>, <sci> (*figlia* /ˈfiʎ.ʎa/ 'Tochter', *lasciare* /ˈlaʃ.ʃare/ 'lassen'). Tab. 23 zeigt die Di- und Trigraphen des Italienischen (vgl. Serianni 1988: 38).

Tab. 23: Digraphen und Trigraphen in der italienischen Orthographie

Digraph	**<ch>**	**<gh>**	**<gl>**	**<gn>**	**<sc>**	**<ci>**	**<gi>**
IPA	/k/	/g/	/ʎ(:)/	/ɲ(:)/	/ʃ(:)/	/t͡ʃi/	/d͡ʒi/
Trigraph			**<gli>**		**<sci>**		
IPA			/ʎ(:)i/		/ʃ(:)i/		

Es handelt sich um historisch bedingte Schreibungen, die den Wechsel zwischen velaren und palatalen Realisierungen abbilden und somit eine 'diakritische', unterscheidende Funktion erfüllen. Die italienische Graphie kennt folglich verschiedene **Diakritika** (gr. 'unterscheidende Zeichen', it. *segni diacritici*), um Laute zu verschriftlichen, für die das aus dem Lateinischen übernommene Alphabet keine eigenen Grapheme bereitstellt. Hierzu dienen die Buchstaben <h> und <i>, denen in den Digraphen und Trigraphen kein eigener Lautwert entspricht (Tab. 23). Der 'stumme'

79 Auch heute finden sich hie und da Schreibungen wie *bivî* (Plural von *bivio*, vgl. *Corriere della sera* 11.6.2020, p. 1); siehe auch den Titel des Bandes von Romano (2008): *Inventarî sonori delle lingue*.

80 Vgl. *Vocabolario Treccani online*, s.v.; hier dürfte u.a. die Verwechselbarkeit mit der gleich geschriebenen, semantisch nahen, jedoch anders akzentuierten Form *camice* (m.pl. *camici*) [ˈkaːmit͡ʃe] 'Kittel' eine Rolle spielen.

Buchstabe <h> gilt für das Italienische sogar geradezu als “grafema diacritico per eccellenza” (Serianni 1988: 37), weil er – anders als <i> – nie einen Laut repräsentiert.[81] Das zeigt sich an den oben genannten Formen; so entsprechen z.B. in der Pluralform <brighe> /ˈbrige/ gegenüber der Singularform <briga> /ˈbriga/ oder umgekehrt <pancia> (sg.) /ˈpant͡ʃa/ vs. <pance> (pl.) /ˈpant͡ʃe/ die Lautwerte der Digraphen <gh>, <ci> je einem einzigen Phonem, /g/ respektive /t͡ʃ/. Allerdings können <gl> in gelehrten Wörtern wie *glottologia* ‘Sprachwissenschaft’, *negligenza* ‘Nachlässigkeit’ und <gn> in seltenen Entlehnungen wie *wagneriano* ‘wagnerisch’, *gneiss* ‘Gneis (Gesteinsart)’ auch zwei Phoneme, /gl/ bzw. /gn/, repräsentieren. Zu den Diakritika zählen außerdem die graphischen Akzente, nämlich der **Akutakzent** (it. *accento acuto*) und der **Gravisakzent** (it. *accento grave*), die in bestimmten Wörtern generelle Akzentuierbarkeit sowie Vokalqualitäten (bei graphisch nicht eindeutigem <e> und <o>) anzeigen. So werden z.B. folgende italienischen Wörter mit diakritischem Akzent auf dem Endvokal geschrieben:

(69) *città* /t͡ʃit.ˈta/ ‘Stadt’
perché /perˈke/ ‘warum; weil’
caffè /kaf.ˈfɛ/ ‘Kaffee’

Im italienischen Wortschatz wird die Betonung des wortfinalen Vokals stets durch graphischen Akzent signalisiert (it. *società* ‘Gesellschaft’, *cantò* (er/sie) ‘sang’, *bambù* ‘Bambus’ etc.). Der Akut wie in *perché* zeigt zusätzlich zur Endbetonung den mittelhohen Vokal /e/ an, der Gravis den mitteltiefen Vokal /ɛ/ (vgl. *caffè*, *tè* ‘Tee’ u.a.). Schließlich markiert in einer Reihe einsilbiger Formen die Schreibung mit oder ohne Akzent Unterschiede der lexikalischen Semantik (neben der Tatsache, dass die Form mit diakritischem Akzent betonbar ist):

(70) *dà ~ da* ‘(er/sie) gibt’ vs. Präposition
né ~ ne Negationsadverb vs. Pronominalpartikel
sé ~ se Reflexivpronomen vs. Konjunktion (u.a.)

Die systematischen Verschriftungsmuster für das Lautinventar einer Sprache ergeben sich aus den dort geltenden Phonem-Graphem-Korrespondenzen, die in 5.1 erwähnt wurden. Eine gewisse Komplexität ist bereits aus der Unterscheidung zwischen 21 einheimischen sowie 5 fremden Buchstaben auf der einen Seite und 7 Di-

81 Stumm ist <h> auch als etymologischer Überrest einer lateinischen Ursprungsform wie *ha* ‘(er/sie) hat’ < lat. HABET; seine Beibehaltung ist auch durch die diakritische Funktion bedingt, denn die graphische Verwechslung mit der ähnlich häufig vorkommenden Präposition *a* wird so vermieden (ungebräuchlich ist die Nebenvariante <à> für <ha> mit einer ebenfalls diakritischen Schreibung).

graphen sowie 2 Trigraphen auf der anderen Seite ersichtlich. Von diesen insgesamt 35 graphematischen Einheiten weisen keineswegs alle eine **eineindeutige Beziehung** ('Eins-zu-eins-Entsprechung', it. *relazione biunivoca*) zu einer phonologischen Einheit auf, wonach ein Graphem genau ein Phonem repräsentiert.

Tab. 24 illustriert die 11 eineindeutigen Entsprechungen im italienischen Schriftsystem. Diese Zahl nennt auch Eufe (2021), während Biffi/Maraschio (2008: 2811) mit der Relation <q> ↔ /k/ eine zwölfte hinzuzählen; allerdings ist <q> in seinem Vorkommen beschränkt, da in einheimischen Wörtern diesem Buchstaben immer ein <u> folgt (vgl. it. *quale*, *qui* etc.). Die verbleibenden Schriftzeichen können für mehr als einen Lautwert stehen; man denke nur an die Grapheme <c> neben <ch> und <g> neben <gh>, denen jeweils nur ein Laut /k/ respektive /g/ entspricht. Fast ein Drittel der graphematischen Einheiten des Italienischen sind eineindeutig zugeordnet – gegenüber zahlreichen Sprachen mit komplexerem Graphemsystem, notorisch hierfür Französisch,[82] ist das ein hoher Anteil!

Tab. 24: Eineindeutige Phonem-Graphem-Korrespondenzen im Italienischen

Graphem		Phonem	Beispiel	Transkription
<a>	↔	/a/	<anno>	/ˈan.no/
<b>	↔	/b/	<bello>	/ˈbɛl.lo/
<d>	↔	/d/	<dito>	/ˈdito/
<f>	↔	/f/	<figlia>	/ˈfiʎ.ʎa/
<l>	↔	/l/	<luna>	/ˈluna/
<m>	↔	/m/	<mese>	/ˈmese/
<n>	↔	/n/	<nave>	/ˈnave/
<p>	↔	/p/	<pane>	/ˈpane/
<r>	↔	/r/	<ridere>	/ˈridere/
<t>	↔	/t/	<tono>	/ˈtɔno/
<v>	↔	/v/	<vaso>	/ˈvazo/

So sind angesichts dieser recht transparenten Schreibungsregeln die Relationen der **Homophonie** (it. *omofonia*, 'gleiche Lautung'), **Homographie** (it. *omografia*, 'gleiche Schreibung') bzw. **Homonymie** (it. *omonimia*, 'Formgleichheit in Laut und Schrift') in standarditalienischen Wortformen vielfach deckungsgleich. Beispiele für

82 Catach (1990: 52–54) führt aufgrund ihrer Korpusauswertungen 133 (!) verschiedene Graphemeinheiten für das Französische auf, deren Zahl allerdings durch Reduktion auf ein Minimalsystem in etwa gedrittelt werden kann. Fast keine davon steht in eineindeutiger Phonem-Graphem-Relation (nur <j> und <v> wären hier zu nennen).

homophone Wörter sind dt. <Mahl>, <Mal>, Lautung jeweils /maːl/ oder fr. <sang> ‘Blut’, <sans> ‘ohne’, beide gleichlautend /sɑ̃/. Homograph sind dagegen solche Formenpaare wie it. <botte> /ˈbot.te/ ‘Fass’ und <botte> /ˈbɔt.te/ ‘Schläge’ sowie it. <capito> /kaˈpito/ ‘verstanden’ (Partizip) im Gegensatz zu <capito> /ˈkapito/ ‘ich komme vorbei’. Homonyme sind z.B. dt. *Mast* (m.) vs. dt. *Mast* (f.) /mast/, d.h. die Formen sind hier gleich in Lautung, Wortform und Schreibung. Die beiden nicht zusammengehörigen Formen ohne Bedeutungszusammenhang weisen in diesem Fall einen Genusunterschied auf (*der Mast* ‘Mastbaum eines Segelschiffs’, *die Mast* ‘Substantiv zum Verb *mästen*’). Italienische Beispiele für Homonyme sind u.a. /ˈlɛt.to/ (*letto* ‘Bett’ vs. *letto* ‘gelesen’), /ˈriso/ (*riso* ‘Lachen’ vs. *riso* ‘Reis’), /ˈvaro/ (*varo* ‘Stapellauf eines Schiffes’ vs. *varo* ‘gebogen, deformiert’, z.B. *piede varo* ‘Klumpfuß’).[83] Von Homonymie zu unterscheiden ist die **Polysemie** (it. *polisemia*) mit einer gemeinsamen Ausgangsform und differenzierten, aber mindestens historisch verwandten Bedeutungen; man denke an ein Wort wie it. *costume*, das (u.a.) ‘Kostüm’, ‘Badekleid’ und ‘Gewohnheit’ bedeutet.

5.2 Die Transkription als Arbeitstechnik der Phonetik

5.2.1 Typen von Transkription

Einzelne sprachliche Formen oder längere Äußerungen, generell mündlich realisierte Sprache (die dann in der Regel als Audioaufnahme vorliegen muss) und sogar schriftlich fixierte Sprachproduktion, literarische oder Sachtexte etc., kann man, letztere sogar ohne die Zwischenstufe einer Vorlesefassung, transkribieren. In der Linguistik werden so aus beobachtbaren, aber ephemeren Phänomenen der Sprachproduktion analysierbare Daten. Die **Transkripte** – so nennt man die konkreten Resultate des Transkribierens – machen Sprache nachvollzieh- und reproduzierbar (das kann beim Sprachenlernen eine Rolle spielen), vor allem aber erlauben sie die systematische Betrachtung der Laute. Neben der Erfassung lautlicher Eigenschaften für die Zwecke der Phonetik und Phonologie dient **Transkription** (in Teilgebieten der Linguistik wie etwa der Diskurs- und der Konversationsanalyse sowie vielen sozialwissenschaftlichen Disziplinen) der Dokumentation von Interviewdaten, wobei genaue phonische Realisierungen keine oder eine nur untergeordnete Rolle spielen. In solchen Fällen ist eine orthographische Transkription oder Gesprächstranskription nach verschiedenen eigenen

83 Als drittes Homonym dieser Reihe kann man hier noch *varo* nennen (Adjektiv ‘verschieden’), eine archaische, ungebräuchliche Variante zu *vario*.

Standards üblich, etwa nach dem im deutschen Sprachraum besonders verbreiteten GAT.[84]

In den weiteren Ausführungen dieses Kapitels soll es um die in der phonetisch-phonologischen Forschung entwickelten Konventionen zur Übertragung von Sprache in Lautzeichen gehen. Ausgehend von der angestrebten 'Granularität', d.h. (Grob- oder Fein)Körnigkeit der Beschreibung können wir mehrere Typen von Transkription unterscheiden. Für das Arbeiten mit lautsprachlichen Aspekten zu verschiedenen (theoretischen, dokumentarischen, praktisch-didaktischen) Zwecken ist ein jeweils geeigneter Ansatz zu wählen, je nach betrachteter Ebene der Sprache (Realisierungsebene oder abstraktes Regelsystem?), dem Grad der beabsichtigten Genauigkeit der lautlichen Beschreibung (individuelle artikulatorische Details oder Beschränkung auf wesentliche Züge?) bzw. dem materiellen Ausgangspunkt (Aufnahmen konkreter Produktionsdaten oder schriftliche Texte?).

Eine grundlegende theoretische Vorentscheidung betrifft die Beschreibungsebene, für die eine Transkription vorgesehen ist. In den vorhergehenden Kapiteln wurden bereits Formen in **phonemischer** (oder phonologischer) und **phonetischer Transkription** (it. *trascrizione fonemica/fonologica* vs. *trascrizione fonetica*) unterschieden, gemäß der Notationskonvention durch Klammerung in Schrägstrichen bzw. eckigen Klammern. Die phonemische Transkription dient dazu, eine bereits klassifizierte sprachliche Form oder eine Folge solcher Formen anhand ihrer distinktiven Merkmale (und nur dieser) in Lautsymbolen zu kodieren. Sie gibt eine abstraktere Repräsentationsebene wieder als die phonetische Notation, welche die konkrete materielle Realisierung einer Sprachäußerung in Lautsymbolen abbilden soll.

Weiter hängt eine prinzipielle Zuordnung davon ab, welche Perspektive wir für den Umgang mit dem zu transkribierenden Sprachmaterial wählen (vgl. Schmid 1999: 195f.): Als **systematisch** (it. *trascrizione sistematica*) wird eine Transkription bezeichnet, die auf der Analyse des phonologischen Systems beruht. Eine **impressionistische Transkription** (it. *trascrizione impressionistica*) basiert dagegen auf der auditiven Erfassung und Interpretation des sprachlichen Ausgangsmaterials. Ferner wird **weite** und **enge Transkriptionsweise** (it. *trascrizione larga/stretta*, engl. *broad/narrow transcription*) unterschieden. Dabei handelt es sich um unterschiedliche Grade der Wiedergabe von Details der jeweiligen Lautrealisierung. Wo die weite Transkription die wichtigsten Merkmale notiert, ohne allzu individuelle Eigenheiten zu verzeichnen, ist es Ziel einer engen Transkription, auch Einzelheiten, die sprecherspezifisch sind bzw. von der üblichen Lautung abweichen, durch entsprechende Notation anzugeben. Die phonemische Transkription ist per se systema-

84 GAT steht für **Gesprächsanalytisches Transkriptionssystem**; dieses wurde von der Gesprächsforscherin Margret Selting und Kollegen entwickelt (für die aktualisierte Version GAT 2 siehe Selting et al. 2009).

tisch (da sie regelhafte, distinktive Lauteinheiten angibt) und weit (da sie sich nicht auf Details einer konkreten Realisierung bezieht). Die phonetische Transkription kann ebenfalls systematisch und weit sein oder impressionistisch, wobei impressionistisch erfasstes Sprachmaterial nach dem Genauigkeitsgrad der Wiedergabe von Realisierungsdetails seinerseits weit oder eng transkribiert sein kann. Die Systematik der verschiedenen Arten von Lauttranskription zeigt das Schema in Abb. 41:

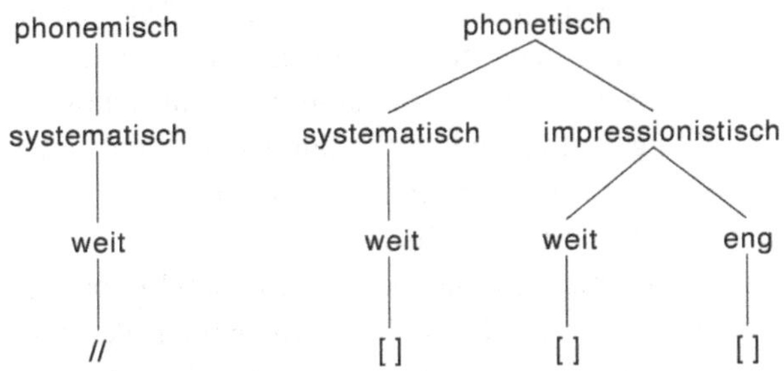

Abb. 41: Systematik der Transkriptionsarten

Einen bedeutenden praktischen Anwendungsfall für Transkription stellt die Erforschung von Sprachen dar, für die es bisher weder eine grammatische Beschreibung noch ein Schriftsystem gibt und die oft noch nicht abschließend typologisch eingeordnet sind.[85] Anders als bei der phonemischen Notierung, die Wortformen aufgrund von (mindestens angenommenen) phonologischen Regeln einer bestimmten Sprache darstellt, kann, ja muss zunächst eine impressionistische, enge Transkription zum Einsatz kommen, um die Merkmale von Lautäußerungen einer (dem Explorierenden oder allgemein) noch unbekannten Sprache zu beschreiben und im Anschluss systematisch zu klassifizieren. Ausgehend von dieser Grundlage können dann im Weiteren die phonemischen Einheiten und schließlich die gesamte Phonologie einer Sprache ermittelt werden. Umgekehrt gilt, dass selbst bei 'feinkörniger', also enger phonetischer Transkription einer vertrauten Sprache mit höchster Detailgenauigkeit eine gewisse Idealisierung des gehörten Inputs stattfindet, weil sogar bei gleicher Lautumgebung nie alle kleinsten Abweichungen in der Artikulation oberflächlich identischer Lautproduktionen erfasst werden können. Denn selbst innerhalb der Sprachproduktion eines einzelnen Sprechers wiederholen sich die akustischen Eigenschaften von Lauten und Lautketten niemals in vollkommen übereinstimmender Weise. Vielmehr bedient sich Lauttranskription der Rückführung von

85 Für die Dokumentation und Verschriftlichung von Sprachen etwa im subsaharischen Afrika, im Amazonasgebiet, in Papua-Neuguinea und Australien ist solche linguistische und gerade phonetisch-phonologische Feldforschung von wesentlicher Bedeutung.

auditiv erfassten Realisierungen auf wahrgenommene Einheiten, die deskriptiv so weit verfeinert werden können, dass in Lautschrift eine sehr weitgehende Annäherung an die gesprochene Realität wiedergegeben (und von Rezipienten eines solchen Transkripts wiedererkannt) wird.

5.2.2 Transkriptionsalphabete

Der in diesem Buch durchgehend verwendete, allgemein akzeptierte Standard für phonetische Transkription ist das Alphabet der IPA (*International Phonetic Association*, it. auch: *Associazione fonetica internazionale*, manchmal noch AFI abgekürzt). Dieses Kürzel wird oft synonym für das Transkriptionsalphabet selbst verwendet (als Auflösung von *International Phonetic Alphabet*). Man spricht dann etwa von einem 'Transkript nach IPA' oder schlicht einem 'IPA-Transkript'. Dieses gängige System wird hier, in der aktuellen Version, generell zur Verwendung empfohlen.

Daneben gibt es noch weitere Systeme, deren wenigstens passive Kenntnis nützlich sein kann. Die wichtigsten davon sind einerseits die traditionelle 'romanistische' Lautschrift (das sog. Böhmer-Ascoli-Alphabet, s.u.), andererseits das neuere SAMPA (*Speech Assessment Methods Phonetic Alphabet*), welches mit dem Zeichensatz einer herkömmlichen Computertastatur auskommt.[86]

IPA-Lautschrift: Die heute allgemeine Verfügbarkeit von Zeichensätzen bei deutlich verringertem technischen Aufwand für das Erstellen von Transkripten macht die IPA-Zeichen für die Zwecke des Studiums gut zugänglich. Dabei ist es einerseits empfehlenswert, sich einen gängigen Zeichensatz (Font) wie den *DoulosSIL*-Font herunterzuladen (von der Seite www.sil.org, die diesen und andere linguistische Tools gratis verfügbar macht). Andererseits ist es sehr nützlich, für Adhoc-Transkriptionen direkt auf die bereits in 1.4 erwähnte virtuelle Tastatur der IPA zuzugreifen (https://ipa.typeit.org/full/). Im Anhang dieses Bandes wird das vollständige IPA-Alphabet zum Nachschlagen aufgeführt. Die tabellarischen Darstellungen des sog. *IPA-Chart* haben den Vorteil, dass sie übersichtlich auf einer Seite alle relevanten Informationen aufführen. Jedoch sind letztere in sehr verdichteter Form wiedergegeben, weshalb wir die Übersicht hier kurz kommentieren.

Dem Phonetiker Peter Ladefoged wird die Aussage zugeschrieben, das IPA sei eine wissenschaftliche Theorie auf einem A4-Blatt, insofern als auf übersichtlichstem Raum eine Systematik der Transkriptionssymbole für die in den Sprachen der Welt vorkommenden Lautrealisierungen gegeben wird. Dargestellt sind darin fünf

86 Ferner seien hier noch die mit Böhmer-Ascoli verwandte *Teuthonista*-Lautschrift genannt, benannt nach dem Titel einer Zeitschrift für germanistische Dialektologie (womit auch deren Verwendungsbereich umschrieben ist), sowie das NAPA (*North American Phonetic Alphabet*) mit einer gewissen Verbreitung u.a. in der Anthropologie und Orientalistik.

Gruppen von Symbolen: Konsonanten, Vokale, Diakritika, Suprasegmentalia und weitere Symbole. Der obere Teil des Charts enthält die Konsonantenartikulationen in tabellarischer Form, horizontal die Artikulationsorte, vertikal die Artikulationsarten. Bei Symbolpaaren steht jeweils der stimmhafte Laut rechts. Artikulationen, die als physiologisch unrealisierbar gelten, erscheinen grau schattiert. Eine kleinere Tabelle führt nicht-pulmonale Konsonanten auf, ein größeres Trapez stellt die Vokale im System dar (Schematisierung eines Schnitts durch den Mundraum); hinzu kommen Diakritika, Symbole zum Notieren prosodischer Merkmale (Suprasegmentalia) und weitere Einzelsymbole, v.a. zur Wiedergabe von Approximanten.

Böhmer-Ascoli-Merlo-Lautschrift: Wegen seiner Bedeutung für die Romanistik und seiner langen praktizierten Verwendung in dialektologischen, geolinguistischen und sprachhistorischen Untersuchungen (auch dort ist jedoch heute IPA weitestgehend zum Standard geworden), soll hier auch das bereits erwähnte 'romanistische' Transkriptionsalphabet kurz vorgestellt werden. Die im späten 19. Jahrhundert von dem Romanisten (und Theologen) Eduard Böhmer entwickelte Lautschrift geht auf die italienischen Sprachwissenschaftler und Dialektologen Graziadio Isaia Ascoli zurück, weshalb es verschiedentlich Böhmeralphabet oder Böhmer-Ascoli-Lautschrift (vgl. Ascoli 1873: XLII-XLVIII, Böhmer 1875); in Italien spricht man auch vom *sistema Ascoli/Merlo* nach dem für seine Weiterentwicklung bekannten Dialektologen Clemente Merlo. Grundlegende Referenzwerke wie der *Sprach- und Sachatlas Italiens und der Südschweiz* (AIS) von Karl Jaberg und Jakob Jud (1928-1940)[87] oder die *Historische Grammatik der italienischen Sprache und ihrer Mundarten* von Gerhard Rohlfs (1949[1966]) nutzen diesen Standard.

Die Gegenüberstellung der beiden Lautschriften in den Tabellen 25 für Vokale und 26 für Konsonanten zeigt eine Auswahl von insbesondere für das Italienische relevanten Symbolen, bei denen sich die beiden Zeicheninventare unterscheiden. Wo IPA meist auf einfache Symbole setzt und Diakritika dem Notieren von darüber hinausgehenden lautlichen Feinheiten vorbehält, sind diakritische Markierungen des Zeichenbestands für Böhmer-Ascoli zentral. Vokalöffnungsgrade werden in Böhmer-Ascoli konsequent mit Punkt (geschlossener Vokal) bzw. Bogen (offener Vokal) unter dem Symbol gekennzeichnet. Diakritische Zeichen können superskribiert ('darübergesetzt') oder subskribiert ('daruntergesetzt') sein (vgl. Tab. 25). Ein sog. 'Makron' (Strich oberhalb des Zeichens) markiert die Vokallänge, der Akutakzent gibt die Betonung an. So können in diesem System bis zu drei Diakritika kombiniert vorkommen, wie am Beispiel von it. *nove* ersichtlich ist, welches nach Böhmer-Ascoli als nǭ́vẹ transkribiert wird. Für den gerundeten Hinterzungenvokal ǭ́

87 Eine weitere Bezeichnung dieses Transkriptionsstandards ist daher Böhmer-Ascoli-AIS. Eine Gegenüberstellung von transkribierten Wörtern im AIS- und im IPA-Alphabet findet man auf der Seite des Forschungsprojekts www.ais-reloaded.uzh.ch, eine digitalisierte Online-Version des AIS findet man unter www3.pd.istc.cnr.it/navigais-web.

verwendet man hier eine Markierung für die Betonung (graphischer Akutakzent), die allophonische Vokallänge (Makron) sowie den Öffnungsgrad (Bogen unter dem Zeichen für mitteltiefen Vokal).

Tab. 25: Lautschriften im Vergleich– IPA- vs. Böhmer-Ascoli Zeichen für Vokale

vorne, hoch, ungerundet	i	ị	it. *vino*	vị́nọ
vorne, halbhoch, ungerundet	ɪ	į	dt. *Bitte*	bį́tə
hinten, hoch, gerundet	u	ụ	it. *luna*	lụ̄́ną
hinten, halbhoch, gerundet	ʊ	ų	dt. *Suppe*	zų́pə
vorne, mittelhoch, ungerundet	e	ẹ	it. *cena*	čẹ̄́ną
vorne, mitteltief, ungerundet	ɛ	ę	it. *perde*	pę́rdẹ
hinten, mitteltief, gerundet	ɔ	ǫ	it. *cosa*	kǭ́są
hinten, mittelhoch, gerundet	o	ọ	it. pollo	pọ́llọ
vorne, tief, ungerundet	a	ą	it. *casa*	ką̄́są
hinten, tief, ungerundet, nasal	ɑ̃	ą̃	fr. *blanc*	blą̃
vorne, hoch, gerundet	y	ụ̈	fr. *lune*	lụ̈n
vorne, halbhoch, gerundet	ʏ	ų̈	dt. *Küche*	kų̈̄́χə
vorne, mittelhoch, gerundet	ø	ọ̈	fr. *bleu*	blọ̈
vorne, mitteltief, gerundet	œ	ǫ̈	dt. *möchte*	mǫ̈́χtə

Konsonantenlänge wird oft durch Wiederholung des Konsonantenzeichens wiedergegeben, wie die Umschriften zu it. *lasciare* – ląššą̄́rẹ – und it. *foglio* – fọ́łłọ – zeigen.

Tab. 26: Lautschriften im Vergleich – IPA- vs. Böhmer-Ascoli Zeichen für Konsonanten

Konsonanten	IPA	Böhmer	Beispielwort	Transkription
Frikative	ʃ	š	it. *lasciare*	ląššą̄́rẹ
	ç	χ	dt. *Küche*	kų̈̄́χə
Affrikaten	t͡ʃ	č	it. *cena*	čẹ̄́ną
	d͡ʒ	ğ	it. *gelato*	ğẹlą̄́tọ
Nasale	ɲ	ñ	it. *bagno*	bą́ññọ
	ŋ	ṇ	it. *vengo*	vẹ́ṇgọ
(palataler) Lateral	ʎ	ł	it. *foglio*	fọ́łłọ
Approximant	j	y	it. *viene*	vyẹ́nẹ

An dem postalveolaren Frikativ š (in IPA [ʃ]) fällt wiederum die Kombination aus graphischem Zeichen (<s>) und superskribiertem Diakritikon auf, hier <ˇ>, dessen Bezeichnung *Hatschek* (oder *Háček*) auf seine Verwendung in der Schreibung des Tschechischen verweist.

Um das ganzheitliche Erscheinungsbild einer Transkription mit den Böhmer-Ascoli-Zeichen etwas anschaulicher zu machen, führen wir hier als kurzes Beispiel (71) den Anfang eines Textes an, von dem wir dann unter 5.2.3 einen längeren Ausschnitt mit dem IPA-Alphabet transkribieren werden. Weitere Beispiele in Böhmer-Ascoli-Standard finden sich auf den Webseiten zum AIS (vgl. Fußnote 70).

(71) Il cellario ebbe un momento di esitazione.
ịl čẹllą̄́ryọ ę́bbẹ ụm mọmę́ntọ dị ezịtątsyǭ́nẹ

Diese kurze Sequenz kann mit der SAMPA-Version in (72) und den nachfolgenden IPA-Versionen (impressionistisch-weit: Eco1, Eco2 und impressionistisch-eng: Eco2.1) verglichen werden, um die unterschiedlichen Funktionsbereiche und Vorgehensweisen der Transkriptionsalphabete zu erfassen.

Tab. 27: Lautschriften im Vergleich – IPA vs. SAMPA (ohne übereinstimmende Zeichen)

Vokale	**IPA**	**SAMPA**	**Beispielwort**	**Transkription**
vorne, halbhoch, ungerundet	ɪ	I	dt. *Bitte*	"bIt@
vorne, mitteltief, ungerundet	ɛ	E	it. *perde*	"pErde
hinten, mitteltief, gerundet	ɔ	O	it. *cosa*	"kO:sa
hinten, tief, ungerundet, nasal	ɑ	A~	fr. *blanc*	blA~
hinten, halbhoch, gerundet	ʊ	U	dt. *Suppe*	"zUp@
Schwa	ə	@	dt. *Suppe*	"zUp@
vorne, mittelhoch, gerundet	ø	2	fr. *deux*	bl2
vorne, mitteltief, gerundet	œ	9	fr. *neuf*	n9f
Vokallänge	aː	a:	it. *casa*	"ka:sa
Akzent	ˈ	"	it. *cosa*	"kO:sa
Konsonanten				
Frikative	ʃ	S	it. *lasciare*	la"SSa:re
	ç	C	dt. *Küche*	"kYC@
Affrikaten	t͡ʃ	tS	it. *cena*	"tSe:na
	d͡ʒ	dZ	it. *gelato*	dZe"la:to
Nasale	ɲ	J	it. *bagno*	"baJJo
	ŋ	N	it. *vengo*	"vENgo
(palataler) Lateral	ʎ	L	it. *foglio*	"fOLLo

Während das IPA-System mit seinem ökonomischen, aber variablen Zeicheninventar einen universellen Anspruch erhebt, bietet das auf romanische Sprachen zugeschnittene Böhmer-Ascoli-System (weitgehend auf Basis des lateinischen Alphabets) durch extensive Verwendung von Diakritika die Möglichkeit, sehr feine dialektale Details wiederzugeben.

SAMPA: Einem ganz anderen Zweck dient das jüngste phonetische Alphabet, das sog. SAMPA-System, welches ausschließlich auf der Computertastatur vorhandene Zeichen für die Darstellung von Sprachlauten verwendet. Dieses System soll nun als dritter Standard für Lauttranskripte vorgestellt werden.

Das SAMPA-Alphabet wird in der Forschung hauptsächlich für bestimmte Anwendungen, welche die digitale Verfügbarkeit von Transkripten voraussetzen, gebraucht. Einige Entsprechungen zum IPA-System in dieser Konvention, die für sprachtechnologische Anwendungen entwickelt wurde und sich die Möglichkeiten der Zeichenkombinationen einer Computertastatur zunutze macht, werden in Tab. 27 zusammengefasst. Gegenüber den vielfältigen Differenzierungsmöglichkeiten, die IPA wie auch die traditionelle Böhmer-Ascoli-Lautschrift bieten, ist SAMPA etwas eingeschränkter. Diakritika werden nicht oberhalb oder unterhalb eines Zeichens angebracht, sondern gleich nach dem betreffenden Zeichen (z.B. [A~] für IPA [ɑ̃]); alles in allem notiert dieses System im Wesentlichen Phoneme, nicht die allophonischen Realisierungen (vgl. Schmid 1999: 194f.). Eine erweiterte Version, X-SAMPA (*extended* SAMPA), des Phonetikers John C. Wells hat zum Ziel, den gesamten IPA-Zeichensatz tastaturfreundlich zu kodieren.

Zur Veranschaulichung folgt hier der nach Böhmer-Ascoli transkribierte Satz in SAMPA:

(72) Il cellario ebbe un momento di esitazione.
il tSe"l:a:rjo "Eb:e um mo"mento di ezita"t:sjo:ne

Mit der zunehmenden Verfügbarkeit von UNICODE-Zeichen sind jedoch dem direkten Einsatz von IPA-Symbolen für digitale Anwendungen, Internetseiten, Datenbanken u.ä. kaum noch Grenzen gesetzt. In den folgenden Transkriptionsbeispielen wird dieser bewährte, allgemein akzeptierte Standard verwendet; im Aufgabenteil werden auch Böhmer-Ascoli und SAMPA noch einmal aufgegriffen.

5.2.3 Beispieltexte für phonetische Transkriptionen

Um aus der Fülle potentiell anzutreffender Aussprachemodelle mit regionalem Hintergrund repräsentative Beispiele zugänglich zu machen, wurden hier zwei Textausschnitte in standardnaher Leseaussprache für eine Gegenüberstellung ausgewählt.

Die Versionen Eco1 und Bassani1 wurden von einem toskanischen Sprecher des Standarditalienischen eingesprochen (dessen Varietät als *italiano standard toscano* zu charakterisieren ist),[88] Eco2 und Bassani2 von einer Sprecherin aus der italienischen Schweiz, deren Aussprache im weiteren Sinne als lombardisch-nordwestitalienisch (*italiano regionale lombardo-settentrionale*) bezeichnet werden kann. Die phonetischen Transkripte beruhen auf weiter impressionistischer Notation, zusätzlich ist ein Ausschnitt des Textes von Eco in enger impressionistischer Transkription angefügt. Den Texten und Transkriptionen folgen Hinweise zu allgemeinen Konventionen des Transkribierens mit Blick auf das Italienische sowie zu typischen Eigenheiten, die in den Versionen zu beobachten sind.

Text Eco

Il cellario ebbe un momento di esitazione, poi fece un segno ai suoi e si gettò giù per il sentiero di destra, mentre i nostri muli riprendevano a salire. Mentre stavo per interrogare Guglielmo, perché ero morso dalla curiosità, egli mi fece cenno di attendere: e infatti pochi minuti dopo udimmo grida di giubilo, e alla svolta del sentiero riapparvero monaci e famigli riportando il cavallo per il morso. Ci passarono di fianco continuando a guardarci alquanto sbalorditi e ci precedettero verso l'abbazia. Credo anche che Guglielmo rallentasse il passo alla sua cavalcatura per permettere loro di raccontare quanto era accaduto. Infatti avevo avuto modo di accorgermi che il mio maestro, in tutto e per tutto uomo di altissima virtù, indulgeva al vizio della vanità quando si trattava di dar prova del suo acume e, avendone già apprezzato le doti di sottile diplomatico, capii che voleva arrivare alla meta preceduto da una solida fama di uomo sapiente.

Der Cellerar verharrte noch einen Augenblick unschlüssig, gab dann den Seinen ein Zeichen und stürzte sich ihnen voran in den Pfad zur Rechten, indes unsere Mulis sich wieder in Bewegung setzten. Von Neugier gedrängt hob ich an, William mit Fragen zu überschütten, doch er bedeutete mir zu schweigen und die Ohren zu spitzen. Und in der Tat vernahmen wir kurz darauf einen Freudenschrei, und wenig später erschien an der Wegbiegung hinter uns wieder der Trupp, nun mit dem Rappen am Zügel. Sie holten uns ein, betrachteten uns im Vorbeigehen, immer noch völlig verblüfft, von der Seite und eilten voraus zur Abtei. Mich dünkte, daß William sogar seinen Schritt ein wenig verlangsamte, um ihnen mehr Zeit zu lassen, das Vorgefallene zu berichten. Tatsächlich hatte ich auch schon bei anderen Gelegenheiten bemerkt, daß mein guter Meister, wiewohl in jeder Hinsicht ein Mann von allerhöchster Tugend, zuweilen ein wenig dem Laster der Eitelkeit nachgab, wenn es darum ging, seinen Scharfsinn zu beweisen, und nachdem ich ihn bereits als gewandten Diplomaten schätzen gelernt, begriff ich nun: Er wollte sein Ziel erreichen als einer, dem der Ruf eines außerordentlich klugen Mannes vorausgeht.

(Umberto Eco: *Il nome della rosa*. Milano, Etas 1980, dt. Übersetzung von Burkhardt Kröber: *Der Name der Rose*. München, Carl Hanser Verlag 1982)

88 Jedenfalls ist dessen Leseaussprache weitgehend so zu charakterisieren, was leichte Einflüsse einer nördlicheren Standardlautung nicht ausschließt.

Transkript Eco1
Toskanische Standardlautung
(*pronuncia standard su base toscana*),
phonetisch-impressionistisch-weit:

il tʃeˈlːaːrjo ˈɛbːe um moˈmento di ezitaˈtːsjoːne | poi̯ ˈfeːtʃe un ˈseɲːo ai̯ swɔi̯ e sːi dʒeˈtːɔ dːʒu per il senˈtjɛːro di ˈdɛstra | ˈmentre i ˈnɔstri ˈmuːli riprenˈdeːvano a sːaˈliːre || ˈmentre sˈtaːvo per interːoˈgaːre *guˈʎːɛlmo | ˈperke ˈɛːro ˈmɔrso ˈdalːa kurjosiˈta | ˈeʎːi mi ˈfeːtʃe ˈtʃenːo di aˈtːɛndere || e iɱˈfatːi ˈpɔːki miˈnuːti ˈdoːpo uˈdimːo ˈgriːda di ˈdʒuːbilo | e ˈalːa zˈvɔlta del senˈtjɛːro riaˈpːarvero ˈmɔːnatʃi e fːaˈmiʎːi riporˈtando il kaˈvalːo per il ˈmɔrso || tʃi paˈsːaːrono di ˈfjaŋko kontiˈnwando a gːwarˈdartʃi alˈkwanto zbalorˈdiːti | e tʃi pretʃeˈdetːero ˈvɛrso l abːaˈtːsiːa || ˈkreːdo ˈaŋke ke *guˈʎːɛlmo ralːenˈtasːe il ˈpasːo ˈalːa ˈsuːa kavalkaˈtuːra per perˈmetːere ˈloːro di rakːonˈtaːre ˈkwanto ˈɛːra akːaˈduːto || iɱˈfatːi aˈveːvo aˈvuːto ˈmɔːdo di aˈkːɔrdʒermi ke il ˈmiːo maˈɛstro | in ˈtutːo e pˈer ˈtutːo ˈwɔːmo di alˈtisːima virˈtu | indulˈdʒeːva al ˈvitːsjo ˈdelːa vaniˈta ˈkwando si traˈtːava di dar ˈprɔːva del ˈsuːo aˈkuːme | e | aˈvɛndone ˈdʒa apːreˈtːsaːto le ˈdɔːti di soˈtːiːle diploˈmaːtiko | kaˈpii̯ ke voˈleːva arːiˈvaːre ˈalːa ˈmɛːta pretʃeˈduːto da ˈuːna ˈsɔːlida ˈfaːma di ˈwɔːmo saˈpjɛnte ||

Transkript Eco2
Lombardisch-norditalienische Regionallautung
(*pronuncia regionale lombardo-settentrionale*),
phonetisch-impressionistisch-weit:

il tʃeˈlːaːrjo ˈɛbːe um moˈmento di ezitaˈtːsjoːne | poi̯ ˈfeːtʃe un ˈseɲːo ai̯ swɔi̯ e si dʒeˈtːɔ dʒu per il senˈtjeːro di ˈdɛstra | ˈmentre i ˈnɔstri ˈmuːli riprenˈdeːvano a saˈliːre | ˈmentre sˈtaːvo per interːoˈgaːre *guˈʎːɛlmo | ˈpɛrke ˈɛːro ˈmɔrso ˈdalːa kurjoziˈta | ˈeʎːi mi ˈfeːtʃe ˈtʃɛnːo di aˈtːendere || e ĩ^{ɱ}ˈfatːi ˈpɔːki miˈnuːti ˈdoːpo uˈdimːo ˈgriːda di ˈdʒuːbilo | e ˈalːa zˈvɔlta del senˈtjeːro riaˈpːarvero ˈmɔːnatʃi e faˈmiʎːi riporˈtando il kaˈvalːo per il ˈmɔrso || tʃi paˈsːaːrono di ˈfjaŋko kontiˈnwando a gwarˈdartʃi alˈkwanto zbalorˈdiːti e tʃi pretʃeˈdɛtːero ˈvɛrso l abːaˈtːsiːa || ˈkreːdo ˈaŋke ke *guˈʎːɛlmo ralːenˈtasːe il ˈpasːo ˈalːa ˈsuːa kavalkaˈtuːra per perˈmɛtːere ˈloːro di rakːonˈtaːre ˈkwanto ˈeːr‿aːkːaˈduːto || iɱˈfatːi aˈveːvo aˈvuːto ˈmɔːdo di aˈkːɔrdʒermi ke il ˈmiːo maˈɛstro | in ˈtutːo e per ˈtutːo ˈwɔːmo di alˈtisːima virˈtu | indulˈdʒeːva al ˈservitːsjo[89] ˈdelːa vaniˈta | ˈkwando si traˈtːava di dar ˈprɔːva del ˈsuːo aˈkuːme | e aˈvendone dʒa apːreˈtːsaːto le ˈdɔːti di soˈtːiːle diploˈmaːtiko | kaˈpiː ke voˈleːva arːiˈvaːre ˈalːa ˈmeːta | pretʃeˈduːto da ˈuːna ˈsɔːlida ˈfaːma di ˈwɔːmo saˈpjente ||

---

89 Die Sprecherin weicht hier, vermutlich aufgrund eines Lesefehlers, vom Wortlaut des Ausgangstexts ab.

Text Bassani

Per noi allievi interni, soprattutto se promossi, non c'erano forse giorni più belli. Come se ad un tratto rimpiangessimo i tempi appena finiti delle lezioni e dei compiti, per darci convegno non trovavamo per solito luogo migliore dell'atrio dell'istituto. Si indugiava nell'androne, vasto, fresco, e semibuio come una cripta, assiepandoci davanti ai grandi fogli bianchi degli scrutini finali, affascinati dai nostri nomi e da quelli dei nostri compagni, che a leggerli così, trascritti in bella calligrafia ed esposti sottovetro di là da una leggera grata di fil di ferro, non finivamo mai di stupirci. Era bello non aver più niente da temere dalla scuola, bello poter uscire di lì a poco nella luce limpida e azzurra delle dieci di mattina, ammiccante, laggiù, attraverso la postierla d'ingresso, bello avere dinanzi a sé lunghe ore di ozio e di libertà da spendere come meglio ci fosse piaciuto. Tutto bello, tutto stupendo, in quei primi giorni di vacanza.

Für uns interne Schüler gab es vielleicht, vor allem wenn wir versetzt worden waren, keine schöneren Tage. Als hätten wir plötzlich Sehnsucht bekommen nach der soeben erst beendeten Zeit des Unterrichts und der Hausaufgaben, fanden wir für unsere Zusammenkünfte keinen besseren Ort als den Vorhof der Schule. Wir standen in dem weiten Vorraum, in dem es kühl und dämmerig war wie in einer Krypta, und drängten uns vor den großen weißen Anschlägen mit den endgültigen Zensuren, wie gebannt von unseren Namen und denen unserer Kameraden, über die wir uns, wenn wir sie dort so lasen, in Reinschrift und unter Glas hinter einem dünnen Drahtgitter, nie genug wundern konnten. Es war schön, von der Schule nichts mehr befürchten zu müssen, schön, gleich wieder hinaustreten zu können in das klare blaue Licht eines Vormittags, wie es uns vom Eingang her zublinzelte, und schön, lange Stunden der Muße und der Freiheit vor sich zu haben, die man nach Belieben verbringen durfte. Alles war schön, alles wundervoll in diesen ersten Ferientagen.

(Giorgio Bassani: *Il giardino dei Finzi-Contini*. Torino, Einaudi 1962; dt. Übersetzung von Herbert Schlüter: *Die Gärten der Finzi-Contini*. München, Piper Verlag 1963)

Transkript Bassani1

Toskanische Standardlautung
(*pronuncia standard su base toscana*),
phonetisch-impressionistisch-weit:

per noi̯ alˈˈjɛːvi inˈtɛrni | sopraˈtːutːo se proˈmɔsːi | non tʃ ˈɛːrano ˈforse ˈdʒorni pju ˈbːɛlːi ˈkoːme se ad un ˈtratːo rimpjanˈdʒesːimo i ˈtɛmpi aˈpːeːna fiˈniːti ˈdelːe ˈletːsjoːni e dei̯ ˈkompiti | per ˈdartʃi koɲˈveɲːo non trovaˈvaːmo per ˈsɔːlito ˈlwɔːgo miˈʎːoːre delː ˈaːtrjo delː istiˈtuːto || si induˈdʒaːva nelː anˈdroːne | ˈvasto | ˈfresko | e semiˈbuːjo ˈkoːme ˈuːna ˈkripta | asːjeˈpandotʃi daˈvanti ai̯ ˈgrandi ˈfɔʎːi ˈbjaŋki ˈdeʎːi skruˈtiːni fiˈnaːli | afːaʃːiˈnaːti dai̯ ˈnɔstri ˈnoːmi e dːa ˈkwelːi dei̯ ˈnɔstri komˈpaɲːi | ke a ˈlɛdːʒerli koˈsi | trasˈkritːi im ˈbɛlːa kalːigraˈfiːa | ed esˈposti sotːoˈveːtro di ˈla dːa ˈuːna leˈdːʒɛːra ˈgraːta di fil di ˈfɛrːo | noɱ finiˈvaːmo mai̯ di stuˈpirtʃi || ˈɛːra ˈbɛlːo non aˈver pju ˈnːjɛnte da tːeˈmeːre ˈdalːa sˈkwɔːla | ˈbɛlːo poˈter uˈʃːiːre di ˈli a ˈpːɔːko ˈnelːa ˈluːtʃe ˈlimpida e aˈdːzurːa ˈdelːe ˈdjɛːtʃi di maˈtːiːna | amːiˈkːante | laˈdːʒu | atːraˈvɛrso la posˈtjɛrla d iŋˈgrɛsːo | ˈbɛlːo aˈveːre diˈnantsi a ˈsˑe ˈluŋge ˈoːre di ˈɔtːsjo e di liberˈta | da sˈpɛndere ˈkoːme ˈmˑɛʎːo tʃi ˈfosːe pjaˈtʃuːto || ˈtutːto ˈbɛlːo | ˈtutːo stuˈpɛndo |iŋ kwei̯ ˈprimi ˈdʒorni di vaˈkantsa ||

Transkript Bassani2
Lombardisch-norditalienische Regionallautung
(*pronuncia regionale lombardo-settentrionale*),
phonetisch-impressionistisch-weit:

per noi̯ alˈjeːvi inˈtɛrni | sopraˈtutːo se proˈmɔsːi | non tʃ ˈeːrano ˈforse ˈdʒorni pju ˈbɛlːi || ˈkoːme se ad un ˈtratːo rimpjanˈdʒesːimo i ˈtempi aˈpːeːna fiˈniːti ˈdelːe ˈletːsjoːni e dei̯ ˈkɔmpiti | per ˈdartʃi koŋˈveːɲo non trovaˈvaːmo per ˈsɔːlito ˈlwɔːgo miˈʎːoːre delː ˈaːtrjo delː istiˈtuːto || si induˈdʒaːva nelː anˈdroːne | ˈvasto | ˈfresko | e semiˈbuːjo ˈkoːme ˈuːna ˈkripta | asːjeˈpandotʃi daˈvanti ai̯ ˈgrandi ˈfɔʎːi ˈbjaŋki ˈdeʎːi skruˈtiːni fiˈnaːli | afːaʃːiˈnaːti dai̯ ˈnɔstri ˈnoːmi e da ˈkwelːi dei̯ ˈnɔstri komˈpaːɲi | ke a ˈledːʒerli koˈzi | trasˈkritːi im ˈbɛlːa kalːigraˈfiːa ed esˈpɔsti sotːoˈveːtro | di ˈla da uːna leˈdːʒeːra ˈgraːta di fil di ˈfɛrːo | noŋ finiˈvaːmo mai̯ di stuˈpirtʃi || ˈeːra ˈbɛlːo non aˈver pju ˈɲjente da teˈmeːre ˈdalːa sˈkwɔːla | ˈbɛlːo poˈter uˈʃːiːre di ˈli a ˈpɔːko ˈnelːa ˈluːtʃe ˈlimpida e aˈdːzurːa ˈdelːe ˈdjeːtʃi di maˈtːiːna | amːiˈkːante | laˈdːʒu | atːraˈvɛrso la posˈtjɛrla d iŋˈgrɛsːo | ˈbɛlːo aˈveːre diˈnantsi a ˈse ˈluŋge ˈoːre di ˈɔtːsjo e di liberˈta da sˈpendere ˈkoːme ˈmeʎːo tʃi ˈfosːe pjaˈtʃuːto || ˈtutːo ˈbɛlːo | ˈtutːo stuˈpendo | iŋ kwei̯ ˈprimi ˈdʒorni di vaˈkantsa ||

Vergleicht man die Transkripte der beiden textgleichen Versionen (Eco1, Eco2 und Bassani1, Bassani2), so stellt man fest, dass zahlreiche Realisierungen als übereinstimmend wahrgenommen und daher gleich notiert wurden – ungeachtet der bereits erwähnten Tatsache, dass es nicht einmal bei einem einzelnen Sprecher je zu einer völlig identischen Artikulation von äußerlich als gleich wahrgenommenen Lauten kommt. Dennoch fällt eine Reihe von Merkmalen auf, die die Varietät des jeweiligen Sprechers bzw. der Sprecherin prägen. Im Einzelnen sind folgende Punkte anzumerken und für die praktische Transkriptionsarbeit zu berücksichtigen:

- Intonationsgruppen werden mit dem Zeichen |, das Satzende bzw. eine durch fallende Tonhöhenbewegung als abgeschlossen indizierte Redeeinheit mit || signalisiert; Eigennamen werden mit Asterisk * markiert.
- Einer betonten Silbe geht das Akzentzeichen voran: [afːaʃːiˈnaːti]; Sekundärakzente können optional gekennzeichnet werden: [ˌafːaʃːiˈnaːti], worauf in den vorliegenden Fassungen verzichtet wurde.
- Vokalqualitäten werden in betonter Silbe in mittelhoch/geschlossen [e o] und mitteltief/offen [ɛ ɔ] unterschieden, doch ist die Phonemunterscheidung bei unbetonten Silben aufgehoben, hier sind jeweils die mittelhohen/geschlossenen Vokale zu transkribieren.
- Die Distribution der Vokalqualitäten mittelhoch/geschlossen [e o] und mitteltief/offen [ɛ ɔ] weicht in der lombardischen Regionalvarietät oft von deren üblicher Verteilung im Toskanischen/Standarditalienischen ab, vgl. Eco1 [ˈtʃenːo di aˈtːendere] vs. Eco2 [ˈtʃɛnːo di aˈtːendere].

- Affrikaten können wie in den Transkripten als Folge zweier Laute [tʃ dʒ] notiert werden; um die Verbindung des Okklusiv- und des Frikativelements hervorzuheben, ist auch die Notierung mit Bogen [t͡ʃ d͡ʒ] (wie in den Wortbeispielen dieses Bandes) oder Ligatur [ʧ ʤ] üblich.
- Intervokalisch sind der stimmlose Sibilant [s] und sein stimmhaftes Pendant [z] regionaltypisch verteilt und so ist die Form *curiosità* in der standardsprachlich-toskanischen Version Eco1 als [kurjosiˈta] realisiert, in Version Eco2 typisch für das *italiano regionale* des Nordens als [kurjoziˈta]. Die analoge Distribution findet sich bei *così* in Bassani1 [koˈsi] vs. Bassani2 [koˈzi].[90]
- Die Assimilation des Ortsmerkmals bei den Nasalen wird durch das entsprechende Allophon wiedergegeben, auch über Wortgrenzen hinweg, vgl. Eco1, Eco2: [um moˈmento], [iɱˈfatːi] und Bassani1, Bassani2: [im ˈbɛlːa], [noɱ finiˈvaːmo], [iŋ kwei̯].
- Die allophonische Längung betonter Vokale in offener Silbe wird in phonetischer Transkription mit dem Längenzeichen [ː] gekennzeichnet, vgl. u.a. Bassani1, Bassani2: [fiˈniːti], [ˈsɔːlito], [istiˈtuːto].
- Geminaten werden in der Regel von dem toskanischen Sprecher wie von der lombardischen Sprecherin durchgehend gesprochen und phonetisch mit dem Längenzeichen als Langkonsonanten [ː] transkribiert (z.B. Bassani1, Bassani2 [ˈtratːo] usw.), doch können diese in Einzelfällen abgeschwächt (Bassani1 [alˑˈjɛːvi], hier mit [ˑ] für halbe Länge angegeben) oder als Einfachkonsonant produziert sein, vgl. Bassani2 [alˈjeːvi], [sopraˈtutːo] vs. [sopraˈtːutːo] in Bassani1. Mitunter ist in norditalienischer Regionalaussprache der betonte Vokal anstelle des nachfolgenden Konsonanten gelängt, vgl. Bassani2 [komˈpaːɲi].
- Das *raddoppiamento fonosintattico* (RF) wird in der standarditalienisch-toskanischen Lesefassung regelgemäß (vgl. 4.3.3), jedoch nicht in allen potentiellen Kontexten (und erwartungsgemäß gar nicht in der lombardischen Fassung) realisiert, z.B. in Bassani1 [pju ˈbːɛlːi], nicht jedoch in [ˈkoːme se], dagegen in [e dːa], aber nicht in [e dei̯], wo es je der Regel nach vorkommen müsste. Wenn überhaupt, scheint es bei dem toskanischen Sprecher eine leichte Tendenz zu geben, das phonologische (akzentbedingte) RF (vgl. Bassani1 [di ˈla dːa], [pu ˈnːjɛnte]) gegenüber dem lexikalischen RF zu privilegieren. Hingegen wird in Eco1 [e sːi dʒeˈtːɔ dʒu] das lexikalische RF (ausgelöst durch die unbetonte Konjunktion *e*) realisiert, während das phonologische RF, welches durch die endbetonte Form [dʒeˈtːɔ] ebenfalls ausgelöst werden müsste, nicht ausgesprochen wird.

90 In der toskanischen Standardaussprache gibt es intervokalisch, je nach lexikalischer Form beide Realisierungen (s.o., 4.2.2); jüngere toskanische Sprecher tendieren dazu, das norditalienische Muster zu übernehmen (vgl. 6.2, Nocchi/Filipponio 2012).

Die vorangehenden impressionistischen Transkripte erreichen auch bei weitem Transkribieren einen beträchtlichen Grad an Detailliertheit, insofern als sie die tatsächlich realisierten Muster der Informanten (Sprecher), einschließlich gewisser Normabweichungen abbilden. Bei einer systematischen Transkription, die nicht auf der konkreten Realisierung bestimmter Sprecher beruht, sondern von einer Idealnorm der Aussprache nach den Regeln der **Orthoepik** (der Lehre der normgerechten Aussprache, auch: Orthoepie; it. *ortoepia*, vgl. 6.2) ausgeht, wäre beispielsweise die Notierung des RF nach allen regelgemäß den Prozess auslösenden Wörtern, endbetonten Formen (bzw. den *parole raddoppianti*) zu erwarten.

Zur Illustration der erhöhten Detailtreue und des Strebens nach maximaler Genauigkeit bei der Notation von sprecher- und versionsindividuellen Charakteristika fügen wir hier als Beispiel den ersten Satz des Eco-Textes in enger phonetischer Transkription (it. *trascrizione fonetica stretta*) an.

Transkript Eco2.1
Lombardisch-norditalienische Regionallautung
(*pronuncia regionale lombardo-settentrionale*),
phonetisch-impressionistisch-eng:

il tʃeˈlːaːri̯o ˈɛ̞bː^{e} um moˈmẽ̞n̪to di̯ ezitaˈtːsjoːne | poi̯ ˈfeːtʃ^{e} ũ^{n} ˈseɲːo ä^{i} swɔi̯ e si dʒeˈtːɔ̞
dʒu peɾ i^{l} sẽn̪ˈtjeːɾo di ˈdɛstra | ˈmen̪tre i ˈnɔst̪ri ˈmuːli ripren̪ˈdeːvan° a saˈliːɾe ||

Hier haben wir die Ausssprachemerkmale in größerer Detailtiefe notiert, wofür insbesondere auf die Diakritika der IPA-Konvention zurückgegriffen wurde. Hinzu kommen mehrere Züge, die mehrheitlich nicht sprecherindividuelle Abweichungen darstellen, sondern vielmehr der regionalen Aussprachevarietät zuzuschreiben sind:

- Abgeschwächt artikulierte Laute werden durch verkleinerte, hochgestellte Zeichen angezeigt (z.B. [ˈɛ̞bː^{e}], [i^{l}]).
- Bei den Vibranten werden Realisierungen des Polyvibranten (*Trill*) [r] wie in [dɛstra] vom Monovibranten (*Tap*) [ɾ] wie in [peɾ] unterschieden.
- Während man sonst konventionell zwischen der Notierung von [j] vor Vollvokal (z.B. it. *più* [pju]) und [i̯] nach Vollvokal in fallendem Diphthong (z.B. it. *poi* [poi̯]) unterscheidet, wird hier die halbvokalische wie in [tʃeˈlːaːri̯o] von der halbkonsonantischen Eigenschaft des Approximanten [ezitaˈtːsjoːne], beide in steigendem Diphthong, unterschieden.
- In Wörtern wie [moˈmẽ̞n̪to], [ũ^{n}] kann man die verbreitete Nasalierung von Vokalen vor Nasalkonsonanten als typisch norditalienischen Zug notieren (vgl. 3.3, 4.2.3).
- Bei [ˈɛ̞bː^{e}], [moˈmẽ̞n̪to], [dʒeˈtːɔ̞] kennzeichnen subskribierte diakritische Zeichen in [ɛ̞] gegenüber dem mitteltiefen Palatalvokal [ɛ] die etwas stärkere Senkung der Zunge (wobei nicht die Qualität des halbtiefen Vokals [æ] erreicht

wird). Die stärkere Hebung wird durch ein eigenes Zeichen notiert, vgl. [ẽ̹] (hier zusätzlich nasaliert; es können also Diakritika kombiniert werden) und [ɔ̹].[91]

- Als Koartikulationsphänomene werden Prozesse wie die (hier regressive) Assimilation des Ortsmerkmals bei den Nasalen auch mit Diakritikon vermerkt: Dentalisierung vor dentalem Plosiv in [moˈmẽ̹n̪to], [sẽn̪ˈtjeːro], [ˈmen̪tre], [ripren̪ˈdeːvan°], (Alveo-)Palatalisierung in [ˈnɔs̠tri].
- Die leichte Zentralisierung des Vokals [a] wird durch ein superskribiertes diakritisches Zeichen markiert: [äⁱ swɔi̯].

Für praktische Fragen, die das Transkribieren des Italienischen betreffen, können neben der vorhergehenden Auswahl von Beobachtungen Aussprachewörterbücher wie das bereits in 1.4 erwähnte *DiPI online* (www.dipionline.it) sowie für das Kontrastieren regionaler Varietäten die phonetische Beschreibung von Bertinetto/Loporcaro (2005) erste Hilfestellung bieten. Als Abschluss dieses Kapitels folgen nun noch bibliographische und praktische Hinweise sowie Aufgaben, um das eigenständige Transkribieren einzuüben.

5.3 Bibliographische Hinweise und praktische Hilfsmittel

Die meisten allgemeinen und einzelsprachlichen Einführungen und Handbücher zur Phonetik und Phonologie wie auch Grammatiken enthalten zumindest einige Hinweise auf Graphematik und Transkription. Die Geschichte der Verschriftung der italienischen Sprache behandelt Cornagliotti (1988), während synchrone Überblicke zum italienischen Schriftsystem mehr oder weniger ausführlich bei Lichem (1988), Dardano/Trifone 1995[3]: 679–699, Serianni (1988), Schmid (1999: 183–187), Biffi/Maraschio (2008) sowie synoptisch knapp bei Calamai (2008: 51–54), Dardano/ Trifone (2017[2]: 39f.), Demartini (2011) und Eufe (2021) zu finden sind. Grundlagen der Transkription enthalten z.B. die Arbeiten von Tagliavini/Mioni (1974), Mioni (1986, 2001), Schmid (1999: 187–201), Albano Leoni/Maturi (2018[3]). Übersichtliches Anschauungsmaterial zur Transkription eines Textes im Standard sowie in drei regionalen Varietäten (Florenz, Mailand, Rom) ist Bertinetto/Loporcaro (2005) zu entnehmen.

Unter den praktischen Hilfsmitteln wurde in 1.4 und 5.2.2 bereits die benutzerfreundliche virtuelle IPA-Tastatur erwähnt (https://ipa.typeit.org/full/), in 5.2.2 zudem der phonetische Zeichensatz *DoulosSIL* (www.sil.org; auch die weiteren dort

91 Solche Vokalrealisierungen zwischen mitteltief und mittelhoch erinnern in ihrer Qualität an ein *timbro intermedio* (in etwa 'mittlere Vokalfärbung'), wie es von verschiedenen Autoren (vgl. Schmid 1999: 133, Calamai 2011a), je nach Lautumgebung, für die unbetonten Vokale des Italienischen erwähnt wird. Canepari (1999b: 6) schlägt für eine solche zwischen dem mitteltiefen und dem mittelhohen Vokal liegende Aussprache die Symbole [ᴇ ɵ] vor.

verfügbaren Werkzeuge für linguistisches Arbeiten seien hier empfohlen). Für das fortgeschrittene Arbeiten mit Transkriptionen stellt die Gratis-Software PRAAT (http://www.fon.hum.uva.nl/praat/) interessante Funktionen – sog. TextGrids – bereit. Ein Vergleichsbeispiel zu Transkriptionen nach Böhmer-Ascoli und IPA ist Krefeld/Lücke (2020), ferner bietet das Phonogrammarchiv der Universität Zürich ein nützliches Tool zum Generieren einzelner Böhmer-Ascoli-Zeichen (https://www.Phonogrammarchiv.uzh.ch/static/boehmer/boehmer.html).

Die offizielle Seite für die SAMPA-Konvention steht im Netz unter https://www.phon.ucl.ac.uk/home/sampa/index.html

Die erweiterte Variante X-SAMPA findet man unter https://www.phon.ucl.ac.uk/home/sampa/x-sampa.html.

5.4 Aufgaben zur Transkription

5.1 Weshalb kann man die italienische Orthographie als relativ transparent bezeichnen? Begründen Sie Ihre Antwort unter Berücksichtigung der Phonem-Graphem-Korrespondenzen im Italienischen.

5.2 Geben Sie je zwei Beispiele für Homonymie, Homophonie und Homographie in Sprachen Ihrer Wahl.

5.3 Vergleichen Sie die Transkripte Bassani1 (toskanisches Standarditalienisch) und Bassani2 (lombardisches Regionalitalienisch). Identifizieren Sie drei von der Standardlautung abweichende regionale Merkmale in Bassani2. Achten Sie besonders auf die Verteilung der Vokalqualitäten und Langkonsonanten.

5.4 a) Identifizieren Sie das Vorkommen des *raddoppiamento fonosintattico* (RF) im Transkript Bassani1 (nicht alle möglichen Vorkommen von RF sind realisiert).
b) Welche Kontexte bzw. *parole raddoppianti* lösen das RF hier jeweils aus?
c) Welchen der in 4.3.3 genannten Regeln entsprechen diese Kontexte?

5.5 Vergleichen Sie *egli mi fece cenno di attendere* (Eco-Text, Z. 3) in den Transkripten Eco1 und Eco2. Was fällt an der Vokaldistribution auf?

5.6 a) Phonemische Transkriptionen notieren nur die phonologisch relevanten Kontraste, keine allophonische Varianten. Transkribieren Sie phonemisch (IPA):

Era bello non aver più niente da temere dalla scuola, bello poter uscire di lì a poco nella luce limpida e azzurra delle dieci di mattina, ammiccante, laggiù, attraverso la postierla d'ingresso, bello avere dinanzi a sé lunghe ore di ozio e di libertà da spendere come meglio ci fosse piaciuto. Tutto bello, tutto stupendo, in quei primi giorni di vacanza.

b) Welche allophonischen Realisierungen entsprechen den Phonemnotationen? (Es empfiehlt sich der Vergleich mit der oben angegebenen phonetischen Umschrift.)

5.7 Transkribieren Sie phonetisch in systematischer weiter Notation nach IPA:

Da quando ero arrivata in città, non mi ero mai fermata. Per giorni avevo accompagnato mio zio, il fratello di mia madre, in giro nel caos degli uffici, tra piccoli mediatori capaci di affrettare l'iter burocratico delle pratiche o provando noi stessi dopo lunghe code agli sportelli la disponibilità degli impiegati a superare ostacoli invalicabili in cambio di cospicue regalìe. A volte mio zio era riuscito a ottenere qualche effetto ostentando la manica vuota della giacca. Aveva perso il braccio destro in età avanzata, a cinquantasei anni, lavorando al tornio in un'officina di periferia, e da allora usava quella sua invalidità ora per chiedere favori, ora per augurare a chi glieli negava la sua stessa disgrazia.
(Ferrante, Elena: *L'amore molesto*. Roma, Edizioni e/o 1996)

5.8 a) Hören Sie sich die Aufnahme Eco2 und Bassani 2 an (https://www.cl.uzh.ch/de/people/team/phonetics/schmid.html) und fertigen Sie für folgende Ausschnitte eine enge phonetische IPA-Transkription an:

1. Ci passarono di fianco continuando a guardarci alquanto sbalorditi e ci precedettero verso l'abbazia.
2. Si indugiava nell'androne, vasto, fresco, e semibuio come una cripta, assiepandoci davanti ai grandi fogli bianchi degli scrutini finali [...].

b) Zählen Sie je (mindestens) vier Detailnotationen auf, die gegenüber der weiteren Notation im Transkript Eco2 hinzugefügt werden können.

5.9 Transkribieren Sie den ersten Satz aus dem Eco-Zitat mit dem Böhmer-Ascoli Alphabet:

[...] poi fece un segno ai suoi e si gettò giù per il sentiero di destra [...]

Verwenden Sie dazu den Font *dinamlex* und das Tool auf der Web-Seite des Phonogrammarchivs der Universität Zürich: https://www.phonogrammarchiv.uzh.ch/static/boehmer/boehmer.html

5.10 Konvertieren Sie den ersten Satz aus dem Eco-Zitat (Transkript Eco1) vom IPA ins SAMPA-Alphabet:
il tʃeˈlːaːrjo ˈɛbːe um moˈmento di ezitaˈtːsjoːne | pɔi̯ ˈfeːtʃe un ˈseɲːo ai̯ swɔi̯ e sːi dʒeˈtːɔ dʒu per il senˈtjɛːro di ˈdɛstra | ˈmentre i ˈnɔstri ˈmuːli riprenˈdeːvano a sːaˈliːre ||

Verwenden Sie dazu das Tool *Phonverter* auf der Web-Seite des Phonetischen Laboratoriums der Universität Turin:
https://www.lfsag.unito.it/ipa/converter_en.html

6 Das italienische Lautsystem im Fremdsprachenerwerb

In diesem Kapitel werden Grundelemente für den Erwerb der Lautmuster des Italienischen als Fremdsprache benannt. Dabei werden auch einzelne terminologische Unterscheidungen der Zweitspracherwerbsforschung eingeführt, allerdings nur insoweit diese für die Darstellung relevant sind. Jenseits der spezifischen Fokussierung dieser Einführung sei auf allgemeine Werke zum Zweitspracherwerb verwiesen, wie es sie inzwischen in großer Zahl gibt.[92]

Das Italienische steht unter den romanischen Sprachen weder in dem Ruf, relativ leicht, noch besonders schwer auszusprechen zu sein. Eine eher leichte Aussprache wird etwa für das Spanische oft behauptet (vgl. Dufter 2012); der Eindruck dürfte sich aber eher auf die recht konsequent lautorientierte Schreibung beziehen und klammert meist die große Aussprachevariation in der hispanophonen Welt aus. Das Stereotyp des Französischen ist dagegen das der 'schweren' Sprache, auch in der Aussprache; angeführt werden als Beispiele manchmal die Nasalvokale oder das Phänomen der *Liaison*.

Beim Italienischen bereiten Lernenden mit Deutsch als Erstsprache oft einige typische Merkmale der toskanisch-basierten Aussprachenorm Probleme, z.B. die verschiedenen Vokalöffnungsgrade oder die Langkonsonanten (vgl. 4.1.1, 4.3.2). Dabei handelt es sich aber nicht immer, jedenfalls nicht primär, um deren Artikulation, sondern v.a. um die richtige Realisierungsvariante und Distribution von solchen Fällen, in denen die relativ transparente Schreibung des Italienischen keine hinreichenden Aussprachehinweise gibt (vgl. 5.1). Man denke dabei z.B. an die Existenz nur je eines Graphems <e>, <o> für die je zwei Phoneme /e/, /ɛ/ und /o/, /ɔ/ oder die durch das *raddoppiamento fonosintattico* (RF) bedingten Langkonsonanten, die i.d.R. nicht an geschriebenen Doppelkonsonanten erkennbar sind. Hier ist bewusste Wahrnehmung und sorgfältige Einübung der regelhaften Muster gefordert – besonders letzteres wird in der schulischen und universitären Sprachpraxis aber oft vernachlässigt. Wahrnehmungsschulung und Übung in der Realisierung wird L2-Lernenden außerdem dadurch abverlangt, dass der italienische Sprachraum stark ausdifferenziert ist. So sind gerade in der Lautung charakteristische Merkmale der regionalsprachlichen Varietäten (*italiani regionali*) und bis heute teils dialektale Einflüsse prägend (vgl. 1.2, 4.2).

92 Zur ersten Orientierung seien hier lediglich Roche (2020[4]) und Chini (2005) genannt.

https://doi.org/10.1515/9783110534047-006

6.1 Universales und Partikuläres in der Typologie des italienischen Lautsystems

Die Sprachen der Welt bedienen sich aus der Gesamtzahl der möglichen, bisher bekannten Lautartikulationen in recht unterschiedlichem Ausmaß.[93] Wie schon die Beschreibungen in Kap. 4 gezeigt haben, hat das Italienische eine Präferenz für vordere Artikulationsorte (mit einer Konzentration auf den alveolar-palatalen Bereich). Diese weisen sowohl als **types** (dt. Typen, it. *tipi*) wie auch **tokens** (dt. Vorkommen; it. *occorrenze*) generell eine erhöhte Frequenz gegenüber anderen Lautklassen auf (vgl. u.a. Hess 1975; Stammerjohann 1988: 2, 2020^{2}: 38; Schmid 1999: 140–141).

Das segmentale Lautinventar des Italienischen weist viele Übereinstimmungen mit anderen Sprachen, aber auch gewisse Eigenheiten auf (Detailvergleiche in Stammerjohann 2020^{2}: 19–56). Wie in Kap. 4.1.1 behandelt besitzt Italienisch ein übersichtliches System von sieben betonten Vokalphonemen /i e ɛ a ɔ o u/ sowie fünf unbetonten Vokalphonemen /i e a o u/, d.h. die Opposition von mitteltiefem vs. mittelhohem Palatalvokal /ɛ/ ~ /e/ bzw. Velarvokal /ɔ/ ~ /o/ ist in unbetonter Silbe zugunsten des mittelhohen Vokals neutralisiert (vgl. 3.1.1). Schon der Vergleich mit den 16 im Deutschen üblicherweise unterschiedenen Vokalphonemen und den, je nach Wertung, 14–17 Vokalphonemen des Französischen zeigt dies. Dennoch gilt (Standard-)Italienisch als besonders vokalreiche Sprache. Wieder ist ein Blick auf das Verhältnis von *types* zu *tokens* aufschlussreich: Maßgeblich für die Wahrnehmung des italienischen Vokalreichtums ist nicht die absolute Zahl der Vokaltypen, sondern deren hohe Vorkommenshäufigkeit. Generell weist das phonologische Wort im Italienischen vokalische Auslaute auf. Eine Ausnahme stellen Lehnwörter wie it. *film*, *bar*, *gas* etc. dar, bei denen in manchen Varietäten am Ende ein unbetonter Stützvokal [ə] eingefügt wird (vgl. 4.3.1). Flexionsendungen (zur Genus-/Numerusmarkierung in Nomina und Adjektiven sowie zum Ausdruck von Person und Numerus in Verben) sind vokalisch, vgl. it. *ragazz-o/-a/-i/-e* und *parl-o-/i-/-a*. So kommt es zu einer hohen (Token-)Frequenz relativ weniger Vokaltypen. Freilich sind auch ökonomischere Vokalinventare denkbar und dokumentiert: Spanisch kennt insgesamt nur fünf vokalische Phoneme, weitere Differenzierungen (verschiedene Vokalöffnungsgrade) sind nur allophonisch bedingt; einige Sprachen, darunter Hocharabisch und Quechua, begnügen sich sogar mit drei Vokalphonemen (vgl. Pompino-Marschall 2009^{3}: 226; Schmid 2016a: 471).

Tabelle 28 stellt die Vokalphoneminventare der romanischen Sprachen Spanisch, Italienisch, Französisch einander gegenüber:

93 Ersichtlich wird das z.B. aus den vielfältigen Symbolen des Internationalen Phonetischen Alphabets (IPA), mit Abstufungen: Leere Kästchen in weiß stehen für potentielle, aber bisher unbekannte Artikulationen, graue für Artikulationen, die als unrealisierbar gelten (vgl. die Beschreibung der IPA-Tabelle in 5.2.2).

Tab. 28: Vokalphoneminventare im Vergleich: Spanisch, Italienisch, Französisch (rechts stehen nasalierte, gerundete und hintere Vokale)

	Spanisch	Italienisch	Französisch
hoch	i u	i u	i y u
halbhoch			
mittelhoch	e o	e o	e ø o
mittel			ə
mitteltief		ɛ ɔ	ɛ ɛ̃ (œ̃) œ ɔ ɔ̃
halbtief			
tief	a	a	a (ɑ) ɑ̃

Das Inventar der Konsonantenphoneme ist deutlich größer, sprachtypologisch sind vor allem die Langkonsonanten (Geminaten, vgl. 4.1.2, 4.3.2) als salienter Zug des Italienischen anzusehen. Zumindest im Vergleich der romanischen Sprachen ist auch der Bestand an Affrikaten (vgl. 4.1.2) eher umfangreich. Auffällig wäre er aber nur in synchroner Betrachtung der Gegenwartssprachen, denn z.B. Altspanisch oder Altfranzösisch kennen mehrere Affrikaten, die in der Diachronie durch Lautwandel geschwunden sind. Stammerjohann nennt zu Recht den Bereich der konsonantischen Quantität, die typischen gelängten Segmente gegenüber den jeweils auch vorhandenen einfachen Segmenten, den "strittigste[n] Komplex der italienischen Phonologie" (Stammerjohann 1988: 5). Die Gesamtzahl der Konsonantenphoneme ist für die italienische Phonologie somit nicht leicht zu bestimmen, allein 15 Konsonanten weisen kontrastive Länge auf. Damit kann das Inventar, je nach Wertung von deren Status, inklusive der übrigen, einigermaßen unstrittigen Elemente, auf 23 bis 38 Einheiten kommen (oder mehr, wenn Approximanten phonematisch gewertet werden) – was es jedenfalls zu einem im Sprachvergleich relativ umfangreichen Konsonanteninventar macht.

Jenseits der Segmentebene hat Italienisch einen reichen Bestand an prosodischen Ausdrucksmitteln, wie in 4.4 schon ausgeführt wurde. Die Variation der Grundfrequenz (F_0), d.h. die Grundschwingung der Stimmlippen, wird auditiv als Tonhöhenbewegung wahrgenommen (vgl. 2.1.3). Ein solcher Melodie- oder **Intonationsverlauf** (auch: Intonationskontur; it. *contorno intonativo*) dient neben grundlegenden Kategorisierungen im Sprachsystem auch außer- und parasprachlichen Funktionen – z.B. können hierdurch Geschlecht, Alter, Gesundheitszustand sowie die emotionale Befindlichkeit von Sprechern signalisiert werden (vgl. 3.5.4). Anders als in den sog. **Tonsprachen** (z.B. Bantu-Sprachen in Afrika, in Asien Mandarin, Kantonesisch, Vietnamesisch u.a.), wo durch phonologisch distinktive Tonhöhen (Register-Töne) oder Tonhöhenverläufe (Kontur-Töne) Unterscheidungen von Wortbedeutungen möglich sind (vgl. 3.5.3), gibt es in **Intonationssprachen** (it. *lingue intonati-*

ve) wie dem Italienischen dennoch zahlreiche Funktionen: Dazu gehören der Ausdruck des Satzmodus (etwa zur Abgrenzung von Frage- und Aussagesätzen), die Markierung von Informationsstruktur (Hervorhebung von Einheiten in Äußerungen, denen damit ein besonderer informationeller Status zugewiesen wird), Untergliederung gesprochener Äußerungen (prosodische Phrasierung) und weiteren pragmatischen (Kodierung von Sprechakten) und diskursiven/textuellen Funktionen (vgl. zu text- und textsortenprosodischen Funktionen von Intonation in bestimmten mündlichen Diskurstypen Heinz 2006, 2012).

Zudem greifen die verschiedenen prosodischen Einheiten (vgl. 3.5) ineinander beim Mehrebenenphänomen des Sprachrhythmus, dessen Untersuchung an der Schnittstelle von theoretischer Phonologie, Prosodieforschung und Sprachtypologie liegt (vgl. 3.5.5). Zur rhythmustypologischen Einordung des Italienischen sei knapp auf die traditionelle Unterscheidung zwischen silben- und akzentzählenden (engl. *syllable-timed* vs. *stress-timed languages*; it. *lingue a ritmo sillabico* vs. *lingue a ritmo accentuale*) Sprachen verwiesen, die auf Pike (1945[1947²]) zurückgeht. Abercrombie (1967) formulierte die 'starke' Version der Hypothese isochroner (zeitgleicher) Intervalle zwischen einer Akzentstelle und der nächsten im akzentzählenden Sprachtyp bzw. isochroner Silben im silbenzählenden Typ und strebte an, die Sprachen der Welt dem einen oder anderen der beiden Rhythmustypen zuzuordnen. Auch wenn es sich wohl eher um Tendenzen in einem Kontinuum handelt, verkörpert Italienisch, ähnlich wie Spanisch, soweit es sich abschließend sagen lässt, geradezu exemplarisch den Rhythmustyp einer Silbensprache. Mit seinem stabilen, phonotaktisch klar definierten Aufbau der Silbe als zentraler prosodischer Domäne und Bezugseinheit (einem Aufbau, der dazu über verschiedene Sprechtempi weitestgehend konstant bleibt), ist der Rhythmus des Italienischen silbenzählend oder silben*basiert* zu nennen. Dasselbe gilt übrigens auch für das Spanische: Die Tendenz zur Schwächung/Zentralisierung unbetonter Vokale im Allegrostil wie im Französischen, Portugiesischen, Katalanischen, Rumänischen kennen nämlich weder Standarditalienisch noch Standardspanisch (vgl. 4.4.4; Bertinetto/Magno-Caldognetto 1993).

6.2 Orthoepik: Aussprachenormen und das *Near-native*-Ideal

Die Lehre von der richtigen Aussprache nennt man **Orthoepik** (it. *ortoepia*). Angesichts der in aller Regel dialektal-regionalen Prägung der Lautmuster in Italien muss die Aussprachenorm der Standardsprache eigens erworben werden. Das gilt jedenfalls für viele Sprachbenutzer, die das Italienische in professionellen Kontexten verwenden (audiovisuelle Medien, Radio, TV; mitunter auch Lehrpersonen). So treffen wir dort auf eine eigene Tradition von Aussprachetraktaten, Lehrbüchern der Orthoepik. Fast schon Klassiker des Genres sind Werke wie z.B. Camilli (1965³), aber noch heute gibt es eine Nachfrage für entsprechende Leitfäden, z.B. die praxisorientierten “appunti di dizione” ohne wissenschaftlichen Anspruch von Brusa (2012³).[94]

Beim Italienischen muss man also besondere Aufmerksamkeit auf die regionale Variabilität der Sprache richten; wie bereits erwähnt sind auch Muttersprachler davon vorgeprägt und potentiell vor Herausforderungen gestellt. Vereinfachend sind mindestens folgende (makro-)regionale Aussprachevarietäten Italiens für L1-Sprecher leicht wiedererkennbar und i.d.R. sogar für geübte L2-Lerner wahrnehmbar (vgl. 1.2, 4.2 und Canepari 1986³, Schmid 1999: 144–154; Bertinetto/Loporcaro 2005):

1. Eine norditalienische Varietät mit überregionalen Zügen einer Koiné, d.h. einer Ausgleichsvarietät, die einer größeren Sprecherzahl gemeinsam ist (it. *koiné settentrionale*). In dieser Koiné dominieren allgemeine Merkmale der Sprechweise im Großraum Mailand, generell wird das *raddoppiamento fonosintattico* nicht realisiert (vgl. 4.3.3); weitere Differenzierungen, die z.B. lombardische, piemontesische, emilianische oder ligurische Herkunft der jeweiligen Sprecher verraten, sind möglich.

2. Eine Varietät des Nordostens (verbreitet im Veneto sowie im östlichen Trentino und im östlichen Übergangsgebiet der Lombardei), die besonders durch ihre Intonation charakteristisch ist; die charakteristischen steigend-fallenden Tonhöhenverläufe werden von Personen aus anderen Regionen oft als ‘Singsang‘ (*cantilena*) bezeichnet. Auffällig sind auch verbreitete Degeminierungen, d.h. Langkonsonanten werden tendenziell kürzer realisiert.

3. Toskanisch: Hier verbreitet sich innerhalb der Region vom zentraltoskanischen Florentinisch aus die sog. *gorgia toscana*, durch die postkonsonantisch die stimmlosen Verschlusslaute [p t k] spirantisiert werden (vgl. 4.2.3). Diese Ausspracheeigenheit wird besonders gern als Sprachstereotyp der Region imitiert – ja sie kann als ein *Schibboleth*, als ein soziophonetisches Erkennungsmerkmal, gelten (immer wieder scherzhaft zitiert wird die Sequenz *una Coca Cola con la cannuccia corta corta* ‘eine Coca-Cola mit ganz kurzem Trinkhalm’, als [ˈuna ˈhɔha ˈhɔla ˈholːa ˈhanːut͡ʃːa ˈhorta ˈhorta]). Während die *gorgia* sich inzwischen teils über ihr historisches Verbreitungsgebiet ausdehnt, übernehmen jüngere toskanische Sprecher einzelne norditalienische Aussprachemerkmale, etwa die Tendenz, intervokalisch generell [z] zu realisieren, wo traditionell je nach Wort [s] und [z] vorkommen: z.B. tosk. *caso* [ˈkaːzo] vs. *cosa* [ˈkɔːsa] (Nocchi/Filipponio 2012). Im Süden der Region, geographisch näher am

94 Für die meisten Berufsbilder ist die mündliche Beherrschung der Standardsprache unabdingbar, während der Arbeitsmarkt für sprachunabhängige Tätigkeiten kaum wachsen dürfte. Die Nachfrage nach Aussprachelehrwerken und -kursen ist besonders hoch bei Personen, die einen stigmatisierten Akzent haben, was aufgrund hartnäckiger Stereotypen v.a. für die meridionale Aussprachefärbung in Teilen des italienischsprachigen Raumes (besonders im Norden) bis heute gilt. So war dem *Corriere del Mezzogiorno* vom 5.10.2013 zu entnehmen, dass ein neapolitanischer Akzent Ausschlusskriterium für bestimmte Tätigkeiten sein kann (in diesem Fall Marketingtätigkeiten mit Kundenkontakt für eine Firma in Lugano), vgl. http://corrieredelmezzogiorno.corriere.it/napoli/notizie/economia/2013/4-ottobre-2013/ha-accento-napoletano-non-puo-lavorare-2223423923180.shtml (5/10/2013).

Latium und damit Rom gelegen, dominieren dagegen – auch auf der Ebene der traditionellen Dialekte – nichttoskanische, stärker meridional geprägte Muster.

4. Mehr oder weniger abgestuft sind die Varietäten des übrigen Mittelitalien (zentrale Marken, Umbrien, Latium) herauszuhören, wobei die römische Regionalvarietät (das sog. *italiano de Roma*) eine gewisse Verbreitung über das engere Stadtgebiet hinaus zeigt.

5. Eine süditalienische Varietät mit einigen allgemein verbreiteten Merkmalen ist in ganz Süditalien – in etwa südlich einer Linie von Rom bis Ancona (vgl. Abb. 1) – zu finden. Typisch sind hier häufige Apokopen (Ausfall von Endvokalen bzw. ganzen Endsilben, häufig als Kurz- und Anredeformen von Vornamen wie in [roˈbːɛ] für *Roberto*) sowie eine leicht stimmhafte Realisierung der stimmlosen intervokalischen Verschlusslaute (vgl. 4.2.3). Dazu kommt Spontangeminierung zwischen Vokalen von intervokalischen Konsonanten wie in [poˈsːibːile], [reˈd͡ːʒina], standardit. *possibile, regina* mit einfachem Konsonant (vgl. 4.3.2). Zu diesem weitverbreiten meridionalen Aussprachetyp kommen geographisch stärker eingegrenzte Varietäten, die lautlich etwa als apulisch (*pugliese*), kalabresisch (*calabrese*), sizilianisch (*siciliano*) erkennbar sind. Charakteristisch sind beim ersteren Typ gewisse Vokalqualitäten (standardit. [a] tendiert dort zu [æ], wie z.B. in der Aussprache der apulischen Hauptstadt *Bari* als [ˈbːæri]), beim kalabresischen Typ des *italiano regionale*, jedenfalls in der Dialektzone des äußersten Südens (*area meridionale estrema*) erscheinen Aspirationen im Konsonantismus, z.B. in der Aussprache des Wortes *campana* ‘Glocke’ als [kamˈpʰaːna] (vgl. 4.2.3). In der sizilianischen Regionalaussprache fallen verallgemeinerte Senkungen der mittelhohen Vokale auf, d.h. das Vokalsystem ist auf fünf Phoneme reduziert (vgl. 4.2.1): So wird standardit. /e o/ als [ɛ ɔ] realisiert (z.B. in *sera* [ˈsɛːra] ‘Abend’ und *sole* ‘Sonne’ [ˈsɔːle]).

6. Eine gewisse eigene Ausprägung hat auch das Regionalitalienisch Sardiniens; hier seien als Charakteristika nur Unterschiede bezüglich der Vokaldistribution in bestimmten Lautkontexten (vgl. 4.2.1) und eine gewisse Instabilität bei der Konsonantengemination genannt (vgl. 4.2.2).

Diese Ausgangssituation macht eine klare Orientierung an geeigneten Norm-Aussprachemustern im L2-Erwerbsprozess nicht eben leichter. Leitbild ist auch in der komplexen Situation der Italoromania die standardsprachliche Norm der Zielsprache; realistisch anzustrebendes Lernziel ist dann eine ‘fast-muttersprachliche’ Aussprache (so kann man das englische *near-native*, als Beschreibung einer sprachlichen Kompetenz, die der muttersprachlichen nahekommt, übersetzen).

Die Imitation von – im schlechtesten Falle – nur annähernd akkuraten Realisierungen einer (nichtmuttersprachlichen) Lehrperson kann unzulängliche Aussprachemuster prägen. Lehrkräfte mit Erstsprache Italienisch, die ihrerseits standardnahe, nicht zu regionale Lautmuster beherrschen sollten, sind für die Ausspracheschulung also im Prinzip vorzuziehen. Bei der erwähnten regionalen Komplexität der Italektologisch-soziolinguistischen Situation Italiens ist das keine Selbstverständlichkeit. Längere Aufenthalte in italienischsprachigem Umfeld führen bei L2-Lernern in der Regel zu einem ungesteuerten oder nur teilweise gesteuerten Erwerb der jeweiligen regionalen Aussprache. Das gilt auch und gerade für diejenigen unter den L2-Lernern, die im Rahmen des Studiums einen längeren Aufenthalt (dieser sollte der Regelfall sein!) in Italien oder der italienischsprachigen Schweiz absolvieren, um die Sprache dann zu unterrichten.

Als einigermaßen gesicherter, wenngleich nicht unumstrittener überregionaler Bezugspunkt bleibt nach wie vor allem das herkömmliche standarditalienische, toskanisch (und allenfalls römisch) basierte Aussprachemodell verfügbar. Eine Orientierung daran dürfte den Lernenden das Erfassen abweichender regionaler Lautmuster eher erleichtern als der umgekehrte Weg eines nachträglichen Erwerbs der Standardaussprache, nachdem sich bereits stark diatopisch markierte Muster eingeprägt haben. Andererseits sind solche authentischen Muster, die durch ein bestimmtes *italiano regionale* geprägt sind, immer einer L1-geprägten Aussprache vorzuziehen. Bei einer solchen Lautung mit 'starkem Akzent' kommt es aus Sicht der Spracherwerbsforschung zu **Interferenz** (it. *interferenza*) bzw. genauer zu sog. **negativem Transfer** von Eigenschaften aus dem Lautsystem der L1 (vgl. Chini 2005: 54–59, Sisinni 2016: 20–21). Die Übertragung abweichender Eigenschaften, Regeln oder Strukturen der Muttersprache beim Lernen der Zweitsprache führt dann zu inadäquatem Output.

Eine solche für Lehrpersonen hochproblematische Aussprache (manchmal begleitet von Auffassungen wie "Aussprache ist nicht so wichtig wie andere Aspekte der Sprache", "Hauptsache, man versteht mich" u.ä.) kann in keinem Fall ein gültiges Aussprachevorbild für Lernergruppen sein. Den Lernenden würde damit die Möglichkeit genommen, sich das für wesentliche phonologische Unterscheidungen notwendige Lautinventar vollständig anzueignen. Auf dem Weg des Erwerbs einer authentischen nativen Aussprache ist es als Zwischenziel zum Erfolg anzusehen, wenn L1-Sprecher einem L2-Sprecher attestieren, dass die genaue Herkunft anhand der Aussprache nicht identifizierbar ist: Typische Merkmale der Aussprache von Sprechern mit L1 Deutsch sind dann nicht mehr zu hören, selbst wenn noch ein Rest an 'Fremdheit' verbleibt.

6.3 Besonderheiten der italienischen Medien(aus)sprache

In den letzten Jahrzehnten ist gerade in den Medien die allmähliche Herausbildung einer von norditalienischen Regionalvarietäten beeinflussten Parallelnorm der Aussprache zu beobachten. Diese wird besonders durch die einschaltquotenstarken, landesweit ausgestrahlten Privatfernsehsender mit Sitz in Mailand verbreitet. Typische Merkmale der traditionellen Standardlautung (etwa das *raddoppiamento fonosintattico*) kommen in dieser *lingua toscana in bocca ambrosiana* (vgl. Galli de'

Paratesi 1984; Stammerjohann 1988: 1–2)[95] nicht oder nicht systematisch vor. In den staatlichen Fernseh- und Rundfunksendern (RAI) mit Sitz in Rom finden sich dagegen toskanische und nicht-toskanische, insbesondere römische Aussprachemuster (vgl. Diadori 1997: 108–109, 132). Im privaten Fernseh- wie im Hörfunksektor Italiens besteht eine Vielzahl von Regional- und Lokalsendern mit entsprechender diatopischer Vielfalt nebeneinander. Das toskanisch basierte Aussprachemodell hat zwar an normativer Bindewirkung verloren, doch ist es keineswegs verschwunden, wenn wir die große Zahl von Werbespots und ausländischen Filmen und Fernsehserien, deren Sprecher weiterhin eine neutrale Aussprache nach den orthoepischen Regeln des Standards pflegen, zum Maßstab nehmen. Im Bereich der italienischen Massenmedien sind also zwei gegenläufige Tendenzen zu beobachten: Einerseits eine stärkere Betonung regionaler Eigenheiten, gerade im lautlichen Bereich, auf der anderen Seite die ungebrochene – in Norditalien am weitesten fortgeschrittene – Abschwächung dialektaler Spracheinflüsse unter Herausbildung neutraler, jedenfalls eher entregionalisierter Muster. So gelten in der italienischen Varietätensituation, wo diatopische Markiertheit jedenfalls in phonetischer Hinsicht bisher die Regel ist, gerade diese diatopisch neutralen, eigentlich unmarkierten Aussprachemuster als abweichend, als markiert. Diese herkunftsneutrale Aussprache kommt nur bei einer begrenzten Zahl von Sprechern (zumeist professionelle Ansager in Radio und Fernsehen, Synchronsprecher, Schauspieler) und dann nur in wenigen, diaphasisch festgelegten Sprechanlässen wie 'Verlesen von Radionachrichten', 'Fernsehansage', 'Werbespot' oder auch 'Synchronisation von übersetztem Filmdialog' zum Einsatz, denen gegenüber dem Spontansprechen ein erhebliches Maß an Künstlichkeit und Vorausplanung gemeinsam ist.[96]

Unter den Medientexten gelten Rundfunk- und TV-Nachrichten als sehr wenig regiolektal markiert (vgl. Cresti 2000: 28). In den in Heinz (2006) untersuchten Rundfunktexten finden sich außer typischen, standardkonformen Merkmalen der mittel- und süditalienischen Varietäten (it. *varietà centromeridionali*) wie der durchgehenden Realisierung der Langkonsonanten und des *raddoppiamento fonosintattico* (RF

95 Diese Bezeichnung postuliert einen gewachsenen Einfluss Mailands (der Stadt des Hl. Ambrosius und Norditaliens auf standarditalienische Aussprachemuster und spielt auf die in 1.2 schon erwähnte traditionelle Formel für eine (idealisierte) 'Hochlautung' im Italienischen an, *lingua toscana in bocca romana* (vgl. Radtke 1986: 109). Die tatsächliche Zunahme einer Beeinflussung italienischer Aussprachegewohnheiten durch das von Galli de' Paratesi beobachtete Modell ist nicht unumstritten, vgl. Castellani (1991).

96 Italienisch kann man eine solche Aussprache *da scuola di recitazione* ('wie in der Schauspielschule') oder auch *da sala di doppiaggio* ('wie im Synchronstudio') nennen. Dazu hält Stammerjohann (1988: 1) fest: "[A]nders als z.B. in England, Frankreich oder Deutschland ist in Italien Akzentfreiheit markiert [...]. Als akzentfrei gilt das Toskanische ohne 'krasse' Toskanismen – eine Einschränkung, die darauf beruht, daß nicht das gesprochene Toskanisch dem Italienischen zugrundeliegt, sondern das geschriebene, genauer: die altflorentinische Schriftsprache".

kaum Züge, die eine Zuordnung der Sprechenden hinsichtlich einer bestimmten regionalen Herkunft zulassen.

Zum Vergleich in der Romania: Für das Französische beispielsweise ist eine lautlich-prosodisch klar bestimmbare Aussprachenorm auf der Basis der Aussprachegewohnheiten des gebildeten Pariser Bürgertums seit langem etabliert, sowohl für die Mediensprache wie allgemein für öffentliche Redeanlässe, obgleich gerade in den Medien deren Verbindlichkeit inzwischen etwas gelockert ist. Dennoch bleiben ausgeprägt regionale Ausspracheeigenheiten in öffentlicher Rede, jenseits ganz weniger fest umrissener Kontexte, die Ausnahme. Im europäischen Spanisch ist der Bezugspunkt weiterhin eine der sog. *habla culta* ('Bildungssprache') nahestehende Lautung mit Madrider Prägung. Auch hier ist indes eine gewisse Öffnung für leicht markierte Regionallautungen festzustellen (z.B. mit einzelnen südspanischen Zügen); bewusst gepflegt werden solche Aussprachemuster in der Vielzahl an Radio- und Fernsehsender der autonomen Regionen.

Im Großen und Ganzen gilt das ebenso für die Verhältnisse im Deutschen und Englischen, wo immer noch ein traditionelles Aussprachemodell zumindest Ausgangspunkt, dabei aber nicht mehr unumstritten ist.[97] Schon lange gibt es in den nationalen Radio- und Fernsehsendern Deutschlands, Österreichs und der Schweiz differenzierte Leitbilder, außerdem gewisse Eigenheiten einer süddeutschen Standardaussprache (z.B. das Fehlen stimmhafter Spiranten im Wortanlaut). In jüngerer Zeit kommen zwei Tendenzen hinzu, die das ursprünglich einheitlich konzipierte orthoepische Vorbild variantenreicher machen: Einerseits eine häufigere Verwendung informeller Sprechweisen, die näher an den Realisierungen der Umgangssprache sind, und andererseits eine gewachsene Toleranz für die Verwendung regionaler Lautmerkmale – jedenfalls aus solchen Varietäten, denen ein gewisses Prestige anhaftet (so etwa südostenglische Aussprachevarianten des sog. *Estuary English*).

Zusammenfassend können wir die Besonderheiten der Aussprache in den audiovisuellen Medien bzw. der Varietät der sog. *lingua trasmessa* ('gesendete Sprache') so beschreiben (vgl. Heinz 2006: 89-120): Insgesamt ist das Sprechtempo überdurchschnittlich, wenige Pausen von geringerer mittlerer Dauer als in der Spontansprache bedingen eine größere Flüssigkeit des Sprechens. Hinzu kommt die Tendenz zu relativ gleichmäßigen, überlangen prosodischen Phrasierungen. Während in Spontansprache neben der Syntax vor allem die Intonation, genauer die Positionierung von Tonhöhengipfeln, recht sichere Hinweise auf den Informationsstatus (Prominenz) von Teilen einer Äußerung geben, kann es in Medientextsorten zu ungewöhnlichen Verteilungen von Tonhöhenakzenten kommen. So entkoppelt sich manchmal die

97 Für das Deutsche ist die aktuelle Norm eine Weiterentwicklung der Bühnenaussprache nach Siebs (1898); für das Britische Englisch bleibt die sog. *Received pronunciation* (RP), für das Amerikanische Englisch der als *General American* (GA) bezeichnete Akzent normbildend.

prosodische Ebene der zeitlichen Strukturierung von Äußerungen von der informationsstrukturellen Ebene der Gliederung in mehr oder weniger prominente Einheiten. Fallen diese beiden typischerweise parallel funktionierenden Dimensionen auseinander, so ergeben sich untypische Betonungen von üblicherweise nicht akzentuierbaren Elementen wie z.B. Präpositionen (vgl. Heinz 2012, Moroni 2013).

6.4 Aussprachehinweise für Deutschsprachige

Wie in 6.2. bereits erwähnt wurde, bleibt für deutschsprachige Lernende trotz der vergleichsweise komplexen Situation der Italoromania die Zielnorm eine standardnahe Aussprache. Anzustreben und erreichbar ist eine 'fast-muttersprachliche' Aussprache (*Near-native*-Kompetenz), in die fast immer gewisse regionale Realisierungsmuster einfließen. Diese ergeben sich aus konkreten rezeptiven und produktiven Spracherfahrungen, deren Verfestigung und Automatisierung mit den wichtigen Lernfaktoren **Immersion** (it. *immersione*, Intensitätsgrad des 'Eintauchens' in die Zielsprache), **Exposition** (engl. *exposure*/it. *esposizione*, Dauer und Kontinuität des Kontakts mit der Zielsprache) und **Imitation** (it. *imitazione*), Fähigkeit, wahrgenommene Regelhaftigkeiten präzise zu reproduzieren) zusammenhängt.

Ohne Zweifel hilfreich ist der gesteuerte Erwerb entsprechender Muster im Fremdsprachenunterricht. Doch allzuoft werden diese gegenüber kommunikativen und formzentrierten Aspekten wie Lexikon und Grammatik vernachlässigt – zweifellos unabdingbare Kernbereiche, nur darf der unterschätzte phonetisch-phonologische Bereich nicht an den Rand gedrängt werden, da er ebenso zu den Kernkompetenzen im Fremdsprachenerwerb zählt. Der gesteuerte Erwerb durch bewusste Instruktion, Vorgabe von Übungen etc. (hier behaupten die früher beliebteren *pattern drills* zur Mustereinübung einen wichtigen Platz). Dennoch wird die Festigung einer authentisch anmutenden, fast-muttersprachlichen Lautung nie ohne Elemente des ungesteuerten Fremdsprachenerwerbs auskommen können, in Abwandlung dessen, was Franceschini (2003) 'unfokussierten Spracherwerb' nennt.[98]

Wie wesentlich die Kernbereiche Ausspracheerwerb und -diagnose (als Fremd- wie als Selbstdiagnose) sowie die daraus folgende Ausspracheschulung im Spannungsfeld individueller, gesteuerter wie ungesteuerter Erwerbsprozesse sind, zeigt sich daran, dass es keine Teilkompetenz gibt, bei der L2-Lerner ihr jeweiliges Sprachniveau so rasch und so gründlich offenbaren. Wenige Sekunden, ja kürzeste Wortfolgen flüssiger (oder gerade unflüssiger...) Sprachproduktion genügen im Allgemeinen, um einem L1-Sprecher (wie auch geübten L2-Sprechern) einen Eindruck über

98 Gemeint ist ein kontaktbedingtes 'Nebenbei-Aufnehmen' charakteristischer sprachlicher Züge einer nicht systematisch gelernten L2, der man in mehrsprachigem Ambiente als Umgebungssprache ausgesetzt ist.

den Beherrschungsgrad elementarer Aussprachemuster zu vermitteln. In aller Regel leiten wir aus diesem Eindruck weitreichende Vermutungen über die Gesamtbeherrschung der Zielsprache ab – in nicht immer zutreffender Weise. Als fast schon tragisch ist es daher zu bezeichnen, wie viele Lernende sich durchaus um eine Weiterentwicklung ihrer lexikalischen und grammatischen Fähigkeiten bemühen, den Lauterwerb jedoch auf einer frühen, oft rudimentären Stufe für abgeschlossen halten. Dazu können noch 'fossilisierte' (gewissermaßen 'versteinerte', kaum noch veränderbare) Muster treten, d.h. fehlerhaft und/oder unvollständig erworbene sprachliche Routinen und Strukturen. Dabei wäre es lohnenswert, auch und gerade hier für die Steigerung und Vervollkommnung von Fremdsprachenkenntnissen anzusetzen.[99] Jeder und jede, der und die sich mit einer Fremdsprache wie Italienisch als 'Sprachprofi' auseinandersetzen will, muss das mit höchstem Nachdruck verfolgen – das gilt mindestens für alle, die eine Fremdsprachenphilologie auf universitärem Niveau studieren, ob sie das Lehramt anstreben oder nicht!

Idealerweise sollte das Thema Ausspracheschulung wie auch korrektive Phonetik (zur 'Reparatur' unvollständig oder unzulänglich eingeübter Lautproduktionsmuster) Gegenstand des gesteuerten Spracherwerbs sein, mit sorgfältig aufbereiteten Unterrichtseinheiten, die Theorie und Praxis verzahnen. Die Realität selbst der universitären Sprachvermittlung höchster Kursstufen ist dagegen oft eine andere. Daher geben wir hier einige praktische Hinweise, die das Selbststudium unterstützen können. Für den Erwerb einer authentischen Lautung gilt bei jeder Sprache, dass neben sicher beherrschten segmentalen Merkmalen auch subsegmentale (z.B. Einzelmerkmale wie die Aspiration, die bei stimmlosen Konsonanten im Italienischen zu vermeiden ist) und suprasegmentale/prosodische Feinheiten (etwa typische Intonationsverläufe) erworben werden müssen.

Die folgenden Hinweise und Empfehlungen sind nicht als erschöpfende Aufzählung aller potentiellen Ausspracheschwierigkeiten gedacht, sondern greifen saliente Merkmale auf, an denen besonders häufig ein deutscher Akzent festzumachen ist. Voraussetzung für effektives Lernen sind hier stets zwei Aspekte: (1) Sensibilisierung der Eigenwahrnehmung für lautliche Unterscheidungen und dann, aufgrund des so geschulten Gehörs, (2) Übertragung auf die Produktionsebene. Eine Hilfe für ersteres ist primär die Interaktion mit L1-Sprechern und allgemein die Auseinandersetzung mit Sprachmaterial zur authentischen Mündlichkeit (dank Internet sind inzwischen Radio- und Fernsehsendungen ebenso wie Filmmaterial – etwa über die Plattform *Youtube* gezielt und schnell abrufbar), also die eingangs erwähnte Exposition

99 Als höchste Kompetenzstufe wird im *Gemeinsamen europäischen Referenzrahmen für Sprachen* (GERS) das Niveau C2 angegeben, wobei festzuhalten ist, dass die Deskriptoren der im GERS definierten Niveaus diskrete (abgegrenzte) Kategorisierungen suggerieren, die in dieser Einheitlichkeit de facto nicht fassbar sind.

gegenüber fremdsprachlichem Material. Auch für zweiteres, die Einübung im Selbststudium, bietet das Internet eine Fülle von Anregungen. Hilfreich um Einzellautartikulationen überprüfen und nachvollziehen zu können sind die in 1.4 und 6.5 genannten Online-Aussprachewörterbücher *Dizionario di pronuncia italiana online (*DiPI *Online)* oder der *Dizionario d'ortografia e di pronunzia* (DOP).

Charakteristische Problembereiche eines 'deutschen' (bzw. 'österreichischen', 'schweizerischen' oder allgemein 'regionalsprachlichen') Akzents beim Erwerb der italienischen Lautung sollen in einer Auswahl klassischer artikulatorischer Hürden besprochen werden (vgl. auch Maturi 2014²: 133 sowie Canepari 2018: 429ff.):

1. Generell besteht bei Deutschsprachigen die Tendenz, die Aspiration der stimmlosen Plosive [p t k] auf die Artikulation der – durchgehend nicht-aspirierten – italienischen Entsprechungen zu übertragen. Zur Vermeidung dieser 'verräterischen' Eigenheit, die einer authentischen, fast-muttersprachlichen Aussprache im Wege steht, empfiehlt sich ein zweistufiges Vorgehen. Zunächst muss es zur Sensibilisierung für diese artikulatorische Besonderheit kommen. Hierzu ist es sinnvoll, besonders emphatisch, ja überartikuliert deutsche Wörter wie *Papa, Tat, Küken* ([ˈpʰapʰa], [tʰaːt], [ˈkʰʏkn̩]) wiederzugeben, um zunächst das Gehör für die Wahrnehmung der aspirierten Plosive zu schärfen.[100] Sodann können durch gezielte Übung die unaspirierten italienischen Plosive produziert werden. Dafür empfiehlt sich die vielfach wiederholte Verschlussbildung für jeden der Plosive ohne Lösung, danach die wiederholte Artikulation der drei Phasen Verschlussbildung, Lösung, Öffnung (vgl. Abb. 23) unter bewusster Unterdrückung der Aspiration in oberflächlich phonotaktisch ähnlichen Wortformen des Italienischen, etwa *papa* 'Papst', *tuta* 'Overall', *bacheca* 'Anschlagbrett' ([ˈpaːpa], [ˈtuːta], [baˈkɛːka]) und insbesondere in Formen mit Geminaten wie *pappa* 'Brei', *tutta* 'ganz (f.)', *chicco* 'Korn' ([ˈpapːa], [ˈtutːa], [ˈkikːo]).

2. Regional verteilt kann es spezifische Schwierigkeiten mit einzelnen Lautklassen geben. Mit den stimmhaften Obstruenten tun sich Sprecher aus der Schweiz, Österreich wie auch aus Baden-Württemberg und Bayern oft schwer.[101] Bedingt durch die Phonologie ihrer Dialekte und regionalen Varietäten verfügen Sprecher des südlichen deutschen Sprachraums von Haus aus nicht über stimmhafte Obstruenten; Plosive, Frikative und Affrikaten kommen hier nur stimmlos vor (vgl. Schmid 2016b und die Ausführungen zum Stimmeinsatz in 2.4.6).

100 Dazu ist es hilfreich, den Handrücken oder einen Geldschein vor den Mund zu halten, um den Luftstrom der Aspiration zu spüren bzw. an der Bewegung des Scheins wahrzunehmen; als Kontrast empfiehlt es sich andererseits, deutsche Wörter wie *Straße* oder *sparen* mit unaspirierten Plosiven zu artikulieren.

101 Wegen der dort verbreiteten rheinfränkischen Dialekte gilt dies zudem in Teilen von Rheinland-Pfalz und des südlichen Hessen (sowie im Elsass bei Sprechern mit deutschsprachiger Prägung; dort ist neben rheinfränkischen Übergangsmundarten im Norden fast überall das Niederalemannische prägend).

3. Sprecher des mittleren und nördlichen deutschen Sprachraums haben dagegen oft Schwierigkeiten mit der Artikulation der italienischen Vokale. Gespannt zu artikulierende Vokale klingen bei diesen oft ungespannt, aus einem unbetonten [e] des Italienischen wird vielfach ein ungespanntes Schwa [ə], was aus it. *rete* [ˈreːte] 'Netz' allzuoft ein [ˈreːtə] macht. Nur in absoluten Ausnahmefällen könnte eine derartige Aussprache als authentisch qualifiziert werden, dann nämlich, wenn ein solcher Zentralvokal Teil der vollständig erworbenen Phonologie einer klar diatopisch markierten süditalienischen (hier etwa neapolitanischen) Varietät wäre. Und auch dann müssten über die Vokalrealisierungen hinaus die sonstigen charakteristischen Züge dieser Varietät (z.B. Sonorisierung intervokalischer Obstruenten) erworben sein, damit die lautliche Kompetenzstufe als 'beinahemuttersprachlich' wahrgenommen werden könnte.

4. Diese Sprechergruppen tendieren auch dazu, vor vokalisch einsetzenden Silben einen Glottisverschlusslaut [ʔ] zu realisieren, und so kann etwa it. *teatro* [teˈaːtro] als [teˈʔaːtro] realisiert werden analog zu dt. *Theater* [teˈʔaːtɐ] (Sprecher südlicher Varietäten des Deutschen sind hier dagegen weniger 'vorbelastet').

5. Ein allgemeines Problem – und das sogar für L1-Sprecher nicht-toskanischer Herkunft, die sich die Standardsprache aneignen wollen – sind die Vokalöffnungsgrade und deren normgerechte Distribution im Wortschatz (vgl. 4.1.1). Für L2-Lerner ist es gewiss sinnvoll, hier mit einer gehörigen Portion Pragmatismus vorzugehen, denn systematische Regeln für das Vorkommen von [e] vs. [ɛ] und [o] vs. [ɔ] lassen sich eigentlich nicht finden. Dennoch gibt es Strategien, die wenigstens teilweise Abhilfe schaffen können. Eine davon könnte es sein, die Verhältnisse einer regionalen Varietät des Italienischen zu übernehmen, die einem in höchstem Maße vertraut ist. Den Idealfall vorausgesetzt, dass die eigene Aussprache bis in Details nachhaltig durch diese Varietät geprägt ist, träte die Frage, wie nah die Vokalrealisierungen an denen des Standards sind, insofern in den Hintergrund, als jedenfalls authentische Muster gelautet werden. Ob also *bene* als standarditalienisches [ˈbɛːne] oder als norditalienisch-regionales [ˈbeːne] artikuliert ist, wäre sekundär, so lange auch alle anderen Öffnungsgrade der jeweiligen Varietät entsprechen. Das Problem hieran ist, dass die meisten Nichtmuttersprachler sich daran nicht konsequent halten (können), sondern uneinheitliche Formen produzieren. Dabei signalisiert genau dieses Merkmal geübten Ohren (von Muttersprachlern, ja sogar von Nichtmuttersprachlern) die nicht-italienische Herkunft einer Person gründlicher als vielen bewusst ist. Umgekehrt trägt die Kenntnis der richtigen Vokalqualität stark zum Eindruck der Authentizität des Sprechens bei. Es bleibt als zweite Strategie daher zunächst nur eine enorme Gedächtnisübung, nämlich das sorgfältige Memorieren des jeweils richtigen Vokals beim Wortschatzlernen. Fehler können sich hier durch mangelnde oder inkorrekte sprachliche Vorbilder einschleichen; oft ist der Input auch schlicht eine Mischung von regional divergierenden Realisierungen, die mehr oder weniger im mentalen Lexikon gespeichert und automatisiert werden. Eine probate, doch in Zeiten nachlassender Lateinkenntnisse wenig gangbare Alternative ist die Überprüfung des lateinischen Etymons.[102]

Eine dritte, komplementäre Strategie, die wir lexikongesteuert nennen können, ist daher besonders nützlich: Die Zahl der Zweifelsfälle im italienischen Vokabular sinkt deutlich, wenn man eine Liste der häufigsten betonten Wortschatzelemente (denn bekanntlich gelten alle unbetonten Vokale als geschlossen, vgl. 4.1.1) stets vor dem inneren Auge hat, und zwar in der Form konkreter Wortbildungselemente wie Suffixen.[103] Eine solche Liste reduziert die Unübersichtlichkeit deutlich, weil viele dieser Elemente im italienischen Lexikon Serien von Wörtern mit zig Exemplaren hervorbringen.

In einfacher und übersichtlicher Form, gut geeignet auch für Lernende im Anfangsstadium, findet man z.B. in der Grammatik von Reumuth/Winkelmann (2016[8]: 3–8) Tabellen der 'kritischen' Vokale "in Endungen" sowie "in Einzelwörtern", jeweils in aussagekräftiger Auswahl und eingeleitet durch einfache Regeln, die die jeweiligen Lautumgebungen angeben und so die Komplexität der möglichen Fälle einschränken helfen.

Der offene/mitteltiefe Vokal [ɛ] steht allgemein, vereinfacht ausformuliert, in folgenden Umgebungen:
– im steigenden Diphthong nach [j] (it. *piede* 'Fuß', *miele* 'Honig');
– im Hiat vor einfachem Vokal (it. *corteo* 'Umzug', *marea* 'Flut');
– vor einfachem Konsonant gefolgt von zwei Vokalen (it. *ingenuo* 'naiv', *serio* 'ernst'); Ausnahme: vor Konsonant [g] steht [e] (it. *seguo* '(ich) folge');
– sowie in einer Reihe von Suffixen (vgl. Auswahl in Tab. 29).

Der offene/mitteltiefe Vokal [ɔ] steht in den folgenden Lautkontexten:
– im steigenden Diphthong nach [w] (it. *fuoco* 'Feuer', *nuoto* 'Schwimmen');
– vor einfachem Konsonant gefolgt von zwei Vokalen (it. *negozio* 'Geschäft', *idoneo* 'geeignet');
– sowie in einer Reihe von Suffixen (vgl. Auswahl in Tab. 29).

102 Ist die Ausgangsform eines italienischen Wortes bekannt, so ist nämlich unter Rückgriff auf die übersichtlichen Regeln des Lautwandels (wie sie historische Grammatiken formulieren) im Vokalismus meistens rasch Klarheit gegeben, dass z.B. it. *molto*, welches auf lat. MŬLTU(M) zurückgeht, als [ˈmolto] (und nicht etwa *[ˈmɔlto]) auszusprechen ist. Darüber hinaus gilt bei Unsicherheiten über die Aussprache gelehrten Wortguts, die zweifellos auch bei gebildeten L1-Sprechenden vorkommen, als grobe Faustregel das Sprüchlein *vocale incerta, vocale aperta*.

103 Grundsätzlich wäre eine ähnliche Liste von (v.a. gelehrten) Präfixen vorstellbar, doch sind diese im Wort häufiger unbetont; bei Betonung haben lateinische und griechische Vorsilben wie *pro-*, *proto-*, *apo-*, *meta-* den mitteltiefen/offenen Vokal, *pre-* und *sopra-* den mittelhohen/geschlossenen

Tab. 29: Vokalqualitäten in lexikalischen Endungen (nach Reumuth/Winkelmann 2016[8]: 3–8)

Offener/mitteltiefer Vokal [ɛ] in

Endung	lexikalisches Beispiel
–ella, –ello	*sorella* ‘Schwester’
	poverello ‘armer Tropf’
–embre	*dicembre* ‘Dezember’
–enda, –endo	*faccenda* ‘Angelegenheit’,
	volendo (Gerundium *volere* ‘wollen’)
–enne	*ottantenne* ‘achtzigjährig’
–ennio	*biennio* ‘Zweijahreszeitraum’
–ense	*monacense* ‘Bewohner Münchens’
–enza	*dipendenza* ‘Abhängigkeit’
–ebbe	*farebbe* (3. Pers. Konditional *fare* ‘machen’)
u.a.	

Geschlossener/mittelhoher Vokal [e] in

Endung	lexikalisches Beispiel
–esco	*dantesco* ‘zu Dante gehörig’
–ese	*bolognese* ‘bolognesisch’
–eso	*offeso* ‘beleidigt’
–essa	*studentessa* ‘Studentin’
–essi	*credessi* (3. Pers. Konjunktiv Imperfekt *credere* ‘glauben’)
–etta, –etto	*maschietto* ‘Männchen’
–ezza	*bellezza* ‘Schönheit’
–mente	*formalmente* ‘förmlich’
–mento	*documento* ‘Dokument’
u.a.	

Offener/mitteltiefer Vokal [ɔ] in

Endung	lexikalisches Beispiel
–olo	*spagnolo* ‘spanisch’
–orio	*dormitorio* ‘Schlafsaal’
–otta, –otto	*sempliciotto* ‘Einfaltspinsel’
–òttolo	*pianerottolo* ‘Treppenabsatz’
u.a.	

Geschlossener/mittelhoher Vokal [o] in

Endung	lexikalisches Beispiel
–ione	*missione* ‘Auftrag’
–oce	*veloce* ‘schnell’
–one	*furbone* ‘Schlaumeier’
–ore	*vincitore* ‘Sieger’
–oso	*nervoso* ‘nervös’
u.a.	

Schon die Beispiele in Tab. 29 illustrieren die Effizienz der Lernstrategie, sich nur eine begrenzte Zahl von rekurrenten Wortbildungselementen einzuprägen, statt für jede neu gelernte Vokabel individuell den Vokalöffnungsgrad mitdenken zu müssen. Es verbleibt dann immer noch eine Liste von Simplizia (nicht zusammengesetzte Wörter), meist Wortschatzeinheiten von hoher Vorkommensfrequenz, für die der richtige Öffnungsgrad schlicht gelernt werden muss. Diese wird aber kürzer und beherrschbarer durch den Wegfall der allermeisten zusammengesetzten lexikalischen Einheiten, für die nur noch gruppenweise die Vokalqualität zu memorieren ist (also etwa: Derivationssuffixe auf *-ore* (it. *vincitore* 'Sieger' etc.) → immer [o], solche auf *-orio* (it. *accessorio* 'Zubehör' etc.) → immer [ɔ]).

6. Weniger zwangsläufig dürften sich Schwierigkeiten beim Erwerb der Langkonsonanten des Italienischen (vgl. 4.3.2) ergeben – immerhin kennen mehrere Dialekte des Deutschen gelängte Konsonanten, etwa moselfränkische (u.a. im Rheinland und in Luxemburg gesprochen), bairische und alemannische Varietäten (z.B. gibt es in schweizerdeutschen Dialekten Langkonsonanten mit bedeutungsdistinktiver Funktion; vgl. Fleischer/Schmid 2006). Vorsicht ist aber vor einer Fehlinterpretation deutscher und italienischer Schreibungen von Doppelkonsonanten geboten; hier verbietet sich jegliche Gleichsetzung. Einerseits zeigen Doppelkonsonanten im schriftlichen Deutsch nicht Unterschiede der Konsonantenlänge, sondern der Vokallänge an (langer Vokal wird durch folgende Einfachkonsonanz, kurzer Vokal durch Doppelkonsonanz diakritisch markiert, vgl. das Minimalpaar *Schal* vs. *Schall*).[104] Andererseits bedingt im Italienischen das Sandhi-Phänomen des *raddoppiamento fonosintattico* (RF) an Wortgrenzen viele Fälle graphischer Einfachkonsonanz, welche aber in der Standardaussprache eigentlich eine Realisierung als Langkonsonant erfordern. Die relativ komplexen Regeln des RF (vgl. 4.3.3) und die Tatsache, dass auch Sprecher aus dem mittel- und süditalienischen Ursprungsgebiet dieses phonologischen Prozesses eine recht hohe Variation in dessen tatsächlichen Realisierung aufweisen (Studien zeigen, dass das RF teils in weniger als 50% seiner Regelkontexte realisiert wird, vgl. Stevens 2012, Heinz 2021a) machen daraus eine echte Herausforderung für Lernende mit der Ambition, das Ideal der nativen oder nahezu nativen Lautung zu meistern. Letztlich ist aufgrund der vorhandenen Variation nur eine Annäherung an dieses Ideal erreichbar, da wiederum eine pedantische Artikulation aller laut Regel vorgesehenen Fälle im Vergleich zur üblichen L1-Spontansprache wie eine Überartikulation und damit geradezu als salientes Merkmal einer L2-Aussprache (sei sie auch noch so bemüht und gepflegt) wahrgenommen würde.

---

104 Im Grundmuster erinnert dies an die allophonische Längenvariation italienischer Vokale in offener vs. geschlossener Silbe; auch hat die graphische reflektierte Doppelkonsonanz als sog. 'Silbengelenk' im Deutschen Relevanz für die silbische Gliederung.

7. Ein geradezu klassisches Ausspracheproblem Deutschsprachiger sind schließlich die r-Laute (vgl. 2.4.2, 2.4.4). Vielfach wird von Lernenden mit L1 Deutsch aufgrund von negativem Transfer schlicht der im Standarddeutschen verbreitete uvulare Vibrant [ʀ] oder Frikativ [ʁ] realisiert. Dass die r-Laute (mit dem englischen Sammelbegriff auch *rhotics* genannt) bei italienischen Muttersprachlern selbst in verschiedenen Varianten vorkommen (vgl. 4.2.2), macht die Ausgangslage für Lernende nicht gerade einfacher – auch wenn die Standardsprache die Mehrheitsvariante des apikoalveolaren ('Zungenspitzen-' bzw. 'gerollten') r-Lautes [r] vorsehen. In der individuellen Aussprache vieler Sprecher erscheinen daneben labiodentale, alveolare und besonders uvulare (Zäpfchen-) Varianten (vgl. Bertinetto/Loporcaro 2005: 133; Romano 2013). Am häufigsten ist der uvulare Trill [ʀ] und der uvulare Reibelaut [ʁ], die (im Sinne einer freien allophonischen Variante) als individuelle Ausspracheigenheit sowie mit einer gewissen regionalen Häufung (bes. im nordwestlichen Italien) vorkommen; bekannt ist dies als *erre moscia* ('schlaffes R').

Wer eine unauffällige, an authentischen Sprachmustern orientierte Aussprache anstrebt, wird sich unter den verschiedenen Realisierungen um die standardnähere Hauptvariante des (apiko)alveolaren Vibranten [r] bemühen. Diesen Laut oder zumindest die einfach getippte Variante [ɾ] (Tap) haben zahlreiche Sprecherinnen und Sprecher von Dialekten und Regionalvarietäten des Deutschen – jedenfalls solche alemannischer, bairischer, (mosel-/rhein-/süd-)fränkischer wie auch niederdeutscher Varietäten – in ihrem Inventar. Für diejenigen, bei denen das nicht gegeben ist, können wir einige praktische Empfehlungen für dessen Erwerb anbieten. Zur Einübung soll etwa in Annäherung an ein Zielwort (z.B. it. *trono* 'Thron') die wiederholte, kurz aufeinanderfolgende Bildung der Konsonanten [t] und [d] (statt [r]) schließlich zur Vibration der Zungenspitze an den Alveolen und damit der Realisierung des gewünschten Lautwerts führen.[105] Ähnliches soll für die Folge von [p] und [d] z.B. in einer Zielform wie sp. *prado* 'Wiese' gelten (vgl. Kabatek/Pusch 2011^2: 53). Grundlage ist jeweils die Intuition, dass eine schnelle Bewegung oder (wie bei [p] und [d]) der Wechsel der Artikulatoren auf die alveolare Artikulationsstelle von [r] hin zu einer Automatisierung dieser artikulatorischen Geste führen kann (Abb. 42 zeigt die entsprechende Artikulationsstelle). Bei starkem deutschen Akzent kann dagegen eine r-Vokalisierung in der Silbenkoda auftreten, z.B. *per favore* [pʰɛɐ̯ faˈvoːʀə]. Dies gilt es unbedingt zu vermeiden.

105 Wir können die Effizienz dieser im schulischen Sprachunterricht mündlich weitergegebenen Methode aus eigener Erfahrung bestätigen; allerdings ist das gerade keine Garantie, dass andere damit gleichfalls zum Ziel gelangen.

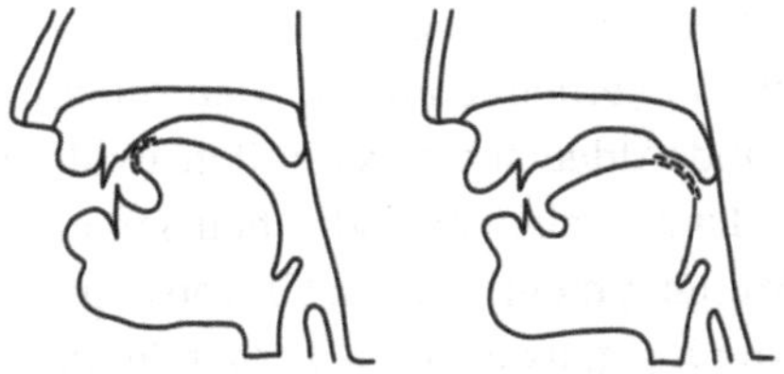

Abb. 42: Artikulatoren bei Realisierung von /r/: Zungenspitze (links) oder Halszäpfchen (rechts)

8. Als ein weiterer Phänomenbereich auf der prosodischen Ebene soll in dieser offenen Liste der 'klassischen' Stolpersteine beim Ausspracheerwerb noch das alte Problem der Akzentposition im Wort benannt werden. Die richtige Betonungsstelle im Wort ist in vielen Fällen schlecht vorhersagbar – wenn sie nicht gerade durch optionale, aber in den meisten Texten nur sporadisch gebrauchte diakritische Zeichen signalisiert wird (etwa in einer möglichen Graphie der Verbform <càpitano> 'sie kommen vor', um die Abgrenzung, vom Nomen *capitano* 'Hauptmann' zu verdeutlichen, vgl. 4.4.2, 5.2). Diese Schwierigkeit stellt sich mitunter selbst Muttersprachlern, insbesondere bei Eigennamen und eher 'peripheren' Wortschatzeinheiten, die nicht zum Kernwortschatz mit den häufigsten Wortformen zählen und daher weniger vertraut sind. Erst recht gilt das für Lernende, die vielfach vom Schriftbild ausgehen – auch im Selbststudium ist das zumeist der erste Zugang zur Fremdsprache.

Zunächst einmal hilft es durchaus, die grundlegenden Wortbetonungsschemata (die sog. *parole tronche, piane, sdrucciole* usw. mit Betonung auf der letzten/vorletzten/drittletzten Wortsilbe usw., vgl. 3.5.2, 4.4.2) und damit wenigstens die für das Italienische typischen Akzentdomänen und betonbaren Silben im phonologischen Wort gut zu kennen. Als häufigstes Betonungsmuster ist aufgrund der Häufigkeit im Wortschatz ein Akzent auf der zweitletzten Silbe zu erwarten, z.B. *marito* 'Ehemann' (*parola piana*). Allerdings sind bei Nomen auch Ausnahmen von dieser Faustregel anzutreffen, z.B. in *fegato* 'Leber' mit Betonung auf der drittletzten Silbe (*parola sdrucciola*). So verbleiben in der Regel Unsicherheiten, gerade mit zunehmender Erweiterung des erworbenen Wortschatzes.

Hier kann wiederum die lexikongesteuerte (bzw. genauer: auf der Wortbildungsmorphologie beruhende) Methode hilfreich sein, weil reihenbildende morphologische Muster ihre Betonung immer wieder 'vererben' wie Kaschny (2011) und Kaschny/Schwarze (2012) jedenfalls für einen Ausschnitt des italienischen Wortschatzes zeigen konnten. Anschaulich wird diese Akzentweitergabe z.B. an den zahlreichen Ableitungsreihen mit gelehrten, prä- oder suffixartigen Einheiten (it. *prefissoidi, suffissoidi*), wie schon ein Beispiel zeigen kann: Ausgehend vom politisch-pressesprachlichen Neologismus der 1990er Jahre it. *tangentopoli* (Bedeutung zunächst 'Mailand als Stadt der Schmiergeldskandale', dann allgemeiner 'Großskandal um

Korruption und Schmiergeldzahlungen') wurde das Element *-poli* in analogen Wortbildungen der Pressesprache zum Synonym für '(Korruptions-)Skandal um X' (z.B. *calciopoli* 'Korruptionsskandal um Fußballwetten', *filmopoli, bancopoli* etc.). Das ursprüngliche, proparoxytone Wortbetonungsschema des komplexen Ausgangswortes, *tangentòpoli* (Nomen *tangent(i)* 'Schmiergelder' + Fugenelement *-o-* + gelehrtes Suffixoid griechischer Herkunft *-poli* < 'Stadt', vgl. die Städtenamen *Napoli, Gallipoli, Monopoli*) wird hier jeweils weitergegeben, das Akzentschema also an die abgeleiteten Formen vererbt. Isoliert wäre das Element *-poli* auf der vorletzten Silbe zu betonen, im komplexen Wort rückt die Betonung eine Akzentstelle zurück in Richtung Wortanfang und fällt auf das Fugenelement *-o-*.

Tab. 30: Vererbte Wortakzentschemen

Wortbildungsreihe: N + *-ò-* + *-poli* (vgl. *tangentopoli*)
Proparoxytones Akzentschema (→ *parola sdrucciola*): /(...)'σ.σ.σ/
→ calciòpoli
→ filmòpoli
→ bancòpoli

Für Lernzwecke ist das Wissen über solche rekurrenten Muster bereits eine bedeutende Erleichterung, um Unsicherheiten bei der Betonung von mehrsilbigen Wörtern (zumal bei drei oder mehr Silben) zu reduzieren.[106]

Wie oben bei den Erläuterungen zum Punkt 6 (*raddoppiamento fonosintattico*) festgestellt, sind pedantische oder übertriebene Artikulationen in der Fremdsprache zu vermeiden. In Übungsphasen soll, ja muss dagegen vielfach mit beständig wiederholten, auch hyperartikulierten Lautgesten gearbeitet werden, nicht zuletzt um phonetische Muster, die in der Muttersprache nicht vorhanden sind, voll zu erfassen und schließlich sicher zu reproduzieren. Dabei sind völlig gleichförmige, ausnahmslose Realisierungen weder bei L1- noch bei L2-Sprechern möglich, noch wären sie erstrebenswert. Als Leitbild sollten Lernende eine flüssige, aber ohne übertriebenen Artikulationsaufwand hervorgebrachte Sprachproduktion anstreben, ähnlich dem Spontansprechen in der eigenen Erstsprache mit mittlerem Tempo, ohne allzu ausgeprägten Allegro-Sprechstil (Schnellsprechformen). Dieses Leitbild empfiehlt sich für alle Bereiche der Ausspracheschulung. Sprecher, die hohe und höchste Sprachkompetenzstufen (bzw. das, was in der engl. Terminologie des Zweitspracherwerbs *high proficiency* heißt) erreichen, gelangen letztlich meistens zur Beherrschung von

106 Das betrifft auch die Flexionsmorphologie der Verben (vgl. die 3. Pers. Plural: *cantano* im Präsens und *cantarono* im Perfekttempus/*passato remoto*).

Sprechstilen, die auch diaphasisch höheren, formellen und diaphasisch niedrigeren, informellen Registern der Fremdsprache angemessen sind.

6.5 Bibliographische Hinweise zu Aussprachemodellen und Fremdsprachenerwerb

Bei Zweifeln hinsichtlich der Aussprache eines bestimmten Wortes liefern die beiden bereits mehrfach genannten Aussprachewörterbücher ein nützliches erstes Hilfsmittel (vgl. die Links in 1.4). Der neuere *Dizionario di Pronuncia Italiana* (DiPI) des venezianischen Phonetikers Luciano Canepari (1999b, online 2012–2015) hat den Vorteil, dass die Wörter im IPA-Alphabet transkribiert werden. Die Transkription ist phonemisch. So werden freilich allophonische Prozesse – wie etwa die Assimilation der Nasalkonsonanten an den Artikulationsort des folgenden Konsonanten (vgl. 4.1.3) – nicht berücksichtigt: Das Wort *banco* 'Bank' wird so als /ˈbanko/ und nicht als [ˈbaŋko] transkribiert. Ebenso notiert *DiPI* Geminaten durch die Wiederholung des phonetischen Symbols und nicht durch die Längung des entsprechenden Konsonanten (also /matˈtina/ 'Morgen' und nicht [maˈtːiːna]; wie man diesem Beispiel entnehmen kann, wird zudem auf die Signalisierung der allophonischen Vokallänge verzichtet).

Das ältere Aussprachewörterbuch – der *Dizionario d'ortografia e di pronunzia* (DOP) – wurde bereits in den sechziger Jahren des letzten Jahrhunderts von den beiden Linguisten Bruno Migliorini und Carlo Tagliavini konzipiert und dann von Piero Fiorelli weitergeführt. Die neueste zweibändige Ausgabe datiert aus dem Jahr 2010 und wurde wie schon die früheren Versionen von der staatlichen Rundfunkanstalt *RAI* herausgegeben, woraus man entnehmen kann, dass der *DOP* ursprünglich als Nachschlagewerk für Nachrichtensprecher gedacht war; so werden neben italienischen Wörtern viele Personen- und Ortsnamen (darunter viele aus anderen Ländern) aufgeführt. Der *DOP* hat gegenüber dem *DiPI* den Nachteil, dass er anstatt IPA-Symbolen andere Zeichen für die phonetische Umschrift verwendet. So werden etwa die Öffnungsgrade der Mittelzungenvokale wie im Französischen mit einem Akut- bzw. Gravisakzent angegeben (also *é* = [e] und *è* = [ɛ]); für die Konsonanten findet man zum Teil andere Zeichen (z.B. *š̆*= [ʃ] und *ğ* = [d͡ʒ]), die an das Böhmer-Ascoli Alphabet erinnern. Immerhin werden diese Zeichen in einer ausführlichen Einführung erklärt, die Aussprachemuster für Flexions- und Derivationssuffixe enthält.

Neben den beiden Aussprachewörterbüchern sind Handbücher für die Aussprache des Italienischen zu erwähnen. Hier hat Canepari gleich mehrere Werke vorgelegt, darunter *Il MaPI. Manuale di pronuncia italiana* (1999a²), das neben dem Standarditalienischen auch die regionalen Varietäten berücksichtigt. Neben Angaben zur Aussprache von Vokalen und Konsonanten findet man grafische Darstellungen von Intonationsmustern in einem von Canepari selbst entwickelten, sonst aber kaum verbreiteten Notationssystem (vgl. 4.4.3). Solche eher idiosynkratischen Züge prägen auch Caneparis Übersichtswerk *Italian Pronunciation & Accents* (2018), welches nicht nur regionale Akzente von Muttersprachlern, sondern dazu ausführlich fremdsprachige Akzente des Italienischen beschreibt (z.B. den 'deutschen Akzent' auf den Seiten 429–433). Diesen war bereits sein Buch *Pronunce straniere dell'italiano* (2007) gewidmet, wo für deutschsprachige Lerner sogar zwischen Deutschland, Österreich und der Schweiz unterschieden wird (105–116). Zum Schluss sei auf einige Lehrbücher mit didaktischem Fokus hingewiesen, darunter von Lidia Costamagna *Pronunciare l'italiano* (1996) und *Insegnare e imparare la fonetica* (2000); ersteres enthält praktische Ausspracheübungen und ist somit für Lernende gedacht, während letzteres Unterrichtskonzepte und Übungsmaterial für Lehrpersonen bereitstellt. Ein weiteres Übungsbuch mit CD ist *E tu... come pronunci?* von Lidia Calabrò (2010). Einen wissenschaftlichen Anspruch hat hingegen *Pronunciare bene* von Marion Weerning (2017), die eine ausführliche kontrastive Analyse der italienischen und deutschen Phonetik vorlegt.

6.6 Aufgaben

6.1 Recherchieren Sie den Terminus *Schibboleth* anhand einschlägiger gedruckter Nachschlagewerke der Sprachwissenschaft (z.B. Bußmann 2008[4], Glück 2016[5]).

6.2 Welche Makrovarietäten kann man in der Italoromania lautlich unterscheiden?

6.3 Zählen Sie segmentale Merkmale auf, die im Sprachvergleich als typische Elemente der italienischen Phonologie anzusehen sind.

6.4 a) Auf welche Formel wurde die traditionelle Normaussprache des Italienischen gebracht und was sollte diese Bezeichnung zum Ausdruck bringen? b) Wie bezeichnet Galli de' Paratesi das von ihr angenommene neuere Aussprachemodell? Wofür soll dieses stehen?

6.5 Nennen Sie typische Aussprachemerkmale in italienischen Massenmedien.

6.6 Nennen Sie Probleme beim Ausspracheerwerb, die im deutschsprachigen Raum typischerweise eine Nord-Süd-Verteilung aufweisen.

6.7 a) Welche Varianten der r-Laute kommen individuell bei italienischen (L1-) Sprechern vor? (Bezeichnungen nennen und Artikulationsorte beschreiben.) b) Was ist mit *erre moscia* gemeint?

6.8 Benennen Sie eine Strategie für die Herausforderung, solche Lauteigenschaften zu erlernen, die nur wenig durch Regeln vorhersagbar sind, aber im Italienischen häufig vorkommen (z.B. Vokalöffnungsgrad, Wortakzentstelle).

Bibliographie

Abercrombie, David (1967): *Elements of General Phonetics.* Edinburgh, Edinburgh University Press.

Albano Leoni, Federico/Maturi, Pietro (2018^3): *Manuale di fonetica.* Roma, Carocci (1995^1).

Ascoli, Graziadio Isaia (1873): Trascrizioni e altri additamenti elementari. *Archivio Glottologico Italiano* 1, XLII–XLVIII.

Auer, Peter (1993): Is a rhythm-based typology possible? A study of the role of prosody in phonological typology. *KontRI Working Paper* 21. Universität Konstanz. http://paul.igl.uni-freiburg.de/auer/userfiles/downloads/Phonotypo_Kontri1.pdf [13.07.2021].

Auer, Peter (2001): Silben- und akzentzählende Sprachen. In: Haspelmath, Martin/König, Ekkehard/Oesterreicher, Wulf/ Raible, Wolfgang (eds.): *Sprachtypologie und sprachliche Universalien. Ein internationales Handbuch/Language Typology and Language Universals. An International Handbook.* Berlin/New York, de Gruyter, 1391–1399.

Avesani, Cinzia (1995): ToBIt. Un sistema di trascrizione per l'intonazione italiana. *Atti delle V Giornate di Studio del Gruppo di Fonetica Sperimentale* (A.I.A.). Trento, Servizio Editoria ITC, 85–98.

Avesani, Cinzia et al. (2003): *Definizione ed annotazione prosodica di un database di parlato-letto usando il formalismo ToBI.* Padova, ISTC-SFD.

Beckman, Mary/Jessen, Michael/Ringen, Catherine (2013): Empirical evidence for laryngeal features: Aspirating vs. true voice languages. *Journal of Linguistics* 49, 259–284.

Bergmann, Pia (2008): *Regionalspezifische Intonationsverläufe im Kölnischen. Formale und funktionale Analysen steigend-fallender Konturen.* Tübingen, Niemeyer.

Berruto, Gaetano (1985): 'Dislocazione a sinistra' e 'grammatica' dell'italiano parlato. In: Franchi De Bellis, Annalisa/Savoia, Leonardo Maria (eds.), *Sintassi e morfologia dell'italiano d'uso. Teorie e applicazioni descrittive.* Roma, Bulzoni, 59–82 [ristampa 2012 in Berruto, Gaetano: *Saggi di sociolinguistica e linguistica.* Alessandria, Edizioni dell'Orso, 213–242].

Berruto, Gaetano (1987): L'italiano regionale bergamasco. In: Sanga, Glauco (ed.), *Lingua e dialetti di Bergamo e delle valli.* Bergamo, Lubrina, 499–591.

Berruto, Gaetano (2004): *Prima lezione di sociolinguistica.* Roma, Laterza.

Bertinetto, Pier Marco (1981): *Strutture Prosodiche dell'Italiano. Accento, quantità, sillaba, giuntura, fondamenti metrici.* Firenze, Accademia della Crusca.

Bertinetto, Pier Marco/Loporcaro, Michele (2005): The sound pattern of standard Italian, as compared with the varieties spoken in Florence, Milan and Rome. *Journal of the International Phonetic Association* 35, 131–151.

Bertinetto, Pier Marco/Magno Caldognetto, Emanuela (1993): Ritmo e intonazione. In: Sobrero, Alberto (ed.), *Introduzione all'italiano contemporaneo. Le strutture.* Roma, Laterza, 141–192.

Biffi, Marco/Maraschio, Nicoletta (2008): Storia interna dell'italiano: sistema fonico e grafico. In: Ernst, Gerhard et al., *Romanische Sprachgeschichte.* Vol. 3. Berlin/New York, de Gruyter, 2810–2830.

Bloomfield, Leonard (1933): *Language.* New York, Holt, Rinehart & Winston.

Blum-Kulka, Shoshana/House, Juliane/Kasper, Gabriele (1989): Investigating crosscultural pragmatics: An introductory overview. In: Blum-Kulka, Shoshana/House, Juliane/Kasper, Gabriele (eds.), *Cross-cultural Pragmatics. Requests and Apologies*, Norwood (NJ), Ablex, 1–34.

Böhmer, Eduard (1875): De sonis grammaticis accuratius distinguendis et notandis. *Romanische Studien* 1, 295–301.

https://doi.org/10.1515/9783110534047-007

Bortolini, Umberta (1976): Tipologia sillabica dell'italiano. Studio statistico. In: Simone, Raffaele/Vignuzzi, Ugo/ Ruggiero, Giulianella (eds.), *Studi di fonetica e fonologia*. Roma, Bulzoni, 2–22.

Brusa, Mario (2012³): *La pésca con la pèsca. Appunti di dizione, respirazione, educazione alla voce*. Torino, Piazza.

Bußmann, Hadumod (ed.) (2008⁴): *Lexikon der Sprachwissenschaft*. Stuttgart, Kröner.

Bybee Hooper, Joan (1976): *An Introduction to Natural Generative Phonology*. New York, Academic Press.

Bybee, Joan (2001): *Phonology and Language Use*. Cambridge, Cambridge University Press.

Bybee, Joan (2006): From usage to grammar. The mind's response to repetition. *Language* 82, 711–733.

Calabrò, Lidia (2010): *E tu... come pronunci? Eserciziario di fonetica italiana per italiani e stranieri*. Alessandria, Edizioni dell'Orso.

Calamai, Silvia (2008): *L'italiano: suoni e forme*. Roma, Carocci.

Calamai, Silvia (2011a): Vocali. In: Simone, Raffaele (ed.), *Enciclopedia dell'italiano*. Roma, Istituto dell'Enciclopedia. https://www.treccani.it/enciclopedia/vocali_(Enciclopedia-dell'Italiano) [13.07.2021].

Calamai, Silvia (2011b): Semivocali. In: Simone, Raffaele (ed.), *Enciclopedia dell'italiano*. Roma, Istituto dell'Enciclopedia. https://www.treccani.it/enciclopedia/semivocali_(Enciclopedia-dell'Italiano) [13.07.2021].

Calamai, Silvia (2015): *Introduzione alla sociofonetica*. Roma, Carocci.

Camilli, Amerindo (1965³): *Pronuncia e grafia dell'italiano*. Firenze, Sansoni.

Canepari, Luciano (1985): *L'intonazione. Linguistica e paralinguistica*. Napoli, Liguori.

Canepari, Luciano (1986³): *Italiano standard e pronunce regionali*. Padova, CLEUP.

Canepari, Luciano (1988): Intonazione e prosodia. In: Holtus, Günter/Metzeltin, Michael/Schmitt, Christian (eds.), *Lexikon der Romanistischen Linguistik*. Vol. IV: *Italienisch, Korsisch, Sardisch/Italiano, Corso, Sardo*. Tübingen, Niemeyer, 13–19.

Canepari, Luciano (1999a²): *Il MaPI. Manuale di pronuncia italiana*. Bologna, Zanichelli.

Canepari, Luciano (1999b): *Il DiPI. Dizionario di pronuncia italiana*. Bologna, Zanichelli. www.dipionline.it (2012–2015).

Canepari, Luciano (2007): *Pronunce straniere dell'italiano "ProSIt"*. München, LINCOM.

Canepari, Luciano (2018): *Italian Pronunciation & Accents*. München, LINCOM.

Cangemi, Francesco (2014): *Prosodic Detail in Neapolitan Italian*. Berlin, Language Science Press.

Catach, Nina (1990): Graphétique et graphémique. In: Holtus, Günter/Metzeltin, Michael/Schmitt, Christian (eds.), *Lexikon der Romanistischen Linguistik*. Vol. V,1: *Französisch/Le français*. Tübingen, Niemeyer, 46–58.

Castellani, Arrigo (1991): Sulla pronuncia dell'italiano. *Studi Linguistici Italiani* 17, 275–281.

Cerruti, Massimo/Regis, Riccardo (2020): *Italiano e dialetto*. Roma, Carocci.

Chini, Marina (2005): *Che cos'è la linguistica acquisizionale*. Roma, Carocci.

Chomsky, Noam/Halle, Morris (1968): *The Sound Pattern of English*. New York, Harper & Row.

Clements, George (1985): The geometry of phonological features. *Phonology Yearbook* 2, 225–252.

Clements, George (2006): Feature Organization. In: Brown, Edward Keith et al. (eds.), *Encyclopedia of Language and Linguistics*. 2nd edition. Vol. 4. Amsterdam, Elsevier, 433–440.

Clements, George/Keyser, Samuel (1983): *CV Phonology. A Generative Theory of the Syllable*. Cambridge, Mass., MIT Press.

Colina, Sonia (2009): *Spanish Phonology: A Syllabic Perspective*. Washington, D.C., Georgetown University Press.

Cornagliotti, Anna (1988): Lingua e scrittura. In: Holtus, Günter/Metzeltin, Michael/Schmitt, Christian (eds.), *Lexikon der Romanistischen Linguistik.* Vol. IV: *Italienisch, Korsisch, Sardisch/Italiano, Corso, Sardo.* Tübingen, Niemeyer, 379–393.

Costamagna, Lidia (1996): *Pronunciare l'italiano. Manuale di pronuncia italiana per stranieri.* Perugia, Edizioni Guerra.

Costamagna, Lidia (2000): *Insegnare e imparare la fonetica.* Torino, Paravia.

Cresti, Emanuela (2000): *Corpus di italiano parlato.* Vol. 1: *Introduzione*, Firenze, Accademia della Crusca.

Cresti, Emanuela (2018): The illocution-prosody relationship and the Information Pattern in spontaneous speech according to the Language into Act Theory (L-AcT). In: Heinz, Matthias/Moroni, Manuela Caterina (eds.), *Prosody: Information Structure, Grammar, Interaction.* Special issue *Linguistik online* 88, 33–62.

Cresti, Emanuela/Firenzuoli, Valentina (1999): Illocution and intonational contours in Italian. *Revue française de linguistique appliquée* 4, 77–98.

Crocco, Claudia (2017): Everyone has an accent. Standard Italian and regional pronunciation. In: Cerruti, Massimo/Crocco, Claudia/Marzo, Stefania (eds.), *Towards a New Standard: Theoretical and Empirical Studies on the Restandardization of Italian.* Berlin/Boston, de Gruyter, 89–117.

Croft, William/Cruse, D. Alan (2004): *Cognitive Linguistics.* Cambridge, Cambridge University Press.

Coulmas, Florian (2003): *Writing Systems: an Introduction to their Linguistic Analysis.* Cambridge, Cambridge University Press.

Cutillas Espinosa, Juan Antonio (2003): *Teoría lingüística de la optimidad: fonología, morfología y aprendizaje.* Murcia: Universidad de Murcia.

Dardano, Maurizio/Trifone, Pietro (1995[3]): *Grammatica italiana con nozioni di linguistica.* Bologna, Zanichelli.

Dardano, Maurizio/Trifone, Pietro (2017[2]): *Nuovo manualetto di linguistica.* Bologna, Zanichelli.

D'Agostino, Mari (2007): *Sociolinguistica dell'Italia contemporanea.* Bologna, il Mulino.

De Dominicis, Amedeo (1992): *Intonazione e contesto: uno studio su alcuni aspetti del discorso in contesto e delle sue manifestazioni intonative.* Alessandria, Edizioni dell'Orso.

De Domincis, Amedeo (2001[2]): *Fonologia comparata delle principali lingue europee moderne.* Padova, CLUEB.

De Domincis, Amedeo (2003): *Fonologia. Modelli e tecniche di rappresentazione.* Roma, Carocci.

De Dominicis, Amedeo (2010): *Intonazione: una teoria della costituenza delle unità intonative.* Roma, Carocci.

de Lacy, Paul (2007) (ed.): *The Cambridge Handbook of Phonology.* Cambridge, Cambridge University Press.

Demartini, Silvia (2011): Ortografia. In: Simone, Raffaele (ed.): *Enciclopedia dell'italiano.* Roma, Istituto dell'Enciclopedia. https://www.treccani.it/enciclopedia/ortografia_(Enciclopedia-dell'Italiano) [13.07.2021].

Devoto, Giacomo/Oli, Gian Carlo (2019): *Nuovo Devoto-Oli: il vocabolario dell'italiano contemporaneo* (a cura di Serianni, Luca/Trifone, Maurizio). Firenze, Le Monnier.

Diadori, Pierangela (1997): L'italiano del giornale radio. In: AA.VV., *Gli italiani trasmessi.* Firenze, Accademia della Crusca, 105–134.

Donegan, Patricia/Stampe, David (1979): The Study of Natural Phonology. In: Dinnsen, Daniel (ed.), *Current Approaches to Phonological Theory.* Bloomington, Indiana University Press, 126–173.

Dressler, Wolfgang (1984): Explaining natural phonology. *Phonology Yearbook* 1, 29–51.

Dufter, Andreas (2003): *Typen sprachrhythmischer Konturbildung.* Tübingen, Niemeyer.

Dufter, Andreas (2004): Ist das Französische eine silbenzählende Sprache? In: Meisenburg, Trudel/Selig, Maria (eds.), *Nouveaux départs en phonologie. Les conceptions sub- et suprasegmentales*. Tübingen, Narr, 139–159.

Dufter, Andreas (2012): Phonetik und Phonologie des Spanischen. In: Born, Joachim et al. (eds.), *Handbuch Spanisch: Spanien und Hispanoamerika. Sprache – Literatur – Kultur*. Berlin, Erich Schmidt, 173–178.

Eufe, Rembert (2021): Orthographie des Italienischen. In: Lobin, Antje/Meineke, Eva-Maria (eds.), *Handbuch Italienisch. Sprache, Literatur, Kultur*. Berlin, Erich Schmidt, 109–115.

Felloni, Maria Chiara (2011): *Prosodia sociofonetica. L'italiano parlato e percepito a Parma*. Milano, Franco Angeli.

Fleischer, Jürg/Schmid, Stephan (2006): Zurich German. *Journal of the International Phonetic Association* 36, 243–255.

Franceschini, Rita (2003): Unfocussed Language Acquisition? The Presentation of Linguistic Situations in Biographical Narration. *Forum: Qualitative Social Research* 4, Art. 19. http://www.qualitative-research.net/index.php/fqs/article/view/667/1443

Frota, Sónia/Prieto, Pilar (eds.) (2015): *Intonation in Romance*. Oxford, Oxford University Press.

Gabriel, Christoph/Meisenburg, Trudel/Selig, Maria (2013): *Spanisch: Phonetik und Phonologie. Eine Einführung*. Tübingen, Narr.

Gabriel, Christoph (2021a): Phonetik und Phonologie des Spanischen. In: Klabunde, Ralf/Dipper, Stefanie/Mihatsch, Wiltraud (eds.), *Linguistik im Sprachvergleich. Germanistik – Romanistik – Anglistik*, Stuttgart, Metzler, 43–76.

Gabriel, Christoph (2021b): Prosodie des Italienischen. In: Lobin, Antje/Meineke, Eva-Tabea (eds.), *Handbuch Italienisch. Sprache – Literatur – Kultur*. Berlin, Erich Schmidt Verlag, 103–109.

Galli de' Paratesi, Nora (1984): *Lingua toscana in bocca ambrosiana. Tendenze verso l'italiano standard: un'inchiesta sociolinguistica*. Bologna, il Mulino.

Giannelli, Luciano (1997): Tuscany. In: Maiden, Martin/Parry, Mair (eds.) (1997): *The Dialects of Italy*, London/New York, Routledge, 297–302.

Gili Fivela, Barbara et al. (2015): Intonational phonology of the regional varieties of Italian. In: Frota, Sónia/Prieto, Pilar (eds.), *Intonation in Romance*. Oxford, Oxford University Press, 140–147.

Gilles, Peter/Peters, Jörg (eds) (2004): *Regional variation in intonation*. Tübingen, Niemeyer.

Glück, Helmut (ed.) (2016[5]): *Metzler Lexikon Sprache*. Stuttgart/Weimar, Metzler.

Goldsmith, John (1976): *Autosegmental Phonology*. New York, Garland.

Goldsmith, John (1990): *Autosegmental and Metrical Phonology*. Oxford, Blackwell.

Goldsmith, John/Riggle, Jason/Yu, Alan C.L. (eds.) (2011[2]): *The Handbook of Phonological Theory*. Chichester UK, Wiley-Blackwell.

Grassegger, Hans (2001): *Phonetik, Phonologie*. Idstein, Schulz-Kirchner Verlag.

Grassi, Corrado/Sobrero, Alberto A./Telmon, Tullio (1997): *Fondamenti di dialettologia italiana*. Roma, Laterza.

Grice, Martine (1991): The intonation of interrogation in two varieties of Sicilian Italian. In: *Proceedings of the 12th International Congress of Phonetic Sciences*. Vol. 5, 210–213.

Grice, Martine (1995): *The intonation of interrogation in Palermo Italian*. Tübingen, Niemeyer.

Grice, Martine/D'Imperio, Mariapaola/Savino, Michelina/Avesani, Cinzia (2005): Strategies for intonation labelling across varieties of Italian. In: Jun, Sun-Ah (ed.), *Prosodic Typology: The Phonology of Intonation and Phrasing*. Oxford, Oxford University Press, 362–389.

Hall, T. Alan (2011[2]): *Phonologie. Eine Einführung*. Berlin/New York, de Gruyter.

Halliday, Michael Alexander Kirkwood (1967): *Intonation and grammar in British English*. The Hague/Paris, Mouton.

Hannahs, Stephen J./Bosch, Anna R. (eds.) (2018): *The Routledge Handbook of Phonological Theory*. London, Routledge.

Hardcastle, William/Laver, John/Gibbon, Dafydd (eds.) (2010²): *The Handbook of Phonetic Sciences*. Chichester UK, Wiley-Blackwell.

Hayes, Bruce (1989): Compensatory lengthening in moraic phonology. *Linguistic Inquiry* 20, 253–306.

Hayes, Bruce (1995): *Metrical Stress Theory: Principles and Case Studies*. Chicago, The University of Chicago Press.

Heinz, Matthias (2006): *Textsortenprosodie. Eine korpusgestützte Studie zu textsortenspezifischen prosodischen Mustern im Italienischen mit Ausblick auf das Französische*. Tübingen, Niemeyer.

Heinz, Matthias (2012): Zur rhythmischen Gestaltung italienischer Medientexte: zwischen informationeller Strukturierung und Autonomie der prosodischen Ebene. In: Schafroth, Elmar/Selig, Maria (eds.), *Testo e ritmi: zum Rhythmus in der italienischen Sprache*. Frankfurt a. M. etc., Lang, 237–250.

Heinz, Matthias (2014): Complex syllable types in the diachrony of Romance languages: a *centre* vs. *periphery* view and the syllable vs. word rhythm paradigm. In: Caro Reina, Javier/Szczepaniak, Renata (eds.), *Syllable and Word Languages*. Berlin/Boston, de Gruyter, 87–111.

Heinz, Matthias (2021a): Phonetik und Phonologie des Italienischen. In: Klabunde, Ralf/Dipper, Stefanie/Mihatsch, Wiltraud (eds.), *Linguistik im Sprachvergleich. Germanistik – Romanistik – Anglistik*, Stuttgart, Metzler, 112–145.

Heinz, Matthias (2021b): Phonetik und Phonologie des Italienischen. In: Lobin, Antje/Meineke, Eva-Tabea (eds.), *Handbuch Italienisch. Sprache – Literatur – Kultur*. Berlin, Erich Schmidt Verlag, 97–103.

Hess, Zita (1975): *Typologischer Vergleich der romanischen Sprachen auf phonologischer Basis*. Bern/Frankfurt a. M., Lang.

Hülsmann, Christoph (2019): *Initiale Topiks und Foki im gesprochenen Französisch, Spanisch und Italienisch*. Tübingen, Francke Narr Attempto.

Hyman, Larry (1975): *Phonology. Theory and Analysis*. New York, Holt/Rinehart/Winston (trad. it. 1981, *Fonologia*. Bologna, il Mulino).

Interlandi, Maria Grazia/Romano, Antonio (2006): Modelli di analisi e sistemi d etichettatura prosodica a confronto: un modello per AMPER. In: Savy, Renata/Crocco, Claudia (eds.), *Analisi prosodica. Teorie, modelli e sistemi di annotazione*. Torriana, EDK, 58–72.

IPA (1999): *The Handbook of the International Phonetic Association*. Cambridge, Cambridge University Press.

Jaberg, Karl/Jud, Jakob (1928–1940): *Sprach- und Sachatlas Italiens und der Südschweiz* (AIS). 8 Vol. Zofingen, Ringier & Co.

Jakobson, Roman (1941): *Kindersprache, Aphasie und allgemeine Lautgesetze*. Uppsala (trad. it. 1971, *Il farsi e il disfarsi del linguaggio*. Torino, Einaudi).

Jakobson, Roman (1962): Why 'Mama' and 'Papa'? In: *Selected Writings*. Vol. I: *Phonological Studies*. The Hague, Mouton, 538–545.

Jakobson, Roman/Halle, Morris/Fant, Gunnar (1952): *Preliminaries to Speech Analysis: the Distinctive Features and their Correlates*. Cambridge, MA, MIT Press.

Jakobson, Roman/Halle, Morris (1956): *Fundamentals of Language*. The Hague, Mouton.

Kabatek, Johannes/Pusch, Claus D. (2011²): *Spanische Sprachwissenschaft. Eine Einführung*. Tübingen, Narr Francke Attempto.

Kager, René (1999): *Optimality Theory*. Cambridge, Cambridge University Press.

Kaschny, Christine (2011): *Primärer Wortakzent und morphologische Struktur im Italienischen: eine theoriebezogene, quantitativ und empirisch angelegte Untersuchung*. Diss., Universität Konstanz.
https://nbn-resolving.de/urn:nbn:de:bsz:352-206921 [13.07.2021].

Kaschny, Christine/Schwarze, Christoph (2012): Wortakzent, Silbe und Gliding im Italienischen. In: Schafroth, Elmar/Selig, Maria (eds.), *Testo e ritmi: zum Rhythmus in der italienischen Sprache*. Frankfurt a. M. etc., Lang, 105–129.

Katz, William/Assmann, Peter (eds.) (2019): *The Routledge Handbook of Phonetics*. London, Routledge.

Kaye, Jonathan/Lowenstamm, Jean/Vergnaud, Jean-Roger (1999): Constituent Structure and Government in Phonology. *Phonology* 7, 193–213.

Kiparsky, Paul (1985): Some consequences of lexical phonology. *Phonology Yearbook* 2, 83–138.

Kleber, Felicitas (2016): Lautwandel. In: Domahs, Ulrike/Primus, Beatrice (eds.), *Handbuch Laut, Gebärde, Buchstabe*. Berlin/Boston, de Gruyter, 125–143.

Kleber, Felicitas (2018): VOT or quantity: What matters for the voicing contrast in German regional varieties? Results from apparent-time analyses. *Journal of Phonetics* 71, 468–486.

Knapp, Katharina (2018): Reflexionen über Carlo Tagliavini: La corretta pronuncia italiana. Corso discografico di fonetica e ortoepìa (1965), Version 1 (21.11.2018, 13:19). In: *Korpus im Text*, Serie A, 19897. http://www.kit.gwi.uni-muenchen.de/?p=19897&v=1 [13.07.2021].

Koch, Peter/Oesterreicher, Wulf (1985): Sprache der Nähe – Sprache der Distanz: Mündlichkeit und Schriftlichkeit im Spannungsfeld der Sprachtheorie und Sprachgeschichte, *Romanistisches Jahrbuch* 36, 15–43.

Koch, Peter/Oesterreicher, Wulf (2011[2]): *Gesprochene Sprache in der Romania: Französisch, Italienisch, Spanisch*. 2., aktualisierte und erweiterte Auflage. Berlin/New York, de Gruyter.

Kohler, Klaus (1995[2]): *Phonetik des Deutschen*. Berlin, Erich Schmidt Verlag.

Krämer, Martin (2009): *The Phonology of Italian*. Oxford, Oxford University Press.

Krefeld, Thomas (2001): Phonologische Prozesse. In: Haspelmath, Martin/König, Ekkehard/Oesterreicher, Wulf/Raible, Wolfgang (eds.) (2001): *Sprachtypologie und sprachliche Universalien. Ein internationales Handbuch/Language Typology and Language Universals. An International Handbook*. Berlin/New York, de Gruyter, 1336–1347.

Krefeld, Thomas (2018): Varietà ibride? – Che cosa ne pensa la linguistica variazionale. In: *Korpus im Text*, Serie A, 19051. http://www.kit.gwi.uni-muenchen.de/?p=19051&v=4 [13.07.2021].

Krefeld, Thomas/Lücke, Stephan: s.v. 'Betacode'. In: *VerbaAlpina-de* 20/2 (Erstellt: 16/1, letzte Änderung: 19/2), Methodologie, https://doi.org/10.5282/verba-alpina?urlappend=%3Fpage_id%3D493%26db%3D202%26letter%3DB%237 [13.07.2021].

Labov, William (1981): Resolving the Neogrammarian controversy. *Language* 57, 267–309.

Ladd, D. Robert (2008[2]): *Intonational phonology*. Second edition. Oxford, Blackwell.

Ladefoged, Peter/Maddieson, Ian (1996): *The sounds of the world's languages*. Oxford, Blackwell.

Langacker, Ronald (1991): *Foundations of Cognitive Grammar*. Vol. 2. Stanford, Stanford University Press.

Lass, Roger (1984): *Phonology. An introduction to basic concepts*. Cambridge, Cambridge University Press.

Laver, John (1994): *Principles of phonetics*. Cambridge, Cambridge University Press.

Lepschy, Giulio (1978): Appunti sull'intonazione italiana. *Annali della Scuola Normale Superiore di Pisa. Classe di Lettere e Filosofia*. Serie III, Vol. 8, 275–292.

Levelt, Willem (1989): *Speaking: from intention to articulation*. Cambridge, Mass., MIT Press.

Libermann, Mark/Prince, Alan (1977): On Stress and Linguistic Rhythm. *Linguistic Inquiry* 8, 249–336.

Lichem, Klaus (1969): *Phonetik und Phonologie des heutigen Italienisch*. München, Hueber.

Lichem, Klaus (1988): Graphetik und Graphemik. In: Holtus, Günter/Metzeltin, Michael/Schmitt, Christian (eds.), *Lexikon der Romanistischen Linguistik*. Vol. IV: *Italienisch, Korsisch, Sardisch/Italiano, Corso, Sardo*. Tübingen, Niemeyer, 19–39.

Linke, Angelika/Nussbaumer, Markus/Portmann, Paul (2004[5]): *Studienbuch Linguistik.* Tübingen, Niemeyer.

LIP = De Mauro, Tullio et al. (1993): *Lessico di frequenza dell'italiano parlato* (LIP). Milano, Etas.

Loporcaro, Michele (1988): History and geography of raddoppiamento fonosintattico: remarks on the evolution of a phonological rule. In: Bertinetto, Pier Marco/Loporcaro, Michele (eds.), *Certamen phonologicum*. Torino, Rosenberg & Sellier, 341–387.

Loporcaro, Michele (1997): *L'origine del raddoppiamento fonosintattico. Saggio di fonologia diacronica romanza.* Basel/Tübingen, Francke.

Loporcaro, Michele (2001): Geminate intrinseche si diventa. Ovvero, come fu che il fonema /ʃ(ʃ)/ uscì dalla correlazione di geminazione. In: Wunderli, Peter/Werlen, Iwar/Grünert, Matthias (eds.), *ITALICA – RAETICA – GALLICA. Studia linguarum litterarum artiumque in honorem Ricarda Liver*. Torino, Rosenberg & Sellier, 143–149.

Loporcaro, Michele (2003): Il mutamento fonologico. In: Mancini, Marco (ed.), *Il cambiamento linguistico*. Roma, Carocci, 11–88.

Loporcaro, Michele (2013[2]): *Profilo linguistico dei dialetti italiani*. Nuova edizione aggiornata. Roma, Laterza.

Loporcaro, Michele (2015): *Vowel length from Latin to Romance*. Oxford, Oxford University Press.

Maddieson, Ian (1984): *Patterns of sounds*. Cambridge, Cambridge University Press.

Maddieson, Ian (2005): Syllable structure. In: Haspelmath, Martin/Dryer, Matthew/Gil, David/Comrie, Bernard (eds.), *The World Atlas of Language Structures*. Oxford, Oxford University Press, 54–57.

Magno Caldognetto, Emanuela/Ferrero, Franco/Lavagnoli, Carlo/Vagges, Kyriaki (1978): F0 Contours of Statements, yes-no Questions, and wh-Questions of two Regional Varieties of Italian. *Journal of Italian Linguistics* 3, 57–66.

Mairano, Paolo/De Iacovo, Valentina (2019): *Gemination in northern vs. southern varieties of Italian: A corpus-based investigation. Language and Speech* 63, 608–634.

Mancini, Federico/Voghera Miriam (1994): Lunghezza, tipi di sillabe e accento in italiano. In: De Mauro, Tullio (ed.), *Come parlano gli italiani*. Firenze, La Nuova Italia, 217–245.

McCarthy, John/Prince, Alan (2004): Faithfulness and identity in prosodic morphology. In: John McCarthy (ed.), *Optimality Theory. A Reader*. Oxford, Blackwell, 77–98.

Maturi, Pietro (2014[3]): *I suoni delle lingue, i suoni dell'italiano. Nuova introduzione alla fonetica*. Bologna, il Mulino.

Meisenburg, Trudel (1996): *Romanische Schriftsysteme im Vergleich: eine diachrone Studie*. Tübingen, Narr.

Meisenburg, Trudel/Selig, Maria (1998): *Phonetik und Phonologie des Französischen*. Stuttgart, Klett.

Mensching, Guido/Remberger, Eva (2016): Sardinian. In: Ledgeway, Adam/Maiden Martin (eds.), *The Oxford Guide to the Romance Languages*, 270–291.

Migliorini, Bruno/Tagliavini, Carlo/Fiorelli, Piero (2010): *DOP. Dizionario italiano multimediale e multilingue d'ortografia e di pronunzia*. Roma, Rai-ERI. http://www.dizionario.rai.it [13.07.2021].

Mioni, Alberto (1986): Fonetica articolatoria: descrizione e trascrizione degli atteggiamenti articolatori. In: Croatto, Lucio (ed.): *Trattato di Foniatria e Logopedia*. Vol. 3: *Aspetti fonetici della comunicazione*. Padova, La Garangola, 15–88.

Mioni, Alberto (1993): Fonetica e fonologia. In: Sobrero, Alberto (ed.), *Introduzione all'italiano contemporaneo. Le strutture*. Roma, Laterza, 101–139.

Mioni, Alberto (2001): *Elementi di fonetica*. Padova, Unipress.

Mohanan, Kuravannur (1986): *The Theory of Lexical Phonology*. Dordrecht, Reidel.

Moroni, Manuela Caterina (2013): La prosodia nelle presentazioni accademiche. Un confronto tra italiano e tedesco. In: Sergo, Laura/ Wienen, Ursula/ Atayan, Vahram (eds.), *Fachsprache(n) in der Romania – Entwicklung, Verwendung, Übersetzung*. Berlin, Frank & Timme, 253–272.

Moroni, Manuela Caterina (2020): *Intonation und Bedeutung. Konstrastive Analyse einer deutschen und einer italienischen Regionalvarietät*. Berlin/Bern, Peter Lang.

Muljačić, Žarko (1969): *Fonologia generale e fonologia della lingua italiana*. Bologna, il Mulino.

Nespor, Marina (1993): *Fonologia*. Bologna, il Mulino.

Nespor, Marina/Bafile, Laura (2008): *I suoni del linguaggio*. Bologna, il Mulino.

Nespor, Marina/Vogel, Irene (1986): *Prosodic Phonology*. Dordrecht, Foris (2nd edition with a new preface 2007. Berlin/New York, Mouton de Guyter).

Nocchi, Nadia/Schmid, Stephan (2007): Lenition of voiceless fricatives in two varities of southern Italian. In: Trouvain, Jürgen/Barry, William (eds.), *Proceedings of the 16th International Congress of Phonetic Sciences*. Vol. 2, 1497–1500. http://www.icphs2007.de/conference/Papers/1234/1234.pdf [13.07.2021].

Nocchi, Nadia/Filipponio, Lorenzo (2012): Lo vuoi co[z]ì o co[s]ì? A sociophonetic study on sibilants in the regional Italian of Livorno (Tuscany). In: Calamai, Silvia/Celata, Chiara/Ciucci, Luca (eds.), *Proceedings of the Workshop "Sociophonetics at the crossroads of speech variation, processing and communication"*. Pisa, Scuola normale superiore. https://edizioni.sns.it/it/testi-online/pdf-scaricabile.html [05.05.2020] (DOI 10.2422/7642-434-2.2012.14).

Ott, Cyrill/Meyer, Martin (2010): Functions of the left and right posterior temporal lobe during segmental and suprasegmental speech perception. In: Schmid, Stephan/Schwarzenbach, Michael/Studer, Dieter (eds.), *La dimensione temporale del parlato*. Roma, Esagrafica, 393–424.

Payne, Elinor (2006): Non-durational indices in Italian geminate consonants. *Journal of the International Phonetic Association* 36, 83–95.

Petrarca, Simone (2020): *Le vocali nell'interferenza tra L1 e L2: italiano standard e varietà svizzero-germaniche*. Universität Zürich, unveröffentlichte BA-Arbeit.

Pétursson, Magnus/Neppert, Joachim (1996²): *Elementarbuch der Phonetik*. Hamburg, Buske.

Pierrehumbert, Janet (1980): *The phonology and phonetics of English intonation*. Cambridge MA, MIT Press.

Pierrehumbert, Janet (2001): Exemplar dynamics: word frequency, lenition and contrast. In: Bybee, Joan/Hopper, Paul (eds.), *Frequency and the Emergence of Linguistic Structure*. Amsterdam etc., Benjamins, 137–157.

Pike, Kenneth (1945[1947²]): *The Intonation of American English*. Ann Arbor, University of Michigan Publications.

Pompino-Marschall, Bernd (2009³): *Einführung in die Phonetik*. Berlin/New York, de Gruyter.

Prince, Alan/Smolensky, Paul (1993[2004²]): *Optimality Theory: Constraint Interaction in Generative grammar*. Oxford, Blackwell (1993¹, Ms., Rutgers, N.J.).

Pustka, Elissa (2016²): *Einführung in die Phonetik und Phonologie des Französischen*. Berlin, Erich Schmidt Verlag.

Rabanus, Stefan (2001): *Intonatorische Verfahren im Deutschen und im Italienischen: Gesprächsanalyse und autosegmentale Phonologie*. Tübingen, Niemeyer.

Radtke, Edgar (1986): Substandard als ästhetische Wertung in der Sprachgeschichte. In: Holtus, Günter/Radtke, Edgar (eds.), *Sprachlicher Substandard I*. Tübingen, Niemeyer, 105–123.

Reetz, Henning (1999): *Artikulatorische und akustische Phonetik*. Trier, Wissenschaftlicher Verlag.

Renwick, Margaret/Ladd, Robert D. (2016): Phonetic distinctiveness vs. lexical contrastiveness in non-robust phonemic contrasts. *Laboratory Phonology* 7, 1–19. (DOI: http://dx.doi.org/10.5334/labphon.17).

Reumuth, Wolfgang/Winkelmann, Otto (2016[8]): *Praktische Grammatik der italienischen Sprache*. Wilhelmsfeld, Egert.

Roche, Jörg (2020[4]): *Fremdsprachenerwerb – Fremdsprachendidaktik*. Tübingen, Francke.

Rohlfs, Gerhard (1949): *Historische Grammatik der italienischen Sprache und ihrer Mundarten*. Vol. 1: *Lautlehre*. Bern, Francke (trad. it. 1966, *Grammatica storica dell'italiano e dei suoi dialetti*. Vol. 1: *Fonetica*. Torino, Einaudi).

Romano, Antonio (2008): *Inventarî sonori delle lingue*. Alessandria, Edizioni dell'Orso.

Romano, Antonio (2013): A preliminary contribution to the study of phonetic variation of /r/ in Italian and Italo-Romance. In: Spreafico, Lorenzo/Vietti, Alessandro (eds.), *Rhotics: New Data and Perspectives*, Bozen/Bolzano, bu,press, 209–225.

Saussure, Ferdinand de (1916): *Cours de linguistique générale*. Herausgegeben von Bally, Charles/Sechehaye, Albert (unter Mitwirkung von Albert Riedlinger). Genève, Droz (dt. 1967, *Grundfragen der allgemeinen Sprachwissenschaft*. Berlin, de Gruyter).

Savoia, Leonardo (2014): *Introduzione alla fonetica e alla fonologia*. Bologna, Zanichelli.

Schmid, Hans-Jörg (2007): Entrenchment, salience, and basic levels. In: Geeraerts, Dirk/Cuyckens Herbert (eds.), *The Oxford Handbook of Cognitive Linguistics*. Oxford, Oxford University Press, 117–138.

Schmid, Stephan (1999): *Fonetica e fonologia dell'italiano*. Torino, Paravia.

Schmid, Stephan (2004): Zur Vokalquantität in der Mundart der Stadt Zürich. *Linguistik online* 20, 93–116.

Schmid, Stephan (2010a): Symbol- und Signalphonetik. Zur linguistischen Relevanz akustischer Messungen. In: Galliker, Esther/Kleinert, Andrea (eds.), *Messen in der Linguistik*. Baltmannsweiler, Schneider Verlag, 71–86.

Schmid, Stephan (2010b): Zur Wahrnehmung der Sprachlaute. In: Egli, Werner M./Tomkowiak, Ingrid (eds.), *Sinne*. Zürich, Chronos, 123–145.

Schmid, Stephan (2010c): Les occlusives palatales du Vallader. In: Iliescu, Maria/Siller-Runggaldier, Heidi M./Danler, Paul (eds.), *Actes du XXVe Congrès International de Linguistique et de Philologie Romanes*. Vol. 2. Tübingen, Niemeyer, 185–194.

Schmid, Stephan (2012a): Phonological typology, rhythm types and the phonetics-phonology interface. A methodological overview and three case studies on Italo-Romance dialects. In: Ender, Andrea/Leemann, Adrian/Wälchli, Bernhard (eds.), *Methods in contemporary linguistics*. Berlin/New York, De Gruyter Mouton, 45–68.

Schmid, Stephan (2012b): Silbenstrukturen und Dauerverhältnisse in italo-romanischen Dialekten. In: Schafroth, Elmar/Selig, Maria (eds.), *Testo e ritmi: zum Rhythmus in der italienischen Sprache*. Frankfurt a. M. etc., Lang, 45–60.

Schmid, Stephan (2014): Syllable typology and the rhythm class hypothesis. In: Caro Reina, Javier/Szczepaniak, Renata (eds.), *Syllable and Word Languages*. Berlin/Boston, de Gruyter, 421–454.

Schmid, Stephan (2016a): Segmental Phonology. In: Ledgeway, Adam/Maiden, Martin (eds.), *The Oxford Guide to the Romance Languages*. Oxford, Oxford University Press, 471–483.

Schmid, Stephan (2016b): Wie Deutschschweizer Lernende die Obstruenten des Italienischen aussprechen. In: Draxler, Christoph/Kleber, Felicitas (eds.), *Tagungsband der 12. Tagung Phonetik und Phonologie im deutschsprachigen Raum*. München, Ludwig-Maximilians-Universität, 180–183.

Schmid, Stephan (2018): Palatal and postalveolar obstruents in six Italo- and Rhaeto-Romance varieties: phonemic merger or retention? In: Recasens, Daniel/Sánchez-Miret, Fernando (eds.), *Production and Perception of Sound Change*. München, LINCOM, 91–110.

Schmid, Stephan/Pedrazzini, Giulia (2018): Zur Wirksamkeit von explizitem Aussprachetraining im Fremdsprachenunterricht: eine empirische Studie zu deutschen Plosiven bei italienischsprachigen Lernenden. In: Belz, Malte et. al. (eds.), *Proceedings of the Conference on Phonetics & Phonology in German-speaking countries* (P&P 13). Berlin, Humboldt-Universität, 177–180. https://edoc.hu-berlin.de/handle/18452/19531 [13.07.2021].

Schwab, Sandra/Dellwo, Volker (2019): Music and L2 prosody: the role of music aptitude on the discrimination of stress contrasts in L2. In: Calhoun, Sasha/Escudero, Paola/Tabain, Marija/Warren, Paul (eds.), *Proceedings of the 19th International Congress of Phonetic Sciences*. Canberra, Australasian Speech Science and Technology Association Inc. 1927–1931. https://assta.org/proceedings/ICPhS2019/papers/ICPhS_1976.pdf [15.07.2021].

Selting, Margret et al. (2009): Gesprächsanalytisches Transkriptionssystem 2 (GAT 2). *Gesprächsforschung* 10, 353–402. http://www.gespraechsforschung-ozs.de/heft2009/px-gat2.pdf [15.07.2021].

Serianni, Luca (1988): *Grammatica italiana: italiano comune e lingua letteraria. Suoni, forme, costrutti.* Con la collaborazione di Alberto Castelvecchi. Torino, UTET.

Siebs, Theodor (1898): *Deutsche Bühnenaussprache*. Berlin etc., Ahn.

Sisinni, Bianca (2016): *Fonetica e fonologia della seconda lingua. Teorie, metodi e prospettive per la didattica*. Roma, Carocci.

Sorianello, Patrizia (2006): *Prosodia: modelli e ricerca empirica*. Roma, Carocci.

Stammerjohann, Harro (1988): *Italienisch: Phonetik und Phonemik*. In: Holtus, Günter/Metzeltin, Michael/Schmitt, Christian (eds.), *Lexikon der Romanistischen Linguistik*. Vol. IV: *Italienisch, Korsisch, Sardisch/Italiano, Corso, Sardo*. Tübingen, Niemeyer, 1–13.

Stammerjohann, Harro (2020[2]): *Das Italienische am Italienischen: die italienische Sprache in Vergleichen*. Tübingen, Stauffenburg.

Stevens, Mary (2012): *A Phonetic Investigation into 'Raddoppiamento sintattico' in Sienese Italian*. Bern etc., Peter Lang.

Tagliavini, Carlo (1965). *La corretta pronuncia italiana. Corso discografico di fonetica e ortoepia* (2 Bände mit 26 Schallplatten). Bologna, Casa Editrice Libraria Capitol.

Tagliavini, Carlo/Mioni, Alberto (1974): *Cenni di trascrizione fonetica dell'italiano*. Bologna, Pàtron.

Telmon, Tullio (1993): Varietà regionali. In: Sobrero, Alberto (ed.), *Introduzione all'italiano contemporaneo*. Vol. 2: *La variazione e gli usi*. Roma-Bari, Laterza, 93–149.

Telmon, Tullio (2016): Gli italiani regionali. In: Lubello, Sergio (ed.), *Manuale di linguistica italiana*. Berlin/Boston, de Gruyter, 301–327.

Trask, R. Larry (1996): *A Dictionary of Phonetics and Phonology*. London/New York, Routledge.

Trubetzkoy, Nikolaj S. (1939): *Grundzüge der Phonologie*. Prag, Cercle Linguistique (Nachdruck Göttingen, Vandenhoeck/Ruprecht 1958[2]).

Uguzzoni, Arianna (1978): *La fonologia*. Bologna, Zanichelli.

Vanrell, Maria del Mar/Feldhausen, Ingo/Astruc, Lluïsa (2018): The Discourse Completion Task in Romance prosody research: Status quo and outlook. In: Feldhausen, Ingo/Fliessbach, Jan/Vanrell, Maria del Mar (eds.), *Methods in prosody: A Romance language perspective*. Berlin, Language Science Press, 191–227.

Vennemann, Theo (1972): Phonological uniqueness in natural generative grammar. *Glossa* 6, 105–61.

Vennemann, Theo (1986): *Neuere Entwicklungen in der Phonologie*. Berlin etc.: Mouton de Gruyter.

Vennemann, Theo (1988): *Preference Laws for Syllable Structure and the Explanation of Sound Change. With Special Reference to German, Germanic, Italian, and Latin*. Berlin etc., Mouton de Gruyter.

Vietti, Alessandro (2012): Language contact and sociophonetic variation. In: Calamai, Silvia/Celata, Chiara/Ciucci, Luca (eds.), *Proceedings of the Workshop "Sociophonetics at the crossroads of speech variation, processing and communication"*. Pisa, Scuola normale superiore. https://edizioni.sns.it/en/downloadable/download/sample/sample_id/21/ [29.12.2020] (DOI 10.2422/7642-434-2.2012.20).

Vocabolario Treccani on line. Roma, Istituto dell'Enciclopedia. https://www.treccani.it/vocabolario/ [15.07.2021].

Wang, William S-Y. (1969): Competing changes as a cause of residue. *Language* 45, 9–25.

Wee, Lian-Hee (2019): *Phonological tone*. Cambridge, Cambridge University Press.

Weerning, Marion (2017): *Pronunciare bene. Fonetica italiana e tedesca a confronto*. Roma, Carocci.

Wiese, Richard (2011): *Phonetik und Phonologie*. Paderborn, Fink.

Das IPA-Zeicheninventar

Die originalen IPA-Charts stehen auf Englisch auf der offiziellen Web-Seite des Weltlautschriftvereins zum download bereit:
https://www.internationalphoneticassociation.org/content/ipa-chart

KONSONANTEN (PULMONAL)

	Bilabial	Labio-dental	Dental	Alveolar	Post-alveolar	Retro-flex	Palatal	Velar	Uvular	Pharyn-gal	Glottal
Plosiv	p b			t d		ʈ ɖ	c ɟ	k g	q ɢ		ʔ
Nasal	m			n		ɳ	ɲ	ŋ	ɴ		
Gerollt	ʙ			r					ʀ		
Geschlagen		ⱱ		ɾ		ɽ					
Frikativ	ɸ β	f v	θ ð	s z	ʃ ʒ	ʂ ʐ	ç ʝ	x ɣ	χ ʁ	ħ ʕ	h ɦ
Lateral-frikativ				ɬ ɮ							
Approximant		ʋ		ɹ		ɻ	j	ɰ			
Lateral-approximant				l		ɭ	ʎ	ʟ			

Erscheinen Symbole paarweise, so stellt dasjenige rechts einen stimmhaften Konsonanten dar. Schattierte Flächen kennzeichnen unmögliche Artikulationen.

KONSONANTEN (NICHT-PULMONAL)

Clicks		Implosive (stimmhaft)		Ejektive	
ʘ	bilabial	ɓ	bilabial	ʼ Diakritikum, wie in:	
ǀ	dental	ɗ	dental/alveolar	pʼ	bilabial
!	(post)alveolar	ʄ	palatal	tʼ	dental/alveolar
ǂ	palato-alveolar	ɠ	velar	kʼ	velar
ǁ	alveolar lateral	ʛ	uvular	sʼ	alveolar frikativ

https://doi.org/10.1515/9783110534047-008

WEITERE SYMBOLE

ʍ	stl. labial-velarer Frikativ	ɕ ʑ	alveolo-palataler Frikativ
w	sth. labial-velarer Approximant	ɺ	alveolarer lateraler Schlag
ɥ	sth. labial-palataler Approximant	ɧ	Gleichzeitig ʃ und x
ʢ	sth. epiglottaler Frikativ		Doppelartikulationen und Affrikaten können durch Klammern gekennzeichnet werden
ʡ	epiglottaler Plosiv		k͡p t͜s

VOKALE

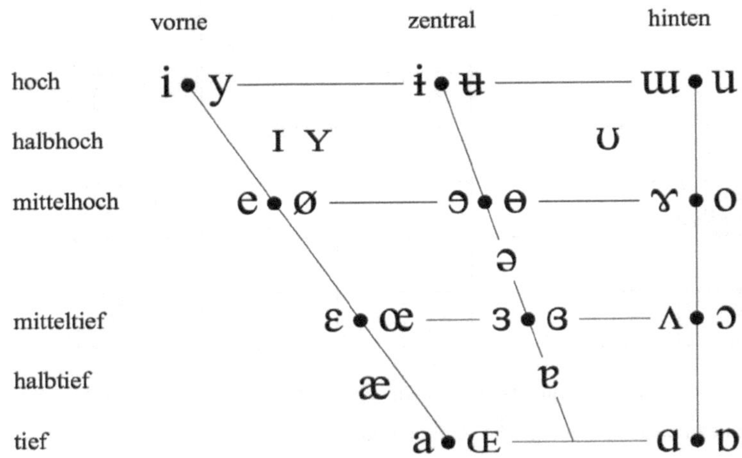

Erscheinen Symbole paarweise, so stellt dasjenige rechts einen gerundeten Vokal dar.

SUPRASEGMENTALIA

			TÖNE UND WORTAKZENTE	
ˈ	Hauptbetonung		STUFEN	KONTUREN
ˌ	Nebenbetonung	ˌfoʊnəˈtɪʃən	e̋ oder ˥ extra-hoch	ě oder steigend
ː	lang	eː	é oder ˦ hoch	ê oder fallend
ˑ	halblang	eˑ	ē oder ˧ mittel	e᷄ oder hoch steigend
̆	extra kurz	ĕ	è oder ˨ tief	e᷅ oder tief steigend
.	Silbengrenze	ɹi.ækt	ȅ oder ˩ sehr tief	e᷈ oder steigend-fallend
|	kürzere (Takt-/Fuss-)Gruppe		↓ Downstep	↗ global steigend
‖	grössere (Intonations-)gruppe		↑ Upstep	↘ gobal fallend
‿	verschliffen (fehlende Grenze)			

DIAKRITIKA

Diakritika können auch oberhalb eines Symbols gesetzt werden, z.B. ŋ̊

̥	stimmlos	n̥ d̥	̤	behaucht	b̤ a̤	̪	dental	t̪ d̪
̬	stimmhaft	s̬ t̬	̰	laryngalisiert	b̰ a̰	̺	apikal	t̺ d̺
^{h}	aspiriert	t^h d^h	̼	linguolabial	t̼ d̼	̻	laminal	t̻ d̻
̹	gerundeter	ɔ̹	^{w}	labialisiert	t^w d^w	̃	nasaliert	ẽ
̜	weniger gerundet	ɔ̜	^{j}	palatalisiert	t^j d^j	^{n}	nasale Lösung	d^n
̟	vorverlagert	u̟	^{ɣ}	velarisiert	$t^ɣ$ $d^ɣ$	^{l}	laterale Lösung	d^l
̠	rückverlagert	i̠	^{ʕ}	pharyngalisiert	$t^ʕ$ $d^ʕ$	̚	ungelöst	d̚
̈	zentralisiert	ë	̴	velarisiert oder pharyngalisiert ɫ				
̽	mittelzentralisiert	e̽	̝	erhöht e̝ (ɹ̝ = sth. alveolarer Frikativ)				
̩	silbisch	ɹ̩	̞	erniedrigt e̞ (β̞ = sth. bilabialer Approximant)				
̯	nichtsilbisch	e̯	̘	vorverlagerte Zungenwurzel e̘				
˞	rhotaziert	ɚ	̙	rückverlagerte Zungenwurzel e̙				

Index

https://doi.org/10.1515/9783110534047-009